建筑与市政工程施工现场专业人员职业培训教材

资料员岗位知识与专业技能

本书编委会 编

中国建材工业出版社

图书在版编目(CIP)数据

资料员岗位知识与专业技能/《资料员岗位知识与专业技能》编委会编. —— 北京：中国建材工业出版社，2016.10（2018.4重印）
建筑与市政工程施工现场专业人员职业培训教材
ISBN 978-7-5160-1693-0

Ⅰ.①资… Ⅱ.①资… Ⅲ.①建筑工程－技术档案－档案管理－职业培训－教材 Ⅳ.①G275.3

中国版本图书馆CIP数据核字(2016)第243200号

资料员岗位知识与专业技能
本书编委会 编

出版发行：中国建材工业出版社
地　　址：北京市海淀区三里河路1号
邮　　编：100044
经　　销：全国各地新华书店
印　　刷：北京雁林吉兆印刷有限公司
开　　本：787mm×1092mm　1/16
印　　张：22.75
字　　数：610千字
版　　次：2016年10月第1版
印　　次：2018年4月第4次
定　　价：68.00元

本社网址：www.jccbs.com　**微信公众号**：zgjcgycbs
本书如出现印装质量问题，由我社市场营销部负责调换。电话：(010)88386906

《建筑与市政工程施工现场专业人员职业培训教材》
编审委员会

主 编 单 位　中国工程建设标准化协会建筑施工专业委员会
　　　　　　　北京土木建筑学会

副主编单位　"金鲁班"应用平台
　　　　　　《建筑技术》杂志社
　　　　　　北京万方建知教育科技有限公司

主要编审人员

吴松勤	葛恒岳	王庆生	陈刚正	袁　磊
刘鹏华	宋道霞	郭晓辉	邓元明	张　倩
宋　瑞	申林虎	魏文彪	赵　键	王　峰
王　文	郑立波	刘福利	丛培源	肖明武
欧应辉	黄财杰	孟东辉	曾　方	腾　虎
梁泰臣	姚亚亚	白志忠	张　渝	徐宝双
李达宁	崔　铮	刘兴宇	李思远	温丽丹
曹　烁	李程程	王丹丹	高海静	刘海明
张　跃	吕　君	梁　燕	杨　梅	李长江
刘　露	孙晓琳	李芳芳	张　蔷	王玉静
安淑红	庞灵玲	付海燕	段素辉	董俊燕

前　言

随着工程建设的不断发展和建筑科技的进步，国家及行业对于工程质量安全的严格要求，对于工程技术人员岗位职业技能要求也不断提高，为了更好地贯彻落实《建筑与市政工程施工现场专业人员职业标准》(JGJ/T 250—2011)和2015年最新颁布的《建筑业企业资质管理规定》对于工程建设专业技术人员素质与专业技能要求，全面提升工程技术人员队伍管理和技术水平，促进建设科技的工程应用，完善和提高工程建设现代化管理水平，我们组织编写了这套《建筑与市政工程施工现场专业人员职业培训教材》。本丛书旨在从岗前考核培训到实际工程现场施工应用中，为工程专业技术人员提供全面、系统、最新的专业技术与管理知识，满足现场施工实际工作需要。

本丛书主要依据现场施工中各专业岗位的实际工作内容和具体需要，按照职业标准要求，针对各岗位工作职责、专业知识、专业技能等知识内容，遵循易学、易懂、能现场应用的原则，划分知识单元、知识讲座，这样既便于上岗前培训学习时使用，也方便日常工作中查询、了解和掌握相关知识，做到理论结合实践。本丛书以不断加强和提升工程技术人员职业素养为前提，深入贯彻国家、行业和地方现行工程技术标准、规范、规程及法规文件要求；以突出工程技术人员施工现场岗位管理工作为重点，满足技术管理需要和实际施工应用，力求做到岗位管理知识及专业技术知识的系统性、完整性、先进性和实用性相统一。

本丛书内容丰富、全面、实用，技术先进，适合作为建筑与市政工程施工现场专业人员岗前培训教材，也是建筑与市政工程施工现场专业人员必备的技术参考书。

由于时间仓促和能力有限，本书难免有谬误之处和不完善的地方，敬请读者批评指正，以期通过不断修订与完善，使本丛书能真正成为工程技术人员岗位工作的必备助手。

编委会

2016 年 10 月

第1部分　工程资料管理规划 1

第1单元　项目施工资料管理规划 1
第1讲　工程资料整理方法 1
第2讲　项目人员资料管理职责 4
第3讲　工程资料的做法及规定 6
第4讲　验收资料的做法及规定 12
第5讲　对工程资料管理的具体要求 13
第6讲　施工资料管理对策及检查方法 14

第2单元　工程质量验收及资料要求 16
第1讲　建筑工程施工质量验收程序及要求 16
第2讲　工程质量验收资料管理 46

第2部分　工程准备阶段及监理资料管理实务 68

第1单元　工程准备阶段文件管理实务 68
第1讲　工程准备阶段文件管理规定 68
第2讲　工程准备阶段文件的主要内容 71

第2单元　监理资料管理实务 72
第1讲　监理资料的分类与管理要求 72
第2讲　监理资料的主要内容及要求 76

第3部分　施工资料管理实务 83

第1单元　施工资料的分类与管理要求 83
第1讲　施工资料的分类与编号 83
第2讲　施工资料管理基本要求 99

第2单元　施工资料的主要内容要求及流程 100
第1讲　施工资料的主要内容要求 100
第2讲　各类主要施工资料的形成 110

第3单元　施工管理资料（C1类）的管理 113
第1讲　施工管理资料（C1类）的签认 113
第2讲　施工管理资料（C2类）填写说明 113
第3讲　施工管理资料（C2类）填写示例 121

第4单元 施工技术资料（C2类）的管理 130
第1讲 施工技术资料（C2类）的签认 130
第2讲 施工技术资料（C2类）填写说明 130
第3讲 施工技术资料（C2类）填写示例 133

第5单元 工程进度造价资料（C3类）的管理 139
第1讲 进度造价资料签认 139
第2讲 进度造价资料填写说明 139
第3讲 进度造价资料填写示例 148

第6单元 施工物资资料（C4类）的管理 155
第1讲 施工物资资料签认 155
第2讲 施工物资资料（通用、C4类）填写说明 163
第3讲 建筑与结构工程施工物资资料（C4类）填写说明 165
第4讲 机电安装工程施工物资资料（C4类）填写说明 174
第5讲 施工物资资料表格（C4类）填写示例 177

第7单元 施工记录资料（C5类）管理 180
第1讲 施工记录（C5类）签认 180
第2讲 施工记录填写说明 182
第3讲 施工测量资料填写说明 204
第4讲 施工记录资料表格（C5类）填写示例 211

第8单元 施工试验记录及检测报告资料（C6类）管理 223
第1讲 施工试验记录及检测报告（C6类）签认 223
第2讲 施工试验记录（通用）填写说明 231
第3讲 地基基础工程施工试验资料填写说明 232
第4讲 结构工程施工试验资料填写说明 233
第5讲 装饰装修工程施工试验资料填写说明 240
第6讲 给水排水及采暖工程施工试验资料填写说明 242
第7讲 通风与空调工程施工试验资料填写说明 253
第8讲 建筑电气工程施工试验资料填写说明 260
第9讲 智能建筑工程施工试验资料填写说明 268
第10讲 施工试验记录及检测报告（C6类）表格填写示例 271

第9单元 施工质量验收记录（C7）资料管理 289
第1讲 施工质量验收记录资料签认 289
第2讲 施工质量验收记录资料填写说明 289
第3讲 施工质量验收资料表格填写示例 297

第10单元 工程竣工验收资料（C8）管理 301
第1讲 工程竣工验收资料的签认 301
第2讲 工程竣工验收资料填写说明 301

第3讲　工程竣工验收资料表格填写示例 306
第4部分　竣工图及工程资料组卷归档 313
第1单元　竣工图管理实工作务 313
　　第1讲　编制要求及内容 313
　　第2讲　竣工图类型与绘制 314
　　第3讲　竣工图章、签认及图纸折叠 320
第2单元　工程资料整理与组卷、归档 323
　　第1讲　工程资料整理、组卷、归档要求及方法 323
　　第2讲　竣工图组卷 350
　　第3讲　建筑与结构工程资料的验收与移交 351
参考文献 353

我们提供

图书出版、图书广告宣传、企业/个人定向出版、设计业务、企业内刊等外包、代选代购图书、团体用书、会议、培训，其他深度合作等优质高效服务。

编辑部	出版咨询	市场销售	门市销售
010-88386119	010-68343948	010-68001605	010-88386906

邮箱：jccbs-zbs@163.com　　网址：www.jccbs.com.cn

发展出版传媒　　服务经济建设

传播科技进步　　满足社会需求

（版权专有，盗版必究。未经出版者预先书面许可，不得以任何方式复制或抄袭本书的任何部分。举报电话：010-68343948）

第 1 部分

工程资料管理规划

第 1 单元　项目施工资料管理规划

为做好工程资料管理与归档工作，工程项目施工前应做好资料管理工作规划，并严格执行。以下以北京市某工程项目施工资料管理工作规划实例为参考。

第 1 讲　工程资料整理方法

项目部资料管理，结合《建筑工程资料管理规程》（DB11/T 695－2009）有关要求和城建档案馆有关要求和其他有关要求，制定本办法。

一、工程资料整理

（1）按《建筑工程资料管理规程》（DB11/T 695－2009）要求，整理为 A、B、C 三大类资料，各项目工程按资料数量多少分若干个科技档案盒各自存放、码放整齐，列 A 基建文件。

（2）施工过程中，随工程进度及时搜集归类可列目录表，用机打和手写编制以便进行查阅。

（3）施工中属于监理存查的资料在施工中应及时传递到监理手中，不能丢项漏项。

（4）在各项分部施工完成后，应及时整理资料，应保证没有遗留问题。

（5）基础、主体、竣工等各项验收后，应及时整理资料，保证资料的齐全和完整。

二、竣工资料组卷的具体要求

按《建筑工程资料管理规程》（DB11/T 695－2009）要求，资料整理三份，城建档案馆 1 份，建设单位（甲方）1 份，施工单位（公司）1 份。施工单位转甲方 2 份，包括城建档案馆 1 份，就具体资料整理做如下要求：

1.城建档案馆要求

档案用盒为城建档案盒，所用目录、封面、备考为按《建筑工程资料管理规程》（DB11/T 695－2009）附录 E 资料、图纸均如此。

资料整理，按《建筑工程资料管理规程》（DB11/T 695－2009）要求为：

①施工文件——管理验收卷

施工文件——土建卷

施工文件——电气卷

施工文件——给排水卷

……等若干卷次。

②每卷资料顺序为封面、目录、资料内容、备考、封底白纸。

资料内容见《建筑工程资料管理规程》（DB11/T 695－2009）表格编号栏顺序，每一种表格可按时间先后顺序往下排列。

说明：在土建卷中，水泥试验报告、钢筋原材料试验报告、砌砖（砌块）试验报告、其他材料试验报告等，每种报告单后附出厂材质证明，出厂试验报告，合格证等原件（或加盖公章的复印件）不是 A4 纸幅用 A4 复印纸贴好附后。

③封面编写举例：

名　　称：××项目

案卷题名：施工文件——土建卷（1、2……）

编制单位：××建设集团第××分公司第××项目经理部

技术主管：技术负责人签字或印章

编年日期：填写资料最早和最晚的日期

共××册，第××册（注：用铅笔标注，可先不填写）

2.建设单位存档资料

（1）用盒为科技档案盒所用目录、封面、备考资料、图纸均如此用盒，视资料多少而定，应装满盒为准。

（2）C1、C2、C4、C7 可以组成 1 卷，C3、C5、C6、C8 视资料多少再定。

例：C4 施工物资资料：分为"建筑、结构、装修材料卷"，"水、暖、卫材料卷"，"电气材料卷"等。C5，可分为施工试验记录——土建卷、电气卷、水暖卷等。

（3）C3 物资资料试验报告和出场材质证明、合格证中，除水泥、砖、钢筋或砌块，出厂合格证复件外，其余都应为盖红章原件。竣工图纸为散装，封面、目录、备考、填写齐全用棉线订在左上角放在每卷之首，折叠更改，按《建筑工程资料管理规程》（DB11/T 695－2009）要求做。

例：名称：××项目——结构

××项目——给排水、采暖

××项目——电气

……等若干。

（4）封面、目录、备考编写参照城建档案封面编写，编制，要求见《建筑工程资料管理规程》（DB11/T 695－2009）组卷要求。

（5）在 C8 资料竣工报告后面放入质量监督站对本楼号的检查记录，应无未了事项，不是 A4 纸用 A4 纸贴粘；应为原件，无原件可为复印件加盖公章。

（6）档案盒编写同于封面

例：**卷题名称**：××项目施工文件——土建卷1（……）

　　编制单位：××建设集团工程第X分公司第X项目经理部

　　编制日期：（填起止日期）

　　保管期限：（不填写）

　　密码：（不填写）

　　案脊：（填写从右往左编写，如下所示）

　　　　　　档号（不写）　　　　　　档号（不写）
　　　　　　案卷题名　　　　　　　案卷题名

　　　　　　工程文件　××项目　土建卷　　　　竣工图　××项目

3.施工单位存档资料

（1）用盒为档案盒，目录封面备考为附录 E 资料图纸均如此，用盒薄厚视资料多少而定，应装满盒为准。

（2）在 A 类应由施工单位保存资料中如：排列顺序为 A 类；如钉桩通知，验线通知。招标文件、施工合同，规划许可证附图，开工证，工程质量监督手续，工程各竣工备案表，《房屋质量保修书》等，能存原件的用原件，不能用原件的找甲方复印，编为 A 类资料。

（3）B 类资料为监理在施工中的资料，按顺序进行整理，装订即可，应有资料移交证书复印件。

（4）C 类资料整理组卷同于给甲方资料要求，在物资资料里使用为复印件的出厂合格证，出厂材质证明，试验报告。数量多时可 C1、C2、C3、C4、C5、C6、C7、C8 分别组卷。

（5）在 C8 竣工报告后放入质监站检查记录和工程移交书 1 份，要求同甲方要求。

（6）C8检验批资料按新规范表格调整，按原要求订成1册。竣工图纸除封面、目录、备考用有区别于城建档案要求外，其余仍按报城建档案图纸要求作，以上未尽事宜，详见《建筑工程资料管理规程》(DB11/T 695－2009)要求。

三、明确施工单位、项目经理部的职责

（1）应负责施工资料的管理工作，实行专人负责制，逐级建立健全施工资料管理岗位责任制。

（2）应负责汇总各分包单位编制的施工资料，分包单位应负责其分包范围内施工资料的收集和整理，并对施工资料的真实性、完整性和有效性负责。

（3）应在工程竣工验收前，将工程的施工资料整理、汇总完成。

（4）应负责编制三套施工资料，其中移交建设单位两套（含城建档案馆一套，自行保存一套。

第2讲 项目人员资料管理职责

一、建立技术主管领导负责制

施工技术管理工作贯穿于整个工程项目的施工全过程。对外涉及到工程监理、质量监督、建设单位、勘察设计单位、城建档案馆等单位。对内涉及到工程、技术、测量、材料、质检以及各分包单位。因此只有建立起项目技术主管领导主抓工程资料管理的责任制，才能有效的组织、协调沟通内外两方面，共同完成施工资料的收集、整理，并对施工资料的真实性、完整性和有效性负责，才能实现最终目标。

二、建立建全施工资料管理岗位责任制

（1）以施工组织设计为依据，以《建筑工程资料管理规程》(DB11/T 695－2009)的规定为基础，编制出适合本项目施工特点的施工资料管理流程、施工资料流程。

（2）依据施工技术资料管理系统图分解，落实相应的岗位责任，由岗位责任人按其专业、分部、分项工程要求同时收集相应的工程资料，并在规定的时间内及时送交资料员整理、归档。

（3）岗位责任人的职责与范围：

1）总工程师：

①组织编制工程施工组织设计、施工技术方案、施工方案、编制施工工艺标准和工序设计；

②负责组织进行设计交底和技术交底，负责工程洽商及各类施工方案的审核、按规定填写《施工现场质量管理检查记录》；

③负责引进有实用价值的新工艺、新技术、新材料；

④参与项目结构验收与竣工验收，负责组织阶段性验收资料的填写；

⑤负责做好各项施工技术总结；

⑥负责组织工程资料的交验工作。

2）项目工程组：

①根据项目总工期负责编制施工进度计划，季度计划、月计划及周作业计划；并填写施工进度计划报审表，交项目资料员上报经理审批后，由资料员报监理；

②负责项目施工的记录、施工进度计划分析及作业指导书；

③负责施工日记的填写，专项施工方案技术交底、分项工程施工技术交底；

④按时填报当月工、料、机动态表上报监理。

⑤负责施工过程中各分部（子分部）、分项的隐检、预检、分项报验资料，坚持资料与工程同步；

⑥由工长负责分包单位工程资料的隐、预检及分项报验资料的审核；

⑦负责地基钎探记录（附钎探图）、施工检查记录、交接检查记录、灌浆记录、拆模申请、钢筋加工检验及施工记录等资料；

⑧负责组织地基与基础、主体与结构验收、样板间与竣工验收。

对以上合格资料需报验应交质检员签字，由质检员报监理，返回后交资料员存档。

3）测量员：

①负责工程定位的测量、报验；

②负责基槽的验线、楼层平面放线、楼层标高抄测记录及建筑物垂直度、标高测量记录和填写。

以上资料需经项目技术负责人、工长、质量员检验签字，测量员上报监理，返回后报资料员。

4）物资材料员：

①负责对进入施工现场的物资材料（包括主要原材料、成品、半成品、构配件、设备等）进行检验与复验。所有进场物资必需附有出厂质量证明文件（包括产品合格证、质量合格证、检验报告、试验报告、产品生产许可证和质量保证书等）。同时质量证明文件应反映工程物资的品种、规格、数量、性能指标等，并与实际进场物资相符。

②负责检查质量证明文件的复印件是否与原件内容一致，是否加盖原件存放单位公章，并注明原件存放处，并有经办人签字和时间。

③负责对已经确定进场的材料填写进场报验单和材料进场检验记录，材料进场检验记录需经质量员签字，由材料员上报监理，返回后报项目资料员。

④做好物资材料台帐。

5）试验员：

①负责各种材料进场的复验、试验（包括钢材、水泥、砖、砂、石、外加剂、防冻剂、防水材料、钢筋接头、钢筋连接等）；

②负责施工及施工试验过程中各种试块的送验、土工击实试验报告、回填土试验报告（附图）、大体积混凝土测温记录、冬施养护测温记录（应绘制测温点布置图并标明具体部位名称）和各项试验报告资料；

③负责试块强度统计、评定记录并填写统计记录。

对以上合格资料需报验的应及时送交质量员填写报验单，由质检员报监理。返回后完整交资料员存档。

④见证取样由试验员和质量员共同请监理见证。

⑤建立建全各项试验台帐。

6）质量员：

①负责施工全过程的隐检、预检、分项报验的审核与签字，报监理；

②负责施工全过程分部（子分部）、分项工程的检验批和报验资料；

③负责分包单位检验批资料的审核并报送监理；

④参加对进场物资材料中成品、半成品的质量检验、复查检测结果，并对进场物资检验负责；

⑤参加对地基与基础、样板间、结构工程、竣工的验收；

⑥协调好与监理单位的联系，保证报验资料的及时审批。

⑦做好各种资料的台帐。

7）资料员：

①协助总工申报施工组织设计、施工方案等报审资料、申报分包商及供商资质资料；

②负责施工图纸的登记与发放，及时、准确搞好工程洽商的发放；

③及时收集、整理工程资料，并对工程资料内容按照归档要求进行检查（填写内容是否规范、标准、完整不漏项，编号是否正确）；对缺项资料要求及时补齐；

④定期对分包单位的资料进行检查，发现问题及时整改；

⑤做好各项资料的统计台帐。

8）水、电资料原则上由水、电工程责任人负责。

第3讲 工程资料的做法及规定

一、施工测量记录

（1）工程定位测量记录：C3-1（打印4份）

施工测量单位应依据测绘部门提供的放线成果、红线桩及场地控制网（或建筑物控制网），测定建筑物置、主控轴线及尺寸、建筑物±0.000绝对高程。并填写（工程定位测量记录），报监理单位审核。

（2）基槽验线记录：C3-2（打印4份）

施工单位应依据主控轴线和基底平面图，检查建筑物基底外轮廓线及水坑、电梯井坑、垫层标高（高程）、基槽断面尺寸和坡度等。并填写（基槽验线记录），报监理单位审核。

（3）楼层平面放线记录：C3－3（打印 4 份）

楼层平面放线内容包括轴线竖向投测控制线、各层墙柱轴线、墙柱边线、门窗洞口位置线、垂直度偏差等，测量员应在完成楼层平面放线后，立即填写（楼层平面放线记录），并报监理单位审核。

（4）楼层标高抄测记录：C3－4（打印 4 份）

楼层标高抄测内容包括楼层＋0.5m（或＋1.0m）水平控制线、皮数杆等，测量员应在完成楼层标高抄测后，立即填写（楼层标高抄测记录）并报监理单位审核。

（5）建筑物垂直度、标高测量记录：

施工单位应在结构工程完成和工程竣工时，对建筑物垂直度和全高进行实测并记录，立即填写（建筑物垂直度、标高测量记录）报监理单位审核。

二、分项工程质量验收

分项工程质量验收记录表：C7－5（打印 2 份）报监理。

三、分部工程质量验收

分部工程质量验收记录表：C7－6（打印 4 份）报监理。

四、施工日志

施工日志：C1－2（打印 1 份）。

施工日志应以单位工程为记载对象，从工程开工起至工程竣工止，按专业指定专人负责逐日记载，并保证内容真实、连续和完整。

五、技术交底

技术交底：C2－1（打印 2 份）

施工技术交底在分项施工前进行交底，要求通俗易懂、图文并茂，各项交底应签字齐全。

六、土建隐检记录

土建隐检记录：C5－1（打印 4 份）报监理。土建隐检项目及内容见表 1－1：

表1-1 土建隐检项目及内容

分部工程	隐检项目	隐检内容
1. 地基基础工程与主体结构工程隐检	①土方工程	基槽、房心回填前检查基底清理、基底标高情况等
	②支护工程	检查锚杆、土钉的品种、规格、数量、位置、插入长度、钻孔直径、深度和角度等，检查网结筋规格、间距。
	③地下防水工程	检查混凝土变形缝、施工缝、后浇带、穿墙套管、埋设件等设置的形式和构造。出口止水做法。防水层基层、防水材料规格、厚度、铺设方式、阴阳角处理、搭接密封处理等。
	④结构工程（基础主体钢筋）	检查用于绑扎钢筋的品种、规格、数量、位置、锚固和接头位置、搭接长度、保护层厚度和除锈、除污情况、钢筋代用变更及胡子筋处理等。
		检查钢筋连接型式、连接种类、接头位置、数量及焊条、焊剂、焊口型式、焊缝长度、厚度及表面清渣和连接质量等。
	⑤钢结构工程	检查地脚螺栓规格、位置、埋设方法、固定等。
	⑥外墙内、外保温	构造节点的做法
2. 建筑装饰装修工程隐检	①地面工程	检查各基层（垫层、找平层、隔离层、防水层、填充层、地龙骨）材料品种、规格、铺设厚度、方式、坡度、标高、表面情况、密封处理、粘结情况等。
	②抹灰工程	具有加强措施的抹灰应检查其加强构造的材料规格、铺设、固定、搭接等。
	③门窗工程	检查预埋件和锚固件，螺栓等的规格数量、位置、间距、埋设方式、与框的连接方式、防腐处理、缝隙的嵌填、密封材料的粘接等。
	④吊顶工程	检查吊顶龙骨及吊件材质、规格、间距、连接方式、固定方法、表面防火、防腐处理、外观情况、接缝和边缝情况、填充和吸声材料和品种、规格、铺设、固定情况等。
	⑤轻质隔墙工程	检查预埋件、连接件、拉结筋的规格位置、数量、连接方式、与周边墙体及顶棚的连接、龙骨连接、间距、防火、防腐处理、填充材料设置等。

续表

分部工程	隐检项目	隐检内容
2.建筑装饰装修工程隐检	⑥饰面板（砖）工程	检查预埋件、后置埋件、连接件规格、数量位置、连接方式、与周边墙体及顶棚的连接、龙骨连接、间距、防火、防腐处理、填充材料设置等。
	⑦幕墙工程	检查构件之间以及构件与主体结构的连接节点的安装及防腐处理；幕墙四周、幕墙与主体结构之间间隙节点的处理、封口的安装；幕墙伸缩缝、沉降缝、防震缝及墙面转角节点的安装；幕墙防雷接地节点的安装等。
	⑧细部工程	检查预埋件、后置埋件和连接件的规格、数量、位置、连接方式、防腐处理等。
3.建筑屋面工程隐检		检查基层、找平层、保温层、防水层、隔离层材料的品种、规格厚度、铺贴方式、搭接宽度、接缝处理、粘结情况；附加层、天沟、檐沟、泛水和变形缝细部做法、隔离层设置、密封处理部位等。

七、土建预检记录

土建预检记录：C5－19（打印 2 份）报监理。土建预检项目及预检内容见下表：

表1－2　土建预检项目及内容表

分部工程	预检内容
1.模板	检查几何尺寸、轴线、标高、预埋件及预留孔位置、模板牢固性、接缝严密性、起拱情况、清扫口留置、模内清理、脱模剂涂刷、止水要求等；节点做法，放样检查。
2.设备基础和预制构件安装	检查设备基础位置、混凝土强度、标高、几何尺寸、预留孔、预埋件等。
3.地上混凝土结构施工缝	检查留置方法、位置、接槎处理等。

八、交接检查记录

交接检查记录：C5－2（打印3份）

不同施工单位之间工程交接，应进行交接检查，填写交接检查记录C5－4。移交单位、接收单位和见证单位共同对移交工程进行验收,并对质量情况、遗留问题、工序要求、注意事项、成品保护等进行记录。

九、地基验槽检查记录

地基验槽检查记录 C5－3（打印 4 份）报监理。

建筑物进行施工验槽，检查内容包括基坑位置、平面尺寸、持力层核查、基底绝对高程和相对标高、基坑土质及地下水位等。

十、地基钎探记录

地基钎探记录：C5－5（打印 4 份）报监理。

十一、混凝土浇灌申请书

混凝土浇灌申请书：C5－6（打印 2 份）报监理。

正式浇筑混凝土前,施工单位应检查各项准备工作（如：钢筋、模板工程检查；水电预埋检查；材料设备及其它准备等）,自检合格填写（混凝土浇灌申请书）报请监理单位后方可浇筑混凝土。

十二、混凝土拆模申请单

混凝土拆模申请单：C5－7（打印 1 份）

在拆除现浇混凝土结构板、梁、悬臂构件等底模和柱墙拆模前,应填写混凝土拆模申请单,并附同条件混凝土强度报告,报项目专业技术负责人审批,通过后方可拆模。

十三、混凝土搅拌、养护测温记录

混凝土搅拌、养护测温记录：C5－8、C5－9（试验员做,工长配合）（打印 1 份）。

混凝土冬施搅拌测温记录应包括大气温度、原材料温度、出罐温度、入模温度等。混凝土冬施搅拌测温应先绘制测温点布置图,包括测温点的部位、深度等。测温记录应包括大气温度、各测温孔的实测温度、同一时间测得的各测温孔的平均温度和间隔时间等。

十四、大体积混凝土养护测温记录

大体积混凝土养护测温记录：C5－10（试验员做,工长配合）（打印 1 份）。

大体积混凝土施工应对入模时大气温度、各测温孔温度、内外温差和裂缝进行检查和记录。

大体积混凝土养护测温应附测温点布置图,包括测温点的布置、深度等。

十五、构件吊装记录

构件吊装记录：C5－11（打印1份）。

预制混凝土构件、大型钢、木构件吊装应有（构件吊装记录），吊装记录内容包括：构件名称、安装位置、搁置与搭接长度、接头处理、固定方法、标高等。

十六、焊接材料烘焙记录

焊接材料烘焙记录：C5－12（打印1份）（试验员做）。

按照规范和工艺文件等规定须烘焙的焊接材料应进行烘焙，并填写烘焙记录。其内容包括：烘焙方法、烘干温度、要求烘干时间、实际烘焙时间和保温要求等。

十七、地下工程防水效果检查记录

地下工程防水效果检查记录：C5－14（打印4份）报监理。

地下工程验收时，应对地下工程有无渗漏现象进行检查，并填写（地下工程防水效果检查记录），检查内容包括裂缝、渗漏部位、大小、渗漏情况、处理意见等，发现渗漏现象应制作（背水内表面结构工程展开图）。

十八、防水工程试水检查记录

防水工程试水检查记录：C5－14（打印4份）报监理。

（1）凡有防水要求的房间应有防水层及装修后的蓄水检查记录。检查内容为：蓄水方式、蓄水时间、蓄水深度、水落管口及边缘的封堵情况和有无渗漏现象。蓄水时间不得少于24水时。

（2）屋面工程完工后，应对细部构造（屋面天沟、檐沟、檐口、泛水、水落口、变形缝、伸出屋面管道等）、接缝处和保护层进行雨期观察或淋水、蓄水检查。淋水试验持续时间不得少于2小时，做蓄水检查的层面，蓄水时间不得少于24水时。

十九、通风（烟）道检查记录

通风（烟）道检查记录：C5－15（打印2份）报监理。

建筑通风（烟）道应全数做（抽）风和漏风、串风试验，并做检查记录。

二十、预应力施工记录

预应力施工记录：C5－16C5－17（打印4份）报监理。

（1）预应力筋张拉记录（一）：包括预应力施工部位、预应力筋规格、平面示意图、张拉程序、应力记录、伸长量等。

（2）预应力筋张拉记录（二）对每根预应力筋的张拉实测值进行记录。

后张法预应力张拉施工应实行见证管理，按规定做见证张拉记录。

第4讲 验收资料的做法及规定

一、资料编号原则

每个分部里的每个分项工程用一个流水号（从 001 依次往下编）。

例如：①相同分部不同分项检验批的流水号应分开（从 001 依次往下编）。

例如：地基与基础工程的钢筋检验批、模板检验批、混凝土检验批、土方检验批、防水检验批等应各有一个流水号（从 001 依次往下编）。

②不同分部相同应分项检验批的流水号应分开。例如：地基与基础工程的钢筋检验批应用一个流水号从 001 依次往下编，主体工程的钢筋检验批应用一个流水号从 001 依次往下编。

二、检验批质量验收记录

（1）检验批施工完成后，分包单位质检员自检合格后，由项目专业质检员验收并填报《____检验批质量验收记录表》。

（2）____分项工程质量验收记录表：（相当于一个分项目录。例如：钢筋、混凝土、模板等）

（3）分项工程完成后（即分项工程所包含的检验批均已完成），项目部专业质检员自检合格后，应填报《____分项工程质量验收记录表》。

（4）____子分部工程质量验收记录表：（指一般抹灰、门窗、防水、混凝土、模板、钢筋、现浇结构等中的各项资料）分部（子分部）工程完成后，项目部专业质检员自检合格后，应填报《____子分部工程质量验收记录表》。

（5）____分部工程质量验收记录表：

后应附单位（子单位）工程质量控制资料核查记录表、单位（子单位）工程安全和功能检验资料核查及主要功能抽查记录、单位（子单位）工程观感质量检查记录；①地基与基础、②主体结构、③建筑装饰装修、④建筑屋面、⑤建筑给水排水及采暖、⑥建筑电气、⑦智能建筑、⑧通风与空调、⑨电梯等 9 个分部，当分部工程完工后，项目专业质检员应先行组织自检，合格后填写《____分部工程质量验收记录表》。

（6）单位（子单位）工程质量竣工验收记录：

工程竣工后，项目质检部对此工程进行工程质量竣工验收记录，填写单位（子单位）工程质量竣工验收记录。

（7）自检交接检查记录：（由分包单位做，工长监督）

每个分项工程都要分部位进行自检交接检查记录。

第5讲 对工程资料管理的具体要求

一、资料管理规范化

各岗位负责人、分包单位资料员应了解《建筑工程资料管理规程》(DB11/T 695—2009)内容和填写要求，对其所要添写的内容必须使用标准、规范用语，填写清楚、具体，做到不漏项、不涂改，对所送交的工程资料负责，确保各自资料的及时、真实、完整和手续齐全、编号正确、符合要求。确保资料与施工同步。保证各工序相互间能交上圈。

二、及时、完整

1.及时

建设单位和监理单位要求填写的资料各岗位责任人、分包单位资料员应及时、认真填写，不得拖延。

2.完整性

专业分包的技术资料在施工期内应本着"谁施工谁做资料"的原则，由专业分包单位指定专人负责收集、整理，并接受项目经理部资料员的检查和指导，在项目竣工交验前将资料交总承包商，由总承包商汇总后交业主。同时项目管理部在管理措施上加强管理，做到工程资料不交清不放人，工程资料不合格不结算。以确保工程资料的完整。

三、准确、有效

1.真实准确

主管经理应当依据施工组织设计实施中容易产生岗位不清的薄弱环节、工序结合部制定相应的预案，明确专人负责，避免因人员更迭造成工程技术资料的缺项、或各专业、各工序之间交不上圈而无法弥补。

2.资料有效

项目资料员必须熟悉和掌握《建筑工程资料管理规程》(DB11/T 695—2009)，了解及重点，并按照归档要求检查各岗位负责人和分包单位上报的技术资料，对不符合归档要求的资料有责任提出整改意见，要求岗位责任人重新添写。资料员应随时收集、整理资料。

四、统一规范

按照归档要求施工资料必须使用原件，对有特殊原因不能使用原件的，应在复印件或抄件上加盖公章并注明原件存放处。对所填写的内容（原则上机打）及签名（手签）处必须用签字笔（即碳素笔）书写，要求字迹清晰、工整，不得用草书或艺术字签字。使用的纸张一律用 A4 纸。对不符合要求的纸张（主要指各种质量证明文件）应有序粘贴在 A4 纸上。

五、管理制度化

必须将施工资料的管理工作纳入日常管理工作中。主管经理依据施工组织设计的要求，按照实际形象进度，以分部、分项对岗位责任人进行阶段目标监督考核，并与奖惩挂钩。（对不按时交资料，存档以及不按时整改资料的责任人，对项目资料员不能及时收集、整理、存放、发放各种资料者，由项目部处以处罚。）

第6讲 施工资料管理对策及检查方法

一、解决的方法

1.提高员工素质

项目部应组织技术员、质检员、资料员、试验员、工长等施工资料相关人员进行施工资料管理和国家规范、规程学习的培训，使他们明确原材料试验中的取样方法、取样频率、取样代表数量及其它相关规定，提高他们的业务水平和综合能力。项目部还应组织相关人员参加"样板工程"学习，以借鉴其长处。

2.确保施工资料的及时性

施工资料可以对现场施工做技术指导，同时也是现场施工进度和质量的反馈，因此，应确保施工资料的及时性。这样，才能保证施工资料与现场施工进度同步，与其它技术资料交圈、吻合，也才能保证施工资料的可预控性和可追溯性，达到过程质量控制的目的。保证施工资料的及时性是确保施工资料完整性和正确性的前提和基础。

3.加强预控与协调

制定施工资料管理标准，明确工作程序，落实责任到人。对施工资料的收集、整理、编目、查阅、保管和归档都应该以制度的形式明确下来，尽量使施工资料用语规范化。在项目开工时，项目总工程师应该召开所有相关人员专题会议，制定出施工资料的样板，如资料收集对"收集人"、"收集依据"、"收集时间"、"收集范围"、"收集要求"均做出具体规定，必要时可增加子目或附页予以解释，加强预控，使施工资料管理工作做到"填写有依据，检查有根据"，避免工作的随意性和片面性。

另外，施工资料相关人员，相关工种要加强协调，相互通报，项目总工程师每周组织施工资料相关人员进行集体办公，主要完成隐检、预检、交接检、报验等资料的签字手续，施工日志的记录等内容，力争当天问题当天解决。

4.明确人员分工

在资料整理过程中，明确人员分工。一般技术人员负责方案的编制和技术控制；材料员负责原材料报验；质检员负责质量评定和分项/分部工程报验；工长负责技术交底、隐预检资料和交接检；试验员负责试验相关资料；资料员负责资料的收集和整理；项目总工程师负责审查和控制。

二、施工资料管理的误区及注意事项

1.施工资料与工程资料和施工技术资料的区别

施工资料是施工单位在工程的施工过程中形成并收集汇编的文件或资料的统称，工程资料是工程建设全过程形成的并收集汇编的文件或资料的统称，其编制方为施工单位、监理单位和建设单位。施工技术资料是施工资料中技术含量较高的一部分（编号为C2）。因此，三者的含盖范围不同，用数学中的子集概念可表示为：工程资料⊆施工资料⊆施工技术资料。

2.施工资料管理要与新规范及电子化管理接轨

施工资料的编制要逐渐实现以旧规范为依据的过渡。尤其是采用新规范进行设计的工程，更应采用新规范进行施工和验收。新的验收标准坚持"评验分离、强化验收、完善手段、过程控制"的指导思想，施工单位对工程质量只作合格验收，不设优良等级，并强化了验收批的概念。

3.施工资料按日期编号

施工资料应该是现场施工过程和施工工序的真实反映，因此，施工资料应该严格按日期排序编号，即使实际中出现未按流水段的理想状况进行施工的情况。在资料整理时严格按施工流水段和部位编号，出现了某工序施工时间在前，而资料编号在后的情况。

4.横向资料要协调、交圈

在施工资料编制、整理过程中，各资料编制人员的资料要协调、一致，包括时间、内容、工艺方法、评定标准和等级等等。每个人的资料前后（纵向资料）容易一致，但如果缺乏交流，编制人员之间的资料（横向资料）就很难交圈。如检验批验收，要注意施工工艺流程和质量递进关系。

5.质量保证资料要真实、完整、规范

施工中所需要的所有原材料、半成品都应有合格证和试验报告。需要特别强调的是，如是复印件，要注明原件存放单位，并需加盖单位印章和经办人签字；材料进厂后，要及时按规范要求取样送检；凡使用新材料、新产品、新工艺、新技术的，应备案法定单位的鉴定报告，并在使用前进行检验。

三、施工资料检查方法

1.与施工图纸核对法

施工图纸是最规范、最权威的工程语言。在施工资料检查前，首先要阅读施工图纸，尤其是总说明，以此来了解工程概况、结构类型和所用材料，然后根据图纸要求进行资料核查。例如通过图纸可知钢筋的材质、规格、连结方式、间距；混凝土的品种、强度等级；防水材料的种类等等，尤其要注意特殊部位的特殊要求，做到心中有数，有的放矢地进行资料核查工作。

2.与施工现场核对法

在施工资料检查前,要进行一次现场检查,留意现场的施工部位;所用钢材的品种、规格、搭接长度、定位措施;模板的布置类型;混凝土的踢凿部位;同条件养护试块的留置等情况,并在现场进行质量抽检,如构件截面尺寸;钢筋保护层厚度;钢筋间距。在资料核查时,要重点检查资料是否全面、翔实,是否是现场施工进度和质量的真实反映。

3.纵向资料检查与横向资料检查结合法

在施工资料检查中,纵向资料检查要与横向资料检查相结合,核查不同资料的内容、时间、工艺是否交圈;各工序交接检是否合理;资料工程用语是否规范、统一。横向资料交叉检查时资料检查工作的重点,也是最能反映资料问题的方法。如抽查到地下防水工程报验单,可以检查防水材料的质量保证资料是否齐全,复试报告是否合格,以及防水隐检内容是否合理,时间是否对应。

整理一套与其施工内容和进度相适应的真实、完整、系统的施工资料是十分必要的。做好施工资料的管理工作,从施工准备入手,以现场实际情况为主轴,采取有效的管理措施,建立与具体实施相适应的保障制度,使整个施工生产乃至竣工验收资料的管理工作均处于严密的受控状态,以达到施工资料能够真实地保证和反映施工进度及工程质量,具有可预控性和可追溯性的目的。

第2单元 工程质量验收及资料要求

第1讲 建筑工程施工质量验收程序及要求

一、施工质量验收基本要求

1.工程质量验收的依据

(1)应符合国家标准《建筑工程施工质量验收统一标准》(GB50300—2013)和相关专业"质量验收规范"的规定。

(2)应符合工程项目勘察、设计文件(含设计图纸、图集和设计变更单等)的要求。

(3)应符合地方政府和建设行政主管部门有关质量的规定。如上海市建委对特细砂、海砂、立窑水泥等制订了禁止、限制使用的规定等。

(4)应满足施工承包合同中有关质量的约定。如提高某些质量验收指标;对混凝土结构实体采用钻芯取样检测混凝土强度等。

2.工程质量验收涉及的资格与资质要求

(1)参加质量验收的各方人员应具备规定的资格。

资格既是对验收人员的知识和实际经验上的要求，同时也是对其技术职务、执业资格上的要求。如单位工程观感检查人员，应具有丰富的经验；分部工程应由总监理工程师组织验收，不能由专业监理工程师替代等。

（2）承担见证取样检测及有关结构安全检测的单位，应为经过省级以上建设行政主管部门对其资质认可和质量技术监督部门已通过对其计量认证的质量检测单位。

3. 验收单位

建筑工程质量在施工单位自行检查合格的基础上，由工程质量验收责任方组织，工程建设相关单位参加，对检验批、分项、分部、单位工程及其隐蔽工程的质量进行抽样检验，对技术文件进行审核，并根据设计文件和相关标准以书面形式对工程质量是否达到合格作出确认。

质量验收工作既要分清了各单位的不同的质量责任，又明确了生产方处于主导地位该承担的首要质量责任。

4. 工程质量验收

（1）隐蔽工程竣工前应由施工单位通知有关单位进行验收，并填写隐蔽工程验收记录。

这是对难以再现部位和节点质量所设的一个停止点，应重点检查，共同确认，并宜留下影像资料佐证。

（2）涉及结构安全的试块、试件及有关材料，应在监理单位或建设单位人员的见证下，由施工单位试验人员在现场取样，送至有相应资质的检测单位进行测试。进行见证取样送检的比例不得低于检测数量的 30％，交通便捷地区比例可高些，如上海地区规定为 100％。

对涉及结构安全和使用功能的重要分部工程，应按专业规范的规定进行抽样检测。以此来验证和保证房屋建筑工程的安全性和功能性，完善了质量验收的手段，提高了验收工作准确性。

（3）检验批的质量应按主控项目和一般项目进行验收，进一步明确检验批验收的基本范围和要求。

（4）工程的观感质量应由验收人员通过现场检查，并应共同确认。

观感质量检查应在施工现场进行，并且不能由一个人说了算，而应共同确认。

二、制订抽样检验方案

抽样检验是利用批或过程中随机抽取的样本，对批或过程的质量进行检验，作出是否接收的判决，是介于不检验和百分之百检验之间的一种检验方法。百分之百检验需要花费大量的人力、物力和时间，而且有的检验项目带有破坏性，不允许百分之百检验，因此，采用抽样检验的办法。

对检验批的抽样方案可根据检验项目的特点进行选择。计量、计数检验可分为全数检验和抽样检验两类。对于重要且易于检查的项目，可采用简易快速的非破损检验方法时，宜选用全数检验。

1.抽样方案

检验批的质量检验，可根据检验项目的特点在下列抽样方案中选取：

（1）计量、计数或计量—计数的抽样方案；

（2）一次、二次或多次抽样方案；

（3）对重要的检验项目，当有简易快速的检验方法时，选用全数检验方案；

（4）根据生产连续性和生产控制稳定性情况，采用调整型抽样方案；

（5）经实践证明有效的抽样方案。

2.抽样数量

检验批抽样样本应随机抽取，满足分布均匀、具有代表性的要求，抽样数量应符合有关专业验收规范的规定。当采用计数抽样时，最小抽样数量应符合表1—3的要求。

表1—3 检验批最小抽样数量

检验批的容量	最小抽样数量	检验批的容量	最小抽样数量
2~15	2	151~280	13
16~25	3	281~500	20
26~90	5	501~1200	32
91~150	8	1201~3200	50

三、建筑工程质量验收的划分

为了使建筑施工过程质量得到及时和有效控制，为了全面、全过程实施对建筑工程施工质量的验收，建筑工程质量验收应划分为单位（子单位）工程、分部（子分部）工程、分项工程和检验批，并按相应规定的程序组织验收。

1.单位（子单位）工程划分的原则

（1）具备独立施工条件并能形成独立使用功能的建筑物及构筑物为一个单位工程，通常由结构、建筑与建筑设备安装工程共同组成。如一幢公寓楼、一栋厂房、一座泵房等，均应单独为一个单位工程。

（2）建筑规模较大的单位工程，可将其能形成独立使用功能的部分划为两个或两个以上子单位工程。

这对于满足建设单位早日投入使用，提早发挥投资效益，适应市场需要是十分有益的。如一个单位工程由塔楼与裙房组成，可根据建设方的需要，将塔楼与裙房划分为两个单位工程，分别进行质量验收，按序办理竣工备案手续。子单位工程的划分应在开工前预先确定，并在施工组织设计中具体划定，并应采取技术措施，既要确保后验收的子单位工程顺利进行施工，又能保证先验收的子单位工程的使用功能达到设计的要求，并满足使用的安全。

一个单位工程中，子单位工程不宜划分得过多，对于建设方没有分期投入使用要求的较大规模工程,不应划分子单位工程。

(3) 室外工程划分,可根据专业类别和工程规模,划分子单位工程、分部工程和分项工程,见表1—4。

表1—4 室外工程划分

单位工程	子单位工程	分部工程
室外设施	道路	路基、基层、面层、广场与停车场、人行道、人行地道、挡土墙、附属构筑物
	边坡	土石方、挡土墙、支护
附属建筑及室外环境	附属建筑	车棚、围墙、大门、挡土墙
	室外环境	建筑小品,亭台,水景,连廊,花坛,场坪绿化,景观桥

单位工程子单位工程分部(子分部)工程室外建筑环境附属建筑车棚、围墙、大门、挡土墙、垃圾收集站室外环境建筑小品、道路、亭台、连廊、花坛、场坪绿化室外安装给排水与采暖室外给水系统、室外排水系统、室外供热系统电气室外供电系统、室外照明系统

2. 分部(子分部)工程划分的原则

(1) 分部工程的划分可按专业性质、建筑部位确定。

建筑与结构工程划分为地基与基础、主体结构、建筑装饰装修(含门窗、地面工程)和建筑屋面等4个分部。地基与基础分部包括房屋相对标高±0.000以下的地基、基础、地下防水及基坑支护工程,其中有地下室的工程,其首层地面以下的结构工程属于地基与基础分部工程;地下室内的砌体工程等可纳入主体结构分部,地面、门窗、轻质隔墙、吊顶、抹灰工程等应纳入建筑装饰装修工程。

建筑设备安装工程划分为建筑给排水及采暖、建筑电气、智能建筑、通风与空调及电梯等5个分部。

(2) 当分部工程较大或较复杂时,可按材料种类、施工特点、施工程序、专业系统及类别等,净分部工程划分为若干个子分部工程。

如建筑屋面分部可划分为卷材防水、涂膜防水、刚性防水、瓦、隔热屋面等5个子分部。当分部工程中仅采用一种防水屋面形式时可不再划分子分部工程。建筑工程分部(子分部),分项工程划分应符合《建筑工程施工质量验收统一标准》(GB 50300—2013)的规定。

3. 分项工程、检验批的划分原则

(1) 分项工程应按主要工种、材料、施工工艺、设备类别等进行划分.如模板、钢筋、混凝土分项工程是按工种进行划分的。

(2) 分项工程划分成检验批进行验收。检验批可根据施工、质量控制和专业验收的需要,按工程量、楼层、施工段、变形缝进行划分。

施工前,应由施工单位制定分项工程和检验批的划分方案,并由监理单位审核。对于《建筑工程施工质量验收统一标准》(GB50300—2013)及相关专业验收规范

未涵盖的分项工程和检验批,可由建设单位组织监理、施工等单位协商确定。

检验批的划分有助于及时纠正施工中出现的质量问题,确保工程质量,也符合施工实际需要。多层及高层建筑工程中主体结构分部的分项工程可按楼层或施工段来划分检验批,单层建筑工程中的分项工程可按变形缝等划分检验批;地基与基础分部工程中的分项工程一般划分为一个检验批,有地下层的基础工程可按不同地下层划分检验批;屋面分部工程中的分项工程,不同楼层屋面可划分为不同的检验批;其他分部工程的分项工程,可按楼层或一定数量划分检验批;对于工程量较少的分项工程可统一划分为一个检验批。安装工程一般按一个设计系统或设备组别划分为一个检验批。室外工程统一划分为一个检验批。散水、台阶、明沟等含在地面检验批中。

地基基础中的土石方,基坑支护子分部工程及混凝土工程中的模板工程,虽不构成建筑工程实体,但它是建筑工程施工不可缺少的重要环节和必要条件,其施工质量如何,不仅关系到能否施工和施工安全,也关系到建筑工程质量,因此将其列入施工验收内容。

4.建筑工程分部工程、分项工程划分

建筑工程的分部工程、分项工程划分,见表1—5。

表1—5 建筑工程分部工程、分项工程划分

序	分部工程	子分部工程	分项工程
1	地基与基础	地基	素土、灰土地基、砂和砂石地基、土工合成材料地基,粉煤灰地基,强夯地基,注浆地基,预压地基,砂石复合桩地基,高压喷射注浆地基,水泥土搅拌桩地基,土和灰土挤密桩地基,水泥粉煤灰碎石桩地基,夯实水泥土桩地基
		基础	无筋扩展基础,钢筋混凝土扩展基础,筏形与箱形基础,钢结构基础,钢管混凝土结构基础,型钢混凝土结构基础,钢筋混凝土预制桩基础,泥浆护壁成孔灌注桩基础,干作业成孔桩基础,长螺旋钻孔压灌桩基础,沉管灌注桩基础,钢桩基础,锚杆静压桩基础,岩石锚杆基础,沉井与沉箱基础
		基坑支护	灌注桩排桩围护墙,板桩围护墙,咬合桩围护墙,型钢水泥土搅拌墙,土钉墙,地下连续墙,水泥土重力式挡墙,内支撑,锚杆,与主体结构相结合的基坑支护
		地下水控制	降水与排水,回灌
		土方	土方开挖,土方回填,场地平整
		边坡	喷锚支护,挡土墙,边坡开挖
		地下防水	主体结构防水,细部构造防水,特殊施工法结构防水,排水,注浆

续表

序	分部工程	子分部工程	分项工程
2	主体结构	混凝土结构	模板,钢筋,混凝土,预应力、现浇结构,装配式结构
		砌体结构	砖砌体,混凝土小型空心砌块砌体,石砌体,配筋砖砌体,填充墙砌体
		钢结构	钢结构焊接,紧固件连接,钢零部件加工,钢构件组装及预拼装,单层钢结构安装,多层及高层钢结构安装,钢管结构安装,预应力钢索和膜结构,压型金属板,防腐涂料涂装,防火涂料涂装
		钢管混凝土结构	构件现场拼装,构件安装,钢管焊接,构件连接,钢管内钢筋骨架,混凝土
		型钢混凝土结构	型钢焊接,紧固件连接,型钢与钢筋连接,型钢构件组装及预拼装,型钢安装,模板,混凝土
		铝合金结构	铝合金焊接,紧固件连接,铝合金零部件加工,铝合金构件组装,铝合金构件预拼装,铝合金框架结构安装,铝合金空间网格结构安装,铝合金面板,铝合金幕墙结构安装,防腐处理
		木结构	方木和原木结构,胶合木结构,轻型木结构,木结构的防护
3	建筑装饰装修	建筑地面	基层铺设,整体面层铺设,板块面层铺设,木、竹面层铺设
		抹灰	一般抹灰,保温层薄抹灰,装饰抹灰,清水砌体勾缝
		外墙防水	外墙砂浆防水,涂膜防水,透气膜防水
		门窗	木门窗安装,金属门窗安装,塑料门窗安装,特种门安装,门窗玻璃安装
		吊顶	整体面层吊顶,板块面层吊顶,格栅吊顶
		轻质隔墙	板材隔墙,骨架隔墙,活动隔墙,玻璃隔墙
		饰面板	石板安装,陶瓷板安装,木板安装,金属板安装,塑料板安装
		饰面砖	外墙饰面砖粘贴,内墙饰面砖粘贴
		幕墙	玻璃幕墙安装,金属幕墙安装,石材幕墙安装,陶板幕墙安装
		涂饰	水性涂料涂饰,溶剂型涂料涂饰,美术涂饰
		裱糊与软包	裱糊、软包
		细部	橱柜制作与安装,窗帘盒和窗台板制作与安装,门窗套制作与安装,护栏和扶手制作与安装,花饰制作与安装

续表

序	分部工程	子分部工程	分项工程
4	屋面	基层与保护	找平层和找坡层，隔汽层，隔离层，保护层
		保温与隔热	板状材料保温层，纤维材料保温层，喷涂硬泡聚氨酯保温层，现浇泡沫混凝土保温层，种植隔热层，架空隔热层，蓄水隔热层
		防水与密封	卷材防水层，涂膜防水层，复合防水层，接缝密封防水
		瓦面与板面	烧结瓦和混凝土瓦铺装，沥青瓦铺装，金属板铺装，玻璃采光顶铺装
		细部构造	檐口，檐沟和天沟，女儿墙和山墙，水落口，变形缝，伸出屋面管道，屋面出入口，反梁过水孔，设施基座，屋脊，屋顶窗
5	建筑给水排水及供暖	室内给水系统	给水管道及配件安装，给水设备安装，室内消火栓系统安装，消防喷淋系统安装，防腐，绝热，管道冲洗、消毒，试验与调试
		室内排水系统	排水管道及配件安装，雨水管道及配件安装，防腐，试验与调试
		室内热水系统	管道及配件安装，辅助设备安装，防腐，绝热，试验与调试
		卫生器具	卫生器具安装，卫生器具给水配件安装，卫生器具排水管道安装，试验与调试
		室内供暖系统	管道及配件安装，辅助设备安装，散热器安装，低温热水地板辐射供暖系统安装，电加热供暖系统安装，燃气红外辐射供暖系统安装，热风供暖系统安装，热计量及调控装置安装，试验与调试，防腐，绝热
		室外给水管网	给水管道安装，室外消火栓系统安装，试验与调试
		室外排水管网	排水管道安装，排水管沟与井池，试验与调试
		室外供热管网	管道及配件安装，系统水压试验，土建结构，防腐，绝热，试验与调试
		建筑饮用水供应系统	管道及配件安装，水处理设备及控制设施安装，防腐，绝热，试验与调试
		建筑中水系统雨水利用系统	建筑中水系统、雨水利用系统管道及配件安装，水处理设备及控制设施安装，防腐，绝热，试验与调试

续表

序	分部工程	子分部工程	分项工程
5	建筑给水排水及供暖	游泳池及公共浴池水系统	管道及配件系统安装，水处理设备及控制设施安装，防腐，绝热，试验与调试
		水景喷泉系统	管道系统及配件安装，防腐，绝热，试验与调试
		热源及辅助设备	锅炉安装，辅助设备及管道安装，安全附件安装，换热站安装，防腐，绝热，试验与调试
		监测与控制仪表	检测仪器及仪表安装，试验与调试
6	通风与空调	送风系统	风管与配件制作，部件制作，风管系统安装，风机与空气处理设备安装，风管与设备防腐，旋流风口、岗位送风口、织物（布）风管安装，系统调试
		排风系统	风管与配件制作，部件制作，风管系统安装，风机与空气处理设备安装，风管与设备防腐，吸风罩及其他空气处理设备安装，厨房、卫生间排风系统安装，系统调试
		防排烟系统	风管与配件制作，部件制作，风管系统安装，风机与空气处理设备安装，风管与设备防腐，排烟风阀（口）、常闭正压风口、防火风管安装，系统调试
		除尘系统	风管与配件制作，部件制作，风管系统安装，风机与空气处理设备安装，风管与设备防腐，除尘器与排污设备安装，吸尘罩安装，高温风管绝热，系统调试
		舒适性空调系统	风管与配件制作，部件制作，风管系统安装，风机与空气处理设备安装，风管与设备防腐，组合式空调机组安装，消声器、静电除尘器、换热器、紫外线灭菌器等设备安装，风机盘管、变风量与定风量送风装置、射流喷口等末端设备安装，风管与设备绝热，系统调试
		恒温恒湿空调系统	风管与配件制作，部件制作，风管系统安装，风机与空气处理设备安装，风管与设备防腐，组合式空调机组安装，电加热器、加湿器等设备安装，精密空调机组安装，风管与设备绝热，系统调试
		净化空调系统	风管与配件制作，部件制作，风管系统安装，风机与空气处理设备安装，风管与设备防腐，净化空调机组安装，消声器、静电除尘器、换热器、紫外线灭菌器等设备安装，中、高效过滤器及风机过滤器单元等末端设备清洗与安装，洁净度测试，风管与设备绝热，系统调试

续表

序	分部工程	子分部工程	分项工程
6	通风与空调	地下人防通风系统	风管与配件制作，部件制作，风管系统安装，风机与空气处理设备安装，风管与设备防腐，过滤吸收器、防爆波活门、防爆超压排气活门等专用设备安装，系统调试
		真空吸尘系统	风管与配件制作，部件制作，风管系统安装，风机与空气处理设备安装，风管与设备防腐，管道安装，快速接口安装，风机与滤尘设备安装，系统压力试验及调试
		冷凝水系统	管道系统及部件安装，水泵及附属设备安装，管道冲洗，管道、设备防腐，板式热交换器、辐射板及辐射供热、供冷地埋管，热泵机组设备安装，管道、设备绝热，系统压力试验及调试
		空调（冷、热）水系统	管道系统及部件安装，水泵及附属设备安装，管道冲洗，管道、设备防腐，冷却塔与水处理设备安装，防冻伴热设备安装，管道、设备绝热，系统压力试验及调试
		冷却水系统	管道系统及部件安装，水泵及附属设备安装，管道冲洗，管道、设备防腐，系统灌水渗漏及排放试验，管道、设备绝热
		土壤源热泵换热系统	管道系统及部件安装，水泵及附属设备安装，管道冲洗，管道、设备防腐，埋地换热系统与管网安装，管道、设备绝热，系统压力试验及调试
		水源热泵换热系统	管道系统及部件安装，水泵及附属设备安装，管道冲洗，管道、设备防腐，地表水源换热管与管网安装，除垢设备安装，管道、设备绝热，系统压力试验及调试
		蓄能系统	管道系统及部件安装，水泵及附属设备安装，管道冲洗，管道、设备防腐，蓄水罐与蓄冰槽、罐安装，管道、设备绝热，系统压力试验及调试
		压缩式制冷（热）设备系统	制冷机组及附属设备安装，管道、设备防腐，制冷剂管道及部件安装，制冷剂灌注，管道、设备绝热，系统压力试验及调试
		吸收式制冷设备系统	制冷机组及附属设备安装，管道、设备防腐，系统真空试验，溴化锂溶液加灌，蒸汽管道系统安装，燃气或燃油设备安装，管道、设备绝热，试验及调试
		多联机（热泵）空调系统	室外机组安装，室内机组安装，制冷剂管路连接及控制开关安装，风管安装，冷凝水管道安装，制冷剂灌注，系统压力试验及调试

续表

序	分部工程	子分部工程	分项工程
6	通风与空调	太阳能供暖空调系统	太阳能集热器安装，其他辅助能源、换热设备安装，蓄能水箱、管道及配件安装，防腐，绝热，低温热水地板辐射采暖系统安装，系统压力试验及调试
		设备自控系统	温度、压力与流量传感器安装，执行机构安装调试，防排烟系统功能测试，自动控制及系统智能控制软件调试
7	建筑电气	室外电气	变压器、箱式变电所安装，成套配电柜、控制柜（屏、台）和动力、照明配电箱（盘）及控制柜安装，梯架、支架、托盘和槽盒安装，导管敷设，电缆敷设，管内穿线和槽盒内敷线，电缆头制作、导线连接和线路绝缘测试，普通灯具安装，专用灯具安装，建筑照明通电试运行，接地装置安装
		变配电室	变压器、箱式变电所安装，成套配电柜、控制柜（屏、台）和动力、照明配电箱（盘）安装，母线槽安装，梯架、支架、托盘和槽盒安装，电缆敷设，电缆头制作、导线连接和线路绝缘测试，接地装置安装，接地干线敷设
		供电干线	电气设备试验和试运行，母线槽安装，梯架、支架、托盘和槽盒安装，导管敷设，电缆敷设，管内穿线和槽盒内敷线，电缆头制作、导线连接和线路绝缘测试，接地干线敷设
		电气动力	成套配电柜、控制柜（屏、台）和动力配电箱（盘）安装，电动机、电加热器及电动执行机构检查接线，电气设备试验和试运行，梯架、支架、托盘和槽盒安装，导管敷设，电缆敷设，管内穿线和槽盒内敷线，电缆头制作、导线连接和线路绝缘测试
		电气照明	成套配电柜、控制柜（屏、台）和照明配电箱（盘）安装，梯架、支架、托盘和槽盒安装，导管敷设，管内穿线和槽盒内敷线，塑料护套线直敷布线，钢索配线，电缆头制作、导线连接和线路绝缘测试，普通灯具安装，专用灯具安装，开关、插座、风扇安装，建筑照明通电试运行
		备用和不间断电源	成套配电柜、控制柜（屏、台）和动力、照明配电箱（盘）安装，柴油发电机组安装，不间断电源装置及应急电源装置安装，母线槽安装，导管敷设，电缆敷设，管内穿线和槽盒内敷线，电缆头制作、导线连接和线路绝缘测试，接地装置安装
		防雷及接地	接地装置安装，防雷引下线及接闪器安装，建筑物等电位连接，浪涌保护器安装

续表

序	分部工程	子分部工程	分项工程
8	智能建筑	智能化集成系统	设备安装，软件安装，接口及系统调试，试运行
		信息接入系统	安装场地检查
		用户电话交换系统	线缆敷设，设备安装，软件安装，接口及系统调试，试运行
		信息网络系统	计算机网络设备安装，计算机网络软件安装，网络安全设备安装，网络安全软件安装，系统调试，试运行
		综合布线系统	梯架、托盘、槽盒和导管安装，线缆敷设，机柜、机架、配线架安装，信息插座安装，链路或信道测试，软件安装，系统调试，试运行
		移动通信室内信号覆盖系统	安装场地检查
		卫星通信系统	安装场地检查
		有线电视及卫星电视接收系统	梯架、托盘、槽盒和导管安装，线缆敷设，设备安装，软件安装，系统调试，试运行
		公共广播系统	梯架、托盘、槽盒和导管安装，线缆敷设，设备安装，软件安装，系统调试，试运行
		会议系统	梯架、托盘、槽盒和导管安装，线缆敷设，设备安装，软件安装，系统调试，试运行
		信息导引及发布系统	梯架、托盘、槽盒和导管安装，线缆敷设，显示设备安装，机房设备安装，软件安装，系统调试，试运行
		时钟系统	梯架、托盘、槽盒和导管安装，线缆敷设，设备安装，软件安装，系统调试，试运行
		信息化应用系统	梯架、托盘、槽盒和导管安装，线缆敷设，设备安装，软件安装，系统调试，试运行
		建筑设备监控系统	梯架、托盘、槽盒和导管安装，线缆敷设，传感器安装，执行器安装，控制器、箱安装，中央管理工作站和操作分站设备安装，软件安装，系统调试，试运行
		火灾自动报警系统	梯架、托盘、槽盒和导管安装，线缆敷设，探测器类设备安装，控制器类设备安装，其他设备安装，软件安装，系统调试，试运行
		安全技术防范系统	梯架、托盘、槽盒和导管安装，线缆敷设，设备安装，软件安装，系统调试，试运行
		应急响应系统	设备安装，软件安装，系统调试，试运行

续表

序	分部工程	子分部工程	分项工程
8	智能建筑	机房	供配电系统，防雷与接地系统，空气调节系统，给水排水系统，综合布线系统，监控与安全防范系统，消防系统，室内装饰装修，电磁屏蔽，系统调试，试运行
		防雷与接地	接地装置，接地线，等电位联接，屏蔽设施，电涌保护器，线缆敷设，系统调试，试运行
9	建筑节能	围护系统节能	墙体节能、幕墙节能、门窗节能、屋面节能、地面节能
		供暖空调设备及管网节能	供暖节能，通风与空调设备节能，空调与供暖系统冷热源节能，空调与供暖系统管网节能
		电气动力节能	配电节能、照明节能
		监控系统节能	监测系统节能，控制系统节能
		可再生能源	地源热泵系统节能，太阳能光热系统节能，太阳能光伏节能
10	电梯	电力驱动的曳引式或强制式电梯	设备进场验收，土建交接检验，驱动主机，导轨，门系统，轿厢，对重，安全部件，悬挂装置，随行电缆，补偿装置，电气装置，整机安装验收
		液压电梯	设备进场验收，土建交接检验，液压系统，导轨，门系统，轿厢，对重，安全部件，悬挂装置，随行电缆，电气装置，整机安装验收
		自动扶梯、自动人行道	设备进场验收，土建交接检验，整机安装验收

四、建筑工程质量验收标准要求

1.检验批质量验收合格的规定

检验批是构成建筑工程质量验收的最小单位，是判定单位工程质量合格的基础。检验批质量合格应符合下列规定：

（1）主控项目的质量经抽样检验合格。

主控项目是指对检验批质量有决定性影响的检验项目。它反映了该检验批所属分项工程的重要技术性能要求。主控项目中所有子项必须全部符合各专业验收规范规定的质量指标，方能判定该主控项目质量合格。反之，只要其中某一子项甚至某一抽查样本检验后达不到要求，即可判定该检验批质量为不合格，则该检验批拒收。换言之，主控项目中某一子项甚至某一抽查样本的检查结果为不合格时，即行使对检验批质量的否决权。

主控项目涉及的内容如下：

①建筑材料、构配件及建筑设备的技术性能及进场复验要求。

②涉及结构安全、使用功能的检测、抽查项目,如试块的强度、挠度、承载力、外窗的三性要求等。

③任一抽查样本的缺陷都可能会造成致命影响。须严格控制的项目,如桩的位移、钢结构的轴线、电气设备的接地电阻等。

(2)一般项目的质量经抽样检验合格。当采用计数抽样时,合格点率应符合有关专业验收规范的规定,且不得存在严重缺陷。对于计数抽样的一般项目,正常检验一次、二次抽样可按《建筑工程施工质量验收统一标准》(GB50300—2013)附录D判定.

一般项目是指除主控项目以外,对检验批质量有影响的检验项目,当其中缺陷(指超过规定质量指标的缺陷)的数量超过规定的比例,或样本的缺陷程度超过规定的限度后,对检验批质量会产生影响。它反映了该检验批所属分项工程的一般技术性能要求。一般项目的合格判定条件是:抽查样本的80%及以上(个别项目为90%以上,如混凝土规范中梁、板构件上部纵向受力钢筋保护厚度等)符合各专业验收规范规定的质量指标,其余样本的缺陷通常不超过规定允许偏差的1.5倍(个别规范规定为1.2倍,如钢结构验收规范等)。具体应根据各专业验收规范的规定执行。

(3)具有完整的施工操作依据、质量检查记录。

检验批施工操作依据的技术标准应符合设计、验收规范的要求。采用企业标准的不能低于国家、行业标准。有关质量检查的内容、数据、评定,由施工单位项目专业质量检查员填写,检验批验收记录及结论由监理单位监理工程师填写完整。

检验批质量检验记录,见下表。

表1—6　　　　检验批质量验收记录　　编号:_____

单位(子单位)工程名称		分部(子分部)工程名称		分项工程名称	
施工单位		项目负责人		检验批容量	
分包单位		分包单位项目负责人		检验批部位	
施工依据			验收依据		

		验收项目	设计要求及规范规定	最小/实际抽样数量	检查记录	检查结果
主控项目	1					
	2					
	3					
	4					
	5					
	6					
	7					
	8					
	9					
	10					

续表

		验收项目	设计要求及规范规定	最小/实际抽样数量	检查记录	检查结果
一般项目	1					
	2					
	3					
	4					
	5					
施工单位检查结果				专业工长： 项目专业质量检查员： 年　月　日		
监理单位验收结论				专业监理工程师： 年　月　日		

（4）检验批质量验收结论。如前述1、2两项均符合要求，该检验批质量方能判定合格。若其中一项不符合要求，该检验批质量则不得判定为合格。验收合格后填写"检验批质量验收记录"。

2. 分项工程质量验收合格的规定

（1）所含检验批的质量均应验收合格。

（2）所含检验批的质量验收记录应完整。

分项工程是由所含性质、内容一样的检验批汇集而成，是在检验批的基础上进行验收的，实际上是一个汇总统计的过程，并无新的内容和要求，但验收时应注意：

1）应核对检验批的部位是否全部覆盖分项工程的全部范围，有无缺漏部位未被验收。

2）检验批验收记录的内容及签字人是否正确、齐全。

3）验收合格填写"××分项工程质量验收记录"。

分项工程质量验收记录，见下表。

表1—7　　　　检验批质量验收记录　　编号：_____

单位（子单位）工程名称			分部（子分部）工程名称		
分项工程数量			检验批数量		
施工单位			项目负责人		项目技术负责人
分包单位			分包单位项目负责人		分包内容
序号	检验批名称	检验批容量	部位/区段	施工单位检查结果	监理单位验收结论
1					
2					
3					
4					

续表

序号	检验批名称	检验批容量	部位/区段	施工单位检查结果	监理单位验收结论
5					
6					
7					
8					
9					
10					
11					
12					
13					
14					
15					

说明：

施工单位检查结果	项目专业质量检查员： 年　月　日
监理单位验收结论	专业监理工程师： 年　月　日

3.分部（子分部）工程质量验收合格的规定

分部（子分部）工程的验收。分部工程仅含一个子分部时，应在分项工程质量验收基础上，直接对分部工程进行验收；当分部工程含两个及两个以上子分部工程时，则应在分项工程质量验收的基础上，先对子分部工程分别进行验收，再将子分部工程汇总成分部工程。

（1）所含分项工程的质量均应验收合格。

①分部（子分部）工程所含各分项工程施工均已完成。

②所含各分项工程划分正确。

③所含各分项工程均按规定通过了合格质量验收。

④所含各分项工程验收记录表内容完整，填写正确，收集齐全。

（2）质量控制资料应完整。

质量控制资料完善是工程质量合格的重要条件，在分部工程质量验收时，应根据各专业工程质量验收规范中对分部或子分部工程质量控制资料所作的具体规定，进行系统检查，着重检查资料的齐全，项目的完整，内容的准确和签署的规范。另外在资料检查时，尚应注意以下几点：

①有些龄期要求较长的检测资料，在分项工程验收时，尚不能及时提供，应在

分部（子分部）工程验收时进行补查，如基础混凝土（有时按 60d 龄期强度设计）或主体结构后浇筑混凝土施工等。

②对在施工中质量不符合要求的检验批、分项工程按有关规定进行处理后的资料归档审核。

③对于建筑材料的复验范围，各专业验收规范都作了具体规定，检验时按产品标准规定的组批规则、抽样数量、检验项目进行，但有的规范另有不同要求，这一点在质量控制资料核查时需引起注意。

（3）有关安全、节能、环境保护和主要使用功能的抽样检验结果应符合相应规定。

如地基与基础、主体结构和设备安装等分部工程，涉及工程安全和主要功能的检验和抽样，检测结果应符合规定。

有关对涉及结构安全及使用功能检验（检测）的要求，应按设计文件及专业工程质量验收规范中所作的具体规定执行。如对工程桩应进行承载力检测和桩身质量检测的规定，混凝土验收规范对结构实体所作的混凝土强度及钢筋保护层厚度检验规定等，都应严格执行。在验收时还应注意以下几点：

①检查各专业验收规范所规定的各项检验（检测）项目是否都进行了测试。

②查阅各项检验报告（记录），核查有关抽样方案、测试内容、检测结果等是否符合有关标准规定。

③核查有关检测机构的资质，取样与送样见证人员资格，报告出具单位责任人的签署情况是否符合要求。

（4）观感质量验收应符合要求。

观感质量验收系指在分部所含的分项工程完成后，在前三项检查的基础上，对已完工部分工程的质量，采用目测、触摸和简单量测等方法，所进行的一种宏观检查方式。由于其检查的内容和质量指标已包含在各个分项工程内，所以对分部工程进行观感质量检查和验收，并不增加新的项目，只不过是转换一下视角，采用一种更直观、便捷、快速的方法，对工程质量从外观上作一次重复的、扩大的、全面的检查，这是由建筑施工特点所决定的，也是十分必要的。

①尽管其所包含的分项工程原来都经过检查与验收，但随着时间的推移，气候的变化，荷载的递增等，可能会出现质量变异情况，如材料裂缝、建筑物的渗漏、变形等。

②弥补受抽样方案局限造成的检查数量不足和后续施工部位（如施工洞、井架洞、脚手架洞等）原先检查不到的缺憾，扩大了检查面。

③通过对专业分包工程的质量验收和评价，分清了质量责任，可减少质量纠纷，既促进了专业分包队伍技术素质的提高，又增强了后续施工对产品的保护意识。

观感质量验收并不给出"合格"或"不合格"的结论，而是给出"好、一般或差"的总体评价，所谓"一般"是指经观感质量检查能符合验收规范的要求；所谓"好"是指在质量符合验收规范的基础上，能达到精致、流畅、匀净的要求，精度控制好;所谓"差"是指勉强达到验收规范的要求,但质量不够稳定,离散性较大,给人以粗疏的印象。观感质量验收若发现有影响安全、功能的缺陷,有超过偏差限值,或明显影响观感效果的缺陷,则应处理后再进行验收。

分部(子分部)工程质量验收应在施工单位检查评定的基础上进行,勘察、设计单位应在有关的分部工程验收表上签署验收意见,监理单位总监理工程师应填写验收意见,并给出"合格"或"不合格"的结论。

验收合格填写"XX分部(子分部)工程质量验收记录表"。分部工程质量验收记录表,见下表。

表1—8　　　分部工程质量验收记录　　　编号：

单位(子单位)工程名称		子分部工程数量		分项工程数量	
施工单位		项目负责人		技术(质量)负责人	
分包单位		分包单位负责人		分包内容	
序号	子分部工程名称	分项工程名称	检验批量	施工单位检查结果	监理单位验收结论
1					
2					
3					
4					
5					
6					
7					
8					
质量控制资料					
安全和功能检验结果					
观感质量检验结果					
综合验收结论					

施工单位 项目负责人： 年　月　日	勘察单位 项目负责人： 年　月　日	设计单位 项目负责人： 年　月　日	监理单位 总监理工程师： 年　月　日

注： 1 地基与基础分部工程的验收应由施工、勘察、设计单位项目负责人和总监理工程师参加并签字。
　　 2 主体结构、节能分部工程的验收应由施工、设计单位项目负责人和总监理工程师参加并签字。

4.单位（子单位）工程质量验收合格的规定

单位工程未划分子单位工程时，应在分部工程质量验收的基础上，直接对单位工程进行验收；当单位工程划分为若干子单位工程时，则应在分部工程质量验收的基础上，先对子单位工程进行验收，再将子单位工程汇总成单位工程。

单位（子单位）工程质量验收合格应符合下列规定：

（1）单位（子单位）工程所含分部（子分部）工程的质量均应验收合格。

1）设计文件和承包合同所规定的工程已全部完成。

2）各分部（子分部）工程划分正确。

3）各分部（子分部）工程均按规定通过了合格质量验收。

4）各分部（子分部）工程验收记录表内容完整，填写正确，收集齐全。

（2）质量控制资料应完整。

质量控制资料完整是指所收集的资料，能反映工程所采用的建筑材料、构配件和建筑设备的质量技术性能，施工质量控制和技术管理状况，涉及结构安全和使用功能的施工试验和抽样检测结果，及建设参与各方参加质量验收的原始依据、客观记录、真实数据和执行见证等资料，能确保工程结构安全和使用功能，满足设计要求，让人放心。它是评价工程质量的主要依据，是印证各方各级质量责任的证明，也是工程竣工交付使用的"合格证"与"出厂检验报告"。

尽管质量控制资料在分部工程质量验收时已检查过，但某些资料由于受试验龄期的影响，或受系统测试的需要等，难以在分部验收时到位。单位工程验收时，对所有分部工程资料的系统性和完整性，进行一次全面的核查，是十分必要的，只不过不再像以前那样进行微观检查，而是在全面梳理的基础上，重点检查有否需要拾遗补缺的，从而达到完整无缺的要求。

质量控制资料核查的具体内容按表1—9的要求进行。

表1—9 单位（子单位）工程质量控制资料核查记录

工程名称			施工单位				
序号	项目	资料名称	份数	施工单位		监理单位	
				核查意见	核查人	核查意见	核查人
1	建筑与结构	图纸会审记录、设计变更通知单、工程洽商记录					
2		工程定位测量、放线记录					
3		原材料出厂合格证书及进场检验、试验报告					
4		施工试验报告及见证检测报告					
5		隐蔽工程验收记录					
6		施工记录					

续表

工程名称			施工单位				
序号	项目	资料名称	份数	施工单位		监理单位	
				核查意见	核查人	核查意见	核查人
7	建筑与结构	地基、基础、主体结构检验及抽样检测资料					
8		分项、分部工程质量验收记录					
9		工程质量事故调查处理资料					
10		新技术论证、备案及施工记录					
1	给水排水与供暖	图纸会审记录、设计变更通知单、工程洽商记录					
2		原材料出厂合格证书及进场检验、试验报告					
3		管道、设备强度试验、严密性试验记录					
4		隐蔽工程验收记录					
5		系统清洗、灌水、通水、通球试验记录					
6		施工记录					
7		分项、分部工程质量验收记录					
8		新技术论证、备案及施工记录					
1	通风与空调	图纸会审记录、设计变更通知单、工程洽商记录					
2		原材料出厂合格证书及进场检验、试验报告					
3		制冷、空调、水管道强度试验、严密性试验记录					
4		隐蔽工程验收记录					
5		制冷设备运行调试记录					
6		通风、空调系统调试记录					
7		施工记录					
8		分项、分部工程质量验收记录					
9		新技术论证、备案及施工记录					

续表

工程名称				施工单位			
					施工单位		监理单位	
序号	项目	资料名称	份数	核查意见	核查人	核查意见	核查人
1	建筑电气	图纸会审记录、设计变更通知单、工程洽商记录					
2		原材料出厂合格证书及进场检验、试验报告					
3		设备调试记录					
4		接地、绝缘电阻测试记录					
5		隐蔽工程验收记录					
6		施工记录					
7		分项、分部工程质量验收记录					
8		新技术论证、备案及施工记录					
1	智能建筑	图纸会审记录、设计变更通知单、工程洽商记录					
2		原材料出厂合格证书及进场检验、试验报告					
3		隐蔽工程验收记录					
4		施工记录					
5		系统功能测定及设备调试记录					
6		系统技术、操作和维护手册					
7		系统管理、操作人员培训记录					
8		系统检测报告					
9		分项、分部工程质量验收记录					
10		新技术论证、备案及施工记录					
1	建筑节能	图纸会审记录、设计变更通知单、工程洽商记录					
2		原材料出厂合格证书及进场检验、试验报告					
3		隐蔽工程验收记录					
4		施工记录					
5		外墙、外窗节能检验报告					

续表

工程名称			施工单位				
序号	项目	资料名称	份数	施工单位		监理单位	
				核查意见	核查人	核查意见	核查人
6	建筑节能	设备系统节能检测报告					
7		分项、分部工程质量验收记录					
8		新技术论证、备案及施工记录					
1	电梯	图纸会审记录、设计变更通知单、工程洽商记录					
2		设备出厂合格证书及开箱检验记录					
3		隐蔽工程验收记录					
4		施工记录					
5		接地、绝缘电阻试验记录					
6		负荷试验、安全装置检查记录					
7		分项、分部工程质量验收记录					
8		新技术论证、备案及施工记录					

结论：

施工单位项目负责人：　　　　　　　　总监理工程师：

　　　　　　　　　　年　月　日　　　　　　　　　　年　月　日

　　从该表及各专业验收规范的要求来看，与原验评标准相比有两个明显变化：其一，对建筑材料、构配件及建筑设备合格证书的要求，几乎涉及所有建筑材料、成品和半成品，不管是用于结构还是非结构工程中。其二，对于涉及结构安全和影响使用安全、使用功能的建材的进场复验，也从原来的几种增到几十种，几乎囊括了主要的建筑材料、建筑构配件和设备，既有结构和建筑设备，又有装饰工程的。涉及结构安全的试块、试件及有关材料，还应按规定进行见证取样送样检测。具体哪些建筑材料需进行，由于专业验收规范涉及的分项工程在单位工程中所处地位的重要性不一样，故对需作复验的材料种类、组批量、抽样的频率、试验的项目等规定是不统一的，检查时应注意以下几点：

　　1）不同规范或同一规范对同一种材料的不同要求。

①用于混凝土结构工程的砂应进行复验,用于砌筑砂浆、抹灰工程的砂未作规定。

②砌体规范对用于承重砌体的块材要求进行复验,对填充墙未作规定。

③钢结构规范中对用于建筑结构安全等级为一级,大跨度钢结构中主要受力构件以及板厚40mm及以上且设计有Z向性能要求的钢材,或进口(无商检报告)、混批、质量有疑义的钢材及设计有复验要求的,应进行复验,其他当设计无要求时可不复验等。

2)材料的取样批量要求。材料取样单位一般按照相关产品标准中检验规则规定的批量抽取,但个别验收规范有突破。如水泥应根据水泥厂的年生产能力进行编号后,按每一编号为一取样单位。但混凝土验收规范却规定:袋装水泥以不超过200t为一取样单位,散装水泥以不超过500t为一取样单位。

3)材料的抽样频率要求。材料的抽样频率,一般按照相关产品标准的规定抽样试验1组,但砌体验收规范对用于多层以上建筑基础和底层的小砌块抽样数量,规定不应少于2组。

4)材料的检验项目要求。材料进场复验时究竟要对哪些项目进行检验,就全国范围来讲没有一个权威而又统一的标准,有的地区以产品标准中的出厂检验项目为依据;也有以产品标准中的主要技术要求为依据,成为普遍的规矩。但一些地区对某些材料的检验项目因意见不统一而引起纠纷,为此验收规范对部分材料作了明确。但鉴于同一种材料用途不一,导致专业验收规范对检验项目做出了不同的规定,如水泥的检验项目:混凝土、砌体规范规定为"强度"和"安定性"两项;装饰规范对饰面板(砖)粘贴工程还增加"凝结时间"项目,而对抹灰工程仅规定为"凝结时间"、"安定性"两项等。

5)特殊规定。对无粘结预应力筋的涂包质量,一般情况应作复验,但当有工程经验,并经观察认为质量有保证,可不作复验。又如对预应力张拉孔道灌浆水泥和外加剂,当用量较少,且有近期该产品的检验报告,可不进行复验等。

单位(子单位)工程质量控制资料的检查应在施工单位自查的基础上进行,施工单位应在表1—5中填上资料的份数,监理单位应填上核查意见,总监理工程师应给出质量控制资料"完整"或"不完整"的结论。

(3)单位(子单位)工程所含分部工程有关安全和功能的检测资料应完整。

前项检查是对所有涉及单位工程验收的全部质量控制资料进行的普查,本项检查则是在其基础上对其中涉及结构安全和建筑功能的检测资料所作的一次重点抽查,体现了新的验收规范对涉及结构安全和使用功能方面的强化作用,这些检测资料直接反映了房屋建筑物、附属构筑物及其建筑设备的技术性能,其他规定的试验、检测资料共同构成建筑产品一份"形式"检验报告。检查的内容按表1—6的要求进行。其中大部分项目在施工过程中或分部工程验收时已做了测试,但也有部分要待单位工程全部完工后才能做,如建筑物的节能、保温测试、室内环境检测、照明全负荷试验、空调系统的温度测试等;有的项目即使原来在分部工程验收时已做了测试,但随着荷载的增加引起的变化,这些检测项目需循序渐进,连续进行,如建筑物沉降及垂直测量,电梯运行记录等。所以在单位工程验收时对这些检测资料进行核查,并不是简单的重复检查,而是对原有检测资料所作的一次延续性的补充、修正和完善,是整个"形式"检验的一个组成部分。单位(子单位)工程安全和功能检测资料核查表1—10中的份数应由施工单位填写,总监理工程师应逐一进行核查,尤其对检测的依据、结论、方法和签署情况应认真审核,并在表上填写核查意见,给出"完整"或"不完整"的结论。

表1—10 单位(子单位)工程安全和功能检验资料核查及主要功能抽查记录

工程名称			施工单位				
序号	项目	安全和功能检查项目		份数	核查意见	抽查结果	核查(抽查)人
1	建筑与结构	地基承载力检验报告					
2		桩基承载力检验报告					
3		混凝土强度试验报告					
4		砂浆强度试验报告					
5		主体结构尺寸、位置抽查记录					
6		建筑物垂直度、标高、全高测量记录					
7		屋面淋水或蓄水试验记录					
8		地下室渗漏水检测记录					
9		有防水要求的地面蓄水试验记录					
10		抽气(风)道检查记录					
11		外窗气密性、水密性、耐风压检测报告					
12		幕墙气密性、水密性、耐风压检测报告					
13		建筑物沉降观测测量记录					
14		节能、保温测试记录					
15		室内环境检测报告					
16		土壤氡气浓度检测报告					
1	给水排水与供暖	给水管道通水试验记录					
2		暖气管道、散热器压力试验记录					
3		卫生器具满水试验记录					
4		消防管道、燃气管道压力试验记录					
5		排水干管通球试验记录					
6		锅炉试运行、安全阀及报警联动测试记录					

续表

工程名称			施工单位				
序号	项目	安全和功能检查项目		份数	核查意见	抽查结果	核查（抽查）人
1	通风与空调	通风、空调系统试运行记录					
2		风量、温度测试记录					
3		空气能量回收装置测试记录					
4		洁净室洁净度测试记录					
1	建筑电气	建筑照明通电试运行记录					
2		灯具固定装置及悬吊装置的载荷强度试验记录					
3		绝缘电阻测试记录					
4		剩余电流动作保护器测试记录					
5		应急电源装置应急持续供电记录					
6		接地电阻测试记录					
7		接地故障回路阻抗测试记录					
1	智能建筑	系统试运行记录					
2		系统电源及接地检测报告					
3		系统接地检测报告					
1	建筑节能	外墙节能构造检查记录或热工性能检验报告					
2		设备系统节能性能检查记录					
1	电梯	运行记录					
2		安全装置检测报告					

结论：

施工单位项目负责人：　　　　　　　　总监理工程师：

年　月　日　　　　　　　　　　　　　年　月　日

（4）主要使用功能的抽查结果应符合相关专业质量验收规范的规定。

上述第3项中的检测资料与第2项质量控制资料中的检测资料共同构成了一份完整的建筑产品"形式"检验报告，本项对主要建筑功能项目进行抽样检查，则是建筑产品在竣工交付使用以前所作的最后一次质量检验，即相当于产品的"出厂"

检验。这项检查是在施工单位自查全部合格的基础上,由参加验收的各方人员商定,由监理单位实施抽查。可选择其中在当地容易发生质量问题或施工单位质量控制比较薄弱的项目和部位进行抽查。其中涉及应由有资质检测单位检查的项目,监理单位应委托检测,其余项目可由自己进行实体检查,施工单位应予配合。至于抽样方案,可根据现场施工质量控制等级、施工质量总体水平和监理监控的效果进行选择。房屋建筑功能质量由于关系到用户切身利益,是用户最为关心的,检查时应从严把握。对于查出的影响使用功能的质量问题,必须全数整改,达到各专业验收规范的要求。对于检查中发现的倾向性质量问题,则应调整抽样方案,或扩大抽样样本数量,甚至采用全数检查方案。

功能抽查的项目,不应超出表1—10规定的范围,合同另有约定的不受其限制。主要功能抽查完成后,总监理工程师应在表1—10上填写抽查意见,并给出"符合"或"不符合"验收规范的结论。

(5)观感质量验收应符合要求。

单位(子单位)工程观感质量验收与主要功能项目的抽查一样,相当于商品的"出厂"检验,故其重要性是显而易见的。其检查的要求、方法与分部工程相同(见本节"三、"相关内容),其检查内容在表1—11中具体列出。凡在工程上出现的项目,均应进行检查,并逐项填写"好"、"一般"或"差"的质量评价。为了减少受检查人员个人主观因素的影响,观感检查应至少3人共同参加,共同确定。

观感质量验收不单纯是对工程外表质量进行检查,同时也是对部分使用功能和使用安全所作的一次宏观检查。如门、窗启闭是否灵活,关闭是否严密,即属于使用功能。又如室内顶棚抹灰层的空鼓、楼梯踏步高差过大等,涉及使用的安全,在检查时应加以关注。检查中发现有影响使用功能和使用安全的缺陷,或不符合验收规范要求的缺陷,应进行处理后再进行验收。

表1—11 单位(子单位)工程观感质量检查记录

工程名称			施工单位	
序号		项目	抽查质量状况	质量评价
1	建筑与结构	主体结构外观	共检查 点,好 点,一般 点,差 点	
2		室外墙面	共检查 点,好 点,一般 点,差 点	
3		变形缝、雨水管	共检查 点,好 点,一般 点,差 点	
4		屋面	共检查 点,好 点,一般 点,差 点	
5		室内墙面	共检查 点,好 点,一般 点,差 点	
6		室内顶棚	共检查 点,好 点,一般 点,差 点	
7		室内地面	共检查 点,好 点,一般 点,差 点	
8		楼梯、踏步、护栏	共检查 点,好 点,一般 点,差 点	
9		门窗	共检查 点,好 点,一般 点,差 点	
10		雨罩、台阶、坡道、散水	共检查 点,好 点,一般 点,差 点	

续表

工程名称				施工单位	
序号	项目		抽查质量状况		质量评价
1	给水排水与供暖	管道接口、坡度、支架	共检查 点，好 点，一般 点，差 点		
2		卫生器具、支架、阀门	共检查 点，好 点，一般 点，差 点		
3		检查口、扫除口、地漏	共检查 点，好 点，一般 点，差 点		
4		散热器、支架	共检查 点，好 点，一般 点，差 点		
1	通风与空调	风管、支架	共检查 点，好 点，一般 点，差 点		
2		风口、风阀	共检查 点，好 点，一般 点，差 点		
3		风机、空调设备	共检查 点，好 点，一般 点，差 点		
4		管道、阀门、支架	共检查 点，好 点，一般 点，差 点		
5		水泵、冷却塔	共检查 点，好 点，一般 点，差 点		
6		绝热	共检查 点，好 点，一般 点，差 点		
1	建筑电气	配电箱、盘、板、接线盒	共检查 点，好 点，一般 点，差 点		
2		设备器具、开关、插座	共检查 点，好 点，一般 点，差 点		
3		防雷、接地、防火	共检查 点，好 点，一般 点，差 点		
1	智能建筑	机房设备安装及布局	共检查 点，好 点，一般 点，差 点		
2		现场设备安装	共检查 点，好 点，一般 点，差 点		
1	电梯	运行、平层、开关门	共检查 点，好 点，一般 点，差 点		
2		层门、信号系统	共检查 点，好 点，一般 点，差 点		
3		机房	共检查 点，好 点，一般 点，差 点		
	观感质量综合评价				

结论：
施工单位项目负责人： 总监理工程师：
　　　　　　　　　　　年　月　日　　　　　　　　　年　月　日

注：1 对质量评价为差的项目应进行返修；
　　2 观感质量现场检查原始记录应作为本表附件。

观感质量检查应在施工单位自查的基础上进行,总监理工程师在表1—11中填写观感质量综合评价后,并给出"符合"与"不符合"要求的检查结论。

单位(子单位)工程质量验收完成后,按表1—12的要求填写工程质量验收记录,其中:验收记录由施工单位填写;验收结论由监理单位填写;综合验收结论由参加验收各方共同商定,建设单位填写,并应对工程质量是否符合设计和规范要求及总体质量水平作出评价。

表1—12 单位(子单位)工程质量竣工验收记录

工程名称		结构类型		层数/建筑面积	
施工单位		技术负责人		开工日期	
项目负责人		项目技术负责人		完工日期	
序号	项目	验收记录		验收结论	
1	分部工程验收	共 分部,经查符合设计及标准规定 分部			
2	质量控制资料核查	共 项,经核查符合规定 项			
3	安全和使用功能核查及抽查结果	共核查 项,符合规定 项,共抽查 项,符合规定 项,经返工外理符合规定 项,			
4	观感质量验收	共抽查 项,达到"好"和"一般"的 项,经返修处理符合要求的 项			
综合验收结论					
参加验收单位	建设单位	监理单位	施工单位	设计单位	勘察单位

	(公章)
	项目负责人:
	  年 月 日
		(公章)
		项目负责人:
		  年 月 日
			(公章)
			项目负责人:
			  年 月 日
				(公章)
				项目负责人:
				  年 月 日
					(公章)
					项目负责人:
					  年 月 日

5.质量不符合要求时的处理规定

(1)经返工或返修的检验批,应重新进行验收。

返工重做是指对该检验批的全部或局部推倒重来,或更换设备、器具等的处理,处理或更换后,应重新按程序进行验收。如某住宅楼一层砌砖,验收时发现砖的强度等级为MU5,达不到设计要求的MU10,推倒后重新使用MU10砖砌筑,其砖砌体工程的质量应重新按程序进行验收。

重新验收质量时,要对该检验批重新抽样、检查和验收,并重新填写检验批质量验收记录表。

(2) 经有资质的检测单位检测鉴定能够达到设计要求的检验批,应予以验收。

这种情况多数是指留置的试块失去代表性,或因故缺少试块的情况,以及试块试验报告缺少某项有关主要内容,也包括对试块或试验结果有怀疑时,经有资质的检测机构对工程进行检测测试。其测试结果证明,该检验批的工程质量能够达到设计图纸要求,这种情况应按正常情况予以验收。

(3) 经有资质的检测单位检测鉴定达不到设计要求,但经原设计单位核算认可能够满足结构安全和使用功能的检验批,可予以验收。

这种情况是指某项质量指标达不到设计图纸的要求,如留置的试块失去代表性,或是因故缺少试块以及试验报告有缺陷,不能有效证明该项工程的质量情况,或是对该试验报告有怀疑时,要求对工程实体质量进行检测。经有资质的检测单位检测鉴定达不到设计图纸要求,但差距不是太大。同时经原设计单位进行验算,认为仍可满足结构安全和使用功能,可不进行加固补强。如原设计计算混凝土强度为27MPa,选用了C30混凝土。同一验收批中共有8组试块,8组试块混凝土立方体抗压强度的理论均值达到混凝土强度评定要求,其中1组强度不满足最小值要求,经检测结果为28MPa,设计单位认可能满足结构安全,并出具正式的认可证明,有注册结构工程师签字,加盖单位公章,由设计单位承担责任。因为设计责任就是设计单位负责,出具认可证明,也在其质量责任范围内,故可予以验收。

以上三种情况都应视为符合验收规范规定的质量合格的工程。只是管理上出现了一些不正常的情况,使资料证明不了工程实体质量,经过检测或设计验收,满足了设计要求,给予通过验收是符合验收规范规定的。

(4) 经返修或加固处理的分项、分部工程,虽改变外形尺寸但仍能满足安全使用要求,可按技术处理方案和协商文件进行验收。

这种情况是指某项质量指标达不到设计图纸的要求,经有资质的检测单位检测鉴定也未达到设计图纸要求,设计单位经过验算,的确达不到原设计要求。经分析,找出了事故原因,分清了质量责任,同时经过建设单位、施工单位、设计单位、监理单位等协商,同意进行加固补强,协商好加固费用的处理、加固后的验收等事宜。由原设计单位出具加固技术方案,虽然改变了建筑构件的外形尺寸,或留下永久性缺陷,包括改变工程的用途在内,按协商文件进行验收,这是有条件的验收,由责任方承担经济损失或赔偿等。这种情况实际是工程质量达不到验收规范的合格规定,应属不合格工程的范畴。但根据《建设工程质量管理条例》的第24条、第32条等对不合格工程的处理规定,经过技术处理(包括加固补强),最后能达到保证安全和使用功能,也是可以通过验收的。这是为了减少社会财富不必要的损失,出了质量事故的工程不能都推倒报废,只要能保证结构安全和使用功能,仍作为特殊情况进行验收,是属于让步接收的做法,不属于违反《建筑工程质量管理条例》的范围,但其有关技术处理和协商文件应在质量控制资料核查记录表和单位(子单位)工程质量竣工验收记录表中载明。

(5) 工程质量控制资料应齐全完整。当部分资料缺失时,应委托有资质的检测机构按有关标准进行相应的实体检验或抽样试验。

(6)通过返修或加固处理仍不能满足安全使用要求的分部(子分部)工程、单位(子单位)工程,严禁验收。

这种情况通常是指不可修复,或采取措施后仍不能满足设计要求。这种情况应坚决返工重做,严禁验收。

分部工程及单位工程经返修或加固处理后仍不能满足安全或重要的使用功能时,表明工程质量存在严重的缺陷。重要的使用功能不满足要求时,将导致建筑物无法正常使用,安全不满足要求时,将危及人身健康或财产安全,严重时会给社会带来巨大的安全隐患,因此对这类工程严禁通过验收,更不得擅自投入使用,需要专门研究处置方案。

五、建筑工程质量验收程序和组织

1.建筑工程质量验收程序

(1)检验批质量验收合格:检验批是工程验收的最小单位,是分项工程、分部工程、单位工程质量验收的基础。检验批验收包括资料检查、主控项目和一般项目检验,资料完整并且检验批判定为合格。

(2)分项工程质量验收合格:分项工程的验收是以检验批为基础进行的,分项工程质量合格的条件是构成分项工程的各检验批验收资料齐全完整,且各检验批均已验收合格。

(3)分部工程质量验收合格:分部工程的验收是以所含各分项工程验收为基础进行的。首先,组成分部工程的各分项工程已验收合格且相应的质量控制资料齐全、完整;其次是对涉及安全、节能、环保和主要使用功能的分部进行见证检验或抽样检验,进行观感质量验收并合格。

(4)单位工程质量验收也称质量竣工验收,是建筑工程投入使用前的最后一次验收,也是最重要的一次验收,除各分部工程验收合格外,质量控制资料的完整性、涉及安全和使用功能等分部工程资料复查、主要使用功能抽查、观感质量验收等均应合格。

2.建筑工程质量验收组织

(1)检验批应由专业监理工程师组织施工单位项目专业质量检查员、专业工长等进行验收。

检验批验收是建筑工程施工质量验收的最基本层次,是单位工程质量验收的基础,所有检验批均应由专业监理工程师组织验收。验收前,施工单位应完成自检,对存在的问题自行整改处理,然后申请专业监理工程师组织验收。

(2)分项工程应由专业监理工程师组织施工单位项目专业技术负责人等进行验收。

分项工程由若干个检验批组成,也是单位工程质量验收的基础。验收时在专业监理工程师组织下,可由施工单位项目技术负责人对所有检验批验收记录进行汇总,核查无误后报专业监理工程师审查，确认符合要求后，由项目专业技术负责人在分项工程质量验收记录中签字，然后由专业监理工程师签字通过验收。

在分项工程验收中，如果对检验批验收结论有怀疑或异议时，应进行相应的现场检查核实。

（3）分部工程应由总监理工程师组织施工单位项目负责人和项目技术负责人等进行验收。勘察、设计单位项目负责人和施工单位技术、质量部门负责人应参加地基与基础分部工程的验收。设计单位项目负责人和施工单位技术、质量部门负责人应参加主体结构、节能分部工程的验收。

房屋建筑工程所包含的 10 个分部工程中，参加验收的人员可有以下三种情况：

1）除地基基础、主体结构和建筑节能三个分部工程外，其他七个分部工程的验收组织相同，即由总监理工程师组织，施工单位项目负责人和项目技术负责人等参加。

2）由于地基与基础分部工程情况复杂，专业性强，且关系到整个工程的安全，为保证质量，严格把关，规定勘察、设计单位项目负责人应参加验收，并要求施工单位技术、质量部门负责人也应参加验收。

3）由于主体结构直接影响使用安全，建筑节能是基本国策，直接关系到国家资源战略、可持续发展等，故这两个分部工程，规定设计单位项目负责人应参加验收，并要求施工单位技术、质量部门负责人也应参加验收。

参加验收的人员，除指定的人员必须参加验收外，允许其他相关人员共同参加验收。

由于各施工单位的机构和岗位设置不同，施工单位技术、质量负责人允许是两位人员，也可以是一位人员。

勘察、设计单位项目负责人应为勘察、设计单位负责本工程项目的专业负责人，不应由与本项目无关或不了解本项目情况的其他人员、非专业人员代替。

（4）单位工程中的分包工程完工后，分包单位应对所承包的工程项目进行自检，并应按本标准规定的程序进行验收。验收时，总包单位应派人参加。分包单位应将所分包工程的质量控制资料整理完整，并移交给总包单位。

《建设工程承包合同》的双方主体是建设单位和总承包单位，总承包单位应按照承包合同的权利义务对建设单位负责。总承包单位可以根据需要将建设工程的一部分依法分包给其他具有相应资质的单位，分包单位对总承包单位负责，亦应对建设单位负责。总承包单位就分包单位完成的项目向建设单位承担连带责任。因此，分包单位对承建的项目进行验收时，总承包单位应参加，检验合格后，分包单位应将工程的有关资料整理完整后移交给总承包单位，建设单位组织单位工程质量验收时，分包单位负责人应参加验收。

（5）单位工程完工后，施工单位应组织有关人员进行自检。总监理工程师应组织各专业监理工程师对工程质量进行竣工预验收。存在施工质量问题时，应由施工单位整改。整改完毕后，由施工单位向建设单位提交工程竣工报告，申请工程竣工验收。

1）单位工程完成后，施工单位应首先依据验收规范、设计图纸等组织有关人员进行自检，对检查发现的问题进行必要的整改。

2）工程竣工预验收由总监理工程师组织，各专业监理工程师参加，施工单位由项目经理、项目技术负责人等参加，其他各单位人员可不参加。

3）竣工预验收符合规定后由施工单位向建设单位提交工程竣工报告和完整的质量控制资料，申请建设单位组织竣工验收。

（6）建设单位收到工程竣工报告后，应由建设单位项目负责人组织监理、施工、设计、勘察等单位项目负责人进行单位工程验收。

单位工程竣工验收是依据国家有关法律、法规及规范、标准的规定，全面考核建设工作成果，检查工程质量是否符合设计文件和合同约定的各项要求。竣工验收通过后，工程将投入使用，发挥其投资效应，也将与使用者的人身健康或财产安全密切相关。因此工程建设的参与单位应对竣工验收给予足够的重视。

单位工程质量验收应由建设单位项目负责人组织，由于勘察、设计、施工、监理单位都是责任主体，因此各单位项目负责人应参加验收，考虑到施工单位对工程负有直接生产责任，而施工项目部不是法人单位，故施工单位的技术、质量负责人也应参加验收。

在一个单位工程中，对满足生产要求或具备使用条件，施工单位已自行检验，监理单位已预验收的子单位工程，建设单位可组织进行验收。由几个施工单位负责施工的单位工程，当其中的子单位工程已按设计要求完成，并经自行检验，也可按规定的程序组织正式验收，办理交工手续。在整个单位工程验收时，已验收的子单位工程验收资料应作为单位工程验收的附件。

第2讲 工程质量验收资料管理

一、隐蔽工程验收记录

隐蔽工程是指上道工序被下道工序所掩盖，其自身的质量无法再进行检查的工程。

隐检即对隐蔽工程进行检查，并通过表格的形式将工程隐检项目的隐检内容、质量情况、检查意见、复查意见等记录下来，作为以后建筑工程的维护、改造、扩建等重要的技术资料。隐检合格后，方可进行下道工序施工。

1.隐检程序

隐蔽工程检查是保证工程质量与安全的重要过程控制检查，应分专业（土建专业、给水排水专业、电气专业、通风空调专业等）；分系统（机电工程）；分区段（划分的施工段）；分部位（主体结构、装饰装修等）；分工序（钢筋工程、防水工程等），分层进行。

隐蔽工程施工完毕后，由专业工长填写隐检记录，项目技术负责人组织监理单位旁站，施工单位专业工长、质量检查员共同参加。验收后由监理单位签署审核意见，并下审核结论。若检查存在问题，则在审核结论中给予明示。对存在的问题，必须按处理意见进行处理，处理后对该项进行复查，并将复查结论填入栏内。

凡未经过隐蔽工程验收或验收不合格的工程，不允许进行下一道工序的施工。

2.主要隐检项目及内容

（1）地基基础工程与主体结构工程。

1）土方工程。

①检查内容：依据施工图纸、地质勘探报告、有关施工验收规范要求，检查基底清理情况，基底标高，基底轮廓尺寸等情况。

②填写要点：土方工程隐检记录中要注明施工图纸编号，地质勘测报告编号，将检查内容描述清楚。

2）支护工程。

①检查内容：依据施工图纸、有关施工验收规范要求和基坑支护方案、技术交底，检查锚杆、土钉的品种规格、数量、插入长度、钻孔直径、深度和角度；检查地下连续墙成槽宽度、深度、倾斜度、钢筋笼规格、位置、槽底清理、沉渣厚度情况。

②填写要点：支护工程隐检记录中要注明施工图纸编号，地质勘测报告编号，锚杆、土钉的品种规格、数量、插入长度、钻孔直径等主要数据描述清楚。

3）桩基工程。

①检查内容：依据施工图纸、有关施工验收规范要求和桩基施工方案、技术交底，检查钢筋笼规格、尺寸、沉渣厚度、清孔等情况。

②填写要点：桩基工程隐检记录中要注明施工图纸编号，地质勘测报告编号，将检查的钢筋笼规格、尺寸、沉渣厚度、清孔等情况描述清楚。

4）地下防水工程。

①检查内容：依据施工图纸、有关施工验收规范要求和防水施工方案、技术交底，检查混凝土的变形缝、施工缝、后浇带、穿墙套管、预埋件等设置的形式和构造等情况；检查防水层的基层处理，防水材料的规格、厚度、铺设方式、阴阳角处理、搭接密封处理等情况。

②填写要点：地下防水工程隐检记录中要注明施工图纸编号，刚性防水混凝土的强度等级、抗渗等级、柔性防水材料的型号、规格、防水材料的复试报告编号、施工铺设方法、搭接长度、宽度尺寸等情况，还应将阴阳角处理、附加层情况等描述清楚，必要时可附简图加以说明。

5）结构钢筋绑扎。

①检查内容：依据施工图纸、有关施工验收规范要求和钢筋施工方案、技术交底，检查钢筋的品种、规格、数量、位置、锚固和接头位置、搭接长度、保护层厚度、钢筋及垫块绑扎和钢筋除锈等情况。

②填写要点：钢筋工程隐检记录中要注明施工图纸编号，主要钢筋原材复试报告编号，钢筋竖向水平各自的型号、排距、保护层尺寸，箍筋的型号、间距尺寸，钢筋绑扎接头长度尺寸，垫块规格尺寸等，若钢筋规格与图纸不相符，还应将钢筋代用变更的洽商编号填写清楚，检查内容应尽量描述清楚。

6）结构钢筋连接。

①检查内容：依据施工图纸、有关施工验收规范要求和钢筋施工方案、技术交底，检查钢筋连接形式、连接种类、接头位置、数量和连接质量，若是焊接，还要检查焊条、焊剂的产品质量，检查焊口形式、焊缝长度、厚度、表面清渣等情况。

②填写要点：钢筋连接隐检记录中要注明施工图纸编号，钢筋连接试验报告编号，钢筋连接的种类（焊接、机械连接），连接形式（锥螺纹连接、滚压直螺纹连接、钢套筒连接、剥肋直螺纹连接、电渣压力焊、闪光对焊等），焊（连）接的具体规格尺寸、数量、接头位置应描述清楚，对不同连接形式分别填写隐检记录。

7）预应力工程。

①检查内容：依据施工图纸、有关施工验收规范要求和预应力施工方案、技术交底，检查预应力筋的品种、规格、数量、位置，预留孔道的规格、数量、位置、形状及灌浆孔、排气兼泌水管的情况等，预应力筋的下料长度、切断方法、竖向位置偏差、固定、护套的完整性，锚具、夹具和连接器的组装等情况，锚固区局部加强构造情况。

②填写要点：预应力工程隐检记录中要注明施工图纸编号，预应力的种类（有粘接或无粘接），预应力的方法（先张法、后张法），锚具的规格、型号，预应力筋的长度尺寸，预埋垫板的尺寸等，将检查内容描述清楚。

8）钢结构（网架）工程。

①检查内容：依据施工图纸、有关施工验收规范要求和施工方案、技术交底，检查地脚螺栓规格、位置、埋设方法、紧固情况等；防火涂料涂装基层的涂料遍数及涂层厚度；网架焊接球节点的连接方式、质量情况；网架支座锚栓的位置、支撑垫块的种类及锚栓的紧固情况等。

②填写要点：钢结构（网架）工程隐检记录中要注明施工图纸编号，主要材料的型号规格，主要原材料的复试报告编号，将检查内容描述清楚。

9）外墙内（外）保温构造节点做法。

①检查内容：依据施工图纸、有关施工验收规范要求和施工方案、技术交底，检查构造节点的连接方法等情况。

②填写要点：隐检记录中要注明施工图纸编号，保温材料的种类规格、厚度，可附与外墙板连接的节点简图等。将检查内容描述清楚。

（2）建筑装饰装修工程。

1）地面工程。

①检查内容：依据施工图纸、有关施工验收规范要求和施工方案、技术交底，检查各基层（垫层、找平层、隔离层、填充层）的材料品种、规格、铺设厚度、铺

设方式、坡度、标高、表面情况、节点密封处理等情况。

②填写要点：地面工程隐检记录中要注明施工图纸编号，地面铺设的类型（石材地面、木材地面、水泥地面、板材地面），材料的品种、规格等，将检查内容描述清楚。

2）厕浴防水。

①检查内容：依据施工图纸、有关施工验收规范要求和施工方案、技术交底，检查基层表面含水率、地漏、套管、卫生器具根部、阴阳角等部位的处理情况，防水层墙面的涂刷情况。

②填写要点：厕浴防水隐检记录中要注明施工图纸编号，防水材料的复试报告编号，防水材料的品种、涂刷厚度，玻纤布的搭接宽度，地漏、套管、卫生器具根部附加层的情况，防水层从地面延伸到墙面的高度尺寸等，将检查内容描述清楚。

3）抹灰工程。

①检查内容：依据施工图纸、有关施工验收规范要求和施工方案、技术交底，检查具有加强措施的材料规格、固定方法、搭接情况等。

②填写要点：抹灰工程隐检记录中要注明施工图纸编号，水泥复试报告编号，应将不同材料基体交接处表面的抹灰采取防止开裂的加强措施描述清楚。

4）门窗工程。

①检查内容：依据施工图纸、有关施工验收规范要求和施工方案、技术交底，检查预埋件和锚固件、螺栓等数量、位置、间距、埋设方式、与框的连接方式、防腐处理、缝隙的嵌填、密封材料的粘结等情况。

②填写要点：门窗工程隐检记录中要注明施工图纸编号，门窗的类型（木门窗、铝合金门窗、塑料门窗、玻璃门、金属门、防火门），预埋件和锚固件的位置，木门窗预埋木砖的防腐处理、与墙体间缝隙的填嵌材料、保温材料等；金属门窗的预埋件位置、埋设方式、密封处理等情况；塑料门窗内衬型钢的壁厚尺寸，门窗框、副框和扇的安装固定片活膨胀螺栓的数量等情况要描述清楚；特种门窗的防火防腐处理，与框的连接方式等。

5）吊顶工程。

①检查内容：依据二次设计施工图纸、有关施工验收规范要求和施工方案、技术交底，检查吊顶龙骨材质、规格、间距、连接固定方式、表面防火防腐处理、吊顶材料外观质量情况、接缝和角缝情况等。

②填写要点：吊项工程隐检记录中要注明施工图纸编号，洽商记录编号，吊顶类型（明龙骨吊顶、暗龙骨吊顶），采用骨架类型（轻钢龙骨、铝合金龙骨、木龙骨等），吊顶材料的种类（石膏板、金属板、矿棉板、塑料板、玻璃板），材料的规格，吊杆、龙骨的材质、规格、安装间距及连接方式，金属吊杆、龙骨表面的防腐处理，木龙骨的防腐、防火处理等情况描述清楚，吊顶内的各种管道设备的检查及水管试压等情况也应描述清楚。

6）轻质隔墙工程。

①检查内容：依据施工图纸、有关施工验收规范要求和施工方案、技术交底，检查预埋件、连接件、拉结筋的位置、数量、连接方法、与周边墙体及顶棚的连接、龙骨连接、间距、防火防腐处理、填充材料设置等情况。

②填写要点：轻质隔墙工程隐检记录中要注明施工图纸编号，轻质隔墙的类型（板材隔墙、骨架隔墙、活动隔墙、玻璃隔墙），板材的种类（复合轻质隔墙板、石膏空心板、预制或现制钢丝网水泥板等），规格、型号，预埋件、连接件的位置及连接方法应描述清楚。

7）饰面板（砖）工程。

①检查内容：依据二次设计施工图纸、有关施工验收规范要求和施工方案、技术交底，检查预埋件（后置埋件）、连接件规格、数量、位置、连接方法、防腐处理、防火处理等情况，有防水构造要求的应检查防水层、找平层的构造做法。

②填写要点：饰面板（砖）工程隐检记录中要注明施工图纸编号，饰面工程材料的种类（石材、木装饰墙、软包墙、金属板墙），板材的规格、龙骨间距等，将检查内容描述清楚。

8）细部工程。

①检查内容：依据施工图纸、有关施工验收规范要求和施工方案、技术交底，检查预埋件或后置埋件的数量、规格、位置等情况；用方木制成的格栅骨架的防腐处理，螺钉防锈处理等情况。

②填写要点：细部工程隐检记录中要注明施工图纸编号，材料的种类，有无特殊要求；护栏扶手、橱柜、窗帘盒、窗台板等安装的预埋件的数量、规格、位置及连接方法，将检查内容描述清楚。

9）幕墙工程。

①检查内容：依据二次设计施工图纸、有关施工验收规范要求和施工方案、技术交底，检查构件与主体结构的连接节点的安装；幕墙四周、幕墙表面与主体结构之间间隙节点的安装；幕墙伸缩缝、沉降缝、防震缝及墙面转角节点的安装；幕墙防雷接地节点的安装等情况。

②填写要点：幕墙工程隐检记录中要注明施工图纸编号，幕墙类型（玻璃幕墙、金属幕墙、石材幕墙），主要材料的规格、型号，预埋件具体位置，主体结构与立柱、立柱与横梁连接节点安装及防腐处理；防雷节点的位置，防火、防水、保温情况等，将检查内容描述清楚。

（3）建筑屋面工程。

1）屋面细部。

①检查内容：依据施工图纸、有关施工验收规范要求和施工方案、技术交底，检查屋面基层、找平层、保温层的情况，材料的品种、规格、厚度、铺贴方式、附加层、天沟、泛水和变形缝处细部做法、密封部位的处理等情况。

②填写要点：屋面细部隐检记录中要注明施工图纸编号，屋面基层情况，找平层坡度，保温材料的厚度、规格、尺寸，将检查内容描述清楚。

2) 屋面防水。

①检查内容：依据施工图纸、有关施工验收规范要求和施工方案、技术交底，检查基层含水率，防水层的材料品种、规格、厚度、铺贴方式等情况。

②填写要点：屋面防水隐检记录中要注明施工图纸编号，防水材料复试编号，防水材料的品种、规格、型号，防水卷材搭接长度、上下层错开搭接尺寸等，附加层、细部及密封部位处理等描述清楚。

（4）建筑给水、排水及采暖工程。

1) 隐蔽工程检查项目的划分。

隐蔽工程检查项目的划分一般按系统、安装部位和时间、工序进行。

①检查的项目按系统分为子分部和分项工程，详细划分情况可参考《建筑给水排水及采暖工程施工质量验收规范》（GB 50242—2002）中附录 A 的要求。

②每个子分部、分项工程的检查、记录应按施工部位（分区、层、段或干、支管）和安装时间、工序的先后顺序进行。

③一般情况下，不同类型建筑的施工检查项目可按以下情况进行划分：

a.各子分部工程的系统干管应作为一个项目检查一次。

b.多层民用住宅工程可按不同的子分部工程，每一单元的立、支管安装作为一个项目检查一次。

c.高层民用住宅工程可按不同的子分部工程，分系统进行检查，每个系统可将 6～7 个层的立、支管安装作为一个项目检查一次。

d.多层公用建筑工程可按不同的子分部工程，每个系统的管道安装作为一个项目检查一次。

e.高层公用建筑工程可按不同的子分部工程，分系统进行检查，每个系统可将 10～12 个层的立、支管安装作为一个项目检查一次。

2) 主要隐检项目及内容。

①直埋于地下或结构中，暗敷设于沟槽、管井、不进人吊顶内的给水、排水、雨水、采暖、消防管道和相关设备，以及有防水要求的套管：检查管材、管件、阀门、设备的材质与型号、安装位置、标高、坡度；防水套管的定位及尺寸；管道连接做法及质量；附件使用，支架固定，以及是否已按照设计要求及施工规范规定完成强度严密性、冲洗等试验。

②有绝热、防腐要求的给水、排水、采暖、消防、喷淋管道和相关设备：检查绝热方式、绝热材料的材质与规格、绝热管道与支吊架之间的防结露措施、防腐处理材料及做法等。

③埋地的采暖、热水管道，在保温层、保护层完成后，所在部位进行回填前，应进行隐检：检查安装位置、标高、坡度；支架做法；保温层、保护层设置；水压试验结果及冲洗情况等。

④埋地管道穿卫生间门口或墙体应设置套管，在垫层施工前也应对该套管进行隐检。

(1) 建筑电气工程。

1) 主要隐检项目及内容。

①埋于结构内的各种电线导管：检查导管的品种、规格、位置、弯扁度、弯曲半径、连接、跨接地线、防腐、管盒固定、管口处理、敷设情况、保护层、需焊接部位的焊接质量等。

②利用结构钢筋做的避雷引下线：检查轴线位置、钢筋数量、规格、搭接长度、焊接质量、与接地极、避雷网、均压环等连接点的焊接情况等。

③等电位及均压环暗埋：检查使用材料的品种、规格、安装位置、连接方法、连接质量、保护层厚度等。

④接地极装置埋设：检查接地极的位置、间距、数量、材质、埋深、接地极的连接方法、连接质量、防腐情况等。

⑤金属门窗、幕墙与避雷引下线的连接：检查连接材料的品种、规格、连接位置和数量、连接方法和质量等。

⑥不进人吊顶内的电线导管：检查导管的品种、规格、位置、弯扁度、弯曲半径、连接、跨接地线、防腐、需焊接部位的焊接质量、管盒固定、管口处理、固定方法、固定间距等。

⑦不进人吊顶内的线槽：检查材料品种、规格、位置、连接、接地、防腐、固定方法、固定间距及与其他管线的位置关系等。

⑧直埋电缆：检查电缆的品种、规格、埋设方法、埋深、弯曲半径、标桩埋设情况等。

⑨不进人的电缆沟敷设电缆：检查电缆的品种、规格、弯曲半径、固定方法、固定间距、标识情况等。

2) 隐蔽工程的检查方法。

①敷设在素土内的线管和电缆应分块、分区检查。

②敷设在混凝土内的线管应随土建进度分墙体、顶板检查。

③敷设在混凝土内的防雷接地、引线及均压环应分层或分区随土建进度检查。

④二次设备接地、防静电、等电位、地槽、门窗接地应分层或分区检查。

⑤吊顶内的配管、线槽、桥架、母线安装应分层或分区检查。

⑥封闭竖井内的配管、线槽、桥架、母线安装应按井号或电气回路检查。

(6) 通风与空调工程。

1) 敷设于竖井内、不进人吊顶内的风道（包括各类附件、部件、设备等）：检查风道的标高、材质，接头、接口严密性，附件、部件安装位置，支、吊、托架安装、固定，活动部件是否灵活可靠、方向是否正确，风道分支、变径处理是否合理，是否符合要求，是否已按照设计要求及施工规范规定完成风管的漏光、漏风检测，空调水管道的强度严密性、冲洗等试验。

2) 有绝热、防腐要求的风管、空调水管及设备：检查绝热形式与做法、绝热材料的材质和规格、防腐处理材料及做法。绝热管道与支吊架之间应垫绝热衬垫或经防腐处理的木衬垫，其厚度应与绝热层厚度相同，表面平整，衬垫接合面的空隙应填实。

（7）电梯工程。

检查电梯承重梁、起重吊环埋设；电梯钢丝绳头灌注；电梯井道内导轨、层门的支架、螺栓埋设等。

（8）智能建筑工程

1）埋在结构内的各种电线导管：检查导管的品种、规格、位置、弯扁度、弯曲半径、连接、跨接地线、防腐、需焊接部位的焊接质量、管盒固定、管口处理、敷设情况、保护层等。

2）不能进入吊顶内的电线导管：检查导管的品种、规格、位置、弯扁度、弯曲半径、连接、跨接地线、防腐、需焊接部位的焊接质量、管盒固定、管口处理、固定方法、固定间距等。

3）不能进入吊顶内的线槽：检查其品种、规格、位置、连接、接地、防腐、固定方法、固定间距等。

4）直埋电缆：检查电缆的品种、规格、埋设方法、埋深、弯曲半径、标桩埋设情况等。

5）不进人的电缆沟敷设电缆：检查电缆的品种、规格、弯曲半径、固定方法、固定间距、标识情况等。

须说明：由于隐蔽工程涉及建设工程的各个专业，须进行隐检的项目也非常多，对未做规定的隐检项目，仍应按照相应规范规定进行隐蔽工程的检查、验收。进行了隐蔽检查的项目，可不填写预检记录表格。

3. "隐检"与"检验批验收"的关系

"隐检"与"检验批验收"都是对受检对象的一种"验收"。在国家验收规范中，"验收"与"检查"在概念上明显不同。"验收"不能由施工单位自己单方面进行，必须由施工单位之外的监理或建设单位参加，是一种具有公正性的确认或认可，而"检查"则可以仅由施工单位自己单方面进行。

但是，建筑工程的验收要求比较复杂。"隐检"与"检验批验收"虽然都属于验收的范畴，但两者针对的对象、所起的作用有所不同。

检验批验收是所有验收的最基本层次，即所有其他层次（分项、分部、单位工程等）的验收都是建立在检验批验收基础上的，工程的所有部位、工序都应归入某个检验批验收，不应遗漏。而隐蔽工程验收则仅仅针对将被隐蔽的工程部位作出验收。施工中隐蔽工程虽然很多，但一个建筑工程还有大量非隐蔽部位。因此，两者并不相同，"隐检"与"检验批验收"应分别进行。

在施工中，"隐检"验收与"检验批"验收的关系，可以有"之前"、"之后"和"等同"三种不同情况：

第一种情况，在"检验批验收"之前进行的"隐蔽工程验收"：这种情况主要针对某些工作量相对较小的部位或施工做法、处理措施等。如抹灰的不同基层交接部位加强措施、桩孔的沉渣厚度、基槽槽底的清理、胡子筋处理、被隐蔽的重要节点做法、被隐蔽的螺栓紧固、被隐蔽的预埋件防腐阻燃处理等。

这些工作量相对较小的部位或施工做法、处理措施，不宜作为一个"检验批"来验收，施工中将其列为"隐蔽工程验收"。

第二种情况，在"检验批验收"之后进行的"隐蔽工程验收"：这种情况主要针对某些工作量相对较大的工程部位，如分部、子分部工程等。这些工作量相对较大的工程部位往往作为一个整体，需要同时进行隐蔽，这时可能有若干个检验批已经验收合格。按照国家验收规范规定，这些工程部位在整体隐蔽之前，需作"隐蔽工程验收"。如整个地基基础的隐蔽验收、主体结构验收（进入装饰装修施工将隐蔽主体结构）等，显然是在检验批验收之后进行。

第三种情况，与"检验批验收"内容相同的"隐蔽工程验收"：当"隐蔽工程验收"针对的部位已经被列为"检验批"进行验收时，"隐蔽工程验收"就与"检验批验收"具有同样的验收内容，此时"隐蔽工程验收"可与"检验批验收"合并进行。亦即按照"检验批验收"的要求进行即可，使用"检验批验收单"来代替隐蔽工程验收单，不必再重复进行"隐蔽工程验收"。这种情况，见于钢筋安装的验收，屋面保温层验收，各种防水层、找平层验收等。

分清上述三种情况，弄清"隐蔽工程验收"与"检验批验收"的关系，不仅有利于施工资料管理，对于工程验收也会有所裨益。

4.工程名称

与施工图纸中图签一致。

5.隐检项目

应按实际检查项目填写，具体写明（子）分部工程名称和施工工序主要检查内容。隐检项目栏填写举例：桩基工程钢筋笼安装、支护工程锚杆安装、门窗工程（预埋件、锚固件或螺栓安装）、吊顶工程（龙骨、吊件、填充材料安装）。

6.隐检部位

按实际检查部位填写，如"××层"填写地下/地上××层；"××轴"填写横起至横止轴/纵起至纵止轴，轴线数字码、英文码标注应带圆圈；"××标高"填写墙柱梁板等的起止标高或顶标高。

7.检查时间

按实际检查时间填写。

8.隐检依据

施工图纸、设计变更、工程洽商及相关的施工质量验收规范、标准、规程；本工程的施工组织设计、施工方案、技术交底等。特殊的隐检项目（如新材料、新工艺、新设备等）要标注具体的执行标准文号或企业标准文号。

9.隐检记录编号

按专业工程分类编码填写，按组卷要求进行组卷。

10.主要材料名称及规格/型号

按实际发生材料、设备填写,各主要材料的规格/型号要表述清楚。

11.隐检内容

应将隐检的项目、具体内容描述清楚。主要原材料的复试报告单编号,主要连接件的复试报告编号,主要施工方法。若文字不能表述清楚,可用示意简图进行说明。

12.审核意见

审核意见要明确,隐检的内容是否符合要求要描述清楚。然后给出审核结论,根据检查情况在相应的结论框中画"√"。在隐检中一次验收未通过的要注明质量问题,并提出复查要求。

13.复查结论

此栏主要是针对一次验收出现的问题进行复查,因此要对质量问题改正的情况描述清楚。在复查中仍出现不合格项,按不合格品处置。

14.其他

(1)本表由施工单位填报,其中审核意见、复查结论由监理单位填写。

(2)隐检表格实行"计算机打印,手写签名",各方签字后生效。

(3)建设单位、施工单位、城建档案馆各保留一份。

二、施工质量验收资料管理

1.施工质量验收记录签认权限及时限要求

施工质量验收记录签认权限及时限要求见表1—13。

表1—13 施工质量验收记录签认权限及时限要求

序号	工程资料名称	完成或提交时限	主要签认责任	责任单位或部门
1	结构实体混凝土强度验收记录	地基、主体分部工程验收前提交	项目技术负责人	项目质量部
2	结构实体钢筋保护层厚度验收记录	地基、主体分部工程验收前提交	项目技术负责人	项目质量部
3	钢筋保护层厚度试验记录	分部工程验收前完成	试检验单位	有资质试验部门提供,试验员收集
4	检验批质量验收记录表	随施工同步完成,按周、月提交1次	质量、专业工长	项目质量部
5	分项工程质量验收记录表	分项工程验收前3d提交(混凝土除外)	项目技术负责人	项目质量部
6	分部(子分部)工程验收记录表	分部工程验收前3d提交(混凝土除外)	项目经理	项目质量部

2.施工质量验收记录相关规定及要求

(1) 结构实体检验记录。

1) 同条件养护试件的留置方式和取样数量,应符合下列要求:

①同条件养护试件所对应的结构构件或结构部位,应由监理(建设)、施工等各方共同选定。

②对混凝土结构工程中的各混凝土强度等级,均应留置同条件养护试件。

③同一强度等级的同条件养护试件,其留置的数量应根据混凝土工程量和重要性确定,不宜少于10组,且不应少于3组。

④同条件养护试件拆模后,应放置在靠近相应结构构件或结构部位的适当位置,并应采取相同的养护方法。

2) 同条件养护试件应在达到等效养护龄期时进行强度试验。

等效养护龄期应根据同条件养护试件强度与在标准养护条件下 28d 龄期试件强度相等的原则确定。

3) 同条件自然养护试件的等效养护龄期及相应的试件强度代表值,宜根据当地的气温和养护条件,按下列规定确定。

①等效养护龄期可取按日平均温度逐日累计达到600℃·d时所对应的龄期,0℃及以下的龄期不计入;等效养护龄期不应小于14d,也不宜大于60d。

②同条件养护试件的强度代表值应根据强度试验结果按现行国家标准《混凝土强度检验评定标准》(GB/T 50107—2010)的规定确定后,乘折算系数取用;折算系数宜取为1.10,也可根据当地的试验统计结果作适当调整。

4) 冬期施工、人工加热养护的结构构件,其同条件养护试件的等效养护龄期可按结构构件的实际养护条件,由监理(建设)、施工等各方根据第 2 条的规定共同确定。

5) 结构实体检验报告应由有相应资质等级的试验(检测)单位提供。

(2) 结构实体钢筋保护层厚度验收记录、钢筋保护层厚度试验报告。

1) 钢筋混凝土保护层厚度测定由当地建设行政主管部门委托具有相应资质的试验单位进行测定,并出具检测报告。

2) 钢筋保护层厚度检验的结构部位和构件数量,应符合下列要求。

①钢筋保护层厚度检验的结构部位,应由监理(建设)、施工等各方根据结构构件的重要性共同选定。

②对梁类、板类构件,应各抽取构件数量的 2%且不少于 5 个构件进行检验;当有悬挑构件时,抽取的构件中悬挑梁类、板类构件所占比例均不宜小于50%。

3) 对选定的梁类构件,应对全部纵向受力钢筋的保护层厚度进行检验;对选定的板类构件,应抽取不少于 6 根纵向受力钢筋的保护层厚度进行检验。对每根钢筋,应在有代表性的部位测量 1 点。

4) 钢筋保护层厚度的检验,可采用非破损或局部破损的方法,也可采用非破损方法并用局部破损方法进行校准。当采用非破损方法检验时,所使用的检测仪器应经过计量检验，检测操作应符合相应规程的规定。

钢筋保护层厚度检验的检测误差不应大于1mm。

5）钢筋保护层厚度检验时，纵向受力钢筋保护层厚度的允许偏差，对梁类构件为+10mm，-7mm；对板类构件为+8mm，-5mm。

6）对梁类、板类构件纵向受力钢筋的保护层厚度应分别进行验收。

结构实体钢筋保护层厚度验收合格应符合下列规定。

①当全部钢筋保护层厚度检验的合格点率为90%及以上时，钢筋保护层厚度的检验结果应判为合格。

②当全部钢筋保护层厚度检验的合格点率小于90%但不小于80%，可再抽取相同数量的构件进行检验；当按两次抽样总和计算的合格点率为90%及以上时，钢筋保护层厚度的检验结果仍应判为合格。

③每次抽样检验结果中不合格点的最大偏差均不应大于第（5）条规定允许偏差的1.5倍。

（3）检验批工程质量验收记录。

1）检验批质量验收的程序和组织。

检验批施工完成，施工单位自检合格后，应由项目专业质量检查员填报检验批质量验收记录表。按照国家质量验收规范的规定，检验批质量验收应由监理工程师（建设单位项目专业技术负责人）组织项目专业质量检查员等进行验收并签认。

2）检验批质量验收记录表的填写要求。

①检验批质量验收记录表的编号。

检验批质量验收记录表的编号按全部施工质量验收规范系列的分部工程、子分部工程、分项工程的代码和资料顺序号统一为9位数的数码编号，写在表的右上角，前6位数字均印在表上，后留3个"□"，检查验收时填写检验批的顺序号。其编号规则具体说明如下：

a. 第1、2位数字是分部工程的代码。

b. 第3、4位数字是子分部工程的代码。

c. 第5、6位数字是分项工程的代码。

d. 第7、8、9位数字是各分项工程检验批验收的顺序号。

②表头的填写。

a. 单位（子单位）工程名称按合同文件上的单位工程名称填写，子单位工程标出该部分的位置。

b. 分部（子分部）工程名称按规范划定的分部（子分部）名称填写。

c. 验收部位是指一个分项工程中验收的那个检验批的抽样范围，要按实际情况标注清楚。

d. 检验批验收记录表中，施工执行标准名称及编号应填写施工所执行的工艺标准的名称及编号，例如，可以填写所采用的企业标准、地方标准、行业标准或国家标准；如果未采用上述标准，也可填写实际采用的施工技术方案等依据，填写时要将标准名称及编号填写齐全,此栏不应填写验收标准。

　　e. 表格中工程参数等应按实填写,施工单位、分包单位名称宜写全称,并与合同上的公章名称一致,并应注意各表格填写的名称应相互一致;项目经理应填写合同中指定的项目负责人,分包单位的项目经理也应是合同中指定的项目负责人,表头签字处不需要本人签字,由填表人填写即可,只是标明具体的负责人。

　　③"施工质量验收规范的规定"栏制表时按4种情况印制。

　　a. 直接写入:将规范主控项目、一般项目的要求写入。

　　b. 简化描述:将质量要求作简化描述,作为检查提示。

　　c. 写入条文号:当文字较多时,只将条文号写入。

　　d. 写入允许偏差:对定量要求,将允许偏差直接写入。

　　④填写"施工单位检查评定记录"栏,应遵守下列要求。

　　a. 对定量检查项目,当检查点少时,可直接在表中填写检查数据;当检查点数较多填写不下时,可以在表中填写综合结论,如"共检查20处,平均4mm,最大7mm"、"共检查36处,全部合格"等字样,此时应将原始检查记录附在表后。

　　b. 对定性类检查项目,可填写"符合要求"或用符号表示,画"√"或画"×"。

　　c. 对既有定性又有定量的项目,当各个子项目质量均符合规范规定时,可填写"符合要求"或画"√",不符合要求时画"×"。

　　d. 无此项内容时画"/"来标注。

　　e. 在一般项目中,规范对合格点百分率有要求的项目,也可填写达到要求的检查点的百分率。

　　f. 对混凝土、砂浆强度等级,可先填报告份数和编号,待试件养护至28d试压后,再对检验批进行判定和验收,应将试验报告附在验收表后。

　　g. 主控项目不得出现"×",当出现画"×"时,应进行返工修理,使之达到合格;一般项目不得出现超过20%的检查点画"×",否则应进行返工修理。

　　h. 有数据的项目,将实际测量的数值填入格内,超过企业标准但未超过国家验收规范的数字用"○"将其圈住;对超过国家验收规范的数字用"△"圈住。

　　i. 当采用计算机管理时,可以均采用画"√"或画"×"来标注。

　　"施工单位检查评定记录"栏应由质量检查员填写。填写内容:可为"合格"或"符合要求",也可为"检查工程主控项目、一般项目均符合《××××质量验收规范》(GB ×××××—××××)的要求,评定合格"等。质量检查员代表企业逐项检查评定合格后,应如实填表并签字,然后交监理工程师或建设单位项目专业技术负责人验收。

　　⑤检验批检查验收时,一般项目中检查点的合格率,应符合各专业工程施工质量验收规范的规定。其主要原则是:

　　a. 主控项目,应该全部达到规范要求。

　　b. 一般项目,无论是定性还是定量要求,应有80%以上检查点达到规范要求,其余20%的检查点应按各专业工程施工质量验收规范的规定执行。

各专业工程施工质量验收规范中判定一般项目合格的规定大致如下：

属于定量要求的，实际偏差最大不能超过允许偏差的 1.5 倍。但有些项目例外，如混凝土结构的钢筋保护层厚度，检查点合格率应为 90%以上；对钢结构，实际偏差最大不能超过允许偏差的 1.2 倍。

属于定性要求的，应有 80%以上的检查点达到规范规定。其余检查点按各专业工程施工质量验收规范的规定执行，通常规定不能有影响性能的严重缺陷。

⑥"监理单位验收记录"栏。

通常在验收前，监理人员应采用平行、旁站或巡回等方法进行监理，对施工质量抽查，对重要项目作见证检测，对新开工程、首件产品或样板间等进行全面检查。以全面了解所监理工程的质量水平、质量控制措施是否有效及实际执行情况，做到心中有数。

在检验批验收时，监理工程师应与施工单位质量检查员共同检查验收。监理人员应对主控项目、一般项目按照施工质量验收规范的规定逐项抽查验收。应注意：监理工程师应该独立得出是否符合要求的结论，并对得出的验收结论承担责任。对不符合施工质量验收规范规定的项目暂不填写，待处理后再验收，但应做出标记。

⑦"监理单位验收结论"栏。

应由专业监理工程师或建设单位项目专业技术负责人填写。

填写前，应对"主控项目"、"一般项目"按照施工质量验收规范的规定逐项抽查验收，独立得出验收结论。认为验收合格，应签注"同意施工单位评定结果，验收合格"。

如果检验批中含有混凝土、砂浆试件强度验收等内容，应待试验报告出来后再作判定。

（4）分项工程质量验收记录。

1）分项工程质量验收程序和组织。

①分项工程完成（即分项工程所包含的检验批均已完工），施工单位自检合格后，应填报分项工程质量验收记录表和分项/分部工程施工报验表。

②分项工程质量验收由监理工程师（建设单位项目专业技术负责人）组织项目专业技术负责人等进行验收并签认。

2）分项工程质量验收记录表填写要求。

①填写要点。

a. 除填写表中基本参数外，首先应填写各检验批的名称、部位、区段等，注意要填写齐全。

b. 表中部"施工单位检查评定结果"栏，由施工单位质量检查员填写，可以画"√"或填写"符合要求，验收合格"。

c. 表中部右边"监理单位验收结论"栏，专业监理工程师应逐项审查，同意项填写"合格"或"符合要求"，如有不同意项应做标记但暂不填写，待处理后再验收；对不同意项，监理工程师应指出问题，明确处理意见和完成时间。

d. 表下部"检查结论"栏，由施工单位项目技术负责人填写，可填"合格"，然后交监理单位验收。

e. 表下部"验收结论"栏，由监理工程师填写，在确认各项验收合格后，填入"验收合格"。

②注意事项。

a. 核对检验批的部位、区段是否全部覆盖分项工程的范围，有无遗漏的部位。

b. 一些在检验批中无法检验的项目，在分项工程中直接验收，如有混凝土、砂浆强度要求的检验批，到龄期后试压结果能否达到设计要求。

c. 检查各检验批的验收资料是否完整并作统一整理，依次登记保管，为下一步验收打下基础。

（5）分部（子分部）工程质量验收记录。

1）分部（子分部）工程质量验收程序和组织。

①分部（子分部）工程完成，施工单位自检合格后，应填报分部（子分部）工程质量验收记录表。

②分部（子分部）工程应由总监理工程师或建设单位项目负责人组织有关设计单位及施工单位项目负责人和技术质量负责人等共同验收并签认。

③地基基础、主体结构分部工程完工，施工项目部应先行组织自检，合格后填写分部（子分部）工程质量验收记录表，报请施工企业的技术、质量部门验收并签认后，由建设、监理、勘察、设计和施工单位共同进行分部工程验收，并报建设工程质量监督机构。

2）分部（子分部）工程质量验收记录表填写要求。

①填写要点。

a. 表名前应填写分部（子分部）工程的名称，然后将"分部"、"子分部"两者画掉其一。

b. 工程名称、施工单位名称要填写全称，并与检验批、分项工程验收表的工程名称一致。

c. 结构类型填写设计文件提供的结构类型，层数应分别注明地下和地上的层数。

d. 技术、质量部门负责人是指项目的技术、质量负责人，但地基基础、主体结构及重要安装分部（子分部）工程应填写施工单位的技术、质量部门负责人。

e. 有分包单位时填写分包单位名称，分包单位要写全称，与合同或图章一致。分包单位负责人及分包技术负责人，填写本项目的项目负责人及项目技术负责人；按规定地基基础、主体结构不准分包，因此不应有分包单位。

f. "分部工程"栏先由施工单位按顺序将分项工程名称填入，将各分项工程检验批的实际数量填入，注意应与各分项工程验收表上的检验批数量相同，并要将各分项工程验收表附后。

g. "施工单位检查评定"栏填写施工单位对各分项工程自行检查评定的结果，可按照各分项工程验收表填写，合格的分项工程画"√"或填写"符合要求"，填写之前，应核查各分项工程是否全部都通过了验收，有无遗漏。

注意有龄期要求的试件应检查 28d 试压是否达到要求，有全高垂直度或总标高要求的检验项目应实际进行测量检查；当自检符合要求时画"√"，否则画"×"。有"×"的项目不能交给监理或建设单位验收，应返修合格后再提交验收，监理单位由总监理工程师组织审查，符合要求的在"验收意见"栏签注"验收合格"。

h. "质量控制资料验收"栏应按单位（子单位）工程质量控制资料核查记录来核查，但是各专业只需要检查该表内对应于本专业的那部分相关内容，不需要全部检查表内所列内容，也未要求在分部工程验收时填写该表。

核查时，应对资料逐项核对检查，应核查下列几项。

a) 查资料是否齐全，有无遗漏。
b) 查资料的内容有无不合格项。
c) 查资料横向是否相互协调一致，有无矛盾。
d) 查资料的分类整理是否符合要求，案卷目录、份数页数及装订等有无缺漏。
e) 查各项资料签字是否齐全。

当确认能够基本反映工程质量情况，达到保证结构安全和使用功能的要求，该项即可通过验收。全部项目都通过验收，即可在"施工单位检查评定"栏内画"√"或标注"检查合格"，然后送监理单位或建设单位验收，监理单位总监理工程师组织审查，如认为符合要求，则在"验收意见"栏内签注"验收合格"意见。

对一个具体工程，是按分部还是按子分部进行资料验收，需要根据具体工程的情况自行确定。

i. "安全和功能检验（检测）报告"栏应根据工程实际情况填写。

安全和功能检验，是指按规定或约定需要在竣工时进行抽样检测的项目。这些项目凡能在分部（子分部）工程验收时进行检测的，应在分部（子分部）工程验收时进行检测。具体检测项目可按单位（子单位）工程安全和功能检验资料核查及主要功能抽查记录中相关内容在开工之前加以确定。设计有要求或合同有约定的，按要求或约定执行。

在核查时，要检查开工之前确定的检测项目是否全部进行了检测。要逐一对每份检测报告进行核查，主要核查每个检测项目的检测方法、程序是否符合有关标准规定；检测结论是否达到规范的要求；检测报告的审批程序及签字是否完整等。

如果每个检测项目都通过审查，施工单位即可在检查评定栏内划"√"或标注"检查合格"。由项目经理送监理单位或建设单位验收，监理单位总监理工程师或建设单位项目技术负责人组织审查，认为符合要求后，在"验收意见"栏内签注"验收合格"意见。

j. "观感质量验收"栏的填写应符合工程的实际情况。

新版验收规范对观感质量的评判有较大修改，现在只作定性评判，不再作量化打分。观感质量等级分为"好"、"一般"、"差"共3档。"好"、"一般"均为合格；"差"为不合格，需要修理或返工。

观感质量检查的主要方法是观察。但除了检查外观外，还应对能启动、运转或打开的部位进行启动或打开检查。并注意应尽量做到全面检查，对屋面、地下室及各类有代表性的房间、部位都应查到。

观感质量检查首先由施工单位项目经理组织施工单位人员进行现场检查，检查合格后填表，由项目经理签字后交监理单位验收。

监理单位总监理工程师或建设单位项目专业负责人组织对观感质量进行验收，并确定观感质量等级。认为达到"好"或"一般"，均视为合格。在"分部（子分部）工程观感质量验收意见"栏内填写"验收合格"。评为"差"的项目，应由施工单位修理或返工。如确实无法修理，可经协商实行让步验收，并在验收表中注明。由于"让步验收"意味着工程留下永久性缺陷，故应尽量避免出现这种情况。

关于"验收意见"栏由总监理工程师与各方协商，确认符合规定，取得一致意见后，按表中各栏分项填写。可在"验收意见"各栏填入"验收合格"。

当出现意见不一致时，应由总监理工程师与各方协商，对存在的问题，提出处理意见或解决办法，待问题解决后再填表。

分部（子分部）工程质量验收记录表中，制表时已经列出了需要签字的参加工程建设的有关单位。应由各方参加验收的代表亲自签名，以示负责。通常分部（子分部）工程质量验收记录表不需盖章。勘察单位需签认地基基础、主体结构分部工程，由勘察单位的项目负责人亲自签认。

设计单位需签认地基基础、主体结构及重要安装分部（子分部）工程，由设计单位的项目负责人亲自签认。

施工方总承包单位由项目经理亲自签认，有分包单位的，分包单位应签认其分包的分部（子分部）工程，由分包项目经理亲自签认。

监理单位作为验收方，由总监理工程师签认验收。未委托监理的工程，可由建设单位项目技术负责人签认验收。

②注意事项。

a. 核查各分部（子分部）工程所含分项工程是否齐全，有无遗漏。

b. 核查质量控制资料是否完整，分类整理是否符合要求。

c. 核查安全、功能的检测是否按规范、设计、合同要求全部完成，未作的应补作，核查检测结论是否合格。

d. 对分部（子分部）工程应进行观感质量检查验收，主要检查分项工程验收后到分部（子分部）工程验收之间，工程实体质量有无变化，如有，应修补达到合格，才能通过验收。

三、工程竣工资料管理

1.工程竣工验收资料签认权限及时限要求

执行现行建设工程监理规程以及工程资料管理的相关报验管理规定，落实各方相关责任人的签认权限和时限要求。以房屋建筑工程建筑与结构专业为例。

工程管理与验收资料签认权限及时限要求见表1—14。

表1—14 工程管理与验收资料签认权限及时限要求

序号	工程资料名称	完成或提交时限	主要签认责任	责任单位或部门
1	单位（子单位）工程质量竣工验收记录	业主组织单位竣工验收前完成	施工单位负责人	项目质量部、技术部
2	单位（子单位）工程质量控制资料核查记录	施工企业内部竣工预检前完成	各专业技术负责人项目经理	项目技术部、资料员
3	单位（子单位）工程安全和功能检查资料核查及主要功能抽查记录	施工企业内部竣工预检前完成	各专业技术负责人项目经理	项目技术部、资料员
4	单位（子单位）工程观感质量检查记录	工程档案预验收前完成	项目经理	项目质量部
5	施工总结	业主组织单位竣工验收前完成	无	项目总工统筹协调
6	工程竣工报告	业主组织单位竣工验收前完成	项目经理	项目经理组织

2.工程竣工验收资料相关规定及要求

（1）单位（子单位）工程质量竣工验收记录。

单位（子单位）工程质量竣工验收记录是一个建筑工程项目的最后一份验收资料，应由施工单位填写。

1）单位工程完工，施工单位组织自检合格后，应报请监理单位进行工程预验收，通过后向建设单位提交工程竣工报告并填报单位（子单位）工程质量竣工验收记录。建设单位应组织设计单位、监理单位、施工单位等进行工程质量竣工验收并记录，验收记录上各单位必须签字并加盖公章。

2）进行单位（子单位）工程质量竣工验收时，施工单位应同时填报单位（子单位）工程质量控制资料检查记录、单位（子单位）工程安全和功能检查资料核查及主要功能抽查记录、单位（子单位）工程观感质量检查记录，作为单位（子单位）工程质量竣工验收记录的附表。

3）"分部工程"栏根据各分部（子分部）工程质量验收记录填写。应对所含各分部工程，由竣工验收组成员共同逐项核查。对表中内容如有异议，应对工程实体进行检查或测试。

核查并确认合格后，由监理单位在"验收记录"栏注明共验收了几个分部，符合标准及设计要求的有几个分部，并在右侧的"验收结论"栏内，填入具体的验收结论。

4）"质量控制资料核查"栏根据单位（子单位）工程质量控制资料核查记录的核查结论填写。建设单位组织由各方代表组成的验收组成员，或委托总监理工程师，按照单位（子单位）工程质量控制资料核查记录的内容，对资料进行逐项核查。确认符合要求后，在单位（子单位）工程质量竣工验收记录右侧的"验收结论"栏内，填写具体验收结论。

5)"安全和主要使用功能核查及抽查结果"栏根据单位（子单位）工程安全和功能检验资料核查及主要功能抽查记录的核查结论填写。

对于分部工程验收时已经进行了安全和功能检测的项目，单位工程验收时不再重复检测。但要核查以下内容。

①单位工程验收时按规定、约定或设计要求，需要进行的安全功能抽测项目是否都进行了检测；具体检测项目有无遗漏。

②抽测的程序、方法是否符合规定。

③抽测结论是否达到设计及规范规定。

经核查认为符合要求的，在单位（子单位）工程质量竣工验收记录中的"验收结论"栏填入符合要求的结论。如果发现某些抽测项目不全，或抽测结果达不到设计要求，可进行返工处理，使之达到要求。

6)"观感质量验收"栏根据单位（子单位）工程观感质量检查记录的检查结论填写。

参加验收的各方代表，在建设单位主持下，对观感质量抽查，共同做出评价。如确认没有影响结构安全和使用功能的项目，符合或基本符合规范要求，应评价为"好"或"一般"。如果某项观感质量被评价为"差"，应进行修理。如果确难修理时，只要不影响结构安全和使用功能的，可采用协商解决的方法进行验收，并在验收表上注明。

7)"综合验收结论"栏应由参加验收各方共同商定，并由建设单位填写，主要对工程质量是否符合设计和规范要求及总体质量水平做出评价。

(2) 单位（子单位）工程质量控制资料核查记录。

1) 单位（子单位）工程质量控制资料是单位工程综合验收的一项重要内容，核查目的是强调建筑结构设备性能、使用功能方面主要技术性能的检验。其每一项资料包含的内容，就是单位工程包含的有关分项工程中检验批主控项目、一般项目要求内容的汇总。对一个单位工程全面进行质量控制资料核查，可以防止局部错漏，从而进一步加强工程质量的控制。

2)《建筑工程施工质量验收统一标准》(GB 50300—2013)中规定了按专业分共计48项内容。其中，建筑与结构11项；给排水与采暖7项；建筑电气7项；通风与空调8项；电梯7项；建筑智能化8项。

3) 本表由施工单位按照所列质量控制资料的种类、名称进行检查，并填写份数，然后提交给监理单位验收。

4) 本表其他各栏内容均由监理单位进行核查和填写。监理单位应按分部（子分部）工程逐项核查，独立得出核查结论。监理单位核查合格后，在"核查意见"栏填写对资料核查后的具体意见如齐全、符合要求，具体核查人员在"核查人"栏签字。

5) 总监理工程师或建设单位项目负责人确认符合要求后，在表下部"结论"栏内，填写对资料核查后的综合性结论。

6) 施工单位项目经理应在表下部"结论"栏内签字确认。

(3) 单位（子单位）工程安全和功能检查资料及主要功能抽查记录。

1) 建筑工程投入使用，最为重要的是要确保安全和满足功能性要求。涉及安全和使用功能的分部工程应有检验资料，施工验收对能否满足安全和使用功能的项目进行强化验收，对主要项目进行抽查记录，填写单位（子单位）工程安全和功能检验资料核查及主要功能抽查记录。

2) 抽查项目是在核查资料文件的基础上，由参加验收的各方人员确定，然后按有关专业工程施工质量验收标准进行检查。

3) 安全和功能的各项主要检测项目，表中已经列明。如果设计或合同有其他要求，经监理认可后可以补充。

安全和功能的检测，如果条件具备，应在分部工程验收时进行。分部工程验收时凡已经做过的安全和功能检测项目，单位工程竣工验收时不再重复检测。只核查检测报告是否符合有关规定。如：核查检测项目是否有遗漏；抽测的程序、方法是否符合规定；检测结论是否达到设计及规范规定；如果某个项目抽测结果达不到设计要求，应允许进行返工处理，使之达到要求再填表。

4) 本表由施工单位按所列内容检查并填写份数后，提交给监理单位。

5) 本表其他栏目由总监理工程师或建设单位项目负责人组织核查、抽查并由监理单位填写。

6) 监理单位经核查和抽查，如果认为符合要求，由总监理工程师在表中的"结论"栏填入综合性验收结论，并由施工单位项目经理签字确认。

(4) 单位（子单位）工程观感质量检查记录。

1) 工程观感质量检查，是在工程全部竣工后进行的一项重要验收工作，这是全面评价一个单位工程的外观及使用功能质量，促进施工过程的管理、成品保护，以提高社会效益和环境效益的途径。观感质量检查绝不是单纯的外观检查，而是实地对工程的一个全面检查。

2)《建筑工程施工质量验收统一标准》(GB 50300—2013) 规定，单位工程的观感质量验收，分为"好"、"一般"、"差"三个等级。观感质量检查的方法、程序、评判标准等，均与分部工程相同，不同的是检查项目较多，属于综合性验收。主要内容包括：核实质量控制资料，检查检验批、分项、分部工程验收的正确性，对在分项工程中不能检查的项目进行检查，核查各分部工程验收后到单位工程竣工时之间，工程的观感质量有无变化、损坏等。

3) 本表由总监理工程师组织参加验收的各方代表，按照表中所列内容，共同实际检查，协商得出质量评价、综合评价和验收结论意见。

4) 参加验收的各方代表，经共同实际检查，如果确认没有影响结构安全和使用功能等问题，可共同商定评价意见。评价为"好"和"一般"的项目，由总监理工程师在"观感质量综合评价"栏填写"好"或"一般"，并在"检查结论"栏内填写"工程观感质量综合评价为好（或一般），验收合格"。

5）如有评价为"差"的项目，属于不合格项，应予以返工修理。这样的观感检查项目修理后需重新检查验收。

6）"抽查质量状况"栏，可填写具体检查数据。当数据少时，可直接将检查数据填在表格内；当数据多时，可简要描述抽查的质量状况，但应将检查原始记录附在本表后面。

（5）施工总结。

1）编制责任和时限要求。施工总结是在施工过程中和工程完工后，根据工程特点、性质，进行的阶段性、综合性或专题性总结材料。应由项目经理统筹协调项目有关部门和管理人员共同完成。

2）施工总结包括以下方面的内容。

①工程概况：工程名称、建筑用途、基础结构类型、建筑面积、主要建筑材料、主要分部、分项工程、设计特点等。

②管理方面总结要点：对施工过程中所采用的质量管理措施、消除质量通病措施、降低成本措施、安全技术措施、环境管理措施、文明施工措施、合同管理措施、QC质量管理活动等。

③技术方面总结要点：主要针对工程施工中采用的新技术、新产品、新工艺、新材料进行总结；施工组织设计（施工方案）编制的合理性以及实施情况等。

④经验与教训方面总结：施工过程中出现的质量、安全事故的分析；事故的处理情况；如何杜绝类似事件发生等。

3）施工总结应由项目经理和项目技术负责人签名。

（6）工程竣工报告。

1）工程概况。写明工程名称、工程地址、工程结构类型、建筑面积、占地面积、地下及地上层数、基础类型、建筑物檐高、主要工程量、开工和完工日期。建设、勘察、设计、监理、总包及分包施工单位名称。

2）施工主要依据。说明施工主要依据，标明合同名称及备案编号、设计图工程号及主要设计变更编号，施工执行的主要标准。

3）工程施工情况。

①人员组织情况：总包单位项目部项目经理、技术负责人、专业负责人、施工现场管理负责人等姓名、执业证书及编号。特殊工种人员持证上岗情况。

②项目专业分包情况：专业分包情况，分包单位名称、资质证书号码和技术负责人姓名、执业证书及编号。

③工程施工过程：施工工期定额规定的施工天数，实际施工天数，工程总用工工日。按照《建筑工程施工质量验收统一标准》（GB 50300—2013）中分部工程的划分，简介各分部主要施工方法，重点描述地基基础、主体结构施工过程，包括建

筑地基种类（天然或人工）、深度（槽底标高）、承载力数值、允许变形要求。地基处理情况，地基土质和地下水对基础有无侵蚀性。混凝土的制作及浇筑方法，砌体结构的砌筑方法，模板制作方法，钢筋接头方法等。说明主要建筑材料使用情况，用于主体结构建筑材料、门窗、防水、保温材料、混凝土外加剂、特种设备等产品是否符合相关规定，生产厂家是否具有生产许可证品牌和生产厂家名称。建筑材料、构配件设备是否按规定进行了报验，是否按规定进行了复试、有见证取样与送检，有见证取样与送样见证人姓名和见证试验机构名称，是否有合格证明文件，是否符合国家及北京市地方标准。

④工程施工技术措施及质量验收情况：简介各工序采用了哪些技术、质量控制措施及新技术、新工艺和特殊工序。评定工程质量采用的标准，执行《工程建设标准强制性条文》和国家工程施工质量验收规范及安全与功能性检测、原材料试验、施工试验、主要建筑设备、系统调试的情况，说明地基基础与主体结构及分部验收质量达标、企业竣工自检、施工资料管理等情况。

⑤工程完成情况：是否依法完成了合同约定的各项内容，有无甩项，有无质量遗留问题，需要说明的其他事项。

4）工程质量总体评价：工程是否达到设计要求，是否符合《工程建设标准强制性条文》和国家工程施工质量验收规范，是否达到了施工合同的质量目标，是否具备竣工验收条件。

单位工程竣工报告同时应有总监理工程师签字。

第 2 部分

工程准备阶段及监理资料管理实务

第 1 单元　工程准备阶段文件管理实务

第 1 讲　工程准备阶段文件管理规定

一、工程准备阶段文件的管理要求

（1）工程决策立项文件，建设用地、征地、拆迁文件，工程开工文件，工程竣工验收及备案文件应由建设单位按规定程序及时办理，文件内容应完整，手续应齐全。

（2）勘察、测绘、设计文件由建设单位按相关规定要求委托有资质的勘察、测绘、设计单位编制形成。

（3）工程招投标及合同文件应由建设单位负责形成。

（4）工程商务文件由建设单位委托有资质的专业单位编制，应真实反映工程建设造价情况。

（5）工程音像资料由建设负责收集，应真实反映工程建设情况。

（6）工程竣工总结由建设单位在工程竣工阶段编制，应真实反映工程建设实施情况。

（7）工程竣工验收报告由建设单位在工程竣工验收后进行编制，应真实反映工程竣工验收情况。

（8）勘察单位工程质量检查报告是对与工程勘察相关的工程质量检查后，由勘察单位形成的报告。

（9）设计单位工程质量检查报告是对工程设计文件及设计单位签署的变更通知实施情况检查后，由设计单位形成的报告。

二、工程准备阶段文件的分类及编号

（1）工程准备阶段文件应包括决策立项文件，建设用地、征地、拆迁文件，勘察、测绘、设计文件，工程招投标及合同文件，工程开工文件，工程商务文件等几类。

（2）工程准备阶段文件、工程竣工文件可按形成时间的先后顺序和类别，由建设单位确定编号原则。工程准备阶段文件可按表2—1规定的文件类别和形成时间先后顺序编号。

表2—1 工程准备阶段文件的类别、来源及保存

工程资料类别		工程资料名称	工程资料来源	工程资料保存			
				施工单位	监理单位	建设单位	城建档案馆
A1类	决策立项文件	项目建议书	建设单位			●	●
		项目建议书的批复文件	建设行政管理部门			●	●
		可行性研究报告及附件	建设单位			●	●
		可行性研究报告的批复文件	建设行政管理部门			●	●
		关于立项的会议纪要、领导批示	建设单位			●	●
		工程立项的专家建议资料	建设单位			●	●
		项目评估研究资料	建设单位			●	●
A2类	建设用地文件	选址申请及选址规划意见通知书	建设单位规划部门			●	●
		建设用地批准文件	土地行政管理部门			●	●
		拆迁安置意见、协议、方案等	建设单位			●	●
		建设用地规划许可证及其附件	规划行政管理部门			●	●
		国有土地使用证	土地行政管理部门			●	●
		划拨建设用地文件	土地行政管理部门			●	●
A3类	勘察设计文件	岩石工程勘察报告	勘察单位	●		●	●
		建设用地钉桩通知单（书）	规划行政管理部门	●		●	●
		地形测量和拨地测量成果报告	测绘单位			●	●
		审定设计方案通知书及审查意见	规划行政管理部门			●	●
		审定设计方案通知书要求征求有关部门的审查意见和要求取得的有关协议	有关部门			●	●
		初步设计图及设计说明	设计单位			●	●
		消防设计审核意见	公安机关消防机构	○	○	●	●
		施工图设计文件审查通知书及审查报告	施工图审查机构	○	○	●	●
		施工图及设计说明	设计单位	○	○	●	

续表

工程资料类别		工程资料名称	工程资料来源	工程资料保存			
				施工单位	监理单位	建设单位	城建档案馆
A4类	招投标与合同文件	勘察招投标文件	建设单位 勘察单位			●	
		勘察合同*	建设单位 勘察单位			●	●
		设计招投标文件	建设单位 设计单位			●	
		设计合同*	建设单位 设计单位			●	●
		监理招投标文件	建设单位 监理单位		●	●	
		委托监理合同*	建设单位 监理单位		●	●	●
		施工招投标文件	建设单位 施工单位	●	○	●	
		施工合同*	建设单位 施工单位	●	○	●	●
A5类	开工文件	建设项目列入年度计划的申报文件	建设单位			●	
		建设项目列入年度计划的批复文件或年度计划项目表	建设行政管理部门			●	
		规划审批申报表及报送的文件和图纸	建设单位 设计单位			●	
		建设工程规划许可证及其附件	规划部门			●	●
		建设工程施工许可证及其附件	建设行政管理部门	●	●	●	●
		工程质量安全监督注册登记	质量监督机构	○	○	●	●
		工程开工前的原貌影像资料	建设单位	●	●	●	●
		施工现场移交单	建设单位	○	○	○	
A6类	商务文件	工程投资估算资料	建设单位			●	
		工程设计概算资料	建设单位			●	
		工程施工图预算资料	建设单位			●	
A类其他资料							

注：1. 表中工程资料名称与资料保存单位所对应的栏中，"●"表示"归档保存"，"○"表示"过程保存"，是否归档保存可自行确定。

  2. 表中注明"*"的文件，宜由施工单位和监督员理或建设单位共同形成；表中注明"**"的文件，宜由建设、设计、监理、施工等多方共同形成。

  3. 勘察单位保存资料内容应包括工程地质勘察报告、勘察招投标文件、勘察合同、勘察单位工程质量检查报告以及勘察单位签署的有关质量验收记录等。

  4. 设计单位保存资料内容应包括审定设计方案通知书及审查意见、审定设计方案通知书要求征求有关部门的审查意见和要求取得有关协议、初步设计图及设计说明、施工图及设计说明、消防设计审核意见、施工图设计文件审查通知书及审查报告、设计招投标文件、设计合同、图纸会审记录、设计变更通知单、设计单位签署意见的工程治商记录（包括技术核定单）、设计单位工程质量检查报告以及设计单位签署的有关质量验收记录。

第2讲　工程准备阶段文件的主要内容

一、决策立项文件

（1）项目建议书（代可行性研究报告）。
1）项目建议书由建设单位编制并申报。
2）可行性研究报告由建设单位委托有资质的工程咨询单位编制。
（2）项目建议书（代可行性研究报告）的批复文件。
1）根据项目大小、投资主体的不同，项目建议书的批复文件分别由国家、行业或北京市相关政府管理部门审批。
2）可行性报告的批复文件：大中型项目由国家发展计划委员会或由国家发展计划委员会委托的有关单位审批；小型项目分别由行业或国家有关主管部门审批；建设资金自筹的企业大中型项目由市发展计划委员会审批，报国家及有关部门备案；地方投资的文教、卫生事业的大中型项目由市发展计划委员会审批。
（3）关于立项的会议纪要、领导批示：由建设单位或其上级主管单位形成。
（4）专家对项目的有关建议文件：由建设单位组织形成。
（5）项目评估研究资料：由建设单位组织形成。

二、建设用地文件

（1）规划意见书及附图：由市规划委员会审批形成。
（2）建设用地规划许可证、附件及附图：由市规划委员会办理。
（3）国有土地使用证：由市国有土地管理部门办理。
（4）北京市城镇建设用地批准书：由市国有土地管理部门办理。

三、勘察设计文件

（1）工程地质勘察报告：由建设单位委托的勘察设计单位勘察形成。
（2）建筑用地钉桩通知单：由市规划委员会审批形成。
（3）验线合格文件：由市规划委员会审批形成。
（4）设计方案审查意见：由市规划委员会审批形成。
（5）初步设计图纸及说明：由设计单位形成。
（6）设计计算书：由设计单位形成。
（7）消防设计审核意见：由市消防局审批形成。
（8）施工图审查通知书：由审查机构审查形成。

四、招投标及合同文件

（1）勘察、设计、施工、监理招投标文件：由建设单位分别与勘察、设计、施工、监理单位形成。

(2) 勘察、设计、施工、监理合同文件：由建设单位分别与勘察、设计、施工、监理单位签订形成。

(3) 中标通知书：由建设单位形成。

五、开工文件

(1)《建设工程规划许可证》：由市规划委员会办理。

(2)《建设工程施工许可证》：由市住房及城乡建设委员会办理。

六、商务文件

(1) 工程投资估算文件：由建设单位委托工程造价咨询单位形成。

(2) 工程设计概算：由建设单位委托工程造价咨询单位形成。

(3) 施工图预算：由建设单位委托工程造价咨询单位形成。

(4) 施工预算：由施工单位形成。

第2单元 监理资料管理实务

第1讲 监理资料的分类与管理要求

一、监理资料的分类及编号

1.监理资料的分类

监理资料分为监理管理资料、进度控制资料、质量控制资料、造价控制资料、合同管理资料、竣工验收资料，共6类。

(1) 监理管理资料（B1），包括"监理规划、监理实施细则、监理月报、监理会议纪要、监理工作日志、监理工作总结、工作联系单、监理工程师通知、监理工程师通知回复单、工程暂停令、工程复工报审表"等资料。

(2) 进度控制资料（B2），包括"工程开工报审表、施工进度计划报审表"等资料。

(3) 质量控制资料（B3），包括"质量事故报告及处理资料、旁站监理记录、见证取样和送检见证人员备案表、见证记录、工程技术文件报审表"等资料。

(4) 造价控制资料（B4），包括"工程款支付申请表、工程款支付证书、工程变更费用报审表、费用索赔申请表、费用索赔审批表"等资料。

(5) 合同管理资料（B5），包括"委托监理合同、工程延期申请表、工程延期审批表、分包单位资质报审表"等资料。

(6) 竣工验收资料（B6），包括"单位（子单位）工程竣工预验收报验表、单位（子单位）工程质量竣工验收记录、单位（子单位）工程质量控制资料核查记录、单位（子单位）工程安全和功能检验资料核查及主要功能抽查记录、工程质量评估报告、监理费用决算资料、监理资料移交书"等资料。

2.监理资料的来源和编号

监理资料的填写、编制、审核及审批应符合现行国家标准《建设工程监理规范》（GB50319－2013）的有关规定；监理资料用表应符合表2－2规定的类别和形成时间顺序编号；表2－2中未规定的，可自行确定。

表2—2 监理资料类别、来源及保存

工程资料类别		工程资料名称	工程资料来源	工程资料保存			
				施工单位	监理单位	建设单位	城建档案馆
B1类	监理管理资料	监理规划	监理单位		●	●	●
		监理实施细则	监理单位	○	●	●	●
		监理月报	监理单位		●	●	
		监理会议纪要	监理单位	○	●	●	
		监理工作日志	监理单位		●		
		监理工作总结	监理单位		●	●	●
		工作联系单(表B.1.1)	监理单位施工单位	○	○		
		监理工程师通知(表B.1.2)	监理单位	○	○		
		监理工程师通知回复单*(表C.1.7)	施工单位	●	●		
		工程暂停令(表B.1.3)	监理单位	○	○	○	●
		工程复工报审表*(表C.3.2)	施工单位	●	●	●	●
B2类	进度控制资料	工程开工报审表*(表C.3.1)	施工单位	●	●	●	●
		施工进度计划报审表*(表C.3.3)	施工单位	○	●	●	
B3类	质量控制资料	质量事故报告及处理资料	施工单位	●	●	●	●
		旁站监理记录*(表B.3.1)	监理单位	○	●		
		见证取样和送检见证人员备案表(表B.3.2)	监理单位或建设单位	●	●	●	
		见证记录*(表B.3.3)	监理单位	●	●		
		工程技术文件报审表*(表C.2.1)	施工单位	○	●		
B4类	造价控制资料	工程款支付申请表(表C.3.6)	施工单位	○	○	●	
		工程款支付证书(表B.4.1)	施工单位	○	○	●	
		工程变更费用报审表*	施工单位	○	○	●	
		费用索赔申请表	施工单位	○	○	●	
		费用索赔审批表(表B.4.2)	监理单位	○	○	●	

续表

工程资料类别		工程资料名称	工程资料来源	工程资料保存 施工单位	监理单位	建设单位	城建档案馆
B5类	合同管理资料	委托监理合同*	监理单位		●	●	●
		工程延期申请表(表C.3.5)	施工单位	●	●	●	●
		工程延期审批表(表B.5.1)	监理单位	●	●	●	
		分包单位资质报审表*(表C.1.3)	施工单位				
B6类	竣工验收资料	单位(子单位)工程竣工预验收报验表*	施工单位	●	●	●	
		单位(子单位)工程质量竣工验收记录**	施工单位	●	●	●	●
		单位(子单位)工程质量控制资料核查记录*	施工单位	●	●	●	
		单位(子单位)工程安全和功能检验资料核查及主要功能抽查记录*	施工单位	●	●	●	
		单位(子单位)工程观感质量检查记录*	施工单位	●	●	●	
		工程质量评估报告	监理单位	●	●	●	●
		监理费用决算资料	监理单位		○	●	
		监理资料移交书	监理单位		●	●	
		B类其他资料					

注：1. 表中工程资料名称与资料保存单位所对应的栏中，"●"表示"归档保存"，"○"表示"过程保存"，是否归档保存可自行确定。
2. 表中注明"*"的文件，宜由施工单位和监督员理或建设单位共同形成；表中注明"**"的文件，宜由建设、设计、监理、施工等多方共同形成。
3. 勘察单位保存资料内容应包括工程地质勘察报告、勘察招投标文件、勘察合同、勘察单位工程质量检查报告以及勘察单位签署的有关质量验收记录等。
4. 设计单位保存资料内容应包括审定设计方案通知书及审查意见、审定设计方案通知书要求征求有关部门的审查意见和要求取得有关协议、初步设计图及设计说明、施工图及设计说明、消防设计审核意见、施工图设计文件审查通知书及审查报告、设计招投标文件、设计合同、图纸会审记录、设计变更通知单、设计单位签署意见的工程洽商记录(包括技术核定单)、设计单位工程质量检查报告以及设计单位签署的有关质量验收记录。

二、监理资料的形成流程

监理资料宜按图2-1所示流程形成。

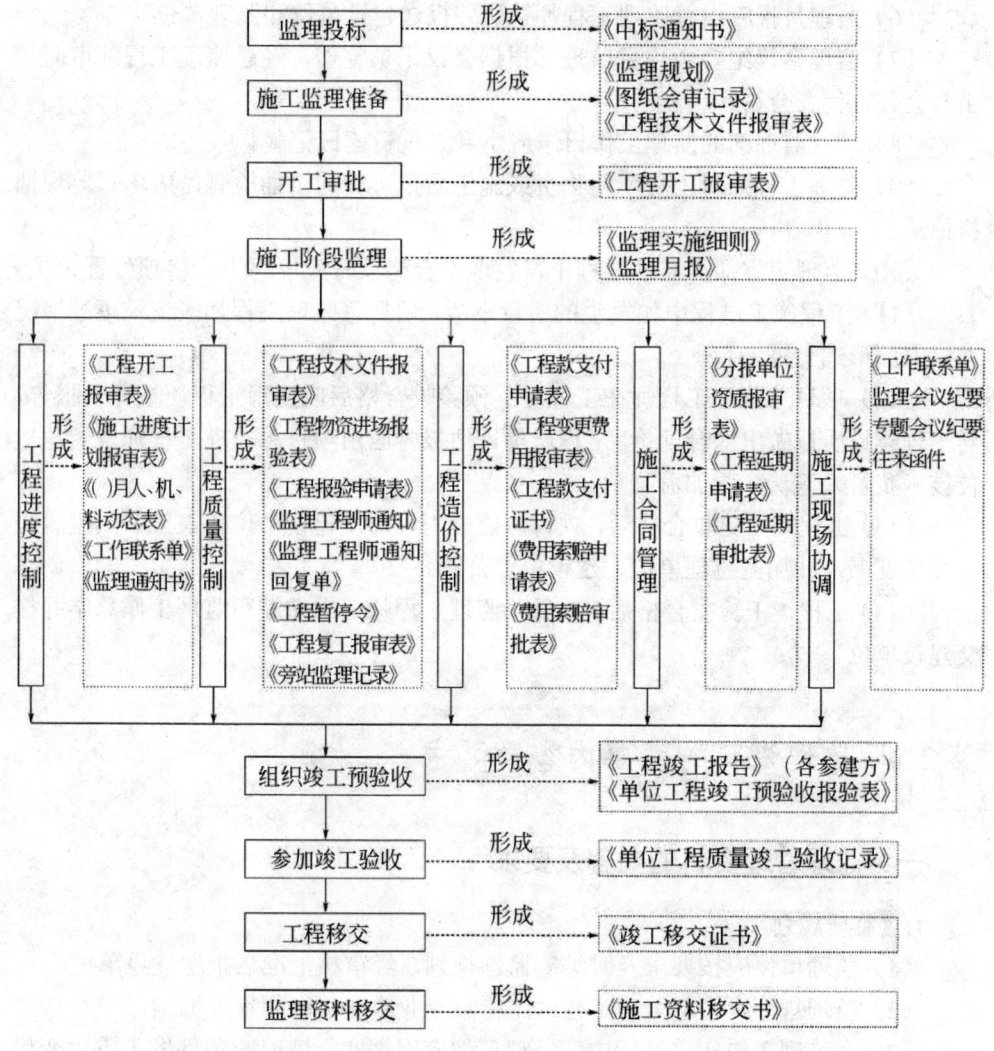

图 2—1 监理资料的形成流程

三、监理资料管理基本要求

（1）监理资料是监理单位在工程建设监理活动过程中形成的全部资料。

（2）监理（建设）单位应在工程开工前按相关规定确定本工程的见证人员。见证人应履行见证职责，填写见证记录。

（3）监理规划应由总监理工程师审核签字，并经监理单位技术负责人批准。

（4）监理实施细则应由监理工程师根据专业工程特点编制，经总监理工程师审核批准。

（5）监理单位在编制监理规划时，应针对工程的重要部位及重要施工工序制定旁站监理方案，明确旁站监理的范围、内容、程序和旁站监理人员职责等。监理人员应根据旁站方案实施旁站，在实施旁站监理时应填写旁站监理记录。

（6）监理月报应由总监理工程师签认并报送建设单位和监理单位。

（7）监理会议纪要由项目监理部根据会议记录整理，经总监理工程师审阅，由与会各方代表会签。

（8）项目监理部的监理工作日志应由专人负责逐日记载。

（9）监理工程师对工程所用物资或施工质量进行随机抽检时，应填写监理抽检记录。

（10）监理工程师在监理过程中，发现不合格项时应填写不合格项处置记录。

（11）工程施工过程中如发生的质量事故，项目总监理工程师应记录事故情况并以书面形式上报。

（12）项目总监理工程师在工程竣工预验收合格后应撰写工程质量评估报告，对工程建设质量做出综合评价。工程质量评估报告应由项目总监理工程师及监理单位技术负责人签认，并加盖公章。

（13）工程竣工验收合格后，项目总监理工程师及建设单位代表应共同签署竣工移交证书，并加盖监理单位、建设单位公章。

（14）工程竣工验收合格后，项目总监理工程师应组织编写监理工作总结并提交建设单位。

第2讲 监理资料的主要内容及要求

一、监理管理资料的内容及要求

1.《监理规划》

（1）监理单位应按要求及时编制监理规划，经审核批准后报送建设单位；

（2）监理规划应由总监理工程师主持，专业监理工程师参加编制；

（3）在监理工作实施过程中，监理单位应根据实际情况或条件发生重大变化而调整监理规划，由总监理工程师组织专业监理工程师研究修改后，按原报审程序经过批准后报建设单位。

（4）监理规划主要包含的内容应有：工程项目特征、工程相关单位项目组织、监理工作的主要依据、监理工作范围、监理工作内容和目标、项目监理机构的组织形式、人员配备计划及岗位职责、监理工作程序、方法及措施、监理工作制度、监理设施、安全监理方案等。

1）工程项目特征包括工程名称、建设地点、建设规模、工程特点等。

2）工程相关单位项目组织包括建设单位、监理单位、勘察单位、设计单位、总包单位、主要分包单位等。

3）监理工作范围、监理工作内容和目标指工程进度控制、工程质量控制、工程造价控制、合同其他事项管理。

监理规划应包含的主要内容可根据各地方、监理单位要求及工程规模等具体情况进行调整。

2.《监理实施细则》

（1）监理实施细则应符合监理规划的要求，并应结合工程项目的专业特点，做到详细具体、具有可操作性。

（2）监理实施细则应在总监理工程师主持下，由专业监理工程师编制，经总监理工程师批准；

（3）监理实施细则应在相应工程施工开始前编制完成，并经总监理工程师批准后实施；

（4）监理实施细则应根据工程的变化予以补充、修改和完善，并按规定程序报批。

（5）监理实施细则应包含的主要内容应有：监理实施细则包括：专业工程概况、特点、难点、监理细则编制依据、监理工作程序、工作制度、工作内容、工作方法、监理人员的配备、分工及职责、执行的技术标准与数据、分部、分项工程验收表格及隐蔽工程验收表格、实施旁站监理的计划、本专业工程与其他专业工程的配合、协调、工程进度控制、工程投资控制、工程安全控制、工程的质量验收程序和制度等。

监理实施细则应包含的主要内容可根据各地方、监理单位要求及工程规模等等具体情况进行调整。

3.《监理月报》

（1）监理月报的内容应全面、客观。

（2）监理月报应由项目总监理工程师组织编制，签认后，报送建设单位和监理单位。

（3）监理月报的内容主要应包含：本月工程概况、本月工程形象进度、工程进度、工程质量、工程计量与工程款支付、合同其他事项的处理情况、本月监理工作小结等。其中：

1）工程进度包括：本月实际完成情况与计划进度比较；对进度完成情况及采取措施效果的分析。

2）工程质量包括：本月工程质量情况分析；本月采取的工程质量措施及效果。

3）工程计量与工程款支付包括：工程量审核情况；工程款审批情况及月支付情况；工程款支付情况分析；本月采取的措施及效果。

4）合同其他事项的处理情况包括：工程变更；工程延期；费用索赔。

5）本月监理工作小结包括：对本月进度、质量、工程款支付等方面情况的综合评价；本月监理工作情况；有关本工程的意见和建议。

监理月报应包含的主要内容可根据各地方、监理单位及工程规模等具体情况进行调整。

《监理月报》应由项目总监理工程师组织编制，签署后报送建设单位和本监理单位。报送的时间由监理单位和建设单位协商确定，一般在收到施工单位项目经理部报来的工程进度、汇总了当月已完成的工程量和当月计划完成工程量的工程量表、工程款支付申请表等相关资料后,在最短的时间内提交,大约为5~7天。

4.《监理会议纪要》

(1) 监理会议包括监理交底会、工地例会、专题会议等。

(2) 监理会议纪要应由监理单位根据会议记录整理,经总监理工程师审阅,由与会各方代表会签,发相关单位。

(3) 监理会议纪要包括第一次工地会议纪要、监理例会纪要和由监理单位主持召开的专题工地会议纪要。工地例会纪要主要内容应包括:

1) 例会的地点与时间;

2) 会议主持人;

3) 与会人员的姓名、单位、职务;

4) 例会的主要内容、决议事项及其负责落实的单位、负责人与时限要求;

5) 检查上次例会议议定事项的落实情况,分析未完事项原因;

6) 检查分析工程项目进度计划完成情况,提出下一阶段进度目标及其落实措施;

7) 检查分析工程项目质量状况,针对存在的质量问题提出改进措施;

8) 检查分析工程项目安全状况,针对存在的安全问题提出改进措施;

9) 检查工程量核定及工程款支付情况;

10) 解决需要协调的有关事项;其他有关事宜等。

11) 专题会议纪要可参照监理会议纪要的主要内容编制。

5.《监理工作日志》

(1) 日志记载应从监理工作开始起至监理工作结束止,应由总监理工程师指派专人负责逐日记载。

(2) 监理工作日志内容应专业齐全、内容真实。

(3) 总监理工程师应定期或不定期检查监理工作日志,提出指导意见。

(4) 监理工作日志内容应主要包括:项目监理部人员出勤情况;现场主要在施项目;施工单位投入情况;检查、巡视线路;发现的问题及处理情况;当日召开会议主要议题、往来文件收发情况等。

主要记录:

(1) 每日人员、材料、构配件、设备的变化情况。

(2) 每日施工的具体部位、工序的质量、进度情况、材料使用情况,抽检、复检情况,施工程序执行情况,人员、设备的安排情况等。

(3) 对与发现的施工问题,当时是否要求施工单位及时纠正,是否发了监理通知单。

(4) 施工单位提出的问题,监理人员的答复等。

(5) 每日的施工进度执行情况,索赔情况,安全文明施工情况。

(6) 记录发生争议时的各方的相同和不同意见以及协调情况。

（7）每日天气和温度情况，天气和温度对工序质量的影响及采取的措施情况。

施工单位投入情况包括主要工种人员、机具、材料。

6.《监理工作总结》

施工阶段监理工作结束时，监理单位应向建设单位提交监理工作总结。

监理工作总结可分为专题总结、阶段总结和竣工总结。施工阶段监理工作结束后，监理单位应向建设单位提交项目监理工作竣工总结。是否写专题总结、阶段总结可视情况而定。

（1）监理工作总结的内容应能全面反应阶段施工、监理工作情况等。监理工作总结应由总监理工程师主持编写并审批。

（2）监理工作总结应包含的主要内容：工程概况；监理组织机构、监理人员和投入的监理设施；监理合同履行情况；监理工作成效；施工过程中出现的问题及其处理情况和建议；工程照片（有必要时）等。内容可根据各地方、监理单位及工程规模等具体情况进行调整。

7.《工作联系单》

工程有关各方之间传递意见、建议、决定、通知、要求等信息宜采用《工作联系单》形式。

（1）《工作联系单》除明确要求外，一般不需回复。

（2）《工作联系单》为通用表格，工程参加各方均可使用。

8.《监理通知》、《监理通知回复单》

监理工程师现场发出的指令及要求应采用《监理通知》的形式。施工单位应按照《监理通知》要求的内容执行或督促相关分包单位执行，并将执行结果用《监理通知回复单》报监理单位检查、复核。涉及应由总监理工程师审批工作内容的回复单，应由总监理工程师签署。

9.《工程暂停令》、《工程复工报审表》

总监理工程师应根据实际情况，按施工合同或委托监理合同约定签发《工程暂停令》。无论由何方原因造成的工程暂停，在暂停原因消失，具备复工条件时，总监理工程师应要求施工单位及时填写《工程复工报审表》，并予以签批。

二、进度控制资料内容及要求

1.《工程开工报审表》

（1）施工单位根据现场实际情况满足开工条件时，应向项目监理部申报《工程开工报审表》。由监理工程师审核，总监理工程师签署审批结论，并报建设单位。

（2）整个单位工程一次开工，只填报一次，如单位工程中含有多个子单位工程且开工时间不同，则每个子单位工程都应填报一次。工程开工应具备以下基本条件：

1）施工许可证已获政府主管部门批准。

2）征地拆迁工作满足工程进度需要。

3）施工组织设计已获总监理工程师批准。
4）现场管理人员已到位，施工机具、施工人员已进场，主要工程材料已落实。
5）进场道路及水、电、通信等已满足开工要求。
6）质量管理、质量保证、安全管理和技术管理的组织机构已建立。
7）质量管理、技术管理的制度已制定。
8）专职管理人员和特种作业人员已取得资格证、上岗证等。
开工条件在执行中可根据各地方具体情况进行调整。

2.《施工进度计划报审表》

（1）施工单位应根据建设工程施工合同的约定，按时编制施工年、季、月进度总计划，并填写《施工进度计划报审表》报项目监理部审批。总监理工程师应及时审批施工总年、季、月度施工进度计划。专业监理工程师应对进度计划实施情况检查、分析。

（2）施工单位在向监理单位申报总进度计划时要附横道图或网络图并配有文字说明；申报季度、年度进度计划时，要同时编写主要工程材料、设备的采购、进场时间以及劳动力等计划安排。

3.《（ ）月人、机、料动态表》

施工单位应于每月 25 日前报《（ ）月人、机、料动态表》。主要施工设备进场并调试合格后也应填写《（ ）月人、机、料动态表》报项目监理部备案。

三、质量控制资料的内容及要求

1.《工程物资进场报验表》

施工单位应对进场的主要材料、构配件、设备进行检测、测试，并按有关规定对主要原材料进行复试，合格后填写《工程物资进场报验表》报项目监理部进行现场验收，监理工程师签署审查结论。

2.《工程报验申请表》

（1）监理单位应及时对施工单位报送的施工测量成果、分项/分部工程施工组织验收，并在《工程报验申请表》及相关附件上签署意见。

（2）当监理工程师对检验批进行验收，并在《检验批质量验收记录》上签字后，施工单位可以不再填写《工程报验申请表》。

（3）当分项工程中检验批数量过大时，监理单位可与施工单位协商，约定报验次数，并在监理交底时予以明确。

（4）当进行施工测量放线报验时，《工程报验申请表》工作内容空格处应填写楼层、轴线（或房间）、高程、部位等。

（5）分项/分部工程报验时，《工程报验申请表》工作内容空格处应填写分项/分部工程名称。

（6）分项/分部工程施工报验文件可包括：隐蔽工程验收记录、施工记录、施工试验记录、检验批质量验收记录、分项工程质量验收记录和分部（子分部）工程验收记录等。《工程报验申请表》中的附件,监理单位可据报验的具体内容进行要求,凡在检验批验收中已查验过的各种记录可不列入,凡未经查验的记录应作为本表的附件。GB50300-2013 系列规范的质量验收表格中未列入的分项、分部或新技术、新工艺,可参照《建筑工程施工质量验收统一标准》中附录 D、E、F 作为检查验收的记录,并用《工程报验申请表》报验。

3.《质量事故报告及处理资料》

施工中发生的质量事故,施工单位应按有关规定上报处理,项目总监理工程师应书面报告上级单位。

4.《旁站监理记录》

(1)监理人员在实施旁站监理时应填写《旁站监理记录》,并由旁站监理人员及施工单位现场专职质检员会签。

(2)按照有关规定,项目监理部应对关键部位、关键工序的施工质量实施旁站监理。项目监理部应事先制定旁站监理方案,并向施工单位进行交底。在需要实施旁站监理的关键工序或关键部位施工前 24h,施工单位应填写《工作联系单》通知项目监理部,项目监理部应派监理人员按照旁站监理方案实施旁站监理,如实准确地做好旁站监理记录。当旁站监理工作结束后,旁站监理人员与施工单位现场质检人员共同在《旁站监理记录》签字,确认记录的真实性、准确性。凡旁站监理人员和施工单位现场质检人员未在《旁站监理记录》上签字的,不得进行下一道工序施工。

5.《见证取样和送检见证人员备案表》

每个单位工程开工前应由该工程监理单位或建设单位填写《见证取样和送检见证人员备案表》,通知施工单位、检测、试验单位和负责该工程的质量监督机构。单位工程施工前,监理单位应根据施工单位报送的施工试验计划编制确定见证取样和送检计划。见证人员应执行见证取样和送检项目的管理,按规定填写《见证记录》,并由见证人员和取样人员签字。分项/分部工程施工结束后,施工单位应及时收集、整理施工试验资料,并进行汇总、填写《见证试验汇总表》,报项目监理部备案。

四、造价控制资料内容及要求

1.《工程款支付申请表》、《工程款支付证书》

施工单位应统计经专业监理工程师质量验收合格的工程量,按施工合同的约定填报工程量清单和《工程款支付申请表》报项目监理部。施工单位在工程预付款、工程进度款、工程结算款等支付申请时填写《工程款支付申请表》报项目监理部,由负责造价控制的监理工程师审核,总监理工程师审查后根据合同的约定签署《工程款支付证书》。

2.《工程变更费用报审表》

(1)实施工程变更发生增加或减少的费用,由承包单位填写《工程变更费用报审表》报项目监理部。项目监理部进行审核并与承包单位和建设单位协商后,由总监理工程师签认，建设单位批准。

（2）工程变更完成并经项目监理部验收合格后，应按正常的计量和支付程序办理变更工程费用的支付。

（3）分包工程的工程变更应通过承包单位办理。

3.《费用索赔申请表》、《费用索赔审批表》

索赔事件终止后，施工单位应填写《费用索赔申请表》报项目监理部，由总监理工程师签发《费用索赔审批表》。

五、合同管理资料的内容及要求

1.《分包单位资质报审表》

在分包工程开工前，施工总承包单位须对分包单位的资格用《分包单位资质报审表》报监理单位审查确认。未经总监理工程师确认，分包单位不得进场施工。施工总承包合同中已明确的分包单位，施工总承包单位可不再对分包单位资格进行报审。

2.《工程延期申请表》、《工程延期审批表》

工程延期事件终止后，施工单位应在合同约定的期限内，向项目监理部提交《工程延期申请表》，总监理工程师在最终评估出延期天数，并与建设单位、施工单位协商一致后，签发《工程延期审批表》。对于较复杂和持续时间较长的延期申请，总监理工程师可用《工作联系单》给予施工单位一个暂定的延期时间。

六、竣工验收资料内容与要求

1.《单位工程竣工预验收报验表》

施工总承包单位在单位工程完工，经自检合格并达到竣工验收条件后，填写《单位工程竣工预验收报验表》，并附《分部（子分部）工程验收记录》、《单位（子单位）工程质量控制资料检查记录》、《单位（子单位）工程安全和功能检验资料核查及主要功能抽查记录》、《单位（子单位）工程观感质量检查记录》等竣工资料报项目监理部，申请工程竣工预验收。总监理工程师组织专业监理工程师与总包单位根据有关规定共同对工程进行检查验收，合格后，总监理工程师签署《单位工程竣工预验收报验表》。

2.《工程质量评估报告》

工程竣工预验收合格后，应由项目总监理工程师向建设单位提交《工程质量评估报告》。《工程质量评估报告》应由项目总监理工程师及监理单位技术负责人签认，并加盖监理单位公章。交建设单位两份，总包单位和监理单位各存一份。

3.《竣工移交证书》

工程竣工验收完成后，应由项目总监理工程师、总包单位项目经理及建设单位代表共同签署《竣工移交证书》，并加盖监理、施工总承包和建设单位公章。交建设单位两份，总包单位和监理单位各存一份。

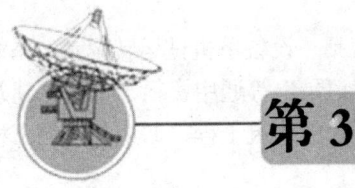

第 3 部分

施工资料管理实务

第 1 单元 施工资料的分类与管理要求

施工资料是指施工单位在工程施工过程中形成的全部资料,按其性质可分为施工管理、施工技术、施工进度及造价资料、施工物资、施工记录、施工试验及检测报告、施工质量验收记录及工程竣工质量验收资料。

第 1 讲 施工资料的分类与编号

一、分类

施工资料分类分为施工管理资料、施工技术资料、施工进度及造价资料、施工物资资料、施工记录、施工试验及检测报告、施工质量验收记录和工程竣工验收文件等 8 类。

(1) 施工管理资料(C1),包括"工程概况表,施工现场质量管理检查记录,企业资质证书及相关专业人员岗位证书,分包单位资质报审表,工程质量事故调查、勘察记录,建设工程质量事故报告书,施工检测计划,见证记录,见证试验检测汇总表,施工日志,监理工程师通知回复单"等资料。

(2) 施工技术资料(C2),包括"工程技术文件报审表,施工组织设计及施工方案,危险性较大分部分项工程施工方案专家论证表,技术交底记录,图纸会审记录,设计变更通知单,工程洽商记录(技术核定单)"等资料。

(3) 进度造价资料(C3),包括"工程开工报审表,工程复工报审表,施工进度计划报审表,施工进度计划,人、机、料动态表,工程延期申请表,工程款支付申请表,工程变更费用报审表,费用索赔申请表"等资料。

(4) 施工物资资料(C4),包括工程物资的"出厂质量证明文件及检测报告,进场检验通用表,进场复试报告"等资料。

(5) 施工记录(C5),包括"通用表格(含隐蔽工程验收记录、施工检查记录、交接检查记录等),专用表格(含工程定位测量记录、基槽验线记录、混凝土拆模申请单等施工各项记录表格)"等资料。

（6）施工试验记录及检测报告（C6），包括"设备单机试运转记录、系统试运转调试记录、接地电阻测试记录、绝缘电阻测试记录"等通用资料，以及"建筑与结构工程、给水排水及采暖工程、建筑电气工程、智能建筑工程、通风与空调工程、电梯工程等"检测试验专用资料表格。

（7）施工质量验收记录（C7），包括"检验批质量验收记录、分项工程质量验收记录、分部（子分部）工程质量验收记录、建筑节能分部工程质量验收记录"以及"智能建筑系统分项工程质量验收记录"等资料。

（8）竣工验收资料（C8），包括"工程竣工报告，单位（子单位）工程竣工预验收报验表，单位（子单位）工程质量竣工验收记录，单位（子单位）工程质量控制资料核查记录，单位（子单位）工程安全和功能检验资料核查及主要功能抽查记录，单位（子单位）工程观感质量检查记录，施工决算资料，施工资料移交书，房屋建筑工程质量保修书"等资料。

二、施工资料编号的组成

（1）施工资料编号可由分部工程代号（2位）、子分部工程代号（2位）、资料类别分类编号（2位）、顺序号（3位）共4组代号组成，组与组之间应用横线隔开，编号形式如下：

$$\underset{①}{\times\times}-\underset{②}{\times\times}-\underset{③}{\times\times}-\underset{④}{\times\times\times}$$

①分部工程代号（共2位），应根据资料所属的分部工程，按表3-1规定的代号填写。

②为子分部工程代号（共2位），应根据资料所属的分部工程，按表3-1规定的代号填写。

③为施工资料的类别编号（共2位），应根据资料所属类别，按表3-2中规定的类别填写。

④为顺序号（共3位），应根据相同表格、相同检查项目，按时间自然形成的先后顺序号填写，从001开始逐张编号。

（2）施工资料编号应填入表格右上角的编号栏。

（3）属于单位工程整体管理内容的资料，编号中的分部、子分部工程代号可用"00"代替。

（4）同一厂家、同一品种、同一批次的施工物资用在两个分部、子分部工程中时，资料编号中的分部、子分部工程代号可按主要使用部位填写。

表3-1 建筑工程分部（子分部）工程名称及代号

序号	分部工程	分部工程代号	子分部工程	子分部工程代号	备注
1	地基与基础	01	无支护土方	01	按建筑与结构专业组卷
			有支护土方	02	按有支护工程单独组卷
			地基处理（复合地基）	03	按地基处理工程单独组卷
			桩基	04	按桩基工程单独组卷
			地下防水	05	按建筑与结构专业组卷
			混凝土基础	06	
			砌体基础	07	
			劲钢（管）混凝土	08	
			钢结构	09	按钢结构工程单独组卷
2	主体结构	02	混凝土结构	01	按建筑与结构专业组卷
			劲钢（管）混凝土结构	02	
			砌体结构	03	
			钢结构	04	按钢结构工程单独组卷
			木结构	05	按木结构工程单独组卷
			网架和索膜结构	06	按网架（索膜）单独组卷
3	建筑装饰装修	03	地面	01	按建筑与结构专业组卷
			抹灰	02	
			门窗	03	
			吊顶	04	
			轻质隔墙	05	
			饰面板（砖）	06	
			幕墙	07	按幕墙工程单独组卷
			涂饰	08	按建筑与结构专业组卷
			裱糊与软包	09	
			细部	10	

续表

序号	分部工程	分部工程代号	子分部工程	子分部工程代号	备注
4	建筑屋面	04	卷材防水屋面	01	按建筑与结构工程专业组卷
			涂膜防水屋面	02	
			刚性防水屋面	03	
			瓦屋面	04	
			隔热屋面	05	
5	建筑给水、排水及采暖	05	室内给水系统	01	按建筑给水、排水及采暖专业组卷
			室内排水系统	02	
			室内热水供应系统	03	
			卫生器具安装	04	
			室内采暖系统	05	
			室外给水管网	06	
			室外排水管网	07	
			室外供热管网	08	
			建筑中水系统及游泳池系统	09	
			供热锅炉及辅助设备安装	10	
			自动喷水灭火系统	11	应单独组卷
			气体灭火系统	12	
			泡沫灭火系统	13	
			固定水炮灭火系统	14	
6	建筑电气	06	室外电气	01	按建筑电气专业组卷
			变配电室	02	应单独组卷
			供电干线	03	按建筑电气专业组卷
			电气动力	04	
			电气照明安装	05	
			备用和不间断电源安装	06	
			防雷及接地安装	07	

续表

序号	分部工程	分部工程代号	子分部工程	子分部工程代号	备 注
7	智能建筑	07	通信网络系统	01	应单独组卷
			办公自动化系统	02	应单独组卷
			建筑设备监控系统	03	应单独组卷
			火灾报警及消防联动系统	04	应单独组卷
			安全防范系统	05	按分项单独组卷
			综合布线系统	06	应单独组卷
			智能化集成系统	07	按智能建筑专业组卷
			电源与接地	08	按智能建筑专业组卷
			环境	09	应单独组卷
			住宅(小区)智能化系统	10	应单独组卷
8	通风与空调	08	送排风系统	01	按通风与空调专业组卷
			防排烟系统	02	
			除尘系统	03	
			空调风系统	04	
			净化空调系统	05	
			制冷设备系统	06	
			空调水系统	07	
9	电梯	09	电力驱动的曳引式或强制式电梯安装	01	应单独组卷
			液压电梯安装	02	
			自动扶梯、自动人行道安装	03	

表3-2 施工资料类别、来源及保存

工程资料类别		工程资料名称	工程资料来源	工程资料保存			
				施工单位	监理单位	建设单位	城建档案馆
C类		施工资料					
C1类	施工管理资料	工程概况表(表C.1.1)	施工单位	●	●	●	●
		施工现场质量管理检查记录*(表C.1.2)	施工单位	○	○		
		企业资质证书及相关专业人员岗位证书	施工单位	○	○		
		分包单位资质报审表*(表C.1.3)	施工单位	●	●	●	
		建设工程质量事故调(勘)查记录(表C.1.4)	调查单位	●	●	●	●
		建设工程质量事故报告书	调查单位	●	●	●	●
		施工检测计划	施工单位	○	○		
		见证记录*	监理单位	●	●	●	
		见证试验检测汇总表(表C.1.5)	施工单位	●	●		
		施工日志(表C.1.6)	施工单位	●			
		监理工程师通知回复单*(表C.1.7)	施工单位	○	○		
C2类	施工技术资料	工程技术文件报审表*(表C.2.1)	施工单位	○	○		
		施工组织设计及施工方案	施工单位	○	○		
		危险性较大部分项工程施工方案专家论证表(表C.2.2)	施工单位	○	○		
		技术交底记录(表C.2.3)	施工单位	○			
		图纸会审记录**(表C.2.4)	施工单位	●	●	●	●
		设计变更通知单**(表C.2.5)	设计单位	●	●	●	●
		工程洽商记录(技术核定单)**(表C.2.6)	施工单位	●	●	●	●

续表

工程资料类别		工程资料名称	工程资料来源	工程资料保存			
				施工单位	监理单位	建设单位	城建档案馆
C3类	进度造价资料	工程开工报审表*(表C.3.1)	施工单位	●	●	●	●
		工程复工报审表*(表C.3.2)	施工单位	●	●	●	●
		施工进度计划报审表*(表C.3.3)	施工单位	○	○		
		施工进度计划	施工单位	○	○		
		( )月人、机、料动态表(表C.3.4)	施工单位	○	○		
		工程延期申请表(表C.3.5)	施工单位	●	●	●	●
		工程款支付申请表(表C.3.6)	施工单位	○	○	●	
		工程变更费用报审表*(表C.3.7)	施工单位	○	○	●	
		费用索赔申请表*(表C.3.8)	施工单位	○	○	●	
C4类	施工物资资料	出厂质量证明文件及检测报告					
		砂、石、砖、水泥、钢筋、隔热保温、防腐材料、轻集料出厂质量证明文件	施工单位	●	●	●	●
		其他物资出厂合格证、质量保证书、检测报告和报关单或商检证等	施工单位	●	○	○	
		材料、设备的相关检验报告、型式检测报告、CCC强制认证合格证书或CCC标志	采购单位	●	○	○	
		主要设备、器具的安装使用说明书	采购单位	●	○	○	
		进口的主要材料设备的商检证明文件	采购单位	●	●	●	●
		涉及消防、安全、卫生、环保、节能的材料、设备的检测报告或法定机构出具的有效证明文件	采购单位	●	●	●	
		进场检验通用表格					
		材料、构配件进场检验记录*(表C.4.1)	施工单位	○	○		
		设备开箱检验记录*(表C.4.2)	施工单位	○	○		
		设备及管道附件试验记录*(表C.4.3)	施工单位	●	○	●	

续表

工程资料类别	工程资料名称	工程资料来源	工程资料保存			
			施工单位	监理单位	建设单位	城建档案馆
C4类 施工物资资料	进场复试报告					
	钢材试验报告	检测单位	●	●	●	●
	水泥试验报告	检测单位	●	●	●	●
	砂试验报告	检测单位	●	●	●	
	碎(卵)石试验报告	检测单位	●	●	●	
	外加剂试验报告	检测单位	●	●	○	
	防水涂料试验报告	检测单位	●	○	●	
	防水卷材试验报告	检测单位	●	○	●	
	砖(砌块)试验报告	检测单位	●	●	●	
	预应力筋复试报告	检测单位	●	●	●	
	预应力锚具、夹具和连接器复试报告	检测单位	●	●	●	●
	装饰装修用门窗复试报告	检测单位	●	○	●	
	装饰装修用人造木板复试报告	检测单位	●	○	●	
	装饰装修用花岗石复试报告	检测单位	●	○	●	
	装饰装修用安全玻璃复试报告	检测单位	●	○	●	
	装饰装修用外墙面砖复试报告	检测单位	●	○	●	
	钢结构用钢材复试报告	检测单位	●	●	●	●
	钢结构用防火涂料复试报告	检测单位	●	●	●	
	钢结构用焊接材料复试报告	检测单位	●	●	●	●
	钢结构用高强度大六角头螺栓连接副复试报告	检测单位	●	●	●	
	钢结构用扭剪型高强螺栓连接副复试报告	检测单位	●	●	●	
	幕墙用铝塑板、石材、安全玻璃、结构胶复试报告	检测单位	●	●	●	●
	散热器、采暖系统保温材料、通风与空调工程绝热材料、风机盘管机组,低压配电系统电缆的见证取样复试报告	检测单位	●	○	●	
	节能工程材料复试报告	检测单位	●	●	●	

续表

工程资料类别		工程资料名称	工程资料来源	工程资料保存			
				施工单位	监理单位	建设单位	城建档案馆
C5类	施工记录	通用表格					
		隐蔽工程验收记录*(表C.5.1)	施工单位	●	●	●	●
		施工检查记录(表C.5.2)	施工单位	○			
		交接检查记录(表C.5.3)	施工单位	○			
		专用表格					
		工程定位测量记录*(表C.5.4)	施工单位	●	●	●	●
		基槽验线记录	施工单位	●	●	●	●
		楼层平面放线记录	施工单位	○	○		
		楼层标高抄测记录	施工单位	○	○		
		建筑物垂直度、标高观测记录*(表C.5.5)	施工单位	●	○	●	●
		沉降观测记录	建设单位委托测量单位提供	●	○	●	●
		基坑支护水平位移监测记录	施工单位	○			
		桩基、支护测量放线记录	施工单位	○			
		地基验槽记录**(表C.5.6)	施工单位	●	●	●	●
		地基钎探记录	施工单位	○	○	●	●
		混凝土浇灌申请书	施工单位	○	○		
		预拌混凝土运输单	施工单位	○			
		混凝土开盘鉴定	施工单位	○			
		混凝土拆模申请单	施工单位	○	○		
		混凝土预拌测温记录	施工单位	○			
		混凝土养护测温记录	施工单位	○			
		大体积混凝土养护测温记录	施工单位	○			
		大型构件吊装记录	施工单位	○	○	●	●
		焊接材料烘焙记录	施工单位	○			
		地下工程防水效果检查记录*(表C.5.7)	施工单位	○	○	●	

续表

工程资料类别		工程资料名称	工程资料来源	工程资料保存			
				施工单位	监理单位	建设单位	城建档案馆
C5类	施工记录	防水工程试水检查记录*（表C.5.8）	施工单位	○	○	●	
		通风(烟)道、垃圾道检查记录*（表C.5.9）	施工单位	○	○	●	
		预应力筋张拉记录	施工单位	●	○	●	●
		有黏结预应力结构灌浆记录	施工单位	●	○	●	
		钢结构施工记录	施工单位	●	○	●	
		网架(索膜)施工记录	施工单位	●	○	●	●
		木结构施工记录	施工单位	●	○	●	
		幕墙注胶检查记录	施工单位	●	○	●	
		自动扶梯、自动人行道的相邻区域检查记录	施工单位	●	○	●	
		电梯电气装置安装检查记录	施工单位	●	○	●	
		自动扶梯、自动人行道电气装置检查记录	施工单位	●	○	●	
		自动扶梯、自动人行道整机安装质量检查记录	施工单位	●	○	●	
C6类	施工试验记录及检测报告	通用表格					
		设备单机试运转记录*（表C.6.1）	施工单位	●	○	●	●
		系统试运转调试记录*（表C.6.2）	施工单位	●	○	●	
		接地电阻测试记录*（表C.6.3）	施工单位	●	○	●	
		绝缘电阻测试记录*（表C.6.4）	施工单位	●	○	●	
		专用表格					
		建筑与结构工程					
		锚杆试验报告	检测单位	●	○	●	●
		地基承载力检验报告	检测单位	●	○	●	●
		桩基检测报告	检测单位	●	○	●	●
		土工击实试验报告	检测单位	●	○	●	●
		回填表土试验报告(应附图)	检测单位	●	○	●	●
		钢筋机械连接试验报告	检测单位	●	○	●	●
		钢筋焊接连接试验报告	检测单位	●	○	●	●

续表

工程资料类别		工程资料名称	工程资料来源	工程资料保存			
				施工单位	监理单位	建设单位	城建档案馆
C6类	施工试验记录及检测报告	砂浆配合比申请单项、通知单	检测单位	○	○		
		砂浆抗压强度试验报告	检测单位	●	○	●	●
		砌筑砂浆试块强度统计、评定记录（表C.6.5）	施工单位	●		●	●
		混凝土配合比申请单、通知单	施工单位	○	○		
		混凝土抗压强度试验报告	检测单位	●		●	●
		混凝土试块强度统计、评定记录（表C.6.6）	施工单位	●		●	●
		混凝土抗渗试验报告	检测单位	●	○	●	●
		砂、石、水泥放射性指标报告	施工单位	●		●	●
		混凝土碱总量计算书	施工单位	●		●	●
		外墙饰面砖样板黏结强度试验报告	检测单位	●	○	●	●
		后置埋件抗拔试验报告	检测单位	●	○	●	●
		超声波探伤报告、探伤记录	检测单位	●	○	●	●
		钢构件射线探伤报告	检测单位	●	○	●	●
		磁粉探伤报告	检测单位	●	○	●	●
		高强度螺栓抗滑移系数检测报告	检测单位	●	○	●	●
		钢结构焊接工艺评定	检测单位	○	○		
		网架节点承载力试验报告	检测单位	●	○	●	●
		钢结构防腐、防火涂料厚度检测报告	检测单位	●	○	●	●
		木结构胶缝试验报告	检测单位	●	○	●	●
		木结构构件力学性能试验报告	检测单位	●	○	●	●
		木结构防护剂试验报告	检测单位	●	○	●	●
		幕墙双组分硅酮结构密封胶混匀性及拉断试验报告	检测单位	●	○	●	●
		幕墙的抗风压性能、空气渗透性能、雨水渗透性能及平面内变形性能检测报告	检测单位	●	○	●	●
		外门窗的抗风压性能、空气渗透性能和雨水渗透性能检测报告	检测单位	●	○	●	●
		墙体节能工程保温板材与基层黏结强度现场拉拔试验	检测单位	●	○	●	●
		外墙保温浆料同条件养护试件试验报告	检测单位	●	○	●	●

续表

工程资料类别	工程资料名称	工程资料来源	工程资料保存 施工单位	工程资料保存 监理单位	工程资料保存 建设单位	工程资料保存 城建档案馆
C6类 施工试验记录及检测报告	结构实体混凝土强度检验记录*（表C.6.7）	施工单位	●	○	●	●
	结构实体钢筋保护层厚度检验记录*（表C.6.8）	施工单位	●	○	●	
	围护结构现场实体检验	检测单位	●	○	●	
	室内环境检测报告	检测单位	●	○	●	
	节能性能检测报告	检测单位	●	○	●	●
	给排水及采暖工程					
	灌(满)水试验记录*（表C.6.9）	施工单位	○	○	●	
	强度严密性试验记录*（表C.6.10）	施工单位	●	○	●	●
	通水试验记录*（表C.6.11）	施工单位	●	○		
	冲(吹)洗试验记录*（表C.6.12）	施工单位	●	○		
	通球试验记录	施工单位	○	○		
	补偿器安装记录	施工单位	○	○		
	消火栓试射记录	施工单位	●	○	●	
	安全附件安装检查记录	施工单位	●	○		
	锅炉烘炉试验记录	施工单位	●	○		
	锅炉煮炉试验记录	施工单位	●	○		
	锅炉试运行记录	施工单位	●	○	●	
	安全阀定压合格证书	检测单位	●	○	●	
	自动喷水灭火系统联动试验记录	施工单位	●	○	●	●
	建筑电气工程					
	电气接地装置平面示意图表	施工单位	●	○	●	●
	电气器具通电安全检查记录	施工单位	○	○	●	
	电气设备空载试运行记录*（表C.6.13）	施工单位	●	○	●	●
	建筑物照明通电试运行记录	施工单位	●	○	●	
	大型照明灯具承载试验记录*（表C.6.14）	施工单位	●	○	●	
	漏电开关模拟试验记录	施工单位	●	○	●	
	大容量电气线路结点测温记录	施工单位	●	○	●	
	低压配电源质量测试记录	施工单位	●	○	●	

续表

工程资料类别		工程资料名称	工程资料来源	工程资料保存			
				施工单位	监理单位	建设单位	城建档案馆
C6类	施工试验记录及检测报告	建筑物照明系统照度测试记录	施工单位	○	○	●	
		智能建筑工程					
		综合布线测试记录*	施工单位	●	○	●	●
		光纤损耗测试记录*	施工单位	●	○	●	●
		视频系统末端测试记录*	施工单位	●	○	●	●
		子系统检测记录*（表C.6.15）	施工单位	●	○	●	●
		系统试运行记录*	施工单位	●	○	●	●
		通风与空调工程					
		风管漏光检测记录*（表C.6.16）	施工单位	○	○	●	
		风管漏风检测记录*（表C.6.17）	施工单位	●	○	●	
		现场组装除尘器、空调机漏风检测记录	施工单位	○	○	●	
		各房间室内风量测量记录	施工单位	●	○	●	
		管网风量平衡记录	施工单位	●	○	●	
		空调系统试运转调试记录	施工单位	●	○	●	●
		空调水系统试运转调试记录	施工单位	●	○	●	●
		制冷系统气密性试验记录	施工单位	●	○	●	
		净化空调系统检测记录	施工单位	●	○	●	
		防排烟系统联合试运行记录	施工单位	●	○	●	
		电梯工程					
		轿厢平层准确度测量记录	施工单位	○	○	●	
		电梯层门安全装置检测记录	施工单位	●	○	●	
		电梯电气安全装置检测记录	施工单位	●	○	●	
		电梯整机功能检测记录	施工单位	●	○	●	
		电梯主要功能检测记录	施工单位	●	○	●	
		电梯负荷运行试验记录	施工单位	●	○	●	●
		电梯负荷运行试验曲线图表	施工单位	●	○	●	●
		电梯噪声测试记录	施工单位	○	○	○	
		自动扶梯、自动人行道安全装置检测记录	施工单位	●	○	●	
		自动扶梯、自动人行道整机性能、运行试验记录	施工单位	●	○	●	●

续表

工程资料类别	工程资料名称		工程资料来源	工程资料保存			
				施工单位	监理单位	建设单位	城建档案馆
C7类	施工质量验收记录	检验批质量验收记录*(表C.7.1)	施工单位	○	○	●	
		分项工程质量验收记录*(表C.7.2)	施工单位	●	●	●	
		分部(子分部)工程质量验收记录**(表C.7.3)	施工单位	●	●	●	●
		建筑节能分部工程质量验收记录**(表C.7.4)	施工单位	●	●	●	●
		自动喷水系统验收缺陷项目划分记录	施工单位	●	○	○	
		程控电话交换系统分项工程质量验收记录	施工单位	●	○	●	
		会议电视系统分项工程质量验收记录	施工单位	●	○	●	
		卫星数字电视系统分项工程质量验收记录	施工单位	●	○	●	
		有线电视系统分项工程质量验收记录	施工单位	●	○	●	
		公共广播与紧急广播系统分项工程质量验收记录	施工单位	●	○	●	
		计算机网络系统分项工程质量验收记录	施工单位	●	○	●	
		应用软件系统分项工程质量验收记录	施工单位	●	○	●	
		网络安全系统分项工程质量验收记录	施工单位	●	○	●	
		空调与通风系统分项工程质量验收记录	施工单位	●	○	●	
		变配电系统分项工程质量验收记录	施工单位	●	○	●	
		公共照明系统分项工程质量验收记录	施工单位	●	○	●	
		给排水系统分项工程质量验收记录	施工单位	●	○	●	
		热源和热交换系统分项工程质量验收记录	施工单位	●	○	●	

续表

工程资料类别	工程资料名称		工程资料来源	工程资料保存			
				施工单位	监理单位	建设单位	城建档案馆
C7类	施工质量验收记录	冷冻和冷却水系统分项工程质量验收记录	施工单位	●	○	●	
		电梯和自动扶梯系统分项工程质量验收记录	施工单位	●	○	●	
		数据通信接口分项工程质量验收记录	施工单位	●	○	●	
		中央管理工作站及操作分站分项工程质量验收记录	施工单位	●	○	●	
		系统实时性、可维护性、可靠性分项工程质量验收记录	施工单位	●	○	●	
		现场设备安装及检测分项工程质量验收记录	施工单位	●	○	●	
		火灾自动报警及消防联动系统分项工程质量验收记录	施工单位	●	○	●	
		综合防范功能分项工程质量验收记录	施工单位	●	○	●	
		视频安防监控系统分项工程质量验收记录	施工单位	●	○	●	
		入侵报警系统分项工程质量验收记录	施工单位	●	○	●	
		出入口控制(门禁)系统分项工程质量验收记录	施工单位	●	○	●	
		巡更管理系统分项工程质量验收记录	施工单位	●	○	●	
		停车场(库)管理系统分项工程质量验收记录	施工单位	●	○	●	
		安全防范综合管理系统分项工程质量验收记录	施工单位	●	○	●	
		综合布线系统安装分项工程质量验收记录	施工单位	●	○	●	
		综合布线系统性能检测分项工程质量验收记录	施工单位	●	○	●	
		系统集成网络连接分项工程质量验收记录	施工单位	●	○	●	

续表

工程资料类别	工程资料名称	工程资料来源	工程资料保存			
			施工单位	监理单位	建设单位	城建档案馆
C7类 施工质量验收记录	系统数据集成分项工程质量验收记录	施工单位	●	○	●	
	系统集成整体协调分项工程质量验收记录	施工单位	●	○	●	
	系统集成综合管理及冗余功能分项工程质量验收记录	施工单位	●	○	●	
	系统集成可维护性和安全性分项工程质量验收记录	施工单位	●	○	●	
	电源系统分项工程质量验收记录	施工单位	●	○	●	
C8类 竣工验收资料	工程竣工报告	施工单位	●	●	●	●
	单位(子单位)工程竣工预验收报验表*(表C.8.1)	施工单位	●	●	●	
	单位(子单位)工程质量竣工验收记录**(表C.8.2-1)	施工单位	●	●	●	●
	单位(子单位)工程质量控制资料核查记录*(表C.8.2-2)	施工单位	●	●	●	●
	单位(子单位)工程安全和功能检验资料核查及主要功能抽查记录*(表C.8.2-3)	施工单位	●	●	●	●
	单位(子单位)工程观感质量检查记录**(表C.8.2-4)	施工单位	●	●	●	●
	施工决算资料	施工单位	○	○	●	
	施工资料移交书	施工单位	●		●	
	房屋建筑工程质量保修书	施工单位	●	●	●	
	C类其他资料					

注：1.表中工程资料名称与资料保存单位所对应的栏中，"●"表示"归档保存"，"○"表示"过程保存"，是否归档保存可自行确定。

2. 表中注明"*"的文件，宜由施工单位和监督员理或建设单位共同形成；表中注明"**"的文件，宜由建设、设计、监理、施工等多方共同形成。
3. 勘察单位保存资料内容应包括工程地质勘察报告、勘察招投标文件、勘察合同、勘察单位工程质量检查报告以及勘察单位签署的有关质量验收记录等。
4. 设计单位保存资料内容应包括审定设计方案通知书及审查意见、审定设计方案通知书要求征求有关部门的审查意见和要求取得有关协议、初步设计图及设计说明、施工图及设计说明、消防设计审核意见、施工图设计文件审查通知书及审查报告、设计招投标文件、设计合同、图纸会审记录、设计变更通知单、设计单位签署意见的工程洽商记录（包括技术核定单）、设计单位工程质量检查报告以及设计单位签署的有关质量验收记录。

第2讲　施工资料管理基本要求

（1）施工资料应真实反映工程施工质量。

（2）施工组织设计应由施工单位企业技术负责人审批，报监理单位批准后实施。

（3）对于危险性较大的分部分项工程，施工单位应组织不少于5人的专家组，对专项施工方案进行论证审查。专家组应填写《危险性较大的分部分项工程专家论证表》，并将其作为专项施工方案的附件。

（4）建筑工程所使用的涉及工程质量、使用功能、人身健康和安全的各种主要物资必须有质量证明文件。质量证明文件应反映工程物资的品种、规格、数量、性能指标等，并与实际进场物资相符。

（5）进口物资使用说明书为外文版的，应翻译为中文，翻译责任者应签字。

（6）涉及安全、消防、卫生、环保、节能的有关物资的质量证明文件中，应有相应资质等级检测单位出具的相应检测报告，或市场准入制度要求的法定机构出具的有效证明文件。

（7）工程物资供应单位或加工单位负责收集、整理和保存所供物资原材料的质量证明文件，施工单位则需收集、整理和保存供应单位或加工单位提供的质量证明文件和进场后进行的试（检）验报告。各单位应对各自范围内工程资料的汇集、整理结果负责，并保证工程资料的可追溯性。

（8）凡使用的新材料、新产品，均应有由具备鉴定资格的单位或部门出具的鉴定证书，同时具有产品质量标准和试验要求，使用前应按其质量标准和试验要求进行试验或检验。新材料、新产品还应提供安装、维修、使用和工艺标准等相关技术文件。

（9）施工单位应在完成分项工程检验批施工，自检合格后，由项目专业质量检查员填写检验批质量验收记录表，报请项目专业监理工程师组织质量检查员等进行验收确认。

（10）分项工程所包含的检验批全部完工并验收合格后，应由施工单位技术负责人填写分项工程质量验收记录表，报请项目专业监理工程师组织有关人员验收确认。

（11）分部（子分部）工程所包含的全部分项工程完工并验收合格后，应由施工单位技术负责人填写分部（子分部）工程质量验收记录表，报请项目总监理工程师组织有关人员验收确认。

（12）地基与基础、主体结构分部工程完工，应由建设、监理、勘察、设计和施工单位进行分部工程验收并加盖公章。

（13）单位（子单位）工程的室内环境、建筑设备与工程系统节能性能等应检测合格并有检测报告。

（14）单位（子单位）工程完工后，应由施工单位填写单位工程竣工预验收报验表报项目监理部，申请工程竣工预验收。总监理工程师组织项目监理部人员与施工单位进行检查预验收，合格后总监理工程师签署单位工程竣工预验收报验表、单位（子单位）工程质量控制资料核查记录、单位（子单位）工程安全和功能检查资料核查及主要功能抽查记录和单位（子单位）工程观感质量检查记录等，并报建设单位，申请竣工验收。

（15）建设单位应组织设计、监理、施工等单位对工程进行竣工验收，各单位应在单位（子单位）工程质量竣工验收记录上签字并加盖公章。

（16）对音像资料的要求应按《建设电子文件与电子档案管理规范》（CJJ/T 117—2007）执行。

第 2 单元　施工资料的主要内容要求及流程

第 1 讲　施工资料的主要内容要求

一、施工管理资料

（1）施工管理资料是在施工过程中形成的反映施工组织及监理审批等情况资料的统称。主要内容有：《施工现场质量管理检查记录》、施工过程中报监理审批的各种报验报审表、《施工试验计划》及《施工日志》等。

（2）《施工现场质量管理检查记录》应由施工单位填写报项目总监理工程师（或建设单位项目负责人）审查，并做出结论。

（3）单位工程施工前，施工单位应科学、合理地编制施工试验计划并报送监理单位。

（4）《施工日志》应以单位工程为记载对象，从工程开工起至工程竣工止，按专业指定专人负责逐日记载，其内容应真实。

二、施工技术资料

1. 施工组织设计及施工方案

（1）施工组织设计按编制对象，可分为施工组织总设计、单位工程施工组织设计和施工方案；按照编制阶段的不同，可分为投标阶段施工组织设计和实施阶段施工组织设计。

施工组织设计应包括：编制依据、工程概况、施工部署、施工进度计划、施工准备与资源配置计划、主要施工方法、施工现场平面布置及主要施工管理计划等基本内容。

（2）施工方案是以分部（分项）工程或专项工程为主要对象编制的施工技术与组织方案，用以具体指导其施工过程。

2. 技术交底记录

（1）技术交底应包括施工组织设计交底、专项施工方案技术交底、分项工程施工技术交底、"四新"（新材料、新产品、新技术、新工艺）技术交底和设计变更技术交底。各项交底应有文字记录，交底双方签认应齐全。

（2）技术交底应针对工程的特点，运用现代建筑施工管理原理，积极推广行之有效的科技成果，提高劳动生产率，保证工程质量、安全生产，保护环境、文明施工。

（3）技术交底编制应严格执行工程建设程序，坚持合理的施工程序、施工顺序和施工工艺，符合设计要求，满足材料、机具、人员等资源和施工条件要求，并贯彻执行施工组织设计、施工方案和企业技术部门的有关规定和要求，严格按照企业技术标准、施工组织设计和施工方案确定的原则和方法编写，并针对班组施工操作进行细化。

（4）技术交底应力求做到：主要项目齐全，内容具体明确、符合规范，重点突出，表述准确，取值有据，必要时辅以图示。对工程施工能起到指导作用，具有针对性、指导性和可操作性。技术交底中不应有"未尽事宜参照××××（规范）执行"等类似内容。

3. 图纸会审记录

（1）图纸会审时，应重点审查施工图的有效性、对施工条件的适应性、各专业之间和全图与详图之间的协调一致性等。

（2）施工（监理）单位领取图纸后，应由项目技术负责人（总监理工程师）组织相关人员对图纸进行审查，对所提出的问题按专业整理、汇总形成审查记录，报建设单位交给设计单位做设计交底准备。

（3）图纸会审应由建设单位组织设计、监理和施工单位技术负责人及有关人员参加。设计单位对各专业提出的问题进行答复。

（4）施工单位负责将设计交底的内容按专业汇总、整理形成图纸会审记录后由建设、设计、监理和施工单位相关负责人签认，不得擅自涂改或变更其内容。

4. 设计变更通知单

设计单位对原设计存在的缺陷提出的设计变更和建设、施工、监理单位提出的变更设计,都应由原设计单位编制设计变更通知单,设计变更通知单应由设计专业负责人以及建设(监理)和施工单位的相关负责人签认。对变更的内容要做出详细的设计,必要时可另附变更后的图纸,以满足施工要求。

涉及结构安全、环保、建筑节能等内容的工程变更,应由原施工图审查部门审定;"设计变更通知单"由设计专业负责人签发,由建设单位签认后交监理、施工单位实施。

5.工程变更洽商记录

工程设计由施工单位提出变更时可用工程洽商记录,例如钢筋代换、细部尺寸修改等重大技术问题,必须征得设计单位和建设、监理单位的同意。

工程洽商可由技术人员办理,水电、设备安装等专业的洽商由相应专业工程师负责办理。工程分承包方的有关洽商记录,应经工程总承包单位确认后方可办理。

工程洽商内容若涉及其他专业、部门及分承包方,应争得有关专业、部门、分承包方同意后,方可办理。

洽商应具有建设单位、监理单位、设计单位、施工单位项目负责人或其委托人共同签字确认后生效。设计单位如委托建设或监理单位办理签认,应依法办理书面委托手续,才能由被委托方代为签认。

三、进度造价资料

1.《工程开工报审表》

(1)施工单位根据现场实际情况满足开工条件时,应向项目监理部申报《工程开工报审表》。由监理工程师审核,总监理工程师签署审批结论,并报建设单位。

(2)整个单位工程一次开工,只填报一次,如单位工程中含有多个子单位工程且开工时间不同,则每个子单位工程都应填报一次。工程开工应具备以下基本条件:

①施工许可证已获政府主管部门批准。
②征地拆迁工作满足工程进度需要。
③施工组织设计已获总监理工程师批准。
④现场管理人员已到位,施工机具、施工人员已进场,主要工程材料已落实。
⑤进场道路及水、电、通信等已满足开工要求。
⑥质量管理、质量保证、安全管理和技术管理的组织机构已建立。
⑦质量管理、技术管理的制度已制定。
⑧专职管理人员和特种作业人员已取得资格证、上岗证等。

开工条件在执行中可根据各地方具体情况进行调整。

2.《施工进度计划报审表》

(1)施工单位应根据建设工程施工合同的约定,按时编制施工年、季、月进度总计划,并填写《施工进度计划报审表》报项目监理部审批。总监理工程师应及时审批施工总年、季、月度施工进度计划。专业监理工程师应对进度计划实施情况检查、分析。

（2）施工单位在向监理单位申报总进度计划时要附横道图或网络图并配有文字说明；申报季度、年度进度计划时，要同时编写主要工程材料、设备的采购、进场时间以及劳动力等计划安排。

3.《（　）月人、机、料动态表》

施工单位应于每月 25 日前报《（　）月人、机、料动态表》。主要施工设备进场并调试合格后也应填写《（　）月人、机、料动态表》报项目监理部备案。

4.《工程款支付申请表》、《工程款支付证书》

施工单位应统计经专业监理工程师质量验收合格的工程量，按施工合同的约定填报工程量清单和《工程款支付申请表》报项目监理部。施工单位在工程预付款、工程进度款、工程结算款等支付申请时填写《工程款支付申请表》报项目监理部，由负责造价控制的监理工程师审核，总监理工程师审查后根据合同的约定签署《工程款支付证书》。

5.《工程变更费用报审表》

（1）实施工程变更发生增加或减少的费用，由承包单位填写《工程变更费用报审表》报项目监理部。项目监理部进行审核并与承包单位和建设单位协商后，由总监理工程师签认，建设单位批准。

（2）工程变更完成并经项目监理部验收合格后，应按正常的计量和支付程序办理变更工程费用的支付。

（3）分包工程的工程变更应通过承包单位办理。

6.《费用索赔申请表》

索赔事件终止后，施工单位应填写《费用索赔申请表》报项目监理部，由总监理工程师签发《费用索赔审批表》。

四、施工物资资料

（1）施工物资资料是指反映工程施工所用物资质量和性能是否满足设计和使用要求的各种质量证明文件及相关配套文件的统称。主要内容有：各种质量证明文件、《材料及构配件进场检验记录》、《设备开箱检验记录》、《设备及管道附件试验记录》、设备安装使用说明书、各种材料的进场复试报告、《预拌混凝土（砂浆）运输单》等。

（2）建筑工程使用的各种主要物资应有质量证明文件。

（3）产品质量合格证、型式检验报告、性能检测报告、生产许可证、商检证明、中国强制认证（CCC）证书、计量设备检定证书等均属质量证明文件。

（4）涉及消防、电力、卫生、环保等有关物资，须经行政管理部门认可的，应有相应的认可文件。

（5）进口材料和设备应有中文安装使用说明书及性能检测报告。

（6）国家规定须经强制认证的产品应有认证标志（CCC），生产厂家应提供认证证书复印件，认证证书应在有效期内。

（7）预拌混凝土供应单位应向施工单位提供以下资料：
1）预拌混凝土运输单。
2）预拌混凝土出厂合格证（32天内提供）。
3）混凝土氯化物和碱总量计算书（工程结构有要求时）。
4）砂石碱活性试验报告（工程结构有要求时）。

（8）施工物资进场后施工单位应对进场物资数量、型号和外观等进行检查，并填写《材料及构配件进场检验记录》或《设备开箱检验记录》。

（9）施工单位应按国家有关规范、标准的规定对进场物资进行复试或试验，没有专用试验表格的可用本规程提供的材料通用试验表格；规范、标准要求实行见证时，应按规定进行有见证取样和送检。

（10）施工物资进场后施工单位应报监理单位查验并签字。

五、施工记录资料

1.隐蔽工程验收记录

凡国家规范标准规定隐蔽工程检查项目的，应做隐蔽工程检查验收并填写《隐蔽工程验收记录》，涉及结构安全的重要部位应留置隐蔽前的影像资料。

2.施工检查记录

按照现行规范要求应进行施工检查的重要工序，且无相应施工检查记录表格的，应填写《施工检查记录》，施工检查记录适用各专业。

3.交接检查记录

同一单位（子单位）工程，不同专业施工单位之间应进行工程交接检查并填写《交接检查记录》。移交单位、接收单位共同对移交工程进行验收，并对质量情况、遗留问题、工序要求、注意事项、成品保护等进行记录。

4.专项施工记录

（1）施工测量记录。

施工测量资料是在施工过程中形成的确保建筑物位置、尺寸、标高和变形量等满足设计要求和规范规定的各种测量成果记录的统称。主要内容有：《工程定位测量记录》、《基槽平面标高测量记录》、《楼层平面放线及标高抄测记录》、《建筑物垂直度及标高测量记录》、《变形观测记录》等。

①施工单位应依据由建设单位提供的有相应测绘资质等级部门出具的测绘成果、单位工程楼座桩及场地控制网（或建筑物控制网），测定建筑物平面位置、主控轴线及建筑物±0.000标高的绝对高程，填写《工程定位测量记录》。

②施工单位在基础垫层未做防水前，应依据主控轴线和基底平面图，对建筑物基底外轮廓线、集水坑、电梯井坑、垫层标高（高程）、基槽断面尺寸和坡度等进行抄测并填写《基槽平面及标高实测记录》。

③施工单位应依据主控轴线和基础平面图在基础垫层防水保护层上进行墙柱轴线及边线、集水坑、电梯井边线的测量放线及标高实测；在结构楼层上进行墙柱

轴线及边线、门窗洞口线等测量放线，实测楼层标高及建筑物各大角双向垂直度偏差，填写《楼层平面及标高实测记录》。

④施工单位应在本层结构实体完成后抄测本楼层+0.500m（或+1.000m）标高线，填写《楼层标高抄测记录》。

⑤施工单位应在结构工程完成后和工程竣工时，对建筑物外轮廓垂直度和全高进行实测，填写《建筑物外轮廓垂直度及标高测量记录》。

⑥设计和规范有要求的或施工需进行变形观测的工程，应有施工过程中及竣工后的变形观测记录，记录的内容包括：变形观测点布置图、变形量、时间荷载关系曲线图并形成报告。

⑦施工单位应在完成各种施工测量成果的同时，应报监理单位查验并签字。

（2）地基验槽检查记录：单位（子单位）工程的土方开挖分项工程完工后应进行地基验槽，地基验槽应由建设、勘察、设计、监理和施工单位共同进行，并填写《地基验槽检查记录》表。检查内容包括基坑位置、平面尺寸、持力层核查、基底绝对高程和相对标高、基坑土质及地下水位等，有桩支护、桩基的工程还应进行桩的检查。地基需处理时，应由勘察、设计单位提出处理意见。

（3）地基处理记录：勘察设计单位要求对地基进行处理的，地基处理完后应填写《地基处理记录》表，报请勘察、设计、监理单位复查。

（4）地基钎探记录：勘查设计要求对基槽浅层土质的均匀性和承载力进行钎探的，钎探前应绘制钎探点平面布置图，确定钎探点布置及顺序编号，按照钎探图及有关规定进行钎探并填写《地基钎探记录》表。

（5）混凝土浇灌申请书：混凝土正式浇筑前，应检查各项准备工作（如钢筋、模板、水电预埋、设备材料准备情况等），自检合格填写《混凝土浇灌申请书》，并告知监理单位。

（6）采用钢筋机械连接的工程应有钢筋机械连接质量的检查记录。

（7）拆除现浇混凝土结构板、梁、悬臂构件等底模及冬季施工的柱、墙侧模前，应填写《混凝土拆模申请单》，报项目专业技术负责人审批，通过后方可拆模。

（8）冬季混凝土施工时应进行温度测定并填写测温记录表。冬施混凝土养护测温应绘制测温点布置图，确定测温点的部位和深度等。

（9）大体积混凝土施工时应进行测温记录，填写《大体积混凝土测温记录表》并附温度测点布置图。

（10）地下工程验收时，应对地下工程有无渗漏现象进行检查，填写《地下工程防水效果检查记录》表，检查内容包括：裂缝、渗漏部位、大小、渗漏情况和处理意见等。

（11）有防水要求的房间和屋面工程完工后应按标准规定进行蓄水或淋水防水性能试验，填写《防水工程试水检查记录》表。淋水试验持续时间不得少于2小时；蓄水试验时间不得少于24小时。屋面工程应对细部构造（屋面天沟、檐沟、檐口、泛水、水落口、变形缝、伸出屋面管道等）重点检查。

（12）建筑通风道（烟道）应全数做通（抽）风和漏风、串风试验，并填写《通风（烟）道检查记录》表。

（13）桩基施工应按规定做桩施工记录，检查内容包括孔位、孔径、孔深、桩体垂直度、桩顶标高、桩位偏差、桩顶完整性和接桩质量等。

（14）预应力工程施加预应力时应填写《预应力筋张拉记录》表；孔道灌浆时应填写《预应力结构灌浆记录》表。

（15）钢结构（网架结构）在主体结构形成空间刚度单元并连接固定后，应检查整体垂直度、挠度值变形值及安装偏差，并做施工记录。

（16）大型混凝土构件、钢构件安装时应填写《构件吊装记录》表。

（17）按照规范和工艺文件等规定须烘焙的焊接材料应进行烘焙，并填写《焊接材料烘焙记录》表。

（18）加幕墙工程施工应有《幕墙注胶检查记录》和《幕墙淋水检查记录》。幕墙注胶应记录内容包括宽度、厚度、连续性、均匀性、密实度和饱满度等；淋水检查应在易渗漏部位进行并填写《防水工程试水检查记录》。

（19）智能建筑工程应对设备安装工程质量及观感质量进行检查，并做《智能建筑工程安装质量检查记录》。

（20）国家规范标准要求或施工需要对施工过程进行记录时应留有施工记录，没有专用记录表格的可使用《施工检查通用记录》表。

六、施工试验记录及检测报告资料

（1）施工试验记录及检测报告是指按照设计及国家规范标准的要求，在施工过程中所进行的各种检测及测试资料的统称。主要内容有：土工、基桩性能、钢筋连接、埋件（植筋）拉拔、混凝土（砂浆）性能、施工工艺参数、饰面砖拉拔、钢结构焊缝质量检测及水暖、机电系统运转测试报告或测试记录。

（2）土方回填工程应进行土工击实试验，测定回填土质的最大干密度和最佳含水量，按规范要求分段、分层（步）回填，并取样对回填质量进行检验。

（3）钢筋连接应有满足钢筋焊接、机械连接相关技术规程要求的力学性能试验报告。机械连接工程开始前及施工过程中，应对每批进场钢筋，在现场条件下进行工艺检验，工艺检验合格后方可进行机械连接的施工。每台班钢筋焊接前宜先制做班前焊试件，确定焊接工艺参数。

（4）砌筑砂浆应有配合比申请单和试验室签发的配合比通知单（现场搅拌时）；并有按规定留置的龄期为28天标养试块的抗压强度试验报告。单位工程应有砌筑砂浆试块抗压强度统计、评定记录。

（5）混凝土应有配合比申请单和试验室签发的配合比通知单（现场搅拌时）；有按规定留的28天标养、同条件养护、拆摸强度、受冻临界强度、预应力张拉强度等试件的抗压强度试验报告及抗渗、抗冻性能试验报告。单位工程应有《混凝土试块抗压强度统计、评定记录》。

（6）混凝土（砌筑砂浆）未按规定留置试块的或试件强度不满足设计及规范标准要求时，应委托有资质的检测机构出具相应的结构检测报告，由设计人员提出处理方案。

（7）建筑物外墙采用饰面砖装饰工程，应有《饰面砖粘结强度检验报告》。

（8）用于承重结构的后置埋件、化学植筋、膨胀螺栓等应有满足设计要求的《承载力拉拔试验报告》；设计没有要求时应满足《混凝土结构后锚固技术规程》的要求。

（9）采用锚杆、土钉墙技术的基坑支护工程应有满足支护设计要求的锚杆、土钉抗拔力试验报告。

（10）地基应有满足设计要求的《地基承载力检测报告》；桩基应有满足设计和相关规范、标准要求的承载力和桩身完整性检测报告。

（11）后张法有粘结预应力工程应有灌浆用水泥浆性能试验报告。

（12）钢结构子分部工程中设计要求一、二级焊缝的应有超声波或射线探伤检验报告。

（13）建筑安全等级为一级、跨度40米及以上的公共建筑钢网架结构及设计有要求的，应有焊（螺栓）球节点承载力试验报告。

（14）钢结构子分部工程所使用的防腐、防火涂料应有涂层厚度检测报告。

（15）混凝土子分部工程应有结构实体检验的混凝土强度试件报告。

（16）门窗子分部工程应有外门窗气密、水密性能试验报告。

（17）节能工程外墙保温板材与基层采用粘结或连接时应有保温板材与基层的现场粘结强度试验报告；墙体保温砂浆应有强度试验报告。外墙采用保温浆料做保温层时，应在施工中制作同条件养护试件，检测其导热系数、干密度和压缩强度。

（18）幕墙面积大于3000m^2或超过建筑外墙面积50%时，应现场抽取材料和配件，在试验室安装制作试件进行气密性能检测。

（19）给排水采暖工程、通风空调工程中的各类水泵、风机、冷水机组、冷却塔、空调机组、新风机组等设备应有《单机试运转记录》。

（20）采暖系统、消防系统、通风空调系统等应有《系统试运转及调试记录》。

（21）非承压管道、设备，包括开式水箱、卫生洁具、安装在室内的雨水管道等，以及暗装、埋地、有绝热层的排水管道应有《灌（满）水试验记录》。

（22）承压管道、设备应有《强度试验记录》；自动喷水灭火系统、气体灭火系统管道应有《严密性试验记录》。

（23）给排水系统及游泳池水系统应有《通水试验记录》。

（24）给水系统、自动喷水灭火系统、固定消防炮灭火系统、空调水系统等及设计有要求的管道应有《冲洗试验记录》；介质为气体的管道系统应有《吹洗试验记录》。

（25）排水水平干管、主立管应有《通球试验记录》。

（26）补偿器安装应有《补偿器安装记录》。

（27）室内消火栓系统应有《消火栓试射试验记录》。

（28）锅炉安装应有按相关规范和职能管理部门要求的安装记录。

（29）自动喷水灭火系统应有《验收缺陷项目划分记录》。

（30）建筑工程中的主要设备、系统的防雷接地、保护接地、工作接地、防静电接地以及设计有要求的接地电阻应有电阻测试记录，并应附《电气防雷接地装置隐检与平面示意图》说明。

（31）建筑工程中的主要电气设备和动力、照明线路及其它必须摇测绝缘电阻，配管及管内穿线分项质量验收前和单位工程质量竣工验收前，应分别按系统回路进行测试，不得遗漏。

（32）电气器具安装完成后，按层、按部位（户）进行的通电检查，并进行记录，内容包括接线情况、电气器具开关情况等。电气器具应全数进行通电安全检查。

（33）电气设备应有空载试运行记录，空载试运行应符合安装工艺、产品技术条件及相关规范标准的要求。

（34）建筑物照明应有《通电试运行记录》。公用建筑照明系统通电连续试运行时间为 24 小时，民用住宅照明系统通电连续试运行时间为 8 小时。所有照明灯具均应开启，且每 2 小时记录运行状态 1 次，连续试运行时间内无故障。

（35）漏电开关应有《模拟试验记录》，动力和照明工程的漏电保护装置应全数做模拟动作试验，并符合设计要求的额定值。

（36）大容量（630 安培及以上）导线、母线连接处或开关，在设计计算负荷运行情况下应做温度抽测记录，温升值稳定且不大于设计值。

（37）避雷带的每个支持件应做垂直拉力试验，支持件的承受垂直拉力应大于 49 牛顿（5 公斤）。

（38）逆变应急电源安装完毕后应全数做测试试验，并应符合设计要求的额定值和《逆变应急电源》（GB／T 21225—2007）的规定。

（39）柴油发电机安装完毕后应全数做测试试验，并应符合设计要求的额定值和国家相应的规范标准的规定。

（40）电气工程施工完毕后应对低压配电系统进行调试，调试合格后应对低压配电电源质量进行检测，并应符合设计要求的额定值和《建筑节能工程施工质量验收规范》（GB 50411—2007）的规定。

（41）建筑安装工程施工完毕后各系统进行联合调试时，应全数检查监测与控制节能工程的设备是否齐全，使用功能是否达到设计要求和《建筑节能工程施工质量验收规范》（GB 50411—2007）的规定。

（42）建筑物照明系统通电试运行中，应测试并记录照明系统的照度和功率密度值，并应符合设计要求的额定值和《建筑节能工程施工质量验收规范》（GB 50411—2007）的规定。

（43）智能建筑各系统在安装调试完成后，应对设备及系统逐项进行自检，填写自检测记录。

（44）智能建筑各系统，应按规范要求进行不中断试运行，填写试运行记录并提供试运行报告。

（45）风管系统应有风管漏光或漏风测试记录。

（46）现场组装的除尘器壳体、组合式空气调节机组应有《漏风量检测记录》。

（47）通风与空调工程无生产负荷联合试运转应有《管网风量平衡记录》、《空调系统试运转调试记录》、《空调水系统试运转调试记录》及《各房间室内风量温度测量记录》。

（48）组装式的制冷机组和现场充注制冷剂的机组应有《制冷系统气密性试验记录》。

（49）净化空调系统无生产负荷试运转应有《净化空调系统测试记录》。

（50）防排烟系统联合试运行和调试应有《防排烟系统联合试运行记录》。

（51）国家规范标准中要求进行的各种施工试验应有施工试验报告，没有专用试验报告表格的可使用通用试验表格。

七、施工质量验收资料

（1）过程验收资料指是参与工程建设的有关单位根据相关标准、规范对工程质量是否达到合格做出确认的各种文件的统称。主要内容有：《检验批质量验收记录》、《分项工程质量验收记录》、《分部（子分部）工程质量验收记录》、结构实体检验等。

（2）施工单位在完成分项工程检验批施工，自检合格后，由项目专业质量检查员填写《检验批质量验收记录》表，报请项目专业监理工程师组织质量检查员等进行验收确认。

（3）分项工程所包含的检验批全部完工并验收合格后，由施工单位技术负责人填写《分项工程质量验收记录》表，报请项目专业监理工程师组织有关人员验收确认。

（4）分部（子分部）工程所包含的全部分项工程完工并验收合格后，由施工单位技术负责人填写《分部（子分部）工程质量验收记录》表，报请项目总监理工程师组织有关人员验收确认。

（5）地基与基础、主体结构分部工程完工，由建设、监理、勘察、设计和施工单位进行分部工程验收并加盖公章。

（6）涉及混凝土结构安全的重要部位应进行结构实体检验，并实行有见证取样和送检。结构实体混凝土应有《同条件混凝土强度验收记录》；结构实体重要部位的钢筋应有《钢筋保护层厚度验收记录》。

八、竣工验收资料

（1）工程竣工质量验收资料是指工程竣工时必须具备的各种质量验收资料。主要内容有：《单位工程竣工预验收报验表》、《单位（子单位）工程质量竣工验收记录》、《单位（子单位）工程质量控制资料核查记录》、《单位（子单位）工程安全和功能检查资料核查及主要功能抽查记录》、《单位（子单位）工程观感质量检查记录》、《室内环境检测报告》、《建筑节能工程现场实体检验报告》、《工程竣工质量报告》、《工程概况表》等。

（2）单位（子单位）工程的室内环境、建筑工程节能性能应检测合格并有检测报告。

（3）单位工程完工后施工单位应编写《工程竣工报告》，内容包括：工程概况及实际完成情况、工程实体质量、施工资料、主要建筑设备、系统调试、安全和功能检测、主要功能抽查等。

（4）单位（子单位）工程完工后，由施工单位填写《单位工程竣工预验收报验表》报项目监理部，申请工程竣工预验收。总监理工程师组织项目监理部人员与施工单位进行检查预验收，合格后总监理工程师签署《单位工程竣工预验收报验表》、《单位（子单位）工程质量控制资料核查记录》、《单位（子单位）工程安全和功能检查资料核查及主要功能抽查记录》和《单位（子单位）工程观感质量检查记录》等并报建设单位，申请竣工验收。

（5）建设单位应组织设计、监理、施工等单位对工程进行竣工验收，各单位应在《单位（子单位）工程质量竣工验收记录》上签字并加盖公章。

第2讲 各类主要施工资料的形成

（1）施工技术及管理资料的形成流程，见图3—1。

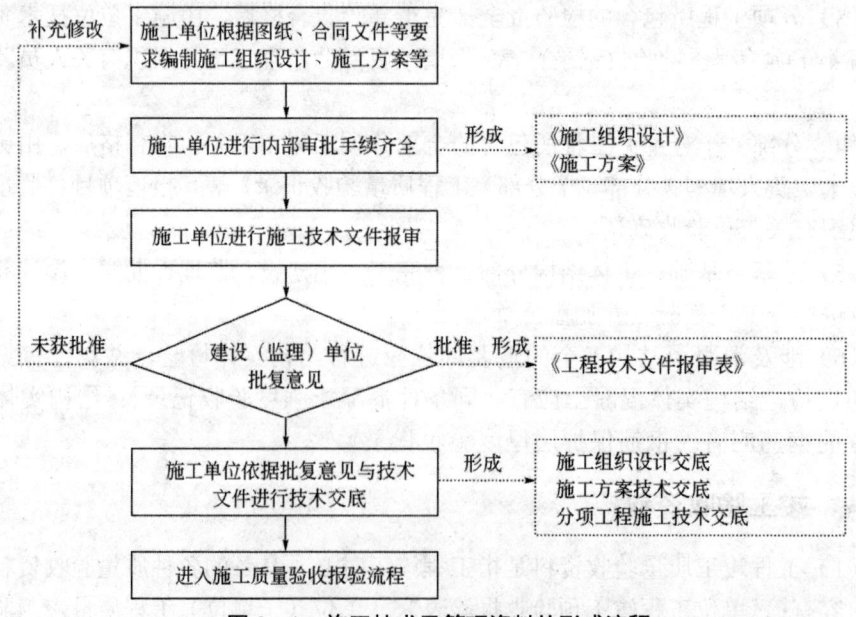

图3—1 施工技术及管理资料的形成流程

（2）施工物资及管理资料的形成，见图3-2。

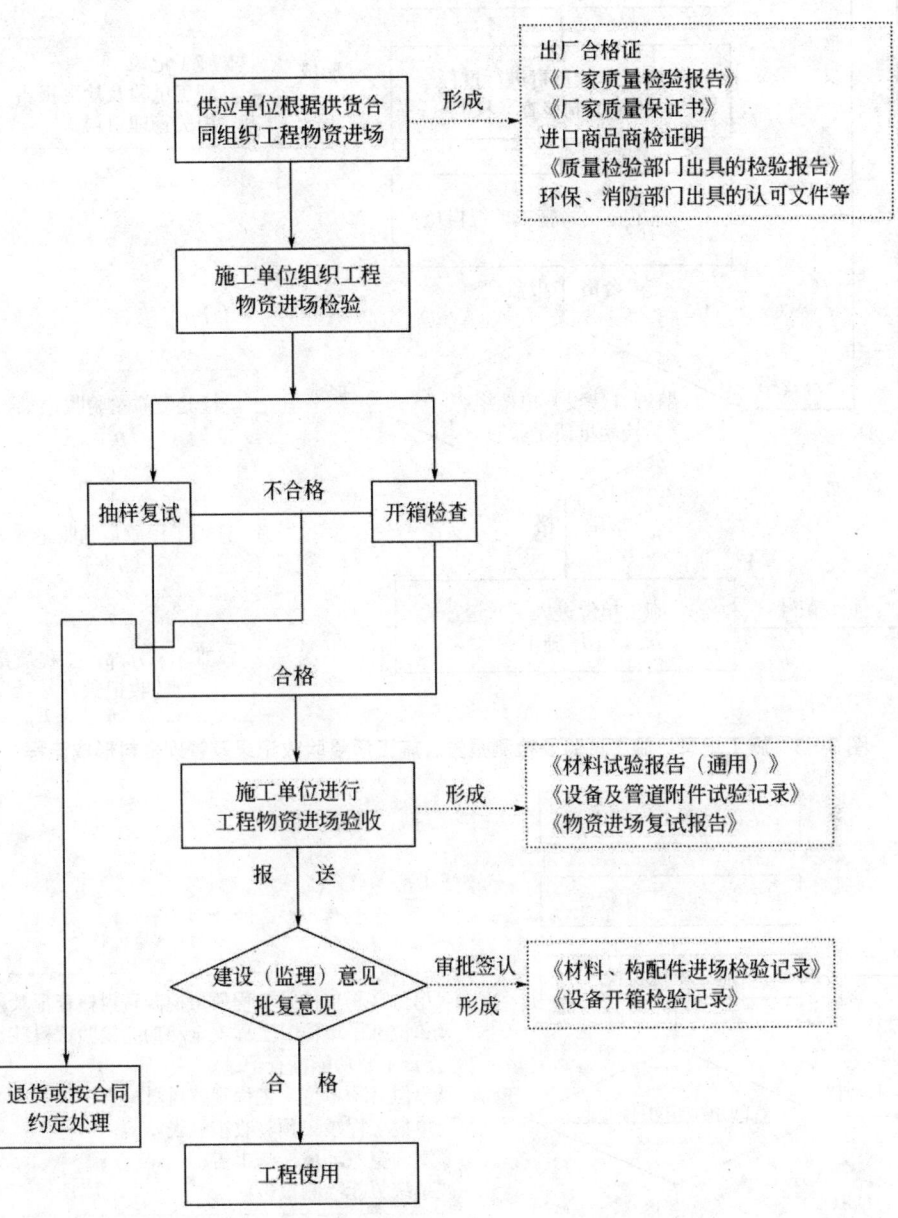

图3-2 施工物资及管理资料形成流程

（3）施工记录、施工试验及检测报告、施工质量验收记录及管理资料的形成，见图3-3。

（4）工程竣工质量验收资料的形成，见图3-4。

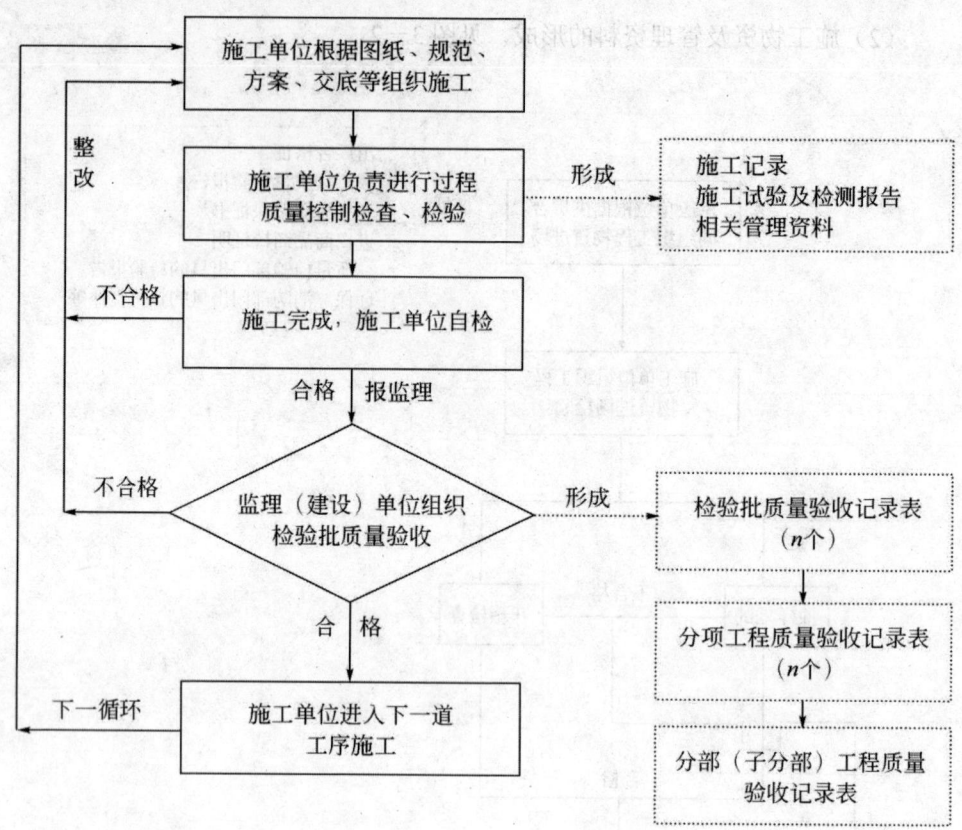

图 3-3 施工记录、施工试验及检测报告、施工质量验收记录及管理资料形成流程

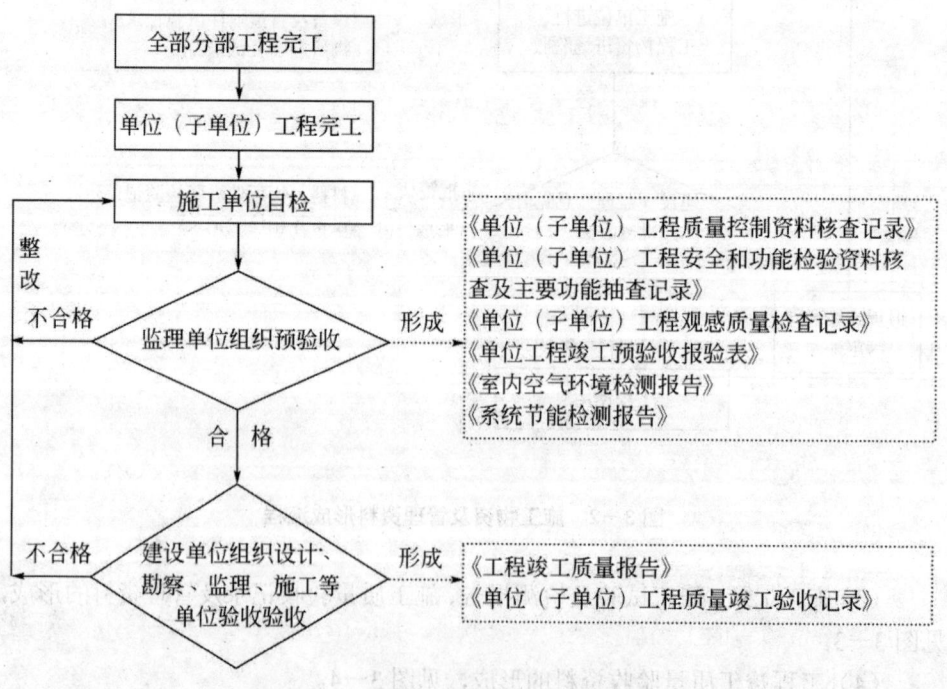

图 3-4 工程竣工质量验收资料形成流程

第 3 单元　施工管理资料（C1 类）的管理

第 1 讲　施工管理资料（C1 类）的签认

施工管理资料签认，见表 3-3。

表 3-3　施工管理资料签认

序号	工程资料名称	完成或提交时限	主要签认责任	责任单位或部门
1	工程概况表	与施组编制同步完成	无	项目技术部
2	施工现场质量管理检查记录	进场后、开工前填写	工程参与方项目负责人	项目经理部
3	分包单位资质报审表	分包工程开工前	项目经理	项目经理部
4	建设工程质量事故调(勘)查记录	事故发生后48h内提交	项目经理或项目主要负责人	项目质量部
5	建设工程质量事故报告书	事故发生后48h内提交	项目经理	项目质量部
6	见证记录	随时完成按周或月提交一次	取样人（施工方）和见证人（监理方）	监理单位
7	见证试验检测汇总表	随工程进度按周或月提交	取样人（施工方）和见证人（监理方）	施工单位、监理单位
8	施工日志	从工程开工起至工程竣工止，每天	施工员	工程部
9	监理工程师通知回复单	完成监理工程师要求整改的项目后	项目经理或责任人	施工单位、专业承包单位

第 2 讲　施工管理资料（C2 类）填写说明

一、《工程概况表》

施工单位填写的工程概况表应一式四份，并应由建设单位、监理单位、施工单位、城建档案馆各保存一份。

《工程概况表》是对工程基本情况的简要描述，应包括单位工程的一般情况、构造特征、机电系统等。

(1)"一般情况"栏应填写工程名称、建设用途、建设地点、建设单位、设计单位、监理单位、施工单位、建筑面积、开工日期、竣工日期、结构类型、建筑层数、人防等级、抗震等级等。

1)"工程名称"栏要填写全称，与建设工程规划许可证、建设工程施工许可证、施工图纸中图签的名称应一致。

2)"建设地点"栏应填写邮政地址，写明区（县）、街道门牌号。

3)"单位名称"栏的建设单位、设计单位、监理单位、施工单位均用法人单位的名称。

(2)"构造特征"栏应结合工程设计要求，简要描述地基与基础，柱、内外墙，梁、板、楼盖，内、外墙装饰，楼地面装饰，屋面构造，防火设备等涵盖的主要项目及内容，应做到重点突出，描述全面扼要。

(3)"机电系统"栏应简要描述工程所含的机电各系统名称及主要设备的参数、机电承受的容量和电压等级等。

(4)"其他"栏中可填写一个具体工程独自具有的某些特征或特殊需要说明的内容，还可以填写采用的新材料、新产品、新技术、新工艺等。

二、《施工现场质量管理检查记录》

施工现场质量管理检查记录应符合《建筑工程施工质量验收统一标准》（GB 50300—2013）的有关规定；施工单位填写的施工现场质量管理检查记录应一式两份，并应由监理单位、施工单位各保存一份。

建筑工程项目经理部应按规定填写《施工现场质量管理检查记录》，报项目总监理工程师（或建设单位项目负责人）检查，并做出检查结论。《施工现场质量管理检查记录》应在进场后、开工前填写，通常每个单位工程只填写一次，但当项目管理有重大变化调整时，应重新检查填写。为了提高项目管理水平，在对质量管理制度检查中，应注意两点：①了解有关人员对各项制度的熟悉程度；②在施工过程中需要检查督促各项制度的落实。

(1)"一般情况"栏内，工程名称应填写全称，与建设工程规划许可证、施工许可证及施工图纸中的工程名称一致。

(2)"构造特征"栏内，应结合工程设计要求，做到重点突出。

(3)"机电系统"栏内，应简要描述工程机电各系统名称及主要设备参数、容量、电压等级等。

(4)"其他"栏内，可填写工程的独特特征，或采用的新技术、新产品、新工艺等。

三、《分包单位资质报审表》

分包单位资质报审表应符合现行国家标准《建设工程监理规范》（GB 50319—

2013）的有关规定。施工总承包单位填报的分包单位南报审表应一式三份，并应由建设单位、监理单位、施工总承包单位各保存一份。

1. 资料归档

本表一式两份，由施工单位填写，施工单位过程保存，监理单位归档保存。

2. 填写要点

（1）承包单位填写。

1）根据工程分包的具体情况，可在"附"栏中的"分包单位资质材料、分包单位业绩材料、中标通知书"相应的选择框处划"√"，并将所附资料随本表一同报验。

2）在"分包工程名称（部位）"栏中填写分包单位所承担的工程名称（部位）及计量单位、工程数量、其他说明。

（2）监理单位填写。

1）监理工程师应审查分包单位的营业执照、企业资质等级证书、施工许可证、管理人员、技术人员资格（岗位）证书以及所获得的业绩材料的真实性、有效性。审查合格后，在"监理工程师审查意见"栏中填写审查意见，并予以签认。

2）总监理工程师审核后在"总监理工程师审批意见"栏中填写具体的审批意见，并予以签认。

3. 相关要求

（1）项目监理机构应在施工合同规定的期限内完成或提出进一步补充有关资料的审批工作。项目监理机构和建设单位认为必要时，可会同承包单位对分包单位进行实地考察，以验证分包单位有关资料的真实性。若分包单位的资格符合有关规定并满足工程需要，则由总监理工程师签发《分包单位资质报审表》予以确认。

（2）建筑工程总承包单位可以将承包工程中的部分发包给具有相应资质的分包单位。但是，除总承包合同中约定的分包外，其余分包必须经建设单位认可。施工总承包的，建筑工程主体结构的施工必须由总承包单位自行完成。建筑工程总承包单位按照总承包合同的约定对建设单位负责，分包单位按照分包合同的约定对总承包单位负责，总承包单位和分包单位就分包工程对建设单位承担连带责任。禁止总承包单位将工程分包给不具备相应资质条件的单位，禁止分包单位将其承包的工程再分包。

建筑工程的分包，是指对建筑工程实行总承包的单位将其总承包的工程项目的某一部分或某几部分再发包给其他的承包人，与其签订总承包合同项下的分包合同，此时，总承包合同的承包人即成为分包合同的发包人。转包与分包的根本区别在于：在转包行为中，原承包人将其承包的工程全部倒手给他人，自己并不实际履行合同约定的义务；而在分包行为中，总承包人仍然就总承包合同约定全部义务（包括分包工作部分）的履行向发包单位负责。

1）建筑工程的分包应遵守以下规定。

①建筑工程总承包单位可以将承包工程中的部分工程发包给具有相应资质的

分包单位。分包出去的是法律所允许的工程,不能是主体工程。

②除总承包合同约定的分包外,必须经建设单位认可。总承包合同中约定的分包工程,可以不经建设单位同意;没有约定的,则必须经建设单位同意。

③施工总承包的,建筑工程主体结构的施工必须由总承包单位自行完成。

2) 分包工程的责任承担。

《建筑法》规定,总承包单位和分包单位就分包工程对建设单位承担连带责任。该规定加重了总承包单位和分包单位的责任,保护了建设单位的利益。

3) 以下行为属于违法分包。

①总承包单位将建设工程分包给不具备相应资质条件的单位的。

②建设工程总承包合同中未有约定,又未经建设单位认可,承包单位将其承包的部分建设工程交由其他单位完成的。

③施工总承包单位将建设工程主体结构的施工分包给其他单位的。

④分包单位将其承包的建设工程再分包的。

4) 承包单位将承包的工程违法分包的依照《建设工程质量管理条例》第 62 条、《建筑法》第 67 条的规定进行处罚,其分包行为无效。

四、《建设工程质量事故调(勘)查记录》

调查单位填写的建设工程质量事故调查、勘查记录应一式五份,并应由调查单位、建设单位、监理单位、施工单位、城建档案馆各保存一份。

(1) 填写该表时应写明工程名称、时间、地点、参加人员及所在单位、姓名、职务、联系电话。

(2) "调(勘)查笔录"栏应填写工程质量事故发生的时间、具体部位,造成质量事故的原因,以及现场观察的现象,并初步估计造成的经济损失。

(3) 当工程质量事故发生后,应采用影像的形式真实记录现场的情况,以作为事故原因分析的依据,当留有现场证物照片或事故证据资料时,应在"有""无"选择框处划"√"并标注数量。

五、《建设工程质量事故报告书》

(1) 质量事故发生后,填写质量事故报告时,应写明质量事故发生的时间、工程项目、建设地点、建设单位、设计单位及施工单位。

(2) "经济损失"是指因质量事故导致的返工、加固等费用,包括人工费、材料费和管理费。

(3) 事故情况,包括倒塌情况(整体倒塌或局部倒塌的部位)、损失情况(伤亡人数、损失程度、倒塌面积等);事故原因,包括设计原因(计算错误、构造不合理等)、施工原因(施工粗制滥造、材料、构配件或设备质量低劣等)、设计与施工的共同问题、不可抗力等。

(4) "事故发生后采取的措施"栏应写明对质量事故发生后采取的具体措施、

对事故的控制情况及预防措施。

(5) 处理意见包括现场处理情况、设计和施工的技术措施、主要责任者及处理结果。

六、《见证记录》

1.资料归档

本表一式三份，由施工单位填写，施工单位、监理单位、建设单位归档保存。

2.提交时限

随时完成按周或月提交一次。

3.相关要求

见证取样和送检

是指在建设单位或监理单位人员的见证下，由施工单位的试验人员按照国家有关技术标准、规范的规定，在施工现场对工程中涉及结构安全的试块、试件和材料进行取样，并送至具备相应检测资质的检测机构进行检测的活动。

(1) 下列涉及结构安全的试块、试件和材料应100%实行见证取样和送检。

1) 用于承重结构的混凝土试块。

2) 用于承重墙体的砌筑砂浆试块。

3) 用于承重结构的钢筋及连接接头试件。

4) 用于承重墙的砖和混凝土小型砌块。

5) 用于拌制混凝土和砌筑砂浆的水泥。

6) 用于承重结构的混凝土中使用的掺和料和外加剂。

7) 防水材料。

8) 预应力钢绞线、锚夹具。

9) 沥青、沥青混合料。

10) 道路工程用无机结合料稳定材料。

11) 建筑外窗。

12) 建筑节能工程用保温材料、绝热材料、黏结材料、增强网、幕墙玻璃、隔热型材、散热器、风机盘管机组、低压配电系统选择的电缆、电线等。

13) 钢结构工程用钢材及焊接材料、高强度螺栓预拉力、扭矩系数、摩擦面抗滑移系数和网架节点承载力试验。

14) 国家及地方标准、规范规定的其他见证检验项目。

(2) 施工单位应按照规定制定检测试验计划，配备试验人员，负责施工现场的取样工作，做好材料取样记录以及试块和试件的制作、养护记录等。

(3) 监理单位应按规定配备足够的见证人员，负责见证取样和送检的现场见证工作。不需要强制监理的建设工程由建设单位按照要求配备见证人员。

(4) 见证人员应由具备建设工程施工试验知识的专业技术人员担任。

见证人员确定后，应在见证取样和送检前告知该工程的质量监督机构和承担相应见证试验的检测机构。

见证人员更换时，应在见证取样和送检前将更换后的见证人员信息告知检测机构和监督机构。

（5）见证取样方法、抽样检验方法应严格按相关工程建设标准执行。

（6）在施工过程中，见证人员应按照见证取样和送检计划，对施工现场的见证取样和送检进行见证。试验人员应在试样或其包装上作出标识、封志。

标识和封志应至少标明试件编号、取样日期等信息，并由见证人员和试验人员签字。见证人员填写见证记录，由施工单位将见证记录归入施工技术档案。

试验人员和见证人员应共同做好样品的成型、保养、存放、封样、送检等全过程工作。

（7）施工单位应对见证取样和送检试样的代表性和真实性负责，监理单位负监理责任。因玩忽职守或弄虚作假使样品失去代表性和真实性造成质量事故的，应依法承担相应的责任。

（8）检测机构应对样品和见证记录进行确认，对存在下列问题的样品应当拒收。

1）见证记录无见证人员签字，或签字的见证人员未告知检测机构。

2）检测试样的数量、规格等不符合检测标准要求。

3）封样标识和封志信息不全。

4）封样标识和封志上无试验人员和见证人员签字。

（9）检测机构应设专人负责试样留置工作。对规范和标准明确要求需留置的试样，应按规范和标准的规定留置；规范和标准没有规定的，应在样品检测完成后留置 24h。

（10）检测机构对出现的不合格检测结果应在当日告知监理单位（建设单位）和工程质量监督机构，并应单独建立检测结果不合格台账。

（11）见证取样和送检的检测报告应加盖检测机构"有见证试验"专用章，由施工单位汇总后纳入工程施工技术档案。

（12）因见证取样和送检增加的检测试验费用计入工程造价；增加的监理人工费用在施工监理服务收费基准价中予以调整。

（13）质量监督机构应加强对工程参建各方见证取样和送检行为的监督管理，对发现的违法违规行为依法进行处罚并按照动态监督管理规定予以处理。

（14）试验人员和见证人员对见证取样和送检试样的代表性和真实性负责。因玩忽职守或弄虚作假使样品失去代表性和真实性造成质量事故的，应依法承担相应的责任。

（15）检测机构和检测人员违反有关规定，有下列行为之一的，由市住房城乡建设委责令改正。

1）未按有关规定接收检测样品。

2）未按规定留置检测试样。

3）未按规定将不合格检测结果告知监理单位（建设单位）和工程质量监督机构。

4）未单独建立检测结果不合格台账。

（16）市、区县建委有关工作人员在工程质量监督工作中有下列行为之一的，依法给予行政处分；构成犯罪的，依法追究刑事责任。

1）不依法履行监督管理职责。

2）发现违法行为不予制止或查处。

3）利用职务上的便利，收受他人财物或其他好处。

4）明示、暗示、推荐或指定检测机构。

七、《见证试验检测汇总表》

施工单位填写的见证试验检测汇总表应一式两份，并应由监理单位、施工单位各保存一份。

（1）此表由施工单位汇总填写，与其他施工资料一起纳入工程档案，作为评定工程质量的依据。

1）"试验项目"指规范规定应实行见证取样送检的某一试验项目。

2）"应送试总次数"指该试验项目按照设计、有关标准及施工试验计划应送试的总次数。

3）"有见证试验次数"指该试验项目按见证试验要求的实际试验次数。

（2）有见证取样和送检的试验结果若达不到规定标准，试验室应向承监工程的质量监督机构报告。当试验不合格但按有关规定允许加倍取样复试时，加倍取样、送检与复试也应按规定实施。

（3）各种有见证取样和送检试验资料必须真实、完整、符合规定。对伪造、涂改、抽换或丢失试验资料的行为，应对责任单位和责任人依法追究责任。

八、《施工日志》

施工日志应由项目经理部确定专人负责填写，记录从工程开工之日起至竣工之日此的全部技术质量管理和生产经营活动。

（1）施工日志是施工活动的原始记录，是编制施工文件、积累资料、总结施工经验的重要依据，由项目技术负责人具体负责。

（2）施工日志应以单位工程为记载对象，从工程开工起至工程竣工止，按专业指定专人负责逐日记载，并保证内容真实、连续和完整。

（3）施工日志可采用计算机录入、打印，也可按规定式样（印制的施工日志）用手工填写方式记录，并装订成册，但必须保证字迹清楚、内容齐全。施工日志填写须及时、准确、具体、不潦草，不能随意撕毁，应妥善保管，不得丢失。

（4）当对工程资料进行核查，或工程出现某些问题时，往往需要检查施工日志中的记录，以了解当时的施工情况。借助对某些施工资料中作业时间、作业条件、材料进场、试块养护等方面的横向检查对比，能够有效地核查资料的真实性与可靠性。

（5）施工日志填写内容，应根据工程实际情况确定，一般应有以下内容。

1)当日生产情况记录(施工部位、施工内容、机械作业、班组工作、生产存在问题等),当日技术质量安全工作记录(技术质量安全活动、检查评定验收、技术质量安全问题等)。

2)每个工程项目的开工日期、竣工日期、施工勘测资料、工程进度及上级有关指示,实际管网、拆迁、地质及水文地质情况。

3)施工中发生的问题,如变更设计、施工与设计图不符情况、变更施工方法、工程质量事故及其处理情况等。

4)建筑与结构工程(地基基础、主体结构、建筑装饰装修、建筑屋面)、机电安装工程等的生产情况记录(具体施工项目、部位、施工内容、机械作业、班组工作、生产存在问题等),技术质量安全工作记录(技术质量安全活动、检查评定验收、技术质量安全问题等)。

(6)施工日志中,除记录生产情况和技术质量安全工作外,若施工中出现其他问题,也要反映在日志中。

(7)工程施工期间有间断,应在日志中加以说明,可以在停工最后一天或复工第一天日志中描述。

九、《监理工程师通知回复单》

对施工过程中所发现的问题可先口头通知承包单位整改,并及时签发《监理工程师通知》。要求承包单位整改的,承包单位应将整改结果填写《监理工程师通知回复单》报监理工程师进行复查。

1.资料归档

本表一式两份,由施工单位填写,施工单位过程保存,监理单位归档保存。

2.填写要点

(1)承包单位填写。

1)"已按要求完成了____工作"栏填写《监理通知》中相对应的内容。

2)"详细内容"栏应写明对监理通知中所提问题的发生原因分析、整改经过和结果及预防措施等。

(2)监理单位填写。

"复查意见"一般应由《监理通知》的签发人进行复查验收并签字确认。当监理工程师不在现场或与总监理工程师意见不一致时,由总监理工程师签字生效。

3.相关要求

(1)进度计划的实施监督。

应按月检查月实际进度,并将其与月计划进度比较的结果进行分析、评价,发现偏离应签发《监理通知》,要求承包单位及时采取措施,实现计划进度目标。

(2)施工过程中的质量控制。

1)应对施工现场有目的地进行巡视和旁站。

2)对所发现的问题可先口头通知承包单位改正,然后应及时签发《监理通知》。

3）承包单位应将整改结果填写《监理通知回复单》，报监理工程师进行复查。
(3) 工程竣工验收。

当工程达到基本交验条件时，应组织各专业监理工程师对各专业工程的质量情况、使用功能进行全面检查。对发现影响竣工验收的问题签发《监理通知》，要求承包单位进行整改。

第3讲 施工管理资料（C2类）填写示例

一、工程概况表

<table>
<tr><td colspan="2" style="text-align:center">工程概况表</td><td>资料编号</td><td></td></tr>
<tr><td rowspan="11">一般情况</td><td>工程名称</td><td>××办公楼工程</td><td>建设单位</td><td>××集团开发有限公司</td></tr>
<tr><td>建设用途</td><td>现代化管理、办公及学术交流</td><td>设计单位</td><td>××建筑设计研究院</td></tr>
<tr><td>建设地点</td><td>××市××区××路</td><td>勘察单位</td><td>××勘察设计院</td></tr>
<tr><td>建筑面积</td><td>10733m²</td><td>监理单位</td><td>××工程建设监理有限公司</td></tr>
<tr><td>工期</td><td>×××日历天</td><td>施工单位</td><td>××建设集团有限公司</td></tr>
<tr><td>计划开工日期</td><td>××年×月×日</td><td>计划竣工日期</td><td>××年×月×日</td></tr>
<tr><td>结构类型</td><td>框架剪力墙</td><td>基础类型</td><td>筏板式基础</td></tr>
<tr><td>层数</td><td>地下一层、地上十层</td><td>建筑檐高</td><td>40.9m</td></tr>
<tr><td>地上面积</td><td>8861m²</td><td>地下面积</td><td>1872m²</td></tr>
<tr><td>人防等级</td><td>六级</td><td>抗震等级</td><td>框架三级、剪力墙二级</td></tr>
<tr><td rowspan="8">构造特征</td><td>地基与基础</td><td colspan="3">基础持力层为砂卵石层，地基承载力为210kPa，筏形基础，底板厚度为300~600mm，混凝土强度等级为C30，抗渗等级P8</td></tr>
<tr><td>柱、内外墙</td><td colspan="3">独立柱强度等级C60，2、3层C50，4、5、6层C40，7层以上C30，最大截面尺寸为900mm×900mm。外墙厚度300mm，内墙厚度200mm，强度等级7层以下C40，7层以上C30，地下室抗渗等级P8</td></tr>
<tr><td>梁、板、楼盖</td><td colspan="3">现浇钢筋混凝土梁板，强度等级C30</td></tr>
<tr><td>外墙装饰</td><td colspan="3">外墙装饰以面砖为主，花岗石勒脚</td></tr>
<tr><td>内墙装饰</td><td colspan="3">内墙以乳胶漆为主，局部房间为壁布吸声墙面</td></tr>
<tr><td>楼地面装饰</td><td colspan="3">地面以现制水磨石为主，大厅为花岗石地面，局部房间木地板。</td></tr>
<tr><td>屋面构造</td><td colspan="3">SBS改性沥青卷材与双层三元乙丙丁基橡胶卷材结合</td></tr>
<tr><td>防火设备</td><td colspan="3">一级防火等级，各防火分区以木制防火门隔开</td></tr>
<tr><td colspan="2">机电系统名称</td><td colspan="3">本工程采用中央空调供暖，电气系统包括照明、动力、电视、电话、消防报警系统、自动喷淋系统、给排水系统配套</td></tr>
<tr><td colspan="2">其他</td><td colspan="3"></td></tr>
</table>

注：本表由施工单位填写。

二、施工现场质量管理检查记录

施工现场质量管理检查记录		资料编号	
工程名称	××工程	施工许可证 (开工证)	00(建)××·0355
建设单位	××集团开发有限公司	项目负责人	×××
设计单位	××建筑设计院	项目负责人	×××
勘察单位	××勘察设计院	项目负责人	×××
监理单位	××工程建设监理有限公司	总监理工程师	×××
施工单位	××建设集团有限公司	项目经理 ×××	项目技术 负责人 ×××

序号	项目	内容
1	现场质量管理制度	质量例会制度;月评比及奖罚制度;"三检"及交接检制度;质量与经济挂钩制度
2	质量责任制	岗位责任制;设计交底会制度;技术交底制度;挂牌制度
3	主要专业工种操作上岗证书	测量工、钢筋工、木工、混凝土工、电工、焊工、起重工、架子工等主要专业工种操作上岗证书齐全,符合要求
4	分包方资质与分包单位的管理制度	对分包方资质审查,满足施工要求,总包对分包单位制定的管理制度可行
5	施工图审查情况	施工图经设计交底,施工方已确认
6	地质勘察资料	勘察设计院提供地质勘察报告齐全
7	施工组织设计、施工方案及审批	施工组织设计、主要施工方案编制、审批齐全
8	施工技术标准	企业自定标准4项,其余采用国家、行业标准
9	工程质量检验制度	有原材料及施工检验制度;抽测项目的检测计划,分项工程质量三检制度
10	搅拌站及计量设置	有管理制度和计量设施,经计量检校准确
11	现场材料、设备存放与管理	按材料、设备性能要求制定了管理措施、制度,其存放按施工组织设计平面图布置
12		

检查结论:
　　通过上述项目的检查,项目部施工现场质量管理制度明确到位,质量责任制措施得力,主要专业工种操作上岗证书齐全,施工组织设计、主要施工方案逐级审批,现场工程质量检验制度制定齐全,现场材料、设备存放按施工组织设计平面图布置,有材料、设备管理制度
　　　　　　　　　　　　　总监理工程师　×××
　　　　　　　　　　　(建设单位项目负责人)　　　××年×月×日

注:本表由施工单位填写。

三、分包单位资质报审表

分包单位资质报审表		资料编号	
工程名称	××大厦	日 期	××年×月×日

致 ××工程建设监理有限公司 （监理单位）：
　　经考察，我方认为拟选择的 ××装饰工程公司（分包单位）具有承担下列工程的施工资质和施工能力，可以保证本工程项目按合同的约定进行施工。分包后，我方仍然承担总承包单位的责任。请予以审查和批准。
附：
1. ☑分包单位资质材料
2. ☑分包单位业绩材料
3. □中标通知书

分包工程名称(部位)	单位	工程数量	其他说明
建筑装饰装修工程	m²	10000	
合计	m²	10000	

施工单位名称：××建设集团有限公司　　项目经理(签字)：×××

专业监理工程师审查意见：
　　经审查，分包单位资质、业绩材料齐全、真实有效，具有承担分包工程的施工资质和施工能力

　　　　　　　　　　　　专业监理工程师(签字)：×××　　日期：××年×月×日

总监理工程师审批意见：
　　　　同意
监理单位名称：××工程建设监理有限公司　　总监理工程师(签字)：×××　　日期：××年×月×日

注：本表由施工单位填报，监理单位签署审批意见。

四、建设工程质量事故调（勘）查记录

建设工程质量事故调(勘)查记录			资料编号	
工程名称	××工程		日 期	××年×月×日
调(勘)查时间	××年×月×日×时×分至×时×分			
调(勘)查地点	××市××区××路××号(建设地点)			
参加人员	单位	姓名	职务	电话
被调查人	××建筑工程公司	×××	混凝土工	××××××××
陪同调(勘)查人员	××建设集团有限公司	×××	质检员	××××××××
	××监理公司	×××	监理员	××××××××
调(勘)查笔录	××年×月×日在地上六层剪力墙、柱混凝土施工时，由于振捣工没有按照混凝土振捣操作规程操作，致使六层①/Ⓜ、③/Ⓒ轴交接处2根框架柱、⑤/Ⓜ~Ⓖ轴剪力墙(楼梯间)混凝土发生露筋、露石、孔洞等质量缺陷，估计直接经济损失在1万元以上			
现场证物照片	☑有 □无　共 6 张		共 3 页	
事故证据资料	☑有 □无　共 10 张		共 5 页	
被调查人签字	×××		调(勘)查人	×××

注：本表由调查人填写，各有关单位均保存一份。

五、建设工程质量事故报告书

建设工程质量事故报告书		资料编号	
工程名称	××工程	建设地点	××区××路××号
建设单位	××集团开发有限公司	设计单位	××建筑设计院
施工单位	××建设集团有限公司	建筑面积 工作量	8428 m² 2310万元
结构类型	框架剪力墙	事故发生时间	××年×月×日
上报时间	××年×月×日	经济损失	10000.00元以上
事故经过、后果与原因分析： 　　××年×月×日在地上六层剪力墙、柱混凝土施工时，由于振捣工没有按照混凝土振捣操作规程操作，致使六层①/Ⓜ、③/Ⓒ轴交接处2根框架柱，⑤/Ⓜ~Ⓖ轴剪力墙（楼梯间）混凝土发生露筋、露石、孔洞等质量缺陷			
事故发生后采取的措施： 　　经研究决定，对上述部位进行返工处理，重新浇筑混凝土			
事故责任单位、责任人及处理意见： 　　事故责任单位：混凝土施工班组 　　责任人：振捣工××× 　　处理意见： 　　1.对直接责任者进行质量意识教育，切实加强混凝土操作规程培训学习及贯彻执行，经考核合格后持证上岗，并处以适当经济处罚。 　　2.对所在班组提出批评，切实加强施工过程质量控制。 　　结论：经返工处理后，达到施工规范要求			
负责人	×××	报告人	×××	日　期	××年×月×日

注：本表由调查人填写，各有关单位均保存一份。

六、见证记录

见 证 记 录

编　　号：　　钢筋－012　　

工程名称：　××办公楼工程　

取样部位：　二层、三层柱、墙、梁、顶板　

样品名称：　HRB 335 Φ22　　　　取样数量：　　1组　　

取样地点：　现场　　　　　　　　取样日期：　××年×月×日

见证记录：试件编号：×××

依据见证取样的相关规定，现场取样真实有效。代表数量××t。

有见证取样和送检印章：　××工程建设监理有限公司
　　　　　　　　　　　　　有见证试验专用章

取样人签字：　　×××　　

见证人签字：　　×××　　

填制日期：××年×月×日

七、见证试验检测汇总表

见证试验检测汇总表

工程名称	××办公楼工程	编　　号	
		填表日期	××年×月×日
建设单位	××集团开发有限公司	检测单位	××建设工程质量检测中心
监理单位	××建设监理公司	见证人员	×××
施工单位	××建设集团有限公司	取样人员	×××

试验项目	应试验组/次数	见证试验组/次数	不合格次数	备注
混凝土试块(标养)	150	53	0	
混凝土试块（结构实体检验）	36	12	0	
钢筋原材	73	30	0	
钢筋直螺纹连接接头	76	23	0	
防水卷材	6	4	0	
防水涂料	3	2	0	
砌块	8	2	0	
制表人(签字)	×××			

注：此表由施工单位汇总填写，一式两份，并应由监理单位、施工单位各保存一份。

八、施工日志

施 工 日 志			资料编号		
施工单位			××建设集团有限公司		
	天气状况	风力	最高/最低温度/℃	备 注	
白天	晴	2～3级	20		
夜间	晴	1～2级	9		
施工情况记录：(施工部位、施工内容、机械作业、班组工作、生产存在问题等) 地下一层 　　1.Ⅰ段顶板钢筋绑扎，各工种埋件固定，塔吊作业(××型号)，钢筋班组15人。 　　2.Ⅱ段剪力墙、柱模板安装，塔吊作业(××型号)，木工班组21人。 　　3.发现问题：Ⅰ段顶板钢筋绑扎时，钢筋保护层厚度、搭接长度不够，存在绑扎随意现象					
技术、质量、安全工作记录：(技术质量安全活动、检查评定验收、技术质量安全问题等) 　　1.建设、设计、监理、施工单位在现场召开技术质量安全工作会议。 参加人员： 建设单位：×××、×× 设计单位：×××、××× 监理单位：×××、×××、××× 施工单位：×××、×××、×××、××× 会议决定： 　　(1)±0.000以下结构于×月×日前完成。 　　(2)地下一层回填土于×月×日前完成。 　　(3)对施工中发现问题(Ⅰ段顶板钢筋绑扎)，应立即返修并整改复查，必须符合设计、规范要求。 　　2.安全生产方面：由安全员带领3人巡视检查，重点是"三宝、四口、五临边"，检查全面到位，无安全隐患。 　　3.检查评定验收：对Ⅱ段剪力墙、柱模板予以验收，工程主控项目、一般项目符合施工质量验收规范要求					
记录人	×××		日 期	××年×月×日　星期×	

注：本表由施工单位填写并保存。

九、监理工程师通知回复单

监理工程师通知回复单	施工编号	
	监理编号	
工程名称	××商住楼工程	日 期	××年×月×日

致　　××建设监理有限公司　　（监理单位）：
　　我方接到第（××-002）号监理通知后，已按要求完成了　　保证主体混凝土浇筑质量的　　
　　　　　　　　工作，特此回复，请予以复查。

详细内容：
　　我项目部收到（××-002）号《监理通知》后，立即召开了专题会议，按通知要求组织专业人员进一步制定了保证主体混凝土浇筑质量的措施（见附件）

施工单位名称：××建设集团有限公司　　项目经理（签字）：×××

复查意见：
　　经复查，承包单位按监理通知要求进行了落实，且保证措施得当。要求承包单位按此措施落实到位，以保证混凝土的浇筑质量

　　　　　　　　　　　　　　　　监理工程师（签字）：×××　　日期：××年×月×日
监理单位名称：××建设监理有限公司　　总监理工程师（签字）：×××
　　　　　　　　　　　　　　　　　　　　　　　　　　　　　日期：××年×月×日

注：本表由施工单位填报，监理单位、施工单位各存一份。

第4单元　施工技术资料（C2类）的管理

第1讲　施工技术资料（C2类）的签认

施工技术资料签认，见表3—4。

表3—4　施工技术资料签认

序号	工程资料名称	完成或提交时限	主要签认责任	责任单位或部门
1	工程技术文件报审表	工程项目开工前	施工单位总工或项目技术负责人	项目总工 项目技术部
2	施工组织设计及施工方案	施工单位或分项工程开工10d前完成	单位总工或项目技术负责人	项目总工 项目技术部
3	技术交底记录（管理层交底、操作层交底）	单位或分项工程开工2d前完成	技术、工长、分包等相关责任人	项目总工 项目技术部
4	图纸会审记录	图纸会审后7d内整理完毕并提交	各专业技术负责人	项目技术部 项目工程部
5	设计变更通知单	与设计或建设方协商确定	专业技术人员	项目总工 项目技术部
6	工程洽商记录	洽商提出后7d内完成	专业技术人员	项目总工 项目技术部

第2讲　施工技术资料（C2类）填写说明

一、《工程技术文件报审表》

（1）施工单位应编写工程技术文件，经审查通过后，填写《工程技术文件报审表》报项目监理部。总监理工程师组织专业监理工程师审核，填写审核意见，由总监理工程师签署审定结论。

施工单位填报的工程技术文件报审表应一式两份，并应由监理单位、施工单位各保存一份。

（2）施工单位向监理单位申报的工程技术文件包括施工组织设计、施工方案（含季节性施工方案）、其中，深化设计、质量问题处理方案等。其中，深化设计是指为达到设计意图而进行的细化设计，如梁、柱、板节点处钢筋摆放设计，内、外墙饰面砖排砖设计等，即通常所说的翻样、放大样。工程技术文件首先应经施工单位技术部门审查签认,施工组织设计由施工单位技术负责人审查批准后,于动工前或是在该分项/分部工程实施前报项目监理部审核。

二、《施工组织设计》及《施工方案》

（1）《施工组织设计》（项目管理规划）是统筹计划施工,科学组织管理,采用先进技术保证工程质量、安全文明生产、环保、节能、降耗,实现设计意图,指导施工生产的技术性文件。

施工单位在正式施工前编制《单位工程施工组织设计》,经施工单位相关部门审核,由总工程师审批后填写《工程技术文件报审表》,报监理单位审定签字实施。

（2）《施工方案》是单位工程施工组织设计的核心,是某分部或分项工程或某项工序在施工过程中由于难度大、工艺新或比较复杂,以及质量与安全性能要求高等原因而所需采取的施工技术措施,以确保施工的进度、质量、安全目标和技术经济效果。它一般包括:确定施工程序和顺序、施工起点流向、主要分部分项工程的施工方法和施工机械、质量、安全、进度、资源配置等。

主要分部（子分部）、分项工程、重点部位、技术复杂或采用新技术的关键工序应编制《专项施工方案》,冬、雨期施工也应编制冬、雨期施工方案。施工方案应经施工单位相关部门审核,并经总工程师审批后,再填写《工程技术文件报审表》,报监理单位审定签字实施。施工方案也可采用单位工程施工组织设计等相关用表。

另外,根据建设部关于"危险性较大工程安全专项施工方案专家论证审查报告"（建质【2004】213号）的指示凡是危险性较大的工程必须编制安全专项施工方案,并且必须经过专家论证审查后,方可施工。其安全专项施工方案及专家论证审查意见,均是施工技术资料的重要组成部分。

三、《技术交底记录》

（1）《技术交底记录》应包括施工组织设计交底、专项施工方案技术交底、分项工程施工技术交底、"四新"（新材料、新产品、新技术、新工艺）技术交底和设计变更技术交底。是对施工图、设计变更、施工技术规范、施工质量验收标准、操作规程、施工组织设计、施工方案、分项工程施工操作技术、新技术施工方法等进行的具体要求与指导。各项交底应有文字记录,交底双方签认应齐全。

（2）重点和大型工程施工组织设计交底应由施工企业的技术负责人把主要设计要求、施工措施以及重要事项对项目主要管理人员进行交底。其他工程施工组织设计交底应由项目技术负责人进行交底。

（3）专项施工方案技术交底应由项目专业技术负责人负责,根据专项施工方案对专业工长进行交底。

（4）分项工程施工技术交底应由专业工长对专业施工班组（或专业分包）进行交底。

（5）"四新"技术交底应由项目技术负责人组织有关专业人员编制。

（6）设计变更技术交底应由项目技术部门根据变更要求，结合具体施工步骤、措施及注意事项等对专业工长进行交底。

（7）设计交底。施工图纸会审前，建设单位召集设计、监理和施工单位人员，由设计人员进行设计交底，并填写《设计交底记录》，经各方签字后实施。

四、《图纸会审记录》

工程开工前，由设计单位组织设计、监理和施工单位有关人员进行施工图纸会由施工单位进行记录整理汇总，填写《图纸会审记录》，经各方签字后实施。

（1）监理、施工单位应将各自提出的图纸问题及意见，按专业整理、汇总后报建设单位，由建设单位提交设计单位做交底准备。

（2）图纸会审应由建设单位组织设计、监理和施工单位技术负责人及有关人员参加。设计单位对各专业问题进行交底，施工单位负责将设计交底内容按专业汇总、整理，形成《图纸会审记录》。

施工单位整理汇总的图纸会审记录应一式五份，并应由建设单位、设计单位、监理单位、施工单位、城建档案馆各保存一份。

（3）《图纸会审记录》应由建设、设计、监理和施工单位的项目相关负责人签认，形成正式《图纸会审记录》。不得擅自涂改会审记录或变更其内容。

五、《设计变更通知单》

工程设计变更时，设计单位应及时下达《设计变更通知单》，内容翔实，必要时应附图，并逐条注明应修改图纸的图号。《设计变更通知单》应由设计专业负责人以及建设（监理）和施工单位的相关负责人签认。

设计单位签发的设计变更通知单应一式五份，并应建设单位、设计单位、监理单位、施工单位、城建档案馆各保存一份。

六、《工程洽商记录》

（1）《工程洽商记录》应分专业办理，内容翔实，必要时应附图，并逐条注明应修改图纸的图号。《工程洽商记录》应由设计专业负责人以及建设、监理和施工单位的相关负责人签认。

（2）如果设计单位委托建设（监理）单位办理签认，则应办理委托手续。

第3讲 施工技术资料（C2类）填写示例

一、工程技术文件报审表

工程技术文件报审表

工程名称	××工程	施工编号	
		监理编号	
		日　　期	××年×月×日

致：__××建设监理公司__（监理单位）

　　我方已编制完成了__施工测量方案__技术文件，并经相关技术负责人审查，请予以审定。

　　附：技术文件__×__页__×__册

　　施工总承包单位__××建设集团有限公司__　　项目经理/责任人__×××__
　　专业承包单位_____　　　　　　　项目经理/责任人_____

专业监理工程师审查意见：
　　原则上同意方案内容；应加强过程和措施上的严格控制；测量放线成果必须经过"三检"，达到100%的合格

专业监理工程师__×××__
日　　期__××年×月×日__

总监理工程师审批意见：
1. 符合设计图和现场的实际情况；
2. 投入的人力、物力基本满足工程施工测量的需要；
3. 采取的方式、方法、措施及管理制度基本可行；
同意本方案的内容并以此指导本工程的施工测量放线工作

监理单位__××建设监理公司__
总/专业监理工程师__×××__
日　　期__××年×月×日__

注：本表由施工单位填报，监理单位、施工单位各存一份。

二、危险性较大分部分项工程施工方案专家论证表

危险性较大分部分项工程施工方案专家论证表

工程名称			××大厦工程		编 号		
施工总承包单位			××建设发展有限公司		项目负责人		×××
专业承包单位					项目负责人		
分项工程名称			基坑支护与降水工程				
专家一览表							
姓名	性别	年龄	工作单位	职务	职称	专业	任职年限
×××	男	49	××市质量安全监督站	主任	高工	工民建	××
×××	男	52	××咨询顾问有限公司	顾问	教授级高工	土木工程	××
×××	男	45	××咨询顾问有限公司	顾问	高工	工民建	××
×××	男	50	××建筑设计研究院	项目负责人	高工	土木工程	××
×××	女	43	××地质工程勘察院	项目负责人	高工	地质工程	××
×××	男	40	××集团开发有限公司	项目负责人	工程师	建筑工程	××
×××	男	37	××工程建设监理有限公司	总监	工程师	工民建	××
×××	男	44	××工程建设监理有限公司	监理工程师	高工	工民建	××
×××	男	50	××建设发展有限公司	公司总工	高工	工民建	××
×××	男	38	××建设发展有限公司	项目经理	工程师	建筑工程	××
×××	男	41	××建设发展有限公司	项目技术负责人	高工	土木工程	××

专家论证意见：
　同意按此方案执行（书面论证报告附后）。

　　　　　　　　　　　　　　　　　　　　　　　　　　　　××年×月×日

签名栏
组长：×××
专家：×××、×××、×××、×××、×××、×××、×××、×××、×××

三、技术交底记录

技术交底记录		资料编号	
工程名称		交底日期	
施工单位		分项工程名称	
交底提要		页数	共 页,第 页
交底内容:			
审核人		交底人		接受交底人	

注:1.本表由施工单位填写,交底单位与接受交底单位各保存一份。
　　2.当做分项工程施工技术交底时,应填写"分项工程名称"栏,其他技术交底可不填写。

四、图纸会审记录

图纸会审记录			资料编号	
			日 期	××年×月×日
工程名称	××办公楼工程		专业名称	建 筑
地 点	基建处会议室		页 数	共 页,第 页
序号	图 号	图纸问题		图纸问题交底
1	建施—1	建筑说明中第十一条防水卷材为何种材料?厚度与层数设计上是否有要求?		防水材料另定
2	建施—8、建施—15	建施—15中4#楼梯2—2剖面标高为9.750与建施—8不符。		以建施—8中标高9.650为准
3	建施—14	在汽车坡道墙体与主体结构墙体相邻处,两墙体外侧防水层如何做?		具体商定
4	建施—4、结施—4	建施—4中⑫~⑬/Ⓔ~Ⓕ轴处暗柱尺寸和结施—4不符。		按结施—4施工
5	建施—8	①(②)详图中标高6.900是否有误?		应为10.200
6	建施—14	⑫~⑬/Ⓓ轴处沉降缝成品止水带是否用橡胶材料?何种形式?		见88J6—1—93—2
7	…	…		…
签字栏	建设单位	监理单位	设计单位	施工单位
	×××	×××	×××	×××

注:1.由施工单位整理、汇总,建设单位、监理单位、施工单位、城建档案馆各保存一份。
2.图纸会审记录应根据专业(建筑、结构、给排水及采暖、电气、通风空调、智能系统等)汇总、整理。
3.设计单位应由专业设计负责人签字,其他相关单位应由项目技术负责人或相关专业负责人签认。

五、设计变更通知单

设计变更通知单		资料编号	
		日　期	××年×月×日
工程名称	××办公楼工程	专业名称	结　构
设计单位名称	××建筑设计院	页　数	共　页，第　页
序号	图　号	变　更　内　容	
1	结施—7改	（1）二至四层：Ⓒ轴处框架柱均向南平移550mm，Ⓑ轴处框架柱均向南平移150mm，保持与首层一致。 （2）KZ18、KZ16（共6根）-0.050以上纵筋由16Φ20改为16Φ25。	
2	结施—10改	节点详图③中的梁顶标高19.600应改为20.200。	
3	结施—12	（1）KL203(7)、KL203a(8)支座处负筋7Φ22、8Φ22均改为7Φ25，上部钢筋4Φ22+(2Φ12)改为4Φ25+(2Φ12)。 （2）KL204(2)上部通筋4Φ22改为4Φ25，支座处负筋7Φ22均改为7Φ25；KL207(2)上部通筋3Φ22改为3Φ25，支座处负筋6Φ22均改为6Φ25。 （3）KL210a(1)支座处负筋5Φ22　3/2改为6Φ22　3/3；KL211(5)下部通筋6Φ22均改为6Φ25，两边跨配筋上、下均改为9Φ25；KL212(1)下部通筋5Φ22改为5Φ25。	
4	结施—14	（1）KL301(12)支座处负筋5Φ20均改为5Φ22，下部通筋3Φ22改为3Φ25。 （2）KL312(3B)应为KL312(3)，两边支座处负筋6Φ22均改为7Φ22。 （3）KL313(3)支座处负筋5Φ22均改为5Φ25，下部通筋3Φ22改为3Φ25。 （4）KL320(3A)改为KL320(1A)，Ⓑ～Ⓓ轴间的两跨取消，保留梁段截面及配筋不变。	
5	结施—11、13、15、17	楼面板（二至五层）配筋图中，⑫～⑬轴间大板跨（双向均≥6.6m）板厚均为200，起拱2‰，其他未注明板跨（≥4.0m）均起拱1‰。	
签字栏	建设(监理)单位 ×××	设计单位 ×××	施工单位 ×××

注：1.本表由建设单位、监理单位、施工单位、城建档案馆各保存一份。
　　2.涉及图纸修改的，必须注明应修改图纸的图号。
　　3.不可将不同专业的设计变更办理在同一份变更上。
　　4."专业名称"栏应按专业填写，如建筑、结构、给排水、电气、通风空调等。

六、工程洽商记录

工程洽商记录		资料编号	
		日　期	××年×月×日
工程名称	××办公楼工程	专业名称	结　构
提出单位名称	××建设集团有限公司	页　数	共　页,第　页
内容摘要		二次结构设置构造柱、圈梁	
序号	图　号	洽商内容	
1		二次结构按照结构设计总说明及京94SJ19《框架结构填充空心砌块构造图集》。	
2		构造柱设置原则:墙体长度大于5m设置构造柱,转角处设置构造柱。具体配筋原则见下图。构造柱上下450mm范围箍筋加密为100mm间距。 4φ12　φ6@250　两边均不大于200时预留钢筋做法 6φ12　φ6@250　200<b≤400时预留钢筋做法 8φ12　φ6@250　b>400时预留钢筋做法 2φ12　φ6@200　门窗洞口抱框做法	
3		圈梁及垫层:外墙窗沿下板带厚度为180mm,配筋见建筑外墙详图。外墙后砌墙垫层厚度为150mm混凝土,2φ6,拉钩φ6@300。内墙后砌墙垫层厚度为150mm素混凝土。	
4		构造柱及拉结筋生根:用4φ8膨胀螺栓固定(a−20)×(b−20)mm钢板(a,b为构造柱尺寸)构造筋及拉结筋满焊接在钢板上	
签字栏	建设单位	监理单位	设计单位	施工单位
	×××	×××	×××	×××

注:1.本表由建设单位、监理单位、施工单位、城建档案馆各保存一份。
　　2.涉及图纸修改的必须注明应修改图纸的图号。
　　3.不可将不同专业的工程洽商办理在同一份洽商上。
　　4."专业名称"栏应按专业填写,如建筑、结构、给排水、电气、通风空调等。

第5单元 工程进度造价资料（C3类）的管理

第1讲 进度造价资料签认

进度造价资料签认，见表3-5。

表3-5 进度造价资料签认

序号	工程资料名称	完成或提交时限	主要签认责任	责任单位或部门
1	施工进度计划报审表	完成施工年、季、月进度总计划	项目经理	施工单位
2	工程开工报审表	工程开工前	项目经理	施工单位
3	（ ）月人、机、料动态表	每月25日前	项目经理	施工单位
4	工程复工报审表	施工单位自检符合复工条件	项目经理	施工单位
5	（ ）月工程进度款报审表	合同约定日期或每月25日前	项目经理	施工单位
6	工程变更费用报审表	工程变更完成并经项目监理部验收合格	项目经理	施工单位
7	费用索赔申请表	索赔事件发生后28d内提交	项目经理	施工单位
8	工程款支付申请表	合同约定日期或工程完成并经验收合格	项目经理	施工单位
9	工程延期申请表	符合工程延期要求	项目经理	施工单位

第2讲 进度造价资料填写说明

一、《施工进度计划报审表》

本表为承包单位根据已批准的施工总进度计划，按施工合同约定或监理工程师要求编制的施工进度计划，报项目监理机构审查、确认和批准。

1.资料归档

本表一式三份，由施工单位填写，施工单位、建设单位过程保存，监理单位归档保存。

2.填写要点

（1）承包单位填写。

1)"现报上____年____季度____月"栏中应填写拟报审进度计划的年、季、月时间。

2)"附件"栏填写承包单位根据经项目监理部批准的施工组织设计(施工方案)编制的施工进度计划,并注明份数。

3)"施工单位名称"栏填写施工单位的全称,不可简化。

4)"项目经理(签字)"栏应为施工单位工程项目负责人签字。

(2)监理单位填写。

1)"审查意见"栏由监理工程师根据工程的条件(工程的规模、质量标准、复杂程度、施工的现场条件等)及施工队伍的条件,全面分析承包单位编制的施工进度计划的合理性、可行性,并签署意见。

2)"审批结论"栏的填写。

①所报施工进度计划符合合同工期及总控计划要求,即有可实施性,同意实施时,在"同意"栏划"√"。

②所报计划有明显错误时,应限定修改日期,并在"修改后再报"栏划"√"。

③所报计划与总控计划不符,需重新编制时,应限定重新编制日期,并在"重新编制"栏划"√"。

④由总监理工程师签署"审定结合",并在相应选择框处划"√"。

3)"监理单位名称"栏填写监理单位的全称,不可简化。

3.相关要求

承包单位应根据建设工程施工合同的约定,按时编制施工总进度计划、季度进度计划、月进度计划,并按时填写《施工进度计划报审表》,报项目监理部审批。

二、《工程开工报审表》

施工单位在工程开工之前,必须具备完善的开工条件。承包单位认为施工准备工作已完成,具备开工条件时,应向项目监理机构报送《工程开工报审表》及相关资料。《工程开工报审表》由负责该项工程的施工单位填写,并在开工前报送监理机构。

1.资料归档

本表一式三份,由施工单位填写监理单位签署审批意见,施工单位、监理单位归档保存,建设单位过程保存。

2.填写要点

(1)承包单位填写。

1)在"计划于____年____月____日"栏中填写计划开工的具体时间。

2)在"已完成报审条件有"的选择框处划"√"。所附的证明文件必须齐全真实,对任何形式的不符合开报审条件的工程项目,承包单位不得提请报审。

(2)监理单位填写。

1)"审查意见"栏由监理工程师填写。除审查第一栏所报内容外,还应对施工图纸及有关设计文件是否齐备，施工现场的临时设施是否满足动工要求，地下障碍物是否清除或查明等情况进行审查，并根据所报动工资料及现场检查情况，填写审查意见。

2)"审批结论"栏由总监理工程师签署，在"同意"或"不同意"选择框处划"√"并签字。

3.相关要求

（1）承包单位根据现场实际情况达到开工条件时，应向项目监理部申报《工程开工报审表》。

（2）监理工程师应核查下列条件。

1）政府主管部门已签发"北京市建设工程开工证"或者"建设工程施工许可证"。

2）施工组织设计（含主要管理人员和特殊工种资格证明）已经项目总监理工程师审核。

3）测量控制桩已查验合格。

4）承包单位项目经理部管理人员已到位，施工人员、施工设备已按计划进场，主要材料供应已落实。

5）施工现场道路、水、电、通讯等条件已达到开工条件。

（3）监理工程师审核认为具备开工条件时，由总监理工程师在承包单位报送的《工程开工报审表》上签署意见，并报建设单位。

三、《（ ）月人、机、料动态表》

本表为料、工、机情况按不同施工阶段填报的主要项目。主要施工设备进场并调试合格后也应填写《（ ）月人、机、料动态表》报项目监理部。

1.提交时限

施工单位于每月25日前上报。

2.资料归档

本表一式两份，由施工单位填写，施工单位过程保存，监理单位归档保存。

3.填写要点

（1）"人工"栏按施工现场实际工种情况填写并进行合计。

（2）"主要材料"栏应填写工程使用主要材料，如水泥、钢筋，并填写相应材料的上月库存量、本月进场量、本月消耗量，以得出本月最终库存量。

（3）"主要机械"栏按施工现场实际使用的主要机械填写，核准其生产厂家、规格型号、数量。

4.相关要求

（1）承包单位在主要施工设备进场并调试合格后，应填写《（ ）月人、机、料动态表》报项目监理部。

（2）塔吊、外用电梯等的安检资料及计量设备检定资料应于开始使用的一个月内作为本表的附件,由施工单位报审,监理单位留存备案。

四、《工程复工报审表》

本表为承包单位按《工程暂停令》的要求,自检符合复工条件后,向项目监理机构报送《工程复工报审表》及其附件。

1.资料归档

本表一式两份,由施工单位填写监理单位签署审批意见,施工单位过程保存,监理单位归档保存。

2.填写要点

(1)承包单位填写。

1)承包单位填写《工程复工报审表》时,应附材料一起报送项目监理部审核。

2)"附件"栏应详细说明具备复工的条件包括:

①承包单位对工程暂停原因的分析。

②工程暂停原因已消除的证据。

③避免再次出现类似问题的预防措施。

如果工程暂停是由施工单位的原因引起的,则不需要填写"附件"栏。

(2)总监理工程师应及时指定监理工程师进行审查。工程暂停是由非承包单位原因引起时,签认《工程复工报审表》时,只需要看引起暂停施工的原因是否还存在;工程暂停由承包单位的原因引起时,复工审查时不仅要审查其停工因素是否消除,还要审查其是否查清了导致停工的原因和制定的整改措施、预防措施,此外,还应复核其各项措施是否得到贯彻落实。

(3)监理单位填写。

1)"审批意见"栏应由总监理工程师根据核实结果填写。

2)总监理工程师应指定专业监理工程师对复工条件进行复核,在合同约定的时间内完成对复工申请的审批。当同意复工时,在"审批结论"栏下的"具备复工条件,同意复工"处划"√",否则在"不具备复工条件,暂不同意复工"处划"√",并注明不同意复工的原因和对承包单位的要求。

3.相关要求

(1)如果暂停是由于建设单位或其他非承包单位原因引起的,总监理工程师应在暂停原因消失,具备复工条件时,要求承包单位及时填写《工程复工报审表》并予以签批,指令承包单位继续施工。

(2)如果暂停是由于承包单位原因引起的,承包单位应在具备复工条件时,填写《工程复工报审表》,并附下列书面材料一起报送项目监理部审核,由总监理工程师签发审批意见。

(3)承包单位在总监理工程师批准复工后,继续施工。

五、《（　）月工程进度款报审表》

施工单位应根据当月完成的工程量，按施工合同的约定计算月工程进度款，填写《（　）月工程进度款报审表》报项目监理部。

1.资料归档

本表一式三份，由施工单位填写，施工单位、监理单位、建设单位归档保存。

2.填写要点

（1）承包单位填写。

月完成工作量统计报表（工作量统计报表含工程量统计报表）应作为附件与本报审表一并报送监理单位，工程量认定应有相应专业监理工程师的签字认可（监理单位应留存备查），承包单位应按照时间在"兹申报____年____月份"栏内填写申报的具体年度、月份。

"完成的工作量____请予以核定"栏应填写"见工程量清单"。

（2）监理单位填写。

由负责造价控制的监理工程师审核，填写具体审核内容并签字。再由总监理工程师审核并签字，明确总监理工程师应负的领导责任。

3.相关要求

（1）参见《工程款支付证书》。

（2）本表是由承包单位向建设单位索要工程款的一个依据，应由承包单位预算部门，按合同约定日期或每月25日工前做完并报项目监理部审报。

六、《工程变更费用报审表》

本表为实施工程变更发生增加或减少的费用统计，由承包单位填写并报项目监理部。项目监理部进行审核并与承包单位和建设单位协商后，由总监理工程师签认，建设单位批准。

1.资料归档

本表一式三份，由施工单位填写，施工单位、监理单位、建设单位归档保存。

2.填写要点

（1）承包单位填写。

承包单位在填写该表时，应明确《工程变更单》所列项目名称，变更前后的工程量、单价、合价的差别，以及工程款的增减额度。

（2）监理单位填写。

1）由负责造价控制的监理工程师对承包单位所报审的工程变更费用进行审核。审核内容包括：工程量是否符合所报工程实际；是否符合《工程变更单》所包括的工作内容；定额项目选用是否正确；单价、合价计算是否正确。

2）在"监理工程师审核意见"栏，签署具体意见并签字。监理工程师的审核意见不应签署"是否同意支付"，因为工程款的支付应在相应工程验收合格后，按合同约定的期限，签署《工程款支付证书》。

3）总监理工程师进行审查并签字，明确其领导责任。

3.相关要求

（1）参见《工程变更单》的填写依据及说明。

（2）项目监理机构处理工程变更应符合下列要求：

1）项目监理机构在工程变更的质量、费用和工期方面取得建设单位授权后，应按施工合同规定与承包单位进行协商，经协商达成一致后，总监理工程师应将协商结果向建设单位通报，并由建设单位与承包单位在变更文件上签字。

2）在项目监理机构未能就工程变更的质量、费用和工期方面取得建设单位授权时，总监理工程师应协助建设单位和承包单位进行协商，并达成一致。

3）在建设单位和承包单位未能就工程变更的费用等方面达成协议时，项目监理机构应提出一个暂定的价格，作为临时支付工程进度款的依据。该项工程款最终结算时，应以建设单位和承包单位达成的协议为依据。

七、《费用索赔申请表》

本表为承包单位向建设单位提出的费用索赔，报项目监理机构审查、确认和批复。

1.提交时限

索赔事件发生后28d内提交。

2.资料归档

本表一式三份，由施工单位填写，施工单位、监理单位、建设单位归档保存。

3.填写要点

（1）施工单位在填写该表时，应根据施工合同相应条款的规定，说明造成费用索赔的详细理由及经过，以及索赔的金额，在填写索赔金额时应大写。

（2）"索赔的详细理由及经过"栏中应明确索赔的项目、理由，以及造成索赔的详细经过。

（3）"索赔金额的计算"栏应根据实际情况，依据有关定额标准进行计算。

（4）"附件"栏包括监理单位与承包单位对工程变更、暂停时的施工进度记录，工程变更单及图纸，工程变更费用报审表，索赔金额的依据材料，计算书等。

4.相关要求

（1）由于合同中约定的下列原因引起的费用增加，承包单位可以提出费用索赔申请。

1）因下列不可抗力，工程、材料或其他财产遭到破坏或损坏所引起的更换和修复所发生的费用。

①战争、敌对行动、入侵行动等。

②叛乱、恐怖活动、暴动、政变或内战等。

③军火、炸药、核放射性污染。

④自然灾害，如地震、山洪暴发等。

2）无法预见的不利自然条件和人为障碍造成施工费用的增加。

①不利的地质情况或水文情况。

②遇到不利的地下障碍物（污水管、供水管、通讯、电缆管线等）及其他人为因素等。

3）非承包单位原因引起的费用增加。

①延迟提交设计图纸。

②未按合同约定和经批准的施工进度计划及时提供施工场地而引起承包单位费用增加。

③提供的红线控制桩和放线资料不准确。

④由于国家法律的更改而引起的费用增加。

⑤为特殊运输加固现有道路、桥梁而引起的费用增加。

⑥因总监理工程师的命令，全部或部分工程暂停施工时所采取妥善保护而导致的额外费用支出。

⑦凡合同未明确约定要进行检验的材料、设备等，按项目监理部的要求进行检验所支付的费用。

⑧项目监理部批准覆盖或掩埋的工程，又要求开挖或穿孔复验，且查明工程符合合同约定时，为开挖穿孔并恢复原状而支付的费用。

⑨在施工现场发现文物、古迹、化石，为对其进行保护和处理而支付的费用。

4）由于工程变更而引起的费用增加。

①由于承包单位对项目监理部确定的工程变更价款持有异议。

②由于某些工程项目的取消，造成承包单位的额外费用。

（2）承包单位提出的费用索赔申请只有同时满足下列三项条件，项目监理部才予以受理。

1）费用索赔事件发生后，承包单位在合同约定的期限内，向项目监理部提交了书面的费用索赔意向报告。

2）承包单位按合同约定，提交了有关费用索赔事件的详细资料和证明材料。

3）费用索赔事件终止后，承包单位在合同约定的期限内，向项目监理部提交了正式的《费用索赔申请表》。

若索赔事件造成了承包单位直接经济损失，或索赔事件是由于非承包单位的责任发生的，项目监理部也应当受理。

八、《工程款支付申请表》

本表为承包单位根据施工合同中工程款的支付约定，向项目监理机构申请开具工程款支付证书。申请支付的工程款金额包括合同内工程款、工程变更增减费用、批准的索赔费用，扣除应扣预付款、保留金及施工合同中约定的其他费用。根据施工合同约定，需建设单位支付工程预付款的，也采用此表向监理机构申请支付。

1. 资料归档

本表一式三份，由施工单位填写，施工单位、监理单位、建设单位归档保存。

2. 填写要点

（1）承包单位按照施工合同中付款的约定，向监理单位提出付款申请时，按工程款支付的要求填写此表。预付款、进度款、各种费用价款及结算款等的支付均用此表申请。

（2）"我方已完成了_____工作"栏应填写经专业监理工程师验收合格的工程；定期支付进度款的，则应填写本支付期内经专业监理工程师验收合格工程的工作量。

（3）工程量清单是指本次付款申请中的经专业监理工程师验收合格工程的工程量清单统计报表。

（4）计算方法是以专业监理工程师签认的工程量，按施工合同约定采用的有关定额（或其他计价方法的单价）的工程价款计算。

（5）监理单位审查后根据合同的约定签署《工程款支付证书》予以答复。

3. 相关要求

（1）在实际操作中，因已有《（ ）月工程进度款报审表》，且已完成对量、价的审核，故当申请月工程进度款时，"工程量清单和计算方法"可不另附，对其他款项，应有附件说明。

（2）工程造价控制参见《工程款支付证书》的表格填写说明与依据。

九、《工程延期申请表》

由于合同中约定的原因引起的工期延长，承包单位可以提出工程延期申请。工程延期事件终止后，承包单位在合同约定期限内，向项目监理部提交《工程延期申请表》。如果工程延期事件是延续性的，承包单位应以一定的时间间隔提交暂时的细节材料，待延期事件结束后，在合同约定的时间内，再将所有提供的细节材料和详细记录汇总、整理齐全，随《工程延期申请表》一起报送项目监理部。

1. 资料归档

本表一式三份，由施工单位填写，施工单位、监理单位、建设单位归档保存。

2.填写要点

(1)"根据合同条款_____条的规定"栏填写施工合同有关工程延期的相关条款。

(2)"由于_____的原因"栏填写工程延期的具体原因。

(3)"工程延期的依据及工期计算"栏应详细说明工程延期的依据,并将工期延长的计算过程及结果列于表内。

(4)"合同竣工日期"栏填写施工合同签订的工程竣工日期。

(5)"申请延长竣工日期"栏填写由于相关原因施工单位申请延长的竣工日期。

(6)"附件"栏填写相关的证明材料。

3.相关要求

(1)工程延期的管理。

1)由于合同中约定的下列原因引起的工期延长,承包单位可以提出工程延期申请。

①非承包单位的责任造成工程不能按合同原定日期开工。

②工程量的实质性变化和设计变更。

③非承包单位原因停水、停电(地区限电除外)、停气造成停工时间超过合同的约定。

④国家各地有关部门正式发布的不可抗力事件。

⑤异常不利的气候条件。

⑥建设单位同意工期相应顺延的其他情况。

2)承包单位提出的工程延期申请只有同时满足下列三项条件,项目监理部才予以受理。

①工程延期事件发生后,承包单位在合同约定的期限内向项目监理部提交了书面的工程延期意向报告。

②承包单位按合同约定,提交了有关工程延期事件的详细资料和证明材料。

③工程延期事件终止后,承包单位在合同约定的期限内,向项目监理部提交了《工程延期申请表》。

(2)项目监理机构在接到承包单位递交的《工程延期申请表》后,应依下列情况确定批准工程延期的时间。

1)施工合同中有关工程延期的约定。

2)工期拖延和影响工程事件的事实和程度。

第3讲 进度造价资料填写示例

一、工程开工报审表

工程开工报审表		施工编号	
		监理编号	
工程名称	××住宅楼工程	日　期	××年×月×日

致　　　　　××建设监理公司　　　　　（监理单位）
　　我方承担的　　　××住宅楼工程的各项开工　　　准备工作已完成：
　　一、施工许可证已获政府主管部门批准　　　　　　　　　　　☑
　　二、征地拆迁工作满足工程进度需要　　　　　　　　　　　　☑
　　三、施工组织设计已获总监理工程师批准　　　　　　　　　　☑
　　四、现场管理人员已到位，机具、施工人员已进场，主要工程材料已落实　☑
　　五、进场道路及水、电、通信等已满足开工要求　　　　　　　☑
　　六、质量管理、技术管理和质量保证的组织机构已建立　　　　☑
　　七、质量管理、技术管理制度已制定　　　　　　　　　　　　☑
　　八、专职管理人员和特种作业人员已取得资格证、上岗证　　　☑
　　特此申请，请核查并批准开工

　　　　　　　　　　　　　　承包单位(章)：××建设集团有限公司
　　　　　　　　　　　　　　项目经理：××　　　日期：××.×.×

审查意见：
　　经查，该工程各项开工准备工作已符合要求，具备开工条件，同意××年×月×日开工

　　　　　　　　　　　　　　项目监理机构(章)：××项目监理部
　　　　　　　　　　　　　　总监理工程师：××　　日期：××.×.×

二、工程复工报审表

工程复工报审表		施工编号	
		监理编号	
工程名称	××大厦	日 期	××年×月×日

致 ××建设监理有限公司 （监理单位）：

　　根据 第(2)号 《工程暂停令》我方已按照要求完成了以下各项工作，具备了复工条件，特此申请，请核查并签发复工指令。

附件：具备复工条件的详细说明

1. 地上二层①~⑧/⑧~①轴剪力墙、暗柱已按工程变更单（编号：××）要求施工完毕。
2. 对完成的工程变更单内容自检合格，并报项目监理部签认合格

施工单位名称：××建设集团有限公司　　项目经理（签字）：×××

审查意见：
　　1. 施工单位已完成工程变更单所发生的工程项目；
　　2. 工程暂停的原因已消除，证据齐全、有效

审批结论：　☑具备复工条件，同意复工。
　　　　　　☐不具备复工条件，暂不同意复工。

监理单位名称：××建设监理有限公司　　总监理工程师（签字）：×××

日期：××年×月×日

注：本表由施工单位填报，建设单位、监理单位、施工单位各存一份。

三、施工进度计划报审表

施工进度计划报审表		施工编号	
		监理编号	
工 程 名 称	××综合楼工程	日 期	××年×月×日

致　__××建设监理有限公司__　(监理单位):
我方已根据施工合同的有关约定完成了__××__工程__××__年__×__季__×__月工程施工进度计划,请予以审查和批准。 附件:1.☑施工进度计划(说明、图表、工程量、工作量、资源配备) 　　　　__1__份 　　　2.☐ 施工单位名称:××建设集团有限公司　　　项目经理(签字):×××
专业监理工程师审查意见: 　　经审查,施工进度计划编制有可行性和合理性,与工程实际情况相符,符合合同工期及总控计划要求,同意按此计划组织施工 　　　　　　　　　　　　　　　　专业监理工程师(签字):×××　　日期:××年×月×日
总监理工程师审核意见: 　　同意 监理单位名称:××建设监理有限公司　　　总监理工程师(签字):××× 　　　　　　　　　　　　　　　　　　　　　　　　　　　　日期:××年×月×日

注:本表由施工单位填报,建设单位、监理单位、施工单位各存一份。

四、( )月人、机、料动态表

(9)月人、机、料动态表							资料编号		
工程名称		××商住楼工程			日期		××年×月×日		

	工种	混凝土工	瓦工	木工	钢筋工	电工	水暖工	其他	合计
人工	人数	30	40	100	65	6	5	16	262
	持证人数	20	34	85	50	6	5	10	210

	名称	单位	上月库存量	本月进场量	本月消耗量	本月库存量
主要材料	水泥	t	25.3	249.5	234.5	40.3
	钢筋	t	198.6	895.6	900	194.2
	木材	m³	321	43.8	260	104.8
	砌块	块	1800	10000	7800	4000

	名称	生产厂家	规格型号	数量
主要机械	塔吊	××机械设备公司	QTE 80F	1
	搅拌机	江苏机械厂	JZC-500	2
	卷扬机	浙江机械厂	JJK-1.5	2
	水泵	山东泵业	10KF	4
	振捣棒	河北	Hg-50	18

附件:
塔吊安检资料、特殊工种上岗证复印件
施工单位名称:××建设集团有限公司   项目经理(签字):×××

注:本表由施工单位于**每月25日**填报,监理单位、施工单位各存一份。人、机、料情况应按不同施工阶段填报主要项目。

五、工程延期申请表

工程延期申请表		资料编号	
工程名称	××科研实验楼工程	日期	××年×月×日

致　××建设监理有限公司　（监理单位）：

　　根据合同　×　条　×　款的规定，由于 设计单位提出的工程变更单(编号：××)的要求,对此项整改和施工,造成下道工序拖延施工3d 的原因，申请工程延期，请批准。

工程延期的依据及工期计算：

　　1. 依据工程变更单(编号：××)和施工图纸(图纸号：××)。
　　2. 整改和增加的施工项目在关键线路上。
　　　工期计算：（略）

合同竣工日期：××年×月×日

申请延长竣工日期：××年×月×日

附：证明材料　（略）

施工单位名称：××建设集团有限公司　　项目经理(签字)：×××

注：本表由施工单位填报，建设单位、监理单位、施工单位各存一份。

六、工程款支付申请表

工程款支付申请表		资料编号	
工程名称	××大学3#教学楼工程	日期	××年×月×日

致　××建设监理有限公司　（监理单位）：

　　我方已完成了 地上1～4层混凝土主体结构工程 工作，按施工合同的规定，建设单位应在 ×× 年 × 月 × 日前支付该项工程款共计(大写) 肆佰柒拾叁万贰仟伍佰元整 ，(小写)￥4732500.00，现报上 9月份 付款申请表，请予以审查并开具工程款支付证书。

附件：1. 工程量清单
　　　2. 计算方法

施工单位名称：××建设工程有限公司　　项目经理(签字)：×××

注：本表由施工单位填报，监理单位、施工单位各存一份。

七、工程变更费用报审表

工程变更费用报审表		施工编号	
		监理编号	
工程名称	××商住楼工程	日期	××年×月×日

致 ＿＿××建设监理有限公司＿＿（监理单位）：

根据第（ 007 ）号工程变更单,申请费用如下表,请审核。

项目名称	变更前			变更后			工程款/元 增(＋)减(－)
	工程量	单价/元	合价/元	工程量	单价/元	合价/元	
矩形柱 C30	173.00m³	604.07	104504.11	178.50m³	604.07	107826.50	+3322.39
预埋铁件制作安装	3.10t	5501.20	17053.72	5.16t	5817.83	30020.00	+12966.28
合计			121557.83			137846.50	+16288.67

施工单位名称：××建设集团有限公司　　项目经理(签字)：×××

监理工程师审核意见：
1. 工程量符合所报工程实际；
2. 符合《工程变更单》所包括的工作内容；
3. 定额项目选用准确,单价、合价计算正确

　　　　　　　　　　　　　监理工程师(签字)：×××　　　日期：××年×月×日

总监理工程师审查意见：
　　同意施工单位提出的变更费用申请

监理单位名称：××建设监理有限公司　　总监理工程师(签字)：×××
　　　　　　　　　　　　　　　　　　　　　　　　　　　　日期：××年×月×日

注：本表由施工单位填报,建设单位、监理单位、施工单位各存一份。

八、费用索赔申请表

费用索赔申请表		资料编号	
工程名称	××商住楼工程	日 期	××年×月×日

致 ＿＿××建设监理有限公司＿＿（监理单位）：

  根据施工合同第＿×＿条＿×＿款的规定，由于＿＿非施工方＿＿的原因，我方要求索赔金额共计人民币(大写)＿伍仟壹佰＿元，请批准。

索赔的详细理由及经过：
  我方按合同要求于7月1日进场施工，有管理人员20人，机械设备推土机1台、装载机1台，并于7月3日展开施工场地清理工作。但7月6日由于发生部分居民因种种原因阻拦施工的突然事件，致使我单位被迫停工，7月9日才恢复施工，停工3d，造成损失

索赔金额的计算：
  1. 施工、管理人员误工费：20元/(人·d)×20人×3d＝1200元
  2. 推土机待班费：800元/台班×3台班＝2400元
  3. 装载机待班费：500元/台班×3台班＝1500元
  三项合计：5100元。

附件：证明材料
  1. 当地派出所证明。
  2. 现场拍摄阻工照片

施工单位名称：××建设集团有限公司　　　项目经理(签字)：×××

注：本表由施工单位填报，建设单位、监理单位、施工单位各存一份。

第6单元　施工物资资料（C4类）的管理

第1讲　施工物资资料签认

施工物资资料签认，见表3-6。

表3-6　施工物资资料签认

序号	工程资料名称	完成或提交时限	主要签认责任	责任单位或部门
	通用表格			
1	材料、构配件进场检验记录	进场验收通过后1d内提交	材料员、质量员	项目物资部、机电部
2	设备开箱检验记录（机电通用）	进场验收通过后1d内提交		项目物资部
3	设备及管道附件试验记录（机电通用）			
一	**建筑与结构工程**			
	出厂质量证明文件			
1	半成品钢筋出厂合格证	随物资进场提交	供应单位技术负责人	供应单位提供,项目物资部收集
2	预制混凝土构件出厂合格证	随物资进场提交		
3	钢构件出厂合格证	随物资进场提交		
4	预拌混凝土出厂合格证	混凝土出场后30d内提交		
5	水泥出厂合格证、物理化学性能和放射性检测报告	随物资进场提交	无	供应单位提供,项目物资部收集

续表

序号	工程资料名称	完成或提交时限	主要签认责任	责任单位或部门
6	钢材出厂合格证、质量证明书、检测报告	随物资进场提交	无	供应单位提供,项目物资部收集
7	外加剂出厂合格证、物理化学性能检测报告			
8	防水材料出厂合格证、物理化学性能和有害物含量检测报告			
9	砖(砌块)出厂合格证、物理化学性能和有害物含量检测报告			
10	门窗出厂合格证、物理化学性能检测报告(建筑外窗应有"三性"检测)			
11	吊顶材料出厂合格证、物理化学性能和有害物含量检测报告			
12	板材出厂合格证、物理化学性能和有害物含量检测报告			
13	石材出厂合格证、物理化学性能和有害物含量检测报告			
14	饰面砖出厂合格证、物理化学性能和有害物含量检测报告			
15	涂料出厂合格证、物理化学性能和有害物含量检测报告			
16	玻璃出厂合格证、检测报告(安全玻璃应有安全检测)			
17	防火涂料出厂合格证、检测报告			

续表

序号	工程资料名称	完成或提交时限	主要签认责任	责任单位或部门
18	保温材料出厂合格证、检测报告	随物资进场提交	无	供应单位提供,项目物资部收集
19	黏结材料出厂合格证、物理化学性能和有害物含量检测报告			
20	壁纸、墙布出厂合格证、检测报告			
21	焊接材料出厂合格证、检测报告			
22	高强度螺栓出厂合格证、检测报告、连接副(扭矩系数、预拉力)检测报告			
23	幕墙性能检测报告(三性试验)			
24	硅酮胶出厂合格证、物理化学性能检测报告(幕墙胶应有相容性检测)			
25	金属板出厂合格证、检测报告			
	复试报告			
1	钢材试验报告	正式使用前提交,复验时间3d左右	试验单位试验人、审核人、批准人签认	试验单位提供,项目试验员收集
2	水泥试验报告	正式使用前提交,快测4d;常规28d		
3	砂试验报告	正式使用前提交,复试时间3d左右		
4	碎(卵)石试验报告	正式使用前提交,复试时间3d左右		
5	砖(砌块)试验报告	正式使用前提交,复试时间7d左右		
6	外加剂试验报告	正式使用前提交,复试时间3~28d		
7	掺和料试验报告	正式使用前提交,复试时间3d左右		

续表

序号	工程资料名称	完成或提交时限	主要签认责任	责任单位或部门
8	防水涂料试验报告	正式使用前提交，复试时间7d左右	试验单位试验人、审核人、批准人签认	试验单位提供，项目试验员收集
9	防水卷材试验报告	正式使用前提交，复试时间7d左右		
10	轻骨料试验报告	正式使用前提交，复试时间3d左右		
11	预应力筋、锚具、夹具和连接器复试报告	正式使用前提交，复试时间1~3d		
12	装饰装修用外墙面砖复试报告	正式使用前提交，复试时间28d左右		
13	装饰装修用门窗、人造木板、花岗石、安全玻璃复试报告	正式使用前提交		
14	钢结构用钢材、焊接材料、高强度螺栓复试报告	正式使用前提交，复试时间须3d左右		
15	幕墙用铝塑板、石材、安全玻璃、结构胶复试报告	正式使用前提交		
二	建筑给水、排水及采暖工程			
1	管材产品质量证明文件	随物资进场提交	供应及有资质的相关试验（检验）单位试验人、审核人、批准人签认	项目物资部或机电部材料员按进入现场的各种材料、设备负责收集供方提供的产品质量证明
2	主要材料、设备等产品质量合格证及检测报告			
3	绝热材料产品质量合格证、检测报告			
4	给水管道材料、水箱及消毒器的省级以上卫生行政部门颁发的卫生许可证批件			
5	成品补偿器预拉伸证明书			
6	卫生洁具环保检测报告			
7	锅炉（承压设备）焊缝无损探伤检测报告			

续表

序号	工程资料名称	完成或提交时限	主要签认责任	责任单位或部门
8	水表、热量表计量检定证书	随物资进场提交	供应及有资质的相关试验（检验）单位试验人、审核人、批准人签认	项目物资部或机电部材料员按进入现场的各种材料、设备负责收集供方提供的产品质量证明
9	安全阀、减压阀调试报告及定压合格证书			
10	主要器具和设备安装使用说明书			
11	消火栓箱、消防水泵、消防软管、卷盘的国家消防产品监督检验中心的检测报告			
12	消火栓阀、消防水枪、消防水龙带、灭火器、水泵接器、室外消火栓的形式认证合格报告及形式认可标志			
13	有衬里的消防水龙带、消防水带的消防产品CCC强制认证合格证书及CCC标志			
三	建筑电气工程			
1	低压成套配电柜出厂合格证、生产许可证、试验记录、CCC认证证书	供货方随物资进场及时提交	供应方及有资质的相关试验（检验）单位试验人、审核人、批准人签认	项目物资部或机电部材料员按进入现场的各种材料、设备负责收集供方提供的产品质量证明
2	动力、照明配电箱（盘柜）出厂合格证、生产许可证、试验记录、CCC认证证书			
3	电力变压器出厂合格证、生产许可证和试验记录			
4	柴油发电机组出厂合格证、生产许可证和试验记录			
5	高压成套配电柜出厂合格证、生产许可证和试验记录			

续表

序号	工程资料名称	完成或提交时限	主要签认责任	责任单位或部门
6	蓄电池柜出厂合格证、生产许可证和试验记录	供货方随物资进场及时提交	供应方及有资质的相关试验（检验）单位试验人、审核人、批准人签认	项目物资部或机电部材料员按进入现场的各种材料、设备负责收集供方提供的产品质量证明
7	不间断电源柜出厂合格证、生产许可证和试验记录			
8	控制柜（屏、台）出厂合格证、生产许可证和试验记录			
9	电动机合格证、生产许可证、CCC认证证书			
10	电加热器合格证、生产许可证、CCC认证证书			
11	电动执行机构合格证、生产许可证、CCC认证证书			
12	高压开关设备合格证、生产许可证、CCC认证证书			
13	照明灯具、开关、插座、风扇及附件出厂合格证、CCC认证证书			
14	电线、电缆出厂合格证、生产许可证、CCC认证证书			
15	疏散照明灯具、防火阻燃电线电缆、防火堵料的相应国家消防产品质量监督检验中心的形式检测报告，导管、电缆桥架和线槽出厂合格证			
16	型钢和电焊条合格证和材料质量证明书			

续表

序号	工程资料名称	完成或提交时限	主要签认责任	责任单位或部门
17	镀锌制品（支架、横担、接地极、避雷用型钢等）和外线金具合格证和镀锌质量证明书	供货方随物资进场及时提交	供应方及有资质的相关试验（检验）单位试验人、审核人、批准人签认	项目物资部或机电部材料员按进入现场的各种材料、设备负责收集供方提供的产品质量证明
18	封闭母线、插接母线合格证、安装技术文件、CCC 认证证书			
19	裸母线、裸导线、电缆头部件及接线端子合格证			
20	钢制灯柱、混凝土电杆和其他混凝土制品合格证			
21	主要设备安装技术文件			
四	通风与空调工程			
1	水泵、新风机组、空调机组等主要设备和部件产品合格证、质量证明文件	随物资进场提交	供应单位质量保证部门及有资质的相关试验（检验）单位试验人、审核人、批准人签认	供应单位或试验单位提供，项目物资部、机电部收集
2	阀门、疏水器、水箱、减振器、储冷罐、集气罐、仪表、绝热材料等出厂合格证、质量证明及检测报告			
3	板材、管材等质量证明文件			
4	排烟防火阀、防火阀、消防排烟风机、防火风管、复合材料风管、绝热材料、防排烟系统的柔性软管及软接头等的出厂合格证及国家消防产品质量监督检验中心的检测报告			

续表

序号	工程资料名称	完成或提交时限	主要签认责任	责任单位或部门
5	制冷机组、换热器及分集水器、定压罐等要有压力容器的相关检测报告及相关文件	随物资进场提交	供应单位质量保证部门及有资质的相关试验(检验)单位试验人、审核人、批准人签认	供应单位或试验单位提供,项目物资部、机电部收集
6	主要设备安装使用说明书			
五	电梯工程			
1	电梯设备开箱检验记录	进场验收通过后1d内提交	技术负责人	电梯安装单位
2	电梯主要设备、材料及附件出厂合格证、产品说明书、安装技术文件	随物资进场提交		供应单位提供,电梯安装单位收集
六	自动喷水灭火工程			
1	管材、管件、系统组件、其他设备、材料的产品合格证、质量证明文件	随物资进场提交	供应单位质量保证部门及有资质的相关试验(检验)单位试验人、审核人、批准人签认	供应单位或试验单位提供,项目物资部、机电部收集
2	喷头、报警阀组、压力开关、水流指示器、消防水泵、水泵接合器等系统主要组件,应有国家消防产品质量监督检验中心检测合格证明			
3	稳压泵、自动排气阀、信号阀、多功能水泵控制阀、止回阀、泄压阀、减压阀、蝶阀、闸阀、压力表等,应有相应国家产品质量监督检验中心检测合格证明			

续表

序号	工程资料名称	完成或提交时限	主要签认责任	责任单位或部门
4	压力开关、水流指示器、自动排气阀、减压阀、泄压阀、多功能水泵控制阀、止回阀、信号阀、水泵接合器及水位、气压、阀门限位等自动监测装置的产品说明书	随物资进场提交	供应单位质量保证部门及有资质的相关试验（检验）单位试验人、审核人、批准人签认	供应单位或试验单位提供，项目物资部、机电部收集

第2讲 施工物资资料（通用、C4类）填写说明

一、一般规定

（1）工程物资主要包括建筑材料、成品、半成品、构配件、设备等，建筑工程所使用的工程物资均应有出厂质量证明文件（包括产品合格证、质量合格证、检验报告、试验报告、产品生产许可证和质量保证书等）。质量证明文件应反映工程物资的品种、规格、数量、性能指标等，并与实际进场物资相符。

出厂质量证明文件（产品合格证、质量认证书、检验报告、产品生产许可证、特定产品核准证和进口物资商检证、中文版质量证明、安装、使用、维修说明书）由供应单位提供。施工、监理单位有关人员应在质量证明文件背面"标注章"内签字确认。"标注章"样式如下：

工程名称	
使用部位	
进场日期	进场数量
施工技术负责人	采购员
监理工程师	意见

（2）质量证明文件的复印件应与原件内容一致，加盖原件存放单位公章，注明原件存放处，并有经办人签字和时间。如果质量证明为传真件，则应转换成为复印件再保存。

（3）建筑工程采用的主要材料、半成品、成品、构配件、器具、设备应进行现场验收，有进场检验记录；涉及安全、功能的有关物资应按工程施工质量验收规范及相关规定进行复试（试验单位应向委托单位提供电子版试验数据）或有见证取样送检，有相应试（检）验报告。

(4) 涉及结构安全和使用功能的材料需要代换且改变了设计要求时，应有设计单位签署的认可文件。

(5) 涉及安全、卫生、环保的物资应有相应资质等级检测单位的检测报告，如压力容器、消防设备、生活供水设备、卫生洁具等。

(6) 凡使用的新材料、新产品，应由具备鉴定资格的单位或部门出具鉴定证书，同时具有产品质量标准和试验要求，使用前应按其质量标准和试验要求进行试验或检验。新材料、新产品还应提供安装、维修、使用和工艺标准等相关技术文件。

(7) 进口材料和设备等应有商检证明［国家认证委员会公布的强制性认证（CCC）产品除外］、中文版的质量证明文件、性能检测报告以及中文版的安装、维修、使用、试验要求等技术文件。

(8) 建筑电气产品中被列入《第一批实施强制性产品认证的产品目录》（2001年第33号公告）的，必须经过"中国国家认证认可监督管理委员会"认证，认证标志为"中国强制认证（CCC）"，并在认证有效期内，符合认证要求方可使用。

(9) 施工物资资料应实行分级管理。供应单位或加工单位负责收集、整理和保存所供物资原材料的质量证明文件，施工单位则需收集、整理和保存所供物资原材料的质量证明文件和进场后进行的试（检）验报告。各单位应对各自范围内工程资料的汇集、整理结果负责，并保证工程资料的可追溯性。

二、《材料、构配件进场检验记录》

材料、构配件进场后，施工、供应单位应（必要时应有监理、建设单位参加）共同对其品种、规格、数量、外观质量及出厂质量证明文件进行检验，填写《材料、构配件进场检验记录》，主要检验内容包括：

(1) 物资出厂质量证明文件检验（测）报告是否齐全。

(2) 实际进场物资数量、规格和型号等是否满足设计和施工计划要求。

(3) 物资外观质量是否满足设计及规范要求。

(4) 按规定需进行抽检的材料、构配件是否及时抽检，检验结果和结论是否齐全。

(5) 按规定应进场复试的工程物资，必须在进场检查验收合格后取样复试。

三、《材料试验报告（通用）》

凡按规范要求须做进场复试的物资，且无专用复试表格的，应使用《材料试验报告（通用）》。需做进场试验的建筑材料、构配件或对其质量有疑义时，应进行取样或见证取样，填写《试样委托单》送检测单位试验。试验报告可按表1—3所示的要求分别进行整理和保管。

四、《设备开箱检验记录（机电通用）》

设备进场后，由建设监理、施工和供货单位共同开箱检验并做记录。

五、《设备及管道附件试验记录》

设备、阀门、密闭水箱（罐）、风机盘管、成组散热器及其他散热器设备等安装前，均应按规定进行强度试验并做记录。

第3讲 建筑与结构工程施工物资资料（C4类）填写说明

一、混凝土

（1）混凝土供应单位必须向施工单位提供《预拌混凝土出厂合格证》、《预拌混凝土运输交接记录》和《混凝土抗渗性能检测报告》。

（2）现场搅拌混凝土，应有使用原材料的质量证明文件、《混凝土配合比试验报告》、《混凝土开盘鉴定》、《混凝土抗压强度检测报告》、《混凝土抗渗性能检测报告》。

二、预制构件

1.相关规定

预制构件应有出厂合格证。其出厂合格证中的以下各项应填写齐全，不得有错填和漏填。如委托单位，工程名称，构件的名称、型号、数量及生产日期，合同证编号，合同编号，混凝土设计强度的等级、配合比编号、出厂强度，主筋的种类、规格、机械性能，结构性能，生产许可证等。

对于国家实行产品许可证的大型屋面板、预应力短（长）向圆孔板等，按着相关规定应有产品许可证编号。对于需要采取技术处理措施的，首先必须满足有关技术方面的要求，并且须经有关技术负责人和设计人批准签认，否则不得使用。

资料员应及时收集、整理和验收预制构件的出厂合格证，任何单位和个人不得涂改、伪造、损毁或抽撤预制构件的出厂合格证。如果预制构件的合格证是抄件（如复印件），则应注明原件的编号、存放单位、抄件的时间，并有抄件人、抄件单位的签字和盖章。

2.注意事项

预制混凝土构件出厂合格证应有生产厂家质检部门的盖章，并应有试验编号和生产日期，以便于和生产厂家的有关资料查证核实。使用单位应认真查看合格证中各个项目的数据是否符合规范相关规定。如果发现预制构件存在质量问题，又需要经过有关技术负责人和设计人批准签认后采取技术措施使用的，必须在合格证上明确标注使用的工程项目和具体部位。

与预制构件出厂合格证相关的施工资料还有施工组织设计、设计变更、洽商记录、技术交底、施工日志、施工试验记录、施工记录、隐检记录、预检记录、工程质量检验评定及竣工图等，因此预制构件的合格证不仅应与实际所用的预制构件相一致，还应与以上施工资料对应一致。

三、钢筋与型钢

钢筋、型钢及连接材料进场时应有出厂质量证明文件。钢筋采用机械连接接头施工时，技术提供单位应提供钢筋机械连接型式检验报告。钢筋与型钢应进行见证取样和送检，有《钢材物理性能试验报告》。对于加工过程中钢筋与型钢发生脆断、焊接性能不良、力学性能异常和进口的钢材，应进行化学分析试验，有《钢材化学分析试验报告》。

1. 相关规定

钢筋、型钢及连接材料应有出厂质量合格证及试验报告单，并应按着有关标准的规定抽取试样作机械性能试验。进场时应按炉罐（批）号及规格分批检验，核对标志及外观检查。其产品质量必须合格，应先试验后使用。产品的出厂合格证由其生产厂家质量检验部门提供给使用单位，用以证明其产品质量已达到的各项规定指标。其主要内容包括：出厂日期、检验部门印章、合格证的编号、钢种、规格、数量、机械性能、化学成分等数据和结论。

钢筋和型钢的必试项目有物理必试项目和化学分析。其中物理必试项目包括拉力试验，如屈服强度、抗拉强度、伸长率；冷弯试验，如冷拔低碳钢丝为反复弯曲试验。

化学分析主要是分析材料中的碳（C）、硫（S）、磷（P）、锰（Mn）、硅（Si）等的含量。

钢筋和型钢的试验报告单中的委托单位、工程名称及部位、委托试样编号、试件种类、钢材种类、试验项目、试件代表数量、送样时间、试验委托人等，均由试验委托人填写。试验报告单中试验编号、各项试验的测算数据及结论、报告日期等均由检测单位的试验人员依据试验结果填写，试验人、计算人、审核人、负责人签字、试验章等必须齐全。试验报告单是判定某批材质合格与否的依据，是施工技术资料的重要组成部分，属保证项目，必须字迹清楚，项目齐全、真实、准确无误。无未了项目，没检的项目一律填"无"或划上斜杠"／"，不得留有空白项。

使用单位应认真核查出厂合格证和试验报告单中的每项数据，看其是否能够达到规范规定的标准数值。无论是物理性能的试验还是化学成分的分析，如有一项不符合技术要求，都应取双倍试件进行复试或报有关人员处理，并将复试合格单或处理的结论附于此报告单的后面，一起进行存档。如果复试再有一项不合格，则判定该验收批钢筋为不合格。对于不合格的材料，不得使用，并应做出相应的处理报告。对于需要采取一定技术处理措施后才能再使用的，应首先满足技术要求，并经有关技术负责人批准后，才能使用。

如果钢筋、型钢存在下列情况之一者，如进口的钢筋或钢材、在加工过程中发生脆断或焊接性能不良或机械性能显著不正常的，必须做化学成分检验。对于有特殊用途要求的，还应进行相应的专项试验。对于集中加工的钢筋、型钢及连接材料，应有由其加工单位出具的出厂证明、钢筋、型钢及连接材料的出厂合格证和钢筋、型钢及连接材料的试验单。另外，如果对材料的质量有疑义时，还必须按规范进行机械性能试验和化学成分检验，一切合格后才可使用。

资料员应及时收集、整理、核验钢筋、型钢及连接材料的出厂质量合格证和试验报告单。其质量合格证和试验报告单字迹清楚、项目齐全、准确、真实，不得漏填或填错，且无未了事项，并不得涂改、伪造、损毁或随意抽撤。如批量较大提供的出厂合格证又较少时，可做抄件（如复印件）备查，并应注明原件证号、存放单位、抄件时间，并且应有抄件人签字、抄件单位盖章。钢筋、型钢及连接材料质量合格证的备注栏内应由施工单位填明使用工程的名称、使用部位等。如果钢筋、型钢及连接材料是在某一加工厂集中加工的，还应将其出厂合格证及试验单一并交给使用单位。钢筋、型钢进场时，经外观检查合格后，由技术员、材料采购员、材料保管员分别在合格证上签字，注明使用工程部位后交资料员保管。钢筋、型钢及连接材料的出厂质量合格证、试验报告单均属于主要原材料、成品、半成品出厂质量证明和试（检）验报告资料中的内容，其各验收批合格证和试验报告单应按批组合，按时间先后顺序排列编号，并能对应一致，不得遗漏。

2.注意事项

钢筋、型钢及连接材料的材质证明必须要做到"双控"，即各验收批的出厂质量合格证和试验报告单二者单缺一不可。而且材质的证明资料与实物应做到物证相符。其出厂质量合格证中必须有生产厂家质量检验部门盖章，试验报告单中必须有检验单位盖章。

使用单位在领取试验报告单之后，一定要认真核对报告单中的各项实测数值与规范规定的标准符合与否。试验报告单中应有试验编号，以便于与试验室的有关资料查证核实，并应有明确的结论，签字和盖章均应齐全。对于不合格的试验报告单，应附上双倍试件复试的合格试验报告单或处理报告，并且不合格的试验报告单不得抽撤或毁坏。

与钢筋、型钢及连接材料出厂质量合格证或试验报告单相关的施工资料还有施工组织设计、技术交底、洽商记录、施工日志、焊接试验报告、隐检记录、现场预应力混凝土试验记录、现场预应力张拉施工记录、钢结构安装记录、质量验收记录、竣工图等，因此其合格证、试验报告单等不仅应与实际所用的工程、部位的实物相一致，还应与以上施工资料一一对应相符。

四、水泥

水泥进场时应有出厂质量证明文件。出厂后 7 天内提供 28 天强度以外的各项指标，32 天内补报 28 天强度报告。水泥进场后应及时按规定见证取样和送检，有《水泥试验报告》。对水泥质量有疑义或水泥出厂超过三个月（快硬硅酸盐水泥超过一个月）时，应重新试验。

1. 相关规定

水泥的出厂质量合格证应由生产厂家的质量部门提供给使用单位，作为证明其产品质量性能的依据，生产厂家应在水泥发出之日起 7 天内寄发给使用单位并在 32 天内补报 28 天强度。水泥的产品质量必须合格，应先试验后使用。使用时应有出厂质量合格证或试验单。使用单位应对其包装或散装仓号、品种、强度等级、出厂日期等进行认真地检查、核对、验收。对于有下列情况之一者，如进口水泥、出厂超过 3 个月或快硬硅酸盐水泥超过 1 个月、承重结构使用的水泥、使用部位对水泥有强度等级要求的，必须进行复试，并且混凝土应重新试配。对于需要采取一定技术处理措施处理后继续使用的，首先应满足技术方面的要求，并须经过有关技术负责人签字批准后，方可使用。

水泥复试的主要项目有抗折强度与抗压强度、凝结时间、安定性等。常用水泥的必试项目有水泥的抗压强度与抗折强度、水泥安定性、水泥初凝时间等。必要时的试验项目有细度、凝结时间等。

资料员应及时收集、整理和验收水泥出厂质量合格证、试验报告单等，水泥出厂质量合格证中应含有水泥的品种、强度等级、出厂日期、强度（抗折和抗压）、安定性、试验编号等项内容和性能指标。其各项内容和性能指标应填写齐全，不得错漏。水泥的强度应以标养 28 天试件试验结果为准。其合格证备注栏内应由施工单位填明使用工程的名称、使用的工程部位，并加盖水泥厂印章。

如果水泥的批量较大，厂方提供合格证又较少时，可用抄件（如复印件）备查，但必须注明原件证号、原件存放单位、抄件日期，并有抄件人、抄件单位的签字和盖章。任何单位和个人不得伪造、涂改、损毁或抽撤水泥出厂质量合格证、试验报告单。

2. 注意事项

水泥出厂质量合格证应有生产厂家质量部门的盖章；其试验报告应有试验编号，以便与试验室的有关资料查证核实，并应有明确的结论，签字盖章齐全；生产厂家的水泥 28 天强度补报单不能缺少；使用单位必须认真查看水泥的有效期，对于过期的水泥，必须做复试，并须认真查看试验报告中各项实测数值是否符合规范中规定的标准数值；对于存在质量问题的水泥，根据试验报告的数据可降级使用，但必须经过有关技术负责人签字批准，且应注明使用工程的名称、使用的部位。如果是连续施工的工程，其相邻两次水泥试验的时间也不得超过其有效期。

与水泥出厂合格证和试验报告有关的施工资料还有施工组织设计、设计变更、洽商记录、技术交底、施工日志、混凝土及砂浆配合比申请通知单、混凝土及砂浆试件试压报告、试验编号等，因此水泥的合格证、试验报告不仅应与实际所用的工程、部位的水泥相符，还应与以上施工资料对应一致。

五、砂与碎（卵）石

砂、碎（卵）石进场时应有出厂质量证明文件，并应按规定见证取样和送检，有《砂试验报告》、《碎（卵）石试验报告》。对碱—骨料有要求的工程或结构，供应单位还应提供砂、石的碱活性检验报告。

1.相关规定

砂、碎（卵）石的产品质量必须合格，应先试验后使用，要有出厂质量合格证和试验单。使用前应按照品种、规格、产地、批量的不同进行取样试验。砂的必试项目有筛分析，含泥量，泥块含量。碎（卵）石的必试项目有筛分析、含泥量，泥块含量，针、片状颗粒含量，压碎指标。对于用来配制有特殊要求的混凝土的砂、碎（卵）石，还需做相应的项目试验。

有下列情况之一者的，如进口砂或碎（卵）石、无出厂证明的砂或碎（卵）石、对砂或碎（卵）石质量有怀疑的、用于承重结构的砂和碎（卵）石，必须进行复试，混凝土应重新试配。

不合格的砂、碎（卵）石不得使用。对于需要采取一定技术处理措施后再使用的，应首先满足技术方面的要求，并须经过有关技术负责人签字批准后，才可使用。

砂、碎（卵）石产品的出厂合格证由其生产厂家质量检验部门提供给使用单位，用以证明其产品质量已达到的各项规定指标。其主要内容包括：出厂日期、检验部门印章、合格证的编号、品种、规格、数量、颗粒级配、密度、含泥量等数据和结论。

资料员应及时收集、整理、核验砂、碎（卵）石的出厂质量合格证和试验报告单。其质量合格证和试验报告单应字迹清楚，项目齐全、准确、真实，不得漏填或填错，且无未了事项，并不得涂改、伪造、损毁或随意抽撤。如批量较大且提供的出厂合格证又较少时，可做抄件（如复印件）备查，并应注明原件证号、存放单位、抄件时间，并且应有抄件人签字、抄件单位盖章。砂、碎（卵）石质量合格证上备注栏内应由施工单位填明使用工程的名称、使用部位等。

2.注意事项

砂、碎（卵）石的出厂质量合格证和试验报告单应与实物之间物证相符。其出厂质量合格证中必须有生产厂家质量检验部门盖章，试验报告单中必须有检测单位的相关人员签字、单位盖章。

使用单位一定要认真核对出厂质量合格证和试验报告单中各项实测数值与规范规定的标准符合与否。试验报告单中应有试验编号，以便于与试验室的有关资料查证核实。试验报告单中应有明确的结论，并且签字、盖章齐全。对于不合格的试验报告单，应附上双倍试件复试的合格试验报告单或处理报告，并且不合格的试验报告单不得抽撤或毁坏。

与砂、碎（卵）石出厂质量合格证和试验报告单相关的施工资料还有施工组织设计、技术交底、洽商记录、施工日志、混凝土及砂浆配合比申请单及通知单、混凝土及砂浆试块抗压强度报告等施工试验资料、隐检记录、质量验收记录、竣工图等，因此其合格证、试验报告单等不仅应与实际所用的工程、部位相一致，还应与以上施工资料一一对应相符。

六、外加剂

外加剂主要包括减水剂、早强剂、缓凝剂、泵送剂、防水剂、防冻剂、膨胀剂、引气剂、速凝剂和砌筑砂浆增塑剂等。在其进场时应有出厂质量证明文件，并应按规定见证取样和送检，有《____试验报告》。

1.有关规定

外加剂的产品质量必须合格，并应先试验后使用，要有出厂质量合格证和试验报告单。合格证的内容包括厂家名称、产品名称、产品特性、主要成分与含量、适用范围、适宜掺量、使用方法与说明、注意事项、匀质性指标、掺外加剂混凝土性能指标、包装、质量、储存条件、出厂日期、有效期等。

对于不同的外加剂其对应的试验项目也不同，一般有减水率、坍落度、含气量、泌水率、凝结时间、抗压强度、钢筋锈蚀、相对耐久性指标等。其试验报告的内容中的委托单位、委托人、工程名称、用途、样品名称、产地及厂家、试样收到的日期、要求试验的项目，均由试验委托人填写，其余部分均由试验人员依据试验测算结果填写，并签字和盖章。对于需要采取一定技术处理措施之后才能使用的外加剂，应首先考虑满足技术方面的要求，并须经过有关技术负责人签字批准后，才可使用。

资料员应及时收集、整理和核查外加剂的出厂质量合格证、试验报告单等，查看其各项内容和性能指标是否填写齐全，不得错填和漏填，字迹应该清晰，项目齐全、真实、准确，并无未了事项。如果外加剂的批量较大，厂方提供合格证又较少时，可用抄件（如复印件）备查，但必须注明原件证号、原件存放单位、抄件日期，并有抄件人、抄件单位的签字和盖章。任何单位和个人不得伪造、涂改、损毁或抽撤。对于有产品防伪认证标志的外加剂，还应在确认其产品与出厂质量合格证与实物相符合之后，摘取一份防伪认证标志，贴在产品出厂质量合格证上，一并存档。

2.注意事项

使用单位应该认真查看外加剂的试验报告单及出厂质量合格证，查看其要求的试验项目是否试验齐全，试验的编号、签字、盖章齐全与否，实测数值是否符合规范和设计的技术要求，结论是否明确。对于不符合要求的项目，应及时进行复试或报有关工程技术负责人进行处理。对于不合格的试验报告单不得抽撤或毁坏，并应附上复试的合格试验报告单或处理报告一并存档。

外加剂应在其产品有效期内使用，且使用前应进行性能方面的试验。与其出厂质量合格证和试验报告单有关的施工技术资料还有施工组织设计、技术交底、洽商记录、施工日志、混凝土或砌筑砂浆的配合比申请单和通知单、试件试压报告单、施工记录、预检记录、隐检记录、质量评定等。因此其出厂质量合格证和试验报告单不仅应与实际所用的工程、部位相一致，还应与以上施工资料一一对应相符。

七、掺合料

（1）掺合料主要包括粉煤灰、粒化高炉矿渣粉、沸石粉、硅灰和复合掺合料等。

（2）掺合料进场时应有由厂质量证明文件，并应按规定见证取样和送检，有《掺合料试验报告》。

八、轻骨料

轻骨料进场时应有出厂质量证明文件，并应按规定见证取样和送检，有《轻骨料试验报告》。

九、砖与砌块

砖与砌块进场时应有出厂质量证明文件，并应按规定见证取样和送检，有《＿＿试验报告》。

1.相关规定

砖和砌块的产品质量必须合格，应先试验后使用，要有出厂质量合格证和试验报告单。使用前应按照品种、规格、产地、批量的不同进行取样试验。砖的必试项目为抗压强度。如试验的结果不合格，则应取双倍试样进行复试。再不合格，则判定该验收批为不合格。

有下列情况之一者，如对其材质有怀疑的、用于承重结构的，应进行复试。对于不合格的材料，不得使用，并应做出相应的处理报告。对于需要采取一定技术处理措施后才能再使用的砖或砌块，应首先满足技术要求，并经有关技术负责人批准后，才能使用。

资料员应及时收集、整理、核验砖和砌块的出厂质量合格证和试验报告单。其质量合格证和试验报告单应字迹清楚、项目齐全、准确、真实，不得漏填或填错，且无未了事项，并不得涂改、伪造、损毁或随意抽撤。如批量较大且提供的出厂合格证又较少时，可做抄件（如复印件）备查，并应注明原件证号、存放单位、抄件时间，并且应有抄件人签字、抄件单位盖章。

2.注意事项

砖、砌块的出厂质量合格证和试验报告单应与实物之间物证相符。其出厂质量合格证中必须有生产厂家质量检验部门盖章，试验报告单中应有检测单位的相关人员签字、单位盖章。

试验报告单中应有试验编号，以便于与试验室的有关资料查证核实，并应有明确的结论，签字、盖章齐全。对于不合格的试验报告单，应附上双倍试件复试的合格试验报告单或处理报告，并且不合格的试验报告单不得抽撤或毁坏。

使用单位一定要认真核对砖、砌块的试验报告单中各项实测数值与规范和设计中技术要求符合与否。与砖、砌块出厂质量合格证和试验报告单相关的施工资料还有施工组织设计、技术交底、洽商记录、施工日志、隐检记录、质量验收记录、竣工图等，因此其合格证、试验报告单等不仅应与实际所用的工程、部位相一致，还应与以上施工资料一一对应相符。

十、木结构工程物资

木结构工程物资主要包括方木、原木、胶合木、胶粘剂、钢连接件、层板、胶合木构件等。进场时应有出厂质量证明文件,并应进行见证取样和送检,有相应试验报告。

十一、建筑节能物资

(1) 建筑节能物资包括建筑砌块、板材、节能门窗、建筑密封胶、粘结苯板专用胶、耐碱玻璃纤维网格布、锚钉、绝热用模塑聚苯乙烯泡沫塑料(EPS)、绝热用挤塑聚苯泡沫塑料(XPS)及胶粉 EPS 颗粒浆料等。

(2) 建筑节能产品进场时应有出厂质量证明文件,并应按规定见证取样和送检,有试验报告。

十二、钢结构施工物资资料

(1) 钢结构工程物资主要包括钢材、钢铸件、焊接材料、连接用紧固件及配件、防火防腐涂料、焊接(螺栓)球、封板、锥头、套筒和金属压型板等。

(2) 主要物资应有出厂质量证明文件,包括出厂合格证、检验报告和中文标志等。

(3) 对属于下列情况之一的钢材,应进行见证取样,做钢材力学性能和化学分析试验。

1) 国外进口钢材;

2) 钢材混批;

3) 板厚等于或大于 40mm,且设计有 Z 项性能要求的厚板;

4) 建筑结构安全等级一级,大跨度钢结构中主要受力构件所采用的钢材;

5) 设计有试验要求的钢材;

6) 对质量有疑义的钢材。

①防腐防火涂料进场应进行试验并有试验报告。

②重要钢结构所用的焊接材料需见证取样试验。

重要钢结构是指:a.建筑结构安全等级为一级的一、二级焊缝;b.建筑结构安全等级为二级的一级焊缝;c.大跨度结构中一级焊缝;d.重级工作制作吊车梁结构中的一级焊缝;e.设计要求。

⑦高强度大六角头螺栓连接副应有扭矩系数检验报告,扭剪型高强度螺栓连接副应有紧固轴力检验报告,并按规定做进场试验,并见证取样和送检。

⑧普通螺栓作为永久性连接螺栓时,以及设计有要求或对其质量有疑义时,进行螺栓实物最小拉力载荷试验。

十三、拼装饰装修物资

(1) 装饰装修物资主要包括抹灰材料、地面材料、门窗材料、吊顶材料、轻质隔墙材料、饰面板（砖）、石材、涂料、裱糊与软包材料和细部工程材料等。

（2）主要装饰装修物资进场时应有出厂质量证明文件，并应进行见证取样和送检，有相应试验报告。

（3）建筑外窗应有力学、物理和保温性能试验报告。

（4）有隔声、隔热、防火阻燃、防水防潮和防腐等特殊要求的物资应有相应的性能试验报告。

（5）需做污染物检测的材料，应有污染物含量试验报告。室内装饰装修用花岗岩石材应有放射性试验报告，人造木板及饰面人造板应有甲醛含量试验报告。

（6）当规范和合同有要求，或对材料质量产生疑义时，应进行见证取样和送检，并应有相应试验报告。

十四、幕墙施工物资资料

（1）幕墙工程施工物资资料主要包括铝塑板、石材、安全玻璃、硅酮结构密封胶、金属板、钢材、五金件及配件、连接件和涂料等，应有出厂质量证明文件。其中铝塑板、石材、安全玻璃、硅酮结构密封胶应按规定见证取样送检，有试验报告。

（2）硅酮结构密封胶还应有国家指定检测机构出具的相容性和剥离粘结性试验报告，双组分硅酮结构胶应有混匀性及拉断试验报告。

（3）施工物资资料试验用表包括《幕墙用铝塑板试验报告》、《幕墙用石材试验报告》、《幕墙用安全玻璃试验报告》、《硅酮结构密封胶物理力学性能试验报告》、《幕墙用硅酮结构结构胶密封性能试验报告》。

十五、防水材料

防水材料主要包括防水涂料、防水卷材、胶粘剂、止水带、膨胀胶条、密封膏、密封胶、水泥基渗透结晶型防水材料等。其进场时应有出厂质量证明文件，并应按规定见证取样和送检，有《防水涂料试验报告》、《防水卷材试验报告》。

1.相关规定

防水材料的产品质量必须合格，应先试验后使用，要有出厂质量合格证和试验单。如油毡应有出厂质量合格证，其内容主要包括品种、标号等各项技术指标，并应进行抽样检验，检验内容为不透水性、拉力、柔度和耐热度等。沥青在使用前应进行试验，试验的内容为针入度、软化点和延度等。在配制玛蹄脂或直接使用普通石油沥青时，均应按照规范要求进行耐热度、粘结力、柔韧性等三性试验。配制玛蹄脂或两种不同标号沥青混用时，还应有试配单。其他防水材料也必须有出厂质量合格证和进场复试报告单。

石油沥青的必试项目有软化点、针入度、延度。卷材的必试项目有拉力试验、耐热度试验、不透水性试验、柔度试验等。不合格的防水材料不得使用。对于需要采取一定技术处理措施后方允许使用的，应首先满足技术方面的要求，并须经过有关技术负责人签字批准后，才可使用。

防水材料产品的出厂合格证由其生产厂家质量检验部门提供给使用单位，用以证明其产品质量已达到的各项规定指标。其主要内容包括出厂日期、检验部门印章、合格证的编号、品种、规格、数量、各项技术指标、包装、标识、重量、面积、产品的外观、物理性能等。

资料员应及时收集、整理、核验防水材料的出厂质量合格证和试验报告单。其质量合格证和试验报告单均应字迹清楚，项目齐全、真实、准确，不得漏填或填错，且无未了事项，并不得涂改、伪造、损毁或随意抽撤。如批量较大且提供的出厂合格证又较少时，可做抄件（如复印件）备查，并应注明原件证号、存放单位、抄件时间，并且应有抄件人签字、抄件单位盖章。对于有产品防伪认证标志的防水材料，还应在确认其产品与出厂质量合格证物证相符合之后，摘取一份防伪认证标志，贴在产品出厂质量合格证上，一并存档。

2. 注意事项

防水材料的材质证明必须做到"双控"，即各验收批的出厂质量合格证和试验报告单二者缺一不可，而且材质的证明资料与实物应做到物证相符。其出厂质量合格证中必须有生产厂家质量检验部门的盖章，试验报告单中应有试验单位的相关人员签字和单位盖章。防水材料的试验报告单应有试验编号，以便于与试验的有关资料查证核实，材质证明应有明确结论，并且签字和盖章均应齐全。

使用单位一定要核验防水材料试验报告单中的各项实测数值，看其是否符合规范和设计的技术要求。对于不合格的试验报告单，不允许抽撤或销毁，应附上双倍试件复试合格试验报告单或处理报告，一并存档。

与防水材料出厂质量合格证和试验报告单相关的施工资料还有施工组织设计、技术交底、洽商记录、施工日志、隐检记录、质量验收记录、竣工图等，因此其合格证、试验报告单等不仅应与实际所用的工程、部位相一致，还应与以上施工资料一一对应相符。

第4讲 机电安装工程施工物资资料（C4类）填写说明

一、建筑给水排水及采暖工程物资

（1）各类管材、备件应有产品质量证明文件。

（2）设备、配件及器具应有质量合格证及安装说明书。

（3）对于国家及地方规定的特定设备及材料，如消防、卫生、压力容器等，应有检验报告。如《安全阀、减压阀的调试报告》，《锅炉、承压设备焊缝无损探伤检测报告》，《给水管道材料卫生检验报告》，《水表和热量表计量检定证书》等。

（4）阀门、散热器及水嘴使用前，应有质量检测部门压力试验报告。

（5）绝热材料应量合格证和性能检验报告。

二、通风与空调工程施工物资资料

（1）各类板材、管材等应有出厂质量证明文件和性能检验报告。

（2）压力表、温度计、湿度计、流量计、水位计等应有产品合格证和检测报告。

（3）阀门使用前应有质量检测部门压力试验报告。

（4）绝热材料应有产品质量合格证和性能检验报告。

三、施工物资资料

（1）电力变压器、柴油发电机组、高压成套配电柜、蓄电池柜、不间断电源柜、控制陋（屏、台）应有出厂合格证和试验记录。

（2）低压成套配电柜、动力、照明配电箱（盘、柜）应有出厂合格证、"CCC"认证标志及试验记录。

（3）电动机、电加热器、电动执行机构和低压开关设备应有出厂合格证、"CCC"认证标志。

（4）电线、电缆、照明灯具、开关、插座、风扇及附件应有出厂合格证、"CCC"认证标志。

（5）导管、型钢应有出厂合格证和材质证明书。

（6）电缆桥架、线槽、裸母线、裸导线、电缆头部件及接线端子、电焊条、钢制灯柱、混凝土电杆和其他混凝土制品应有出厂合格证。

（7）镀锌制品（支架、横担、接地极、避雷用型钢等）和外线金具应有出厂合格证和镀锌质量证明书。

（8）封闭母线、插接母线应有出厂合格证、"CCC"认证标志。

（9）进口物资的商检证明。

（10）设备安装技术文件。

四、智能建筑施工物资资料

（1）建筑智能工程的主要设备、材料及附件应有出厂质量证明文件。

（2）产品质量检验应包括列入《中华人民共和国实施强制性产品认证的产品目录》或实施生产许可证和上网许可证管理的产品；未列入强制性认证产品目录或未实施生产许可证和上网许可证管理的产品，厂家应提供由检测单位按相应的现行国家产品标准做出的产品检测报告；供需双方有特殊要求的产品，应按合同规定或设计要求进行。

（3）硬件设备及材料的质量检验重点应包括安全性、可靠性、电磁兼容性及使用环境等项目，可靠性检测参考由生产厂家出具的检测报告。

（4）软件产品质量应按下列内容检验：

1）商业化的软件，如操作系统、数据库管理系统、应用系统软件、信息安全软件和网络软件等应对使用许可证及使用范围进行检验；

2)由系统承包商编制的用户应用软件、用户组态软件及接口软件等应用软件,除进行功能测试和系统测试之外,还应根据需要进行容量、可靠性、安全性、可恢复性、兼容性、自诊断等多项功能测试,并保证软件的可维护性,由检测单位提供检验报告;

3)所有自编软件均应提供完整的文档(包括软件资料、程序结构说明、安装调试说明、使用和维护说明书等)。

(5)系统接口的质量应按下列要求检验:

1)系统承包商应提交接口规范,接口规范应在合同签订时由合同签订单位负责审定;

2)系统承包商应根据接口规范制定接口测试方案,接口测试方案经检测机构批准后实施。系统接口测试应保证接口性能符合设计要求,实现接口规范中规定的各项功能,不发生兼容性及通信瓶颈问题,并保证系统接口的制造和安装质量。

(6)依规定程序获得批准使用的建筑智能新材料和新产品应提供主管部门规定的相关证明文件。

(7)进口产品除应符合本标准规定外,尚应提供原产地证明和商检证明,配套提供的质量合格证明、检验报告及安装、使用、维护说明书等文件资料应为中文文本(或附中文译文)。

第5讲 施工物资资料表格（C4类）填写示例

一、材料、构配件进场检验记录

材料、构配件进场检验记录				资料编号			
工程名称		××办公楼工程		检验日期		××年×月×日	
序号	名称	规格型号/mm	进场数量/t	生产厂家 合格证号	检验项目	检验结果	备注
1	热轧带肋钢筋	Φ16	11.376	首钢 4312068	外观、质量证明文件	合格	
2	热轧带肋钢筋	Φ12	80.359	首钢 1245	外观、质量证明文件	合格	
3	圆钢钢筋	φ10	3.15	首钢 2291	外观、质量证明文件	合格	
4	圆钢钢筋	φ8	5.685	首钢 2287	外观、质量证明文件	合格	
5	圆钢钢筋	φ6.5	4.685	首钢 2216	外观、质量证明文件	合格	
检验结论： 以上材料外观检查合格，材质、规格型号及数量经复检均符合设计及规范要求，产品质量证明文件齐全							
签字栏	建设(监理)单位		施工单位	××建设集团有限公司			
			专业质检员	专业工长		检验员	
	×××		×××	×××		×××	

注：本表由施工单位填写并保存。

二、设备开箱检验记录

设备开箱检验记录		资料编号	
设备名称	给水泵	检查日期	××年×月×日
规格型号	50DL12-12×3	总 数 量	1台
装箱单号	××	检验数量	1台
检验记录	包装情况	包装完好、无损坏,标识明确	
	随机文件	出厂合格证、安装使用说明书、装箱单、检验报告、保修卡	
	备件与附件	齐全	
	外观情况	泵体表面无损坏、无锈蚀、漆面完好	
	测试情况		
检验结果	缺、损附备件明细表					
	序号	名 称	规 格	单位	数量	备注
结论:检查包装、随机文件齐全,外观良好,符合设计及规范要求,同意验收			
签字栏	建设(监理)单位 ×××	施工单位 ×××	供应单位 ×××

注:**本表由施工单位填写并保存。**

三、设备及管道附件试验记录

<table>
<tr><td colspan="4">设备及管道附件试验记录</td><td>资料编号</td><td></td></tr>
<tr><td colspan="2">工程名称</td><td colspan="2">××工程</td><td>使用部位</td><td>室内给水系统、排水系统、采暖系统等</td></tr>
<tr><td rowspan="2">设备/管道附件名称</td><td rowspan="2">型号</td><td rowspan="2">规格</td><td rowspan="2">编号</td><td rowspan="2">介质</td><td colspan="2">强度试验</td><td rowspan="2">严密性试验 /MPa</td><td rowspan="2">试验结果</td></tr>
<tr><td>压力 /MPa</td><td>停压时间/s</td></tr>
<tr><td>蝶阀</td><td>D73F－10C</td><td>DN100</td><td></td><td>水</td><td>1.5</td><td>60</td><td>1.1</td><td>合格</td></tr>
<tr><td>蝶阀</td><td>D73F－10C</td><td>DN80</td><td></td><td>水</td><td>1.5</td><td>60</td><td>1.1</td><td>合格</td></tr>
<tr><td>蝶阀</td><td>D73F－10C</td><td>DN65</td><td></td><td>水</td><td>1.5</td><td>60</td><td>1.1</td><td>合格</td></tr>
<tr><td>蝶阀</td><td>D73F－10C</td><td>DN50</td><td></td><td>水</td><td>1.5</td><td>15</td><td>1.1</td><td>合格</td></tr>
<tr><td>平衡阀</td><td>KPF</td><td>DN80</td><td></td><td>水</td><td>2.4</td><td>60</td><td>1.76</td><td>合格</td></tr>
<tr><td>平衡阀</td><td>KPF</td><td>DN65</td><td></td><td>水</td><td>2.4</td><td>60</td><td>1.76</td><td>合格</td></tr>
<tr><td>平衡阀</td><td>KPF</td><td>DN40</td><td></td><td>水</td><td>2.4</td><td>15</td><td>1.76</td><td>合格</td></tr>
<tr><td>平衡阀</td><td>KPF</td><td>DN32</td><td></td><td>水</td><td>2.4</td><td>15</td><td>1.76</td><td>合格</td></tr>
<tr><td colspan="9"></td></tr>
<tr><td colspan="9"></td></tr>
<tr><td colspan="9"></td></tr>
<tr><td colspan="9"></td></tr>
<tr><td colspan="9"></td></tr>
<tr><td colspan="2">试验单位</td><td colspan="2">××建设集团有限公司</td><td>试验</td><td colspan="2">×××</td><td>试验日期</td><td>××年×月×日</td></tr>
</table>

注:本表由施工单位填写,建设单位、施工单位各保存一份。

第7单元 施工记录资料（C5类）管理

第1讲 施工记录（C5类）签认

（1）施工记录资料签认，见表3—7。

表3—7 施工记录资料签认

序号	工程资料名称	完成或提交时限	主要签认责任	责任单位或部门
1	隐蔽工程验收记录	检查合格后1d内完成,检验批验收前提交	质量、工长	项目工程部、质量部
2	施工检查记录	检查合格后1d内完成,检验批验收前提交	质量、工长	项目工程部、质量部
3	基坑支护变形监测记录	支护工程验收前10d提交	专业分包签认	专业分包提供
4	桩（地）基施工记录	桩（地）基工程验收前10d提交	专业分包签认	专业分包提供
5	地基验槽检查记录	地基验槽通过的当日完成	项目技术负责人	项目工程部
6	地基处理记录	地基处理检查通过的当日完成	项目技术负责人	项目工程部
7	地基钎探记录	地基验槽前3d提交	工长	项目工程部
8	混凝土浇灌申请书	每次混凝土浇筑前提交	工长、质量	项目工程部
9	预拌混凝土运输单	随混凝土运输车提供	混凝土供应单位、工长	混凝土供应单位提供
10	混凝土开盘鉴定	每次鉴定通过的当日完成,混凝土原材料及配合比设计检验批检验批验收前1d提交	项目技术负责人	项目工程部或混凝土供应单位
11	混凝土拆模申请单	每次拆模前完成,模板拆除检验批验收前提交	项目技术负责人、工长	项目工程部
12	混凝土搅拌测温记录	冬期施工期间按周或月提交	工长、测温员	项目工程部

续表

序号	工程资料名称	完成或提交时限	主要签认责任	责任单位或部门
13	混凝土养护测温记录	冬期施工期间按周或月提交	工长、测温员	项目工程部
14	大体积混凝土养护测温记录	按周或月提交	工长、测温员	项目工程部
15	构件吊装记录	吊装期间及时完成按周或月提交	工长、质量员	项目工程部
16	焊接材料烘焙记录	焊材使用前完成	工长、质量员	项目工程部
17	地下工程防水效果检查记录	检查通过当日内完成,地下防水工程验收前提交	工长、质量员	项目工程部
18	防水工程试水检查记录	检查通过当日内完成,防水层检验批验收前1d提交	工长、质量员	项目工程部
19	通风(烟)道、垃圾道检查记录	检查通过当日内完成	工长、质量员	项目工程部
20	预应力筋张拉记录(一)、(二)	张拉结束后的2d内完成,预应力张拉检验批验收前1d提交	专业分包工长、质量员	专业分包提供
21	有黏结预应力结构灌浆记录	灌浆结束后的2d内完成,预应力灌浆检验批验收前1d提交	专业分包工长、质量员	专业分包提供
22	钢结构施工记录	钢结构安装检验批验收前1d提交	专业分包工长、质量员	专业分包提供
23	网架(索膜)施工记录	网架(索膜)安装检验批验收前1d提交	专业分包工长、质量员	专业分包提供
24	幕墙注胶检查记录	幕墙工程检验批验收前1d提交	专业分包工长、质量员	专业分包提供

(2) 施工测量资料签认,见表3—8。

表3-8 施工测量资料签认

序号	工程资料名称	完成或提交时限	主要签认责任	责任单位或部门
1	工程定位测量记录	在定位完成后2d内提交	技术、质量、测量等相关人员	项目测量员或委托的测量单位
2	基槽验线记录	在验线完成后2d内提交	技术、质量、测量等相关人员	项目测量员
3	楼层平面放线记录	在放线完成后1d内提交	技术、质量、测量等相关人员	项目测量员
4	楼层标高抄测记录	在抄测完成后1d内提交	技术、质量、测量等相关人员	项目测量员
5	建筑物垂直度、标高观测记录	在每次测量结束后7d内提交	技术、质量、测量等相关人员	项目测量员
6	沉降观测记录	在每次沉降观测结束后7d内提交	由沉降观测单位相关责任人签认	由建设单位委托的观测单位提供

第2讲 施工记录填写说明

一、隐蔽工程验收记录填写说明

隐蔽工程是指上道工序被下道工序所掩盖，其自身的质量无法再进行检查的工程。

隐检即对隐蔽工程进行检查，并通过表格的形式将工程隐检项目的隐检内容、质量情况、检查意见、复查意见等记录下来，作为以后建筑工程的维护、改造、扩建等重要的技术资料。隐检合格后方可进行下道工序施工。

（1）隐检程序：

隐蔽工程检查是保证工程质量与安全的重要过程控制检查，应分专业（土建专业、给水排水专业、电气专业、通风空调专业等）；分系统（机电工程）；分区段（划分的施工段）；分部位（主体结构、装饰装修等）；分工序（钢筋工程、防水工程等），分层进行。

隐蔽工程施工完毕后，由专业工长填写隐检记录，项目技术负责人组织监理单位旁站，施工单位专业工长、质量检查员共同参加。验收后由监理单位签署审核意见，并下审核结论。若检查存在问题，则在审核结论中给予明示。对存在的问题，必须按处理意见进行处理，处理后对该项进行复查，并将复查结论填入栏内。

凡未经过隐蔽工程验收或验收不合格的工程，不允许进行下一道工序的施工。

（2）地基基础工程与主体结构工程隐检项目及内容：

1）土方工程。

①检查内容：依据施工图纸、地质勘探报告、有关施工验收规范要求，检查基底清理情况，基底标高，基底轮廓尺寸等情况；

②填写要点：土方工程隐检记录中要注明施工图纸编号，地质勘测报告编号，将检查内容描述清楚。

2）支护工程。

①检查内容：依据施工图纸、有关施工验收规范要求和基坑支护方案、技术交底，检查锚杆、土钉的品种规格、数量、插入长度、钻孔直径、深度和角度；检查地下连续墙成槽宽度、深度、倾斜度、钢筋笼规格、位置、槽底清理、沉渣厚度情况；

②填写要点：支护工程隐检记录中要注明施工图纸编号，地质勘测报告编号，锚杆、土钉的品种规格、数量、插入长度、钻孔直径等主要数据描述清楚。

3）桩基工程。

①检查内容：依据施工图纸、有关施工验收规范要求和桩基施工方案、技术交底，检查钢筋笼规格、尺寸、沉渣厚度、清孔等情况；

②填写要点：桩基工程隐检记录中要注明施工图纸编号，地质勘测报告编号，将检查的钢筋笼规格、尺寸、沉渣厚度、清孔等情况描述清楚。

4）地下防水工程。

①检查内容：依据施工图纸、有关施工验收规范要求和防水施工方案、技术交底，检查混凝土的变形缝、施工缝、后浇带、穿墙套管、预埋件等设置的形式和构造等情况；检查防水层的基层处理，防水材料的规格、厚度、铺设方式、阴阳角处理、搭接密封处理等情况；

②填写要点：地下防水工程隐检记录中要注明施工图纸编号，刚性防水混凝土的强度等级、抗渗等级，柔性防水材料的型号、规格、防水材料的复试报告编号、施工铺设方法、搭接长度、宽度尺寸等情况，还应将阴阳角处理、附加层情况等描述清楚，必要时可附简图加以说明。

5）结构钢筋绑扎。

①检查内容：依据施工图纸、有关施工验收规范要求和钢筋施工方案、技术交底，检查钢筋的品种、规格、数量、位置、锚固和接头位置、搭接长度、保护层厚度、钢筋及垫块绑扎和钢筋除锈等情况；

②填写要点：钢筋工程隐检记录中要注明施工图纸编号，主要钢筋原材复试报告编号，钢筋竖向水平各自的型号、排距、保护层尺寸，箍筋的型号、间距尺寸，钢筋绑扎接头长度尺寸，垫块规格尺寸等，若钢筋规格与图纸不相符，还应将钢筋代用变更的洽商编号填写清楚，检查内容应尽量描述清楚。

6) 结构钢筋连接。

①检查内容：依据施工图纸、有关施工验收规范要求和钢筋施工方案、技术交底，检查钢筋连接形式、连接种类、接头位置、数量和连接质量，若是焊接，还要检查焊条、焊剂的产品质量，检查焊口形式、焊缝长度、厚度、表面清渣等情况；

②填写要点：钢筋连接隐检记录中要注明施工图纸编号，钢筋连接试验报告编号，钢筋连接的种类（焊接、机械连接），连接形式（锥螺纹连接、滚压直螺纹连接、钢套筒连接、剥肋直螺纹连接、电渣压力焊、闪光对焊等），焊（连）接的具体规格尺寸、数量、接头位置应描述清楚，对不同连接形式分别填写隐检记录。

7) 预应力工程。

①检查内容：依据施工图纸、有关施工验收规范要求和预应力施工方案、技术交底，检查预应力筋的品种、规格、数量、位置，预留孔道的规格、数量、位置、形状及灌浆孔、排气兼泌水管的情况等，预应力筋的下料长度、切断方法、竖向位置偏差、固定、护套的完整性，锚具、夹具和连接器的组装等情况，锚固区局部加强构造情况；

②填写要点：预应力工程隐检记录中要注明施工图纸编号，预应力的种类（有粘接或无粘接），预应力的方法（先张法、后张法），锚具的规格型号，预应力筋的长度尺寸，预埋垫板的尺寸等，将检查内容描述清楚。

8) 钢结构（网架）工程。

①检查内容：依据施工图纸、有关施工验收规范要求和施工方案、技术交底，检查地脚螺栓规格、位置、埋设方法、紧固情况等；防火涂料涂装基层的涂料遍数及涂层厚度；网架焊接球节点的连接方式、质量情况；网架支座锚栓的位置、支撑垫块的种类及锚栓的紧固情况等；

②填写要点：钢结构（网架）工程隐检记录中要注明施工图纸编号，主要材料的型号规格，主要原材料的复试报告编号，将检查内容描述清楚。

9) 外墙内（外）保温构造节点做法。

①检查内容：依据施工图纸、有关施工验收规范要求和施工方案、技术交底，检查构造节点的连接方法等情况；

②填写要点：隐检记录中要注明施工图纸编号，保温材料的种类规格、厚度，可附与外墙板连接的节点简图等。将检查内容描述清楚。

(3) 建筑装饰装修工程隐检项目及内容：

1) 地面工程。

①检查内容：依据施工图纸、有关施工验收规范要求和施工方案、技术交底，检查各基层（垫层、找平层、隔离层、填充层）的材料品种、规格、铺设厚度、铺设方式、坡度、标高、表面情况、节点密封处理等情况；

②填写要点：地面工程隐检记录中要注明施工图纸编号，地面铺设的类型（石材地面、木材地面、水泥地面、板材地面），材料的品种规格等，将检查内容描述清楚。

2）厕浴防水。

①检查内容：依据施工图纸、有关施工验收规范要求和施工方案、技术交底，检查基层表面含水率、地漏、套管、卫生器具根部、阴阳角等部位的处理情况，防水层墙面的涂刷情况；

②填写要点：厕浴防水隐检记录中要注明施工图纸编号，防水材料的复试报告编号，防水材料的品种、涂刷厚度，玻钎布的搭接宽度，地漏、套管、卫生器具根部附加层的情况，防水层从地面延伸到墙面的高度尺寸等，将检查内容描述清楚。

3）抹灰工程。

①检查内容：依据施工图纸、有关施工验收规范要求和施工方案、技术交底，检查具有加强措施的材料规格、固定方法、搭接情况等；

②填写要点：抹灰工程隐检记录中要注明施工图纸编号，水泥复试报告编号，应将不同材料基体交接处表面的抹灰采取防止开裂的加强措施描述清楚。

4）门窗工程。

①检查内容：依据施工图纸、有关施工验收规范要求和施工方案、技术交底，检查预埋件和锚固件、螺栓等数量、位置、间距、埋设方式、与框的连接方式、防腐处理、缝隙的嵌填、密封材料的黏结等情况；

②填写要点：门窗工程隐检记录中要注明施工图纸编号，门窗的类型（木门窗、铝合金门窗、塑料门窗、玻璃门、金属门、防火门），预埋件和锚固件的位置，木门窗预埋木砖的防腐处理、与墙体间缝隙的填嵌材料、保温材料等；金属门窗的预埋件位置、埋设方式、密封处理等情况；塑料门窗内衬型钢的壁厚尺寸，门窗框、副框和扇的安装固定片活膨胀螺栓的数量等情况要描述清楚；特种门的防火防腐处理，与框的连接方式等。

5）吊顶工程。

①检查内容：依据二次设计施工图纸、有关施工验收规范要求和施工方案、技术交底，检查吊顶龙骨材质、规格、间距、连接固定方式、表面防火防腐处理、吊顶材料外观质量情况、接缝和角缝情况等；

②填写要点：吊顶工程隐检记录中要注明施工图纸编号，洽商记录编号，吊顶类型（明龙骨吊顶、暗龙骨吊顶），采用骨架类型（轻钢龙骨、铝合金龙骨、木龙骨等），吊顶材料的种类（石膏板、金属板、矿棉板、塑料板、玻璃板），材料的规格，吊杆、龙骨的材质、规格、安装间距及连接方式，金属吊杆、龙骨表面的防腐处理，木龙骨的防腐、防火处理等情况描述清楚，吊顶内的各种管道设备的检查及水管试压等情况也应描述清楚。

6）轻质隔墙工程。

①检查内容：依据施工图纸、有关施工验收规范要求和施工方案、技术交底，检查预埋件、连接件、拉结筋的位置、数量、连接方法、与周边墙体及顶棚的连接、龙骨连接、间距、防火防腐处理、填充材料设置等情况；

②填写要点：轻质隔墙工程隐检记录中要注明施工图纸编号，轻质隔墙的类型

（板材隔墙、骨架隔墙、活动隔墙、玻璃隔墙），板材的种类（复合轻质隔墙板、石膏空心板、预制或现制钢丝网水泥板等），规格型号，预埋件、连接件的位置及连接方法应描述清楚。

7）饰面板（砖）工程。

①检查内容：依据二次设计施工图纸、有关施工验收规范要求和施工方案、技术交底，检查预埋件（后置埋件）、连接件规格、数量、位置、连接方法、防腐处理、防火处理等情况，有防水构造要求的应检查防水层、找平层的构造做法；

②填写要点：饰面板（砖）工程隐检记录中要注明施工图纸编号，饰面工程材料的种类（石材、木装饰墙、软包墙、金属板墙），板材的规格、龙骨间距等，将检查内容描述清楚。

8）细部工程。

①检查内容：依据施工图纸、有关施工验收规范要求和施工方案、技术交底，检查预埋件或后置埋件的数量、规格、位置等情况；用方木制成的搁栅骨架的防腐处理，螺钉防锈处理等情况；

②填写要点：细部工程隐检记录中要注明施工图纸编号，材料的种类，有无特殊要求；护栏扶手、橱柜、窗帘盒、窗台板等安装的预埋件的数量、规格、位置及连接方法，将检查内容描述清楚。

9）幕墙工程。

①检查内容：依据二次设计施工图纸、有关施工验收规范要求和施工方案、技术交底，检查构件与主体结构的连接节点的安装；幕墙四周、幕墙表面与主体结构之间间隙节点的安装；幕墙伸缩缝、沉降缝、防震缝及墙面转角节点的安装；幕墙防雷接地节点的安装等情况；

②填写要点：幕墙工程隐检记录中要注明施工图纸编号，幕墙类型（玻璃幕墙、金属幕墙、石材幕墙），主要材料的规格型号，预埋件具体位置，主体结构与立柱、立柱与横梁连接节点安装及防腐处理；防雷节点的位置，防火、防水、保温情况等，将检查内容描述清楚。

（4）建筑屋面工程隐检项目及内容。

1）屋面细部。

①检查内容：依据施工图纸、有关施工验收规范要求和施工方案、技术交底，检查屋面基层、找平层、保温层的情况，材料的品种、规格、厚度、铺贴方式、附加层、天沟、泛水和变形缝处细部做法、密封部位的处理等情况；

②填写要点：屋面细部隐检记录中要注明施工图纸编号，屋面基层情况，找平层坡度，保温材料的厚度、规格尺寸，将检查内容描述清楚。

2）屋面防水。

①检查内容：依据施工图纸、有关施工验收规范要求和施工方案、技术交底，检查基层含水率，防水层的材料品种、规格、厚度、铺贴方式等情况；

②填写要点：屋面防水隐检记录中要注明施工图纸编号，防水材料复试编号，

防水材料的品种、规格型号，防水卷材搭接长度、上下层错开搭接尺寸等，附加层、细部及密封部位处理等描述清楚。

（5）建筑给水、排水及采暖工程隐检项目及内容。

1）隐蔽工程检查项目的划分。

隐蔽工程检查项目的划分一般按系统、安装部位和时间、工序进行。

①检查的项目按系统分为子分部和分项工程，详细划分情况可参考《建筑给水排水及采暖工程施工质量验收规范》（GB 50242－2002）中附录 A 的要求；

②每个子分部、分项工程的检查、记录应按施工部位（分区、层、段或干、支管）和安装时间、工序的先后顺序进行；

③一般情况下，不同类型建筑的施工检查项目可按以下情况进行划分：

a.各子分部工程的系统干管应作为一个项目检查一次；

b.多层民用住宅工程可按不同的子分部工程，每一单元的立、支管安装作为一个项目检查一次；

c.高层民用住宅工程可按不同的子分部工程，分系统进行检查，每个系统可将 6~7 个层的立、支管安装作为一个项目检查一次；

d.多层公用建筑工程可按不同的子分部工程，每个系统的管道安装作为一个项目检查一次；

e.高层公用建筑工程可按不同的子分部工程，分系统进行检查，每个系统可将 10~12 个层的立、支管安装作为一个项目检查一次。

2）主要隐检项目及内容。

①直埋于地下或结构中，暗敷设于沟槽、管井、不进人吊顶内的给水、排水、雨水、采暖、消防管道和相关设备，以及有防水要求的套管：检查管材、管件、阀门、设备的材质与型号、安装位置、标高、坡度；防水套管的定位及尺寸；管道连接做法及质量；附件使用，支架固定，以及是否已按照设计要求及施工规范规定完成强度严密性、冲洗等试验；

②有绝热、防腐要求的给水、排水、采暖、消防、喷淋管道和相关设备：检查绝热方式、绝热材料的材质与规格、绝热管道与支吊架之间的防结露措施、防腐处理材料及做法等；

③埋地的采暖、热水管道，在保温层、保护层完成后，所在部位进行回填之前，应进行隐检：检查安装位置、标高、坡度；支架做法；保温层、保护层设置；水压试验结果及冲洗情况等；

④埋地管道穿卫生间门口或墙体应设置套管，在垫层施工之前也应对该套管进行隐检。

（6）建筑电气工程隐检项目及内容。

1）主要隐检项目及内容。

①埋于结构内的各种电线导管：检查导管的品种、规格、位置、弯扁度、弯曲半径、连接、跨接地线、防腐、管盒固定、管口处理、敷设情况、保护层、需焊接

部位的焊接质量等；

②利用结构钢筋做的避雷引下线：检查轴线位置、钢筋数量、规格、搭接长度、焊接质量、与接地极、避雷网、均压环等连接点的焊接情况等；

③等电位及均压环暗埋：检查使用材料的品种、规格、安装位置、连接方法、连接质量、保护层厚度等；

④接地极装置埋设：检查接地极的位置、间距、数量、材质、埋深、接地极的连接方法、连接质量、防腐情况等；

⑤金属门窗、幕墙与避雷引下线的连接：检查连接材料的品种、规格、连接位置和数量、连接方法和质量等；

⑥不进人吊顶内的电线导管：检查导管的品种、规格、位置、弯扁度、弯曲半径、连接、跨接地线、防腐、需焊接部位的焊接质量、管盒固定、管口处理、固定方法、固定间距等；

⑦不进人吊顶内的线槽：检查材料品种、规格、位置、连接、接地、防腐、固定方法、固定间距及与其他管线的位置关系等；

⑧直埋电缆：检查电缆的品种、规格、埋设方法、埋深、弯曲半径、标桩埋设情况等；

⑨不进人的电缆沟敷设电缆：检查电缆的品种、规格、弯曲半径、固定方法、固定间距、标识情况等。

2) 隐蔽工程的检查方法。

①敷设在素土内的线管和电缆应分块、分区检查；

②敷设在混凝土内的线管应随土建进度分墙体、顶板检查；

③敷设在混凝土内的防雷接地、引线及均压环应分层或分区随土建进度检查；

④二次设备接地、防静电、等电位、地槽、门窗接地应分层或分区检查；

⑤吊顶内的配管、线槽、桥架、母线安装应分层或分区检查；

⑥封闭竖井内的配管、线槽、桥架、母线安装应按井号或电气回路检查。

（7）通风与空调工程隐检项目及内容。

1) 敷设于竖井内、不进人吊顶内的风道（包括各类附件、部件、设备等）：检查风道的标高、材质，接头、接口严密性，附件、部件安装位置，支、吊、托架安装、固定，活动部件是否灵活可靠、方向是否正确，风道分支、变径处理是否合理，是否符合要求，是否已按照设计要求及施工规范规定完成风管的漏光、漏风检测，空调水管道的强度严密性、冲洗等试验。

2) 有绝热、防腐要求的风管、空调水管及设备：检查绝热形式与做法、绝热材料的材质和规格、防腐处理材料及做法。绝热管道与支吊架之间应垫绝热衬垫或经防腐处理的木衬垫，其厚度应与绝热层厚度相同，表面平整，衬垫接合面的空隙应填实。

（8）电梯工程隐检项目及内容。

检查电梯承重梁、起重吊环埋设；电梯钢丝绳头灌注；电梯井道内导轨、层门的支架、螺栓埋设等。

(9) 智能建筑工程隐检项目及内容

1) 埋在结构内的各种电线导管：检查导管的品种、规格、位置、弯扁度、弯曲半径、连接、跨接地线、防腐、需焊接部位的焊接质量、管盒固定、管口处理、敷设情况、保护层等。

2) 不能进人吊顶内的电线导管：检查导管的品种、规格、位置、弯扁度、弯曲半径、连接、跨接地线、防腐、需焊接部位的焊接质量、管盒固定、管口处理、固定方法、固定间距等。

3) 不能进人吊顶内的线槽：检查其品种、规格、位置、连接、接地、防腐、固定方法、固定间距等。

4) 直埋电缆：检查电缆的品种、规格、埋设方法、埋深、弯曲半径、标桩埋设情况等。

5) 不进人的电缆沟敷设电缆：检查电缆的品种、规格、弯曲半径、固定方法、固定间距、标识情况等。

说明：由于隐蔽工程涉及建设工程的各个专业，须进行隐检的项目也非常多，对未做规定的隐检项目，仍应按照相应规范规定进行隐蔽工程的检查、验收。进行了隐蔽检查的项目可不填写预检记录表格。

(10) "隐检"与"检验批验收"的关系

"隐检"与"检验批验收"都是对受检对象的一种"验收"。在国家验收规范中，"验收"与"检查"在概念上明显不同。"验收"不能由施工单位自己单方面进行，必须由施工单位之外的监理或建设单位参加，是一种具有公证性的确认或认可，而"检查"则可以仅由施工单位自己单方面进行。

但是，建筑工程的验收要求比较复杂。"隐检"与"检验批验收"虽然都属于验收的范畴，但两者针对的对象、所起的作用有所不同。

检验批验收是所有验收的最基本层次，即所有其他层次（分项、分部、单位工程等）的验收都是建立在检验批验收基础上的，工程的所有部位、工序都应归入某个检验批验收，不应遗漏。而隐蔽工程验收则仅仅针对将被隐蔽的工程部位作出验收。施工中隐蔽工程虽然很多，但一个建筑工程，还有大量非隐蔽部位。因此，两者并不相同，"隐检"与"检验批验收"应分别进行。

在施工中，"隐检"验收与"检验批"验收的关系，可以有"之前"、"之后"和"等同"三种不同情况：

第一种情况，在"检验批验收"之前进行的"隐蔽工程验收"：这种情况主要针对某些工作量相对较小的部位或施工做法、处理措施等。如抹灰的不同基层交接部位加强措施、桩孔的沉渣厚度、基槽槽底的清理、胡子筋处理、被隐蔽的重要节点做法、被隐蔽的螺栓紧固、被隐蔽的预埋件防腐阻燃处理等。

这些工作量相对较小的部位或施工做法、处理措施，不宜作为一个"检验批"来验收，施工中将其列为"隐蔽工程验收"。

第二种情况，在"检验批验收"之后进行的"隐蔽工程验收"：这种情况主要针对某些工作量相对较大的工程部位，如分部、子分部工程等。这些工作量相对较大的工程部位往往作为一个整体，需要同时进行隐蔽，这时可能有若干个检验批已经验收合格。按照国家验收规范规定，这些工程部位在整体隐蔽之前，需作"隐蔽工程验收"。如整个地基基础的隐蔽验收、主体结构验收（进入装饰装修施工将隐蔽主体结构）等，显然是在检验批验收之后进行。

第三种情况，与"检验批验收"内容相同的"隐蔽工程验收"：当"隐蔽工程验收"针对的部位已经被列为"检验批"进行验收时，"隐蔽工程验收"就与"检验批验收"具有同样的验收内容，此时"隐蔽工程验收"可与"检验批验收"合并进行。亦即按照"检验批验收"的要求进行即可，使用"检验批验收单"来代替"隐蔽工程验收单"，不必再重复进行"隐蔽工程验收"。这种情况，见于钢筋安装的验收，屋面保温层验收，各种防水层、找平层验收等。

分清上述三种情况，弄清"隐蔽工程验收"与"检验批验收"的关系，不仅有利于施工资料管理，对于工程验收也会有所裨益。

（11）隐蔽工程验收记录填写

1）工程名称：与施工图纸中图签一致。

2）隐检项目：应按实际检查项目填写，具体写明（子）分部工程名称和施工工序主要检查内容。隐检项目栏填写举例：桩基工程钢筋笼安装、支护工程锚杆安装、门窗工程（预埋件、锚固件或螺栓安装）、吊顶工程（龙骨、吊件、填充材料安装）。具体项目可参考本条第（2）～（10）款要求。

3）隐检部位：按实际检查部位填写，如"××层"填写地下/地上××层；"×？×轴"填写横起至横止轴/纵起至纵止轴，轴线数字码、英文码标注应带圆圈；"××标高" 填写墙柱梁板等的起止标高或顶标高。

4）检查时间：按实际检查时间填写。

5）隐检依据：施工图纸、设计变更、工程洽商及相关的施工质量验收规范、标准、规程；本工程的施工组织设计、施工方案、技术交底等。特殊的隐检项目如新材料、新工艺、新设备等要标注具体的执行标准文号或企业标准文号。

6）隐检记录编号：按专业工程分类编码填写，按组卷要求进行组卷。

7）主要材料名称及规格/型号：按实际发生材料、设备填写，各主要材料的规格/型号要表述清楚。

8）隐检内容：应将隐检的项目、具体内容描述清楚。主要原材料的复试报告单编号，主要连接件的复试报告编号，主要施工方法。若文字不能表述清楚，可用示意简图进行说明。具体内容可参考本条第（2）～（10）款要求。

9）审核意见：审核意见要明确，隐检的内容是否符合要求要描述清楚。然后给出审核结论，根据检查情况在相应的结论框中划"√"。在隐检中一次验收未通过的要注明质量问题，并提出复查要求。

10）复查结论：此栏主要是针对一次验收出现的问题进行复查，因此要对质量问题改正的情况描述清楚。在复查中仍出现不合格项，按不合格品处置。

11）其他：

①本表由施工单位填报，其中审核意见、复查结论由监理单位填写。

②隐检表格实行"计算机打印，手写签名"。各方签字后生效。

③建设单位、施工单位、城建档案馆各保留一份。

二、施工检查记录填写说明

按照现行规范要求应进行施工检查的重要工序，且无相应施工记录表格的，应填写《施工检查记录》，施工检查记录适用各专业。

（1）施工检查程序：须办理施工检查的工序，完成后由项目专业工长组织质量员、班组长检查，合格后由专业工长填写施工检查记录，有关责任人签认齐全后生效。

（2）施工检查项目及内容。

1）模板。

检查模板的几何尺寸、轴线、标高；节点细部做法（须绘制节点大样图的，检查实际放样图尺寸）；模板（包括支撑）的强度、刚度和稳定性、牢固性和接缝严密性（止水构造）；预埋件及预留洞口的位置；水平结构模板起拱情况；模内清理情况、模板清扫口留置；使用隔离剂种类和隔离剂涂刷等。

2）预制构件安装。

预制构件包括阳台栏板、过梁、预制楼梯、沟盖板、楼板等。应依据图纸要求检查构件的规格型号、几何尺寸、数量；根据有关质量标准检查构件的外观质量；根据图纸要求和技术交底检查构件的搁置长度以及锚固情况、标高等；检查楼板的堵孔和清理情况等。

3）设备基础。

依据图纸检查设备基础的位置、标高、几何尺寸及混凝土的强度等级，检查设备基础的预留孔和预埋件位置。

4）地上混凝土结构施工缝。

依据模板方案和技术交底，检查施工缝留置的方法及位置，模板支撑、接槎的处理情况等。

（3）填写要点。

《施工检查记录》所反映的施工检查部位、检查时间、施工检查内容等应与施工日志、模板安装检验批质量验收记录、施工方案和交底反映的内容或要求相一致。

1）工程名称：与施工图纸中图签一致。

2）检查项目：按实际检查项目填写，如模板安装、混凝土施工缝（无防水构造的）、设备基础等。

3）检查部位：按实际检查部位填写，应写明楼层、轴线和构件名称（墙、柱、板、梁）。

4）检查日期：按实际检查日期填写。

5）检查依据：施工图纸、设计变更、工程洽商及相关的施工质量验收规范、标准、规程、本工程的施工组织设计、施工方案、技术交底等。

6）检查结论：应由专业质检员填写。所有施工检查内容是否全部符合要求应明确。施工检查中第一次验收未通过的，应注明质量问题和复查要求。

7）复查意见：应由专业质检员填写，主要是针对第一次检查存在的问题进行复查，描述对质量问题的整改情况。

8）签字栏：应本着谁施工谁签认的原则，对于专业分包工程应体现专业分包单位名称，分包单位的各级责任人签认后再报请总包签认。各方签字齐全后生效。

9）《施工检查记录》应由项目专业工长填报，项目资料员按照不同的施工检查项目分类汇总整理。施工单位留存。

三、交接检查记录填写说明

《交接检查记录》适用于不同施工单位之间的移交检查，当前一专业工程施工质量对后续专业工程施工质量产生直接影响时，应进行交接检查。移交单位、接收单位和见证单位共同对移交工程进行验收，并对质量情况、注意事项、成品保护等进行记录。须强调一点，不同工序之间交接应填写《工序交接检查记录》，此表由施工企业自行设定。

（1）建筑与结构工程应做交接检查的项目有：支护与桩基工程完工移交给结构工程；初装修完工移交给精装修工程；设备基础完工移交给机电设备安装；结构工程完工移交给幕墙工程等。

（2）交接内容。

1）桩（地）基工程与混凝土结构工程之间的交接，主要检查：桩（地）基是否完成、桩（地）基检验检测、桩位偏移和桩顶标高、桩头处理、缺陷桩的处理、竣工图与现场的对应关系、场地平整夯实，是否完全具备进行下道工序混凝土结构工程施工的条件等。

2）混凝土结构工程与钢结构工程之间的交接，主要检查：结构的标高、轴线偏差；结构构件的实际偏差及外观质量情况；钢结构预埋件规格、数量、位置；混凝土的实际强度是否满足对钢结构施工对相关混凝土强度要求；是否具备进行钢结构工程施工的条件等。如钢结构工程移交给混凝土结构施工重点检查内容；构件轴线位置、标高的复查；构件外观质量；焊缝探伤检测；与混凝土构件对应关系（如钢筋穿孔位置等）、混凝土构件的外观完好等情况。

3）初装修工程与精装修工程之间的交接，主要检查：结构标高、轴线偏差；结构构件尺寸偏差；填充墙体、抹灰工程质量；相邻楼地面标高；门窗洞口尺寸及偏差；水、暖、电等预埋或管线是否到位；是否具备进行精装修工程施工的条件等。

（3）填写要点。

1）《交接检查记录》由移交单位形成，其中表头和"交接内容"由移交单位填写,"检查结果"由接收单位填写,"复查意见"由见证单位填写。

2)"见证单位":当在总包管理范围内的分包单位之间移交时,见证单位应为"总包单位";当在总包单位和其他专业分包单位之间移交时,见证单位应为"建设(监理)单位"。

3)由移交单位、接收单位和见证单位三方共同签认的《交接检查记录》方可生效。

四、地基验槽检查记录填写说明

建筑物应进行施工验槽,检查内容包括基坑位置、平面尺寸、持力层核查、基底绝对高程和相对标高、基坑土质及地下水位等,有桩支护或桩基的工程还应进行桩的检查。《地基验槽检查记录》应由建设、勘察、设计、监理、施工单位共同验收签认。如地基验槽未通过,需要进行地基处理,应由勘察、设计单位提出处理意见并填写《地基处理记录》。

1. 基坑验收内容

(1)依据地质勘探报告验收地基土质是否与报告相符,核对基坑的土质和地下水情况是否与勘察报告一致。

(2)依据图纸核查基坑的位置、平面尺寸、基槽底标高等是否符合设计文件。

(3)若地基土与报告不相符,则需办理地基土处理洽商。对人工处理的地基,应按有关范围和设计文件的要求进行验收。

(4)审查《钎探报告》:包括《钎探点布置图》及《钎探记录》。检查基坑底面以下有无空穴、古墓、古井、防空掩体、地下埋设物及其他变异。

(5)对深基础,还应检查基坑对附近建筑物、道路、管线是否存在不利影响。

2. 预制桩基验收内容

(1)施工前必须按照规范或设计要求做试桩,试桩的数量、做法应符合规定,《试桩记录》和《质量检验报告》应满足规范和设计要求。

(2)每根预制桩均应有完整的贯入度记录、锤击数、桩位图及桩的编号、截面尺寸、长度、入土深度、桩位偏差、施工机械、施工日期等。

(3)沉桩过程中,应对土体侧移和隆起、超孔隙水压力、桩身应力与变形、沉桩对相邻建筑物与设施的影响有无异常进行监测。

(4)必须按规定对桩位进行抽样检测,检测结果应合格。

3. 对钻孔或挖孔灌注桩验收内容

(1)检查成孔过程中有无缩颈和塌孔,成孔垂直度、沉渣或虚土、孔底土扰动以及持力层均应符合设计要求。

(2)钢筋规格与钢筋笼制作应符合设计要求。

(3)混凝土的材料、配合比、坍落度、制作方法等,均应符合规范和设计要求,混凝土试压结果应合格。

(4)浇筑混凝土时,混凝土面标高与导管管口标高控制应适当,混凝土贯入量应符合设计要求。

（5）对大直径挖孔桩，应有专人下入孔内，对开挖尺寸、有无虚土、岩土条件等进行检验。

（6）按规定必须对桩进行抽样检测的，检验结果应合格。

4.填写要点

（1）工程名称：与施工图纸中图签一致。

（2）验槽日期：按实际检查时间填写。

（3）验槽部位：按实际检查部位填写。若分段则要按轴线标注清楚。

（4）检查依据：施工图纸、设计变更、工程洽商及相关的施工质量验收规范、规程，本工程的施工组织设计、施工方案、技术交底。

（5）验槽内容：注明地质勘察报告编号，基槽标高、断面尺寸，必要时可附断面简图示意。

注明土质情况，附上钎探记录和钎探点平面布置图，在钎探图上用红蓝铅笔标注软土、硬土情况。

若采用桩基还应说明桩的类型、数量等，附上桩基施工记录、桩基检测报告等。

（6）检查意见：应由勘察、设计单位出具，对验槽内容是否符合勘察、设计文件要求做出评价，是否同意通过验收。对需要地基处理的基槽，应注明质量问题，并提出具体地基处理意见。

（7）对进行地基处理的基槽，还需再办理一次地基验槽记录，在"验槽内容"栏，要将地基处理的洽商编号写上，基体的处理方法等描述清楚。

（8）签字公章栏：应由建设、监理、设计、勘察、施工单位的项目主要负责人签字，并加盖单位公章后生效。

五、地基处理记录填写说明

地基处理记录一般包括《地基处理方案》、《地基处理的施工试验记录》、《地基处理检查记录》。处理结果应符合加固的原理、技术要求、质量标准等。

（1）地基处理方案。

基槽挖至设计标高，经勘察、设计、建设（监理）、施工单位共同验槽，对实际地基与地质勘探报告不相符或不符合设计要求的基槽，拟定处理方案并办理全过程洽商。

处理方案中应有工程名称、验槽时间、钎探记录分析。标注清楚需要处理的部位；写明需要处理的实际情况、具体方法及是否达到设计、规范要求。最后必须经设计、勘察人员签认。

（2）地基处理的施工试验记录。

1）灰土、砂、砂石三合土地基应有土质量干密度或贯入度试验记录，并应做击实试验，提出最大干密度、最佳含水率及根据密实度的要求提供最小干密度的控制指标。混凝土地基应按规定取试样，并做好强度试验记录。

2）重锤夯实地基应有试夯报告及最后下沉量和总下沉量记录。试夯后，分别测定和比较坑底以下 2.5m 以内，每隔 0.25m 深度处，夯实土与原状土的密实度，其试夯密实度必须达到设计要求；施工前，应在现场进行试夯，选定夯锤重量（2～3t)、锤底直径和落距（2.5～4.5m），锤重与底面积的关系应符合锤重在底面上的单位静压力为 1.5～2.0N/cm^2。试夯结束后应做试夯报告及试夯记录，同时在夯实过程中，应做好重锤夯实施工记录。

3）强夯地基应对锤重（常用：10～25t；最大：40t)、间距（5～9m)、夯基点布置及夯击次数做好记录。

（3）地基处理完成后，由监理单位组织勘察、施工单位进行复查，合格后形成《地基处理记录》。

（4）填写要点。

1）地基处理记录内容包括：地基处理依据及方式、处理部位及深度、处理结果和检查意见等。

2）"处理依据及方式"栏中的"依据"：施工图纸（图纸号）、设计变更/洽商（编号）、有关国家现行标准、规范。方式：地基处理的技术要求内容。

3）当地基处理范围较大，内容较多，用文字描述较困难时，应附简图示意。地基处理完成，应由勘察、设计单位复查（填写在"检查意见"栏），如勘察、设计单位委托监理单位进行复查，应有书面的委托记录。

六、地基钎探记录填写说明

地基钎探可用于基槽（坑）开挖后检验槽底浅层土土质的均匀性和发现回填坑穴，以便于基槽处理。有时也可用于对比试验，确定地基的容许承载力及检验填土的质量。

地基钎探记录（应附图），主要包括《钎探点平面布置图》和《钎探记录》。

（1）钎探前应依据《基础平面图》绘制《钎探点平面布置图》[应与实际基槽（坑）一致]，确定钎探点布置及顺序编号，标出方向及重要控制轴线。按照钎探图及有关规定进行钎探并记录。钎探中如发现异常情况，应在《地基钎探记录表》的备注栏注明。需地基处理时，应将处理范围（平面、竖向）标注在《钎探点平面布置图》上，并注明处理依据、形式、方法（或方案），以"洽商"记录下来，处理

过程及取样报告等一同汇总进入工程档案。

（2）以下情况可停止钎探。

1）若 N_{10}（贯入 30cm 的锤击数）超过 100 或贯入 10cm 锤击数超过 50，可停止贯入。

2）如基坑不深处有承压水层，钎探可造成冒水涌砂，或持力层为砾石层或卵石层，且厚度符合设计要求时，可不进行钎探。如需对下卧层继续试验，可用钻具钻穿坚实土层后再做试验（根据 GB 50202－2002 中附录 A 的规定）。

(3) 钎探点的布置依据设计要求,当设计无要求时,应按规范规定执行,参见表3—9。

表 3—9 轻型动力触探检验深度及间距表 （单位：m）

排列方式	基槽宽度	检验深度	检验间距
中心一排	<0.8	1.2	1.0～1.5m 视地基复杂情况定
两排错开	0.8～2.0	1.5	
梅花形	>2.0	2.1	

(4) 专业工长负责钎探的实施，并做好原始记录。钎探记录表中施工单位、工程名称要写具体，锤重、自由落距、钎径、钎探日期要依据现场情况填写，工长、质检员、打钎负责人的签字要齐全。钎探中若有异常情况，要写在备注栏内。

(5) 钎探记录表应附有原始记录表，污染严重的可重新抄写，但原始记录仍要原样保存好，附在新件之后。

七、混凝土浇灌申请书填写说明

(1) 项目应在各项准备工作（如钢筋、模板工程检查，水电预埋检查，材料、设备及其他准备等）逐条完成并核实后，根据现场浇筑混凝土计划量、施工条件、施工气温、浇筑部位等填报混凝土浇灌申请，由施工单位技术负责人和监理签认批准，形成《混凝土浇灌申请书》。浇灌申请通过后方可正式浇筑混凝土。

(2) 混凝土浇灌申请书应由专业工长负责填报，由现场负责人或专业质检员审批签认后生效。

(3) 填写要点。

1) 申请浇灌部位和申请方量：应尽可能准确，注明层、轴线和构件名称（梁、柱、板、墙等）。

2) 技术要求：应根据混凝土合同的具体技术要求填写，如混凝土初、终凝时间要求，抗渗设计要求等。

3) 审批意见、审批结论：应由项目现场负责人或项目专业质量检查员填写。

八、预拌混凝土运输单填写说明

(1) 预拌混凝土供应单位应随车向施工单位《提供预拌混凝土运输单》，内容包括：工程名称、使用部位、供应方量（与工程实际用量相符）、配合比、坍落度、出站时间、到场时间和测定的现场实测坍落度等。

(2) 施工单位专业质量员应及时统计、分析混凝土实测坍落度、混凝土浇筑间歇时间等，必须满足施工实际需要和规范规定。单车总耗时（运输、浇筑及间歇的全部时间）不得超过混凝土初凝时间，当超过规定时间应按施工缝处理。

(3) 对无法满足施工要求的混凝土（现场实测坍落度不合格、运输时间超时的)应及时退场。

(4)《预拌混凝土运输单》的正本由供应单位保存,副本由施工单位保存。施工单位应检验运输单项目是否齐全、准确、真实,无未了项,编号必须填写,签字盖章齐全。

(5)供应单位填写:工程名称、使用部位、供应方量、配合比、坍落度、出站时间、到场时间等。施工单位试验和材料人员填写现场出罐温度、现场实测坍落度(抽测)、开始浇筑时间、完成浇筑时间。

九、混凝土开盘鉴定填写说明

(1)表中各项都应根据实际情况填写清楚、齐全,不得有缺项、漏项。要有明确的鉴定结果和鉴定结论,签字齐全。

(2)坍落度和维勃稠度都是混凝土拌合物稠度指标,坍落度适用于塑性和流动性混凝土拌合物,维勃稠度适用于干硬性拌合物。坍落度和维勃稠度只能填写一个,坍落度或维勃稠度的允许偏差应分别符合表3—10、表3—11中规定。

表3—10 坍落度允许偏差

坍落度/mm	允许偏差/mm
≤40	±10
50~90	±20
≥100	±30

表3—11 维勃稠度允许偏差

维勃稠度/S	允许偏差/mm
≤10	±3
11~20	±4
21~30	±6

(3)混凝土所用主要原材料:水泥、砂、石、外加剂等应与配合比中的材料吻合,如有变化应调整配合化。

(4)混凝土试配配合比应换算为实际使用配合比。

根据现场砂、石的含水率,换算出实际单方混凝土加水量,砂、石用量。

实际加水量=配合比中的用水量-砂用量×砂含水率-石用量×石含水率。

砂实际用量=配合比中砂用量×(1+砂含水率)。

石实际用量=配合比中石用量×(1+石含水率)。

十、混凝土拆模申请单填写说明

(1)在拆除现浇混凝土结构板、梁、悬臂构件等底模和柱墙侧模前,项目模板责任工长应进行拆模申请,报项目专业技术负责人审批,通过后方可拆模,形成《混凝土拆模申请单》(水平结构构件模板拆除应附同条件混凝土强度报告)。按照《混凝土结构工程施工质量验收规范》(GB 50204—2015)的规定,施工单位与监理单位应及时在拆模后共同对现浇混凝土的外观质量和尺寸偏差进行全数检查。

(2)梁、板模板拆除应具备的条件。底模及其支架拆除时的混凝土强度应符合设计要求;当设计无具体要求时,混凝土强度应符合表3—12的规定。

表3—12 底模拆除时的混凝土强度要求

构件类型	构件跨度/m	达到设计的混凝土立方体抗压强度标准值的百分率/(%)
板	≤2	≥50
	>2,≤8	≥75
	>8	≥100
梁、拱、壳	≤8	≥75
	>8	≥100
悬臂构件	—	≥100

(3)墙、柱模板拆除应具备的条件。

1)常温下,墙、柱侧模应在保证结构不变形、棱角完整的情况下拆除。

2)冬期施工侧模拆除,要求:混凝土强度达到1MPa时可松动螺栓,待混凝土强度达到4MPa时方可拆模;或者拆除模板后立即覆盖,待混凝土强度达到4MPa时拆除保温。严防低温下模板拆除过早,出现混凝土粘连。

(4)对后张法预应力混凝土结构构件,侧模宜在预应力张拉前拆除;底模支架的拆除应按施工技术方案执行,当无具体要求时,不应在结构构件建立预应力前拆除。

(5)后浇带处混凝土不连续,较易出现安全和质量问题,故此部分模板拆除和支顶应在施工技术方案中明确规定。

(6)填写要点。

1)"申请拆模部位":按实际拆模部位填写。

2)"构件类型":在所选择构件类型的□内划"√";表内"拆模时混凝土强度要求,龄期,同条件混凝土抗压强度,达到设计强度等级,强度报告编号"按同条件混凝土强度报告试验结果填写。

3)"审批意见":应由项目技术负责人或专业质检员填写。对是否同意拆模、施工禁忌、注意事项等提出意见。

4)如结构形式复杂(结构跨度变化较大)或平面不规则,应附拆模平面示意图。

十一、混凝土搅拌测温记录填写说明

（1）冬期混凝土施工时，应进行搅拌测温（包括现场搅拌、预拌混凝土）并记录。混凝土冬期施工搅拌测温记录包括大气温度、原材料温度、出罐温度、入模温度等。测温的具体要求应有书面技术交底，执行人必须按照规定操作。

（2）原材料加热的原则。

冬期施工混凝土原材料一般需要加热，加热时应优先采用加热水的方法。加热温度根据热工计算确定，但不得超过表3—13的规定。如果将水加热到最高温度，还不能满足混凝土温度的要求，再考虑加热骨料。

表3—13　拌合水及骨料加热最高温度　　　　　　　　（单位：℃）

项次	项　　目	拌合水	骨料
1	强度等级＜52.5的普通硅酸盐水泥、矿渣硅酸盐水泥	80	60
2	强度等级≥52.5的普通硅酸盐水泥、硅酸盐水泥	60	40

对拌合水加热的要求是水温准确，供应及时，保持先后用水温度一致。

当自然气温较低，只加热拌合水尚无法满足拌合物出机温度的要求时，对于骨料，首先是砂，其次是石子也要加热。

在骨料中，不应夹杂有冰屑、雪团和冻块。水泥在任何情况下都不准加热，但在使用前应存放在棚内预温，这对混凝土达到规定的温度是有利的。

（3）应按照工作班进行记录。

（4）同一配合比编号的混凝土，每一工作班测温不宜少于4次。

（5）温度测试精确至0.1℃。

（6）对于预拌混凝土只作大气温度、出罐温度、入模温度的测温记录。

（7）"备注"栏应填写"现场搅拌"或"预拌混凝土"。表格中各温度值需标注正负号。

十二、混凝土养护测温记录填写说明

（1）混凝土的冬期施工应符合国家现行标准《建筑工程冬期施工规程》（JGJ/T 104—2011）和施工技术方案的规定。

（2）测温起止时间指室外日平均气温连续5d低于5℃时起，至室外日平均气温连续5d高于5℃冬期施工结束。掺加防冻剂的混凝土未达到抗冻临界强度（4MPa）之前每隔2h测量一次，达到抗冻临界强度（4MPa）且温度变化正常，测温间隔时间可由2h调整为6h。

（3）混凝土冬期施工养护测温应先绘制测温点布置图，包括测温点的部位、深度等。测温记录应包括大气温度、各测温孔的实测温度、同一时间测得的各测温孔的平均温度和间隔时间等。此外还应进行成熟度计算（本次、累计）。表格中各温度值需标注正负号。

每次测得的各测温孔的温度平均值与测试间隔时间的积为本次成熟度（℃·h），与上次的累计成熟度相加，为累计到本次的成熟度。通过查混凝土成熟度曲线，可大致推测对应于不同成熟度的混凝土预测强度。

《混凝土养护测温记录》中测温孔温度精确至 1℃，成熟度精确至 0.1℃·h。

十三、大体积混凝土养护测温记录填写说明

（1）大体积混凝土施工应对入模时大气温度、各测温孔温度、内外温差和裂缝进行检查和记录。

（2）大体积混凝土养护测温应附《测温点布置图》，包括测温点的布置、深度等。

十四、构件吊装记录填写说明

（1）《构件吊装记录》适用于大型预制混凝土构件、钢构件、木构件的安装。吊装记录内容包括构件名称、安装位置、搁置与搭接长度、接头处理、固定方法、标高等。

（2）有关构件吊装规定，允许偏差和检验方法见相关标准、规范。

（3）表中各项均应填写清楚、齐全、准确，并附吊装图。

吊装图：构件类别、型号、编号位置应与施工图纸及结构吊装施工记录一致，并注明图名、制图人、审核人及日期。

十五、焊接材料烘焙记录填写说明

（1）焊条、熔嘴、焊剂和药芯焊丝在使用前，必须按产品使用说明书及有关工艺文件的规定进行烘干。

（2）低氢型焊条烘干温度应为 350℃～380℃，保温时间应为 1.5～2h，烘干后应缓冷放置于 110℃～120℃ 的保温箱中存放、待用；使用时应放置于保温筒中；烘干后的低氢型焊条在大气中放置时间超过 4h 应重新烘干；焊条重复烘干次数不宜超过 2 次；受潮的焊条不应使用。

（3）对于酸性焊条，在焊接规程中没有明确规定。一般对于未受潮的酸性焊条可以不烘焙，但现场施工条件有限，焊条存放容易受潮，对受潮的酸性焊条应进行烘干，烘干温度 150℃ 左右，烘干时间 1.5～2h。含有纤维素型焊条（如 J 425）的烘干温度应控制在 100℃～120℃。

（4）烘焙记录应由现场焊接操作人员进行记录。

（5）烘焙记录内容包括：烘焙方法、烘干温度、要求烘干时间、实际烘焙时间和保温要求等。

十六、地下工程防水效果检查记录填写说明

（1）为保证地下防水工程施工质量，强化地下防水工程的质量验收，《地下防水工程质量验收规范》（GB 50208—2011）规定了对地下结构防水验收的渗漏水检查，内容包括裂缝、渗漏部位、大小、渗漏情况、处理意见等。地下防水效果检查已列入单位工程重要的安全、功能检查项目，必须引起高度重视。

（2）检查地下防水工程渗漏水量，应符合地下工程防水等级标准的规定，见表3—14。

表3—14 地下工程防水等级标准

防水等级	标　准
1级	不允许渗水,结构表面无湿渍
2级	不允许漏水,结构表面可有少量湿渍 工业与民用建筑:湿渍总面积不大于总防水面积的1‰,单个湿渍面积不大于0.1m²,任意100m²防水面积不超过1处 其他地下工程:湿渍总面积不大于总防水面积的6‰,单个湿渍面积不大于0.2m²,任意100m²防水面积不超过4处
3级	有少量漏水点,不得有线流和漏泥砂 单个湿渍面积不大于0.3m²,单个漏水点的漏水量不大于2.5L/d,任意100m²防水面积不超过7处
4级	有漏水点,不得有线流和漏泥砂 整个工程平均漏水量不大于2L/m²·d,任意100m²防水面积的平均漏水量不大于4L/m²·d

（3）渗漏水调查。

1）地下防水工程质量验收时，施工单位必须提供地下工程"背水内表面的结构工程展开图"。

2）房屋建筑地下室只调查围护结构内墙和底板。

3）全埋设于地下的结构（地下商场、地铁车站、军事地下库等），除调查围护结构内墙和底板外，背水的顶板（拱顶）是重点调查目标。

4）钢筋混凝土衬砌的隧道以及钢筋混凝土管片衬砌的隧道渗漏水调查的重点为上半环。

5）施工单位必须在"背水内表面的结构工程展开图"上详细标示：

①在工程自检时发现的裂缝，并标明位置、宽度、长度和渗漏水现象。

②经修补、堵漏的渗漏水部位。

③防水等级标准容许的渗漏水现象位置。

6）地下防水工程验收时，经检查、核对标示好的"背水内表面的结构工程展开图"必须纳入竣工验收资料。

（4）渗漏水现象描述使用的术语、定义和标识符号，可按表3—15选用。

(5) 当被验收的地下工程有结露现象时,不宜进行渗漏水检测。

(6) 房屋建筑地下室渗漏水现象检测。

1) 地下工程防水等级对"湿渍面积"与"总防水面积"(包括顶板、墙面、地面)的比例作了规定。按防水等级 2 级设防的房屋建筑地下室,单个湿渍的最大面积不大于 $0.1m^2$,任意 $100m\,m^2$ 防水面积上的湿渍不超过 1 处。

表 3-15 渗漏水现象描述使用的术语、定义和标识符号

术语	定 义	标识符号
湿渍	地下混凝土结构背水面,呈现明显色泽变化的潮湿斑	♯
渗水	水从地下混凝土结构衬砌内表面渗出,在背水的墙壁上可观察到明显的流挂水膜范围	○
水珠	悬垂在地下混凝土结构衬砌背水顶板(拱顶)的水珠,其滴落间隔时间超过 1min 称水珠现象	◇
滴漏	地下混凝土结构衬砌背水顶板(拱顶)渗漏水的滴落速度,每 min 至少 1 滴,称为滴漏现象	▽
线漏	指渗漏成线或喷水状态	↓

2) 湿渍的现象:湿渍主要是由混凝土密实度差异造成毛细现象或由混凝土容许裂缝(宽度小于 0.2mm)产生,在混凝土表面肉眼可见的"明显色泽变化的潮湿斑"。一般在人工通风条件下可消失,即蒸发量大于渗入量的状态。

3) 湿渍的检测方法:检查人员用干手触摸湿斑,无水分浸润感觉;用吸墨纸或报纸贴附,纸不变颜色。检查时,要用粉笔勾划出湿渍范围,然后用钢尺测量高度和宽度,计算面积,标示在"展开图"上。

4) 渗水的现象:渗水是由于混凝土密实度差异或混凝土有害裂缝(宽度大于 0.2mm)而产生的地下水连续渗入混凝土结构,在背水的混凝土墙壁表面肉眼可观察到明显的流挂水膜范围,在加强人工通风的条件下也不会消失,即渗入量大于蒸发量的状态。

5) 渗水的检测方法:检查人员用干手触摸可感觉到水分浸润,手上会沾有水分。用吸墨纸或报纸贴附,纸会浸润变颜色。检查时,要用粉笔勾划出渗水范围,然后用钢尺测量高度和宽度,计算面积,标示在"展开图"上。

6) 对房屋建筑地下室检测出来的"渗水点",一般情况下应准予修补堵漏,然后重新验收。

7) 对防水混凝土结构的细部构造渗漏水检测,也应按本条内容执行。若发现严重渗水必须分析、查明原因,应准予修补堵漏,然后重新验收。

十七、防水工程试水检查记录填写说明

1.蓄水试验记录

（1）厕浴间蓄水试验方法及要求。

1）凡厕浴间等有防水要求的房间必须有防水层及安装后蓄水检验记录，卫生器具安装完后应做100％的二次蓄水试验，质检员检查合格签字记录。

2）蓄水时间不少于24h。

3）蓄水最浅水位不应低于20mm。

（2）屋面蓄水试验方法及要求。

有女儿墙的屋面防水工程，能做蓄水试验的宜做蓄水检验。

1）蓄水试验应在防水层施工完成并验收后进行。

2）将水落口用球塞堵严密，且不影响试水。

3）蓄水深度最浅处不应小于20mm。

4）蓄水时间为24h。

2.淋水试验记录

（1）外墙淋水试验方法及要求。

预制外墙板板缝，应有2h的淋水无渗漏试验记录。

1）预制外墙板板缝淋水数量为每道墙面不少于10％～20％的缝，且不少于一条缝。

2）试验时在屋檐下竖缝处1.0m宽范围内淋水，应形成水幕。

3）淋水时间为2h。

4）试验时气温在+5℃以上。

（2）屋面淋水试验方法及要求。

1）屋面防水层应进行持续2h淋水试验。

2）沿屋脊方向布置与屋脊同长度的花管（钢管直径38cm左右，管上部钻3～5mm的孔，布置两排，孔距80～100mm），用有压力的自来水管接通进行淋水（呈人工降水状）。

3）高出屋面的烟道、风道、出气管、女儿墙、出入孔根部防水层上口应做淋水试验，并做好记录。

3.雨期观察记录

冬期施工的工程，应在来年雨期之前补作淋水、蓄水试验，或做好雨期观察记录。

记录主要包括：降雨级数、次数、降雨时间、检查结果、检查日期及检查人。

4.不具备蓄水和淋水试验条件

对于不具备全部屋面进行蓄水和淋水试验条件的屋面防水工程，除做好雨季观察记录外，对屋面细部、节点的防水应进行局部蓄水和淋水试验。

（1）水落口应做蓄水检验，时间不少于2h。

（2）女儿墙、出屋面管道、烟（风）道防水卷材上卷部位等应做淋水试验，

时间不少于2h。

表格中"检查方法及内容"：应注意特殊部位蓄水检查方法，如厕浴间管根处、地漏处和屋面细部构造等。

十八、通风道、垃圾道检查记录填写说明

（1）建筑通风道（烟道）应全数做通（抽）风和漏风、串风试验，并做检查记录。

（2）垃圾道应全数检查畅通情况，并做检查记录。

（3）主烟（风）道可先检查，检查部位按轴线记录；副烟（风）道可按户门编号记录。

（4）检查合格记（√），不合格记（×）。

（5）第一次检查不合格记（×），复查合格后在（×）后面记（√）。

十九、预应力筋张拉记录填写说明

《预应力筋张拉记录（一）》包括预应力施工部位、预应力筋规格、平面示意图、张拉程序、应力记录、伸长量等。

《预应力筋张拉记录（二）》对每根预应力筋的张拉实测值进行记录。

后张法预应力张拉施工应实行见证管理，按规定做见证张拉记录。

二十、有黏结预应力结构灌浆记录填写说明

后张法有黏结预应力筋张拉后应灌浆，并做灌浆记录，记录内容包括灌浆孔状况、水泥浆配比状况、灌浆压力、灌浆量，并有灌浆点简图和编号等。

二十一、幕墙注胶检查记录填写说明

幕墙注胶应做施工检查记录，检查内容包括宽度、厚度、连续性、均匀性、密实度和饱满度等。

二十二、幕墙淋水检查记录填写说明

幕墙工程施工完成后，应在易渗漏部位进行淋水检查，并做淋水检查记录，填写《防水工程试水检查记录》。

幕墙工程施工记录应由有相应资质的专业施工单位负责提供。

第3讲 施工测量资料填写说明

一、工程定位测量记录填写说明

依据规划部门提供的红线桩、放线成果及总平面图（场地控制网），测定建筑

物位置、主控轴线及尺寸、建筑物的±0.000高程，填写《工程定位测量记录》，填报《施工测量放线报验表》，报监理单位审核签字后，由建设单位报规划部门验线。

（1）工程名称：要与施工图中图签一致。

（2）图纸编号：填写总图、首层建筑图、基础图的图号。

（3）平面坐标依据：有资质的测绘单位现场实定楼坐桩的成果资料编号。

（4）高程依据：有资质的测绘单位现场实定高程的成果资料编号。

（5）允许误差：视工程等级。

测量允许误差按测量中误差的二倍计算。建（构）筑物平面控制网主要技术指标见表3-16，水准测量的主要技术要求见表3-17。

表3-16 建（构）筑物平面控制网主要技术指标

等级	适 用 范 围	测角中误差/(″)	边长相对中误差
一级	钢结构、超高层、连续程度的建筑	±8	1/24000
二级	框架、高层、连续程度一般的建筑	±13	1/15000
三级	一般建(构)筑	±25	1/8000

表3-17 水准测量的主要技术要求

等级	每千米高差中数偶然中误差 m_Δ /mm	仪器型号	水准标尺	观测次数		往返较差、附合线路或环线闭合差/mm		检测已测测段高差之差/mm
				与已知点联测	附合线路或环线	平地	山地	
三等	±3	DS1 DS3	因瓦 双面	往、返 往、返	往 往、返	$±12\sqrt{L}$ $±3\sqrt{n}$	$±4\sqrt{n}$	$±20\sqrt{L}$
四等	±5	DS3	双面 单面	往、返 两次仪器高测往返	往 变仪器高测两次	$±20\sqrt{L}$ $±5\sqrt{n}$	$±6\sqrt{n}$	$±30\sqrt{L}$

注：1. n 为测站数。
　　2. L 为线路长度，单位为千米（km）。

（6）委托单位：指业主或总承包单位。

（7）施测日期、复测日期：施测、复测（施工单位）实际日期。

（8）使用仪器：施工单位定位时所用的测量仪器型号及出厂编号。

（9）仪器校验日期：仅写使用仪器的型号及相应的有效合格的检定证书上检定时间。

（10）定位抄测示意图。

1）标出单位工程（或多个单位工程）楼座规划点的外廓图形及外廓轴线和相关尺寸；标出本工程±0.000相当于绝对××.×××m高程值；标出引测在场区内的高程点值，并示意所在位置；标出指北针的方向。

2）当群体工程定位时，可在工程名称上标明所定工程。

（11）复测结果。

1）第一种情况，写出：

经核对：规划总图上单位工程坐标、尺寸，单位工程施工图坐标、尺寸，测绘成果一致，资料合格。

经查验：①现场桩点实测误差为×× mm，角度误差为±××″。②引测施工现场的三个施工标高+0.500（建）=××.××× m，误差在×× mm以内。

符合设计施工图尺寸，达到建筑工程施工测量规程精度要求。

2）第二种情况，写出：

经核对：规划总图上单位工程坐标、尺寸与单位工程施工图坐标、尺寸一致，设计资料合格。

经查验：①用导1、导2、导3实测楼坐桩后，经复测误差为×× mm，角度误差为××″。②经××测绘公司规划验线，桩位误差均为×× mm（见验线成果单××号）。

符合设计施工图尺寸及建筑工程施工测量规程精度要求。

（12）签字栏。

1）施工（测量）单位：指业主或总承包单位全称。

2）专业技术负责人：项目总承包方主任工程师。

3）测量负责人：项目总承包方测量专业负责人。

4）复测人：本单位上一级测量负责人，或是项目质检部门测量人员，要有测量专业知识。

5）施测人：有测量上岗证的项目测量人员。

二、基槽验线记录填写说明

通常把对建筑工程项目的基槽轴线、放坡边线等几何尺寸进行复验的工作叫做基槽验线。它是依据主控轴线和基础平面图，主要检验建筑物基底外轮廓线、集水坑、电梯井坑、基槽断面尺寸、坡度等，看其是否符合设计要求。填写《基槽验线记录》,填报《施工测量放线报验表》，报监理单位审核签字。

（1）工程名称：与施工图图签一致。

（2）验线依据及内容。

1）依据。

①定位控制桩×、×、×、×。

②施工现场引测高程控制网H1、H2、H3。

③基础平面图××。

④施工测量方案。

⑤建筑工程施工测量规程。

2）内容。

①基底外轮廓线及外轮廓断面。

②垫层标高。
③集水坑、电梯井等垫层标高、位置。
（3）基槽平面、剖面简图。
1）基槽平面。
基底外轮廓线范围指混凝土垫层的外边沿及所含的集水坑、设备坑、电梯井等示意的位置、标高和基坑下口线的施工工作面尺寸。
2）基槽剖面。
指有变化的外廊轴线到基坑边支护的立面结构尺寸，重点是要填写的外廊轴线到基础外边的尺寸与设计图尺寸必须一致；除此为准确尺寸以外，均为技术措施尺寸。
3）此图为简图，要能反映出外廊轴线垫层外边沿尺寸；外廊轴线到基础外边准确尺寸；垫层顶标高、底标高；集水坑、设备坑、电梯井垫层顶标高；基础外墙、垫层外边沿尺寸、基坑施工面尺寸等。
（4）检查意见。
经核对：外控轴线、设计施工图尺寸无误。
经查验：1）基础外廊轴线，基础外边尺寸误差为××mm。
2）集水坑、设备坑、电梯井位置，误差为××mm。
3）垫层标高－×.×××，误差为××mm。
符合建筑工程施工测量规程的精度要求。
（5）签字栏。
1）施工测量单位：施工单位全称。
2）专业技术负责人：项目主任工程师。
3）专业质检员：验线员或质检员。
4）施测人：有测量上岗证的施测人。

三、楼层平面放线记录填写说明

楼层平面放线内容主要有轴线控制线、各层墙柱轴线与边线、门窗洞口位置线及平面尺寸线等。施工单位完成楼层平面放线后，应填写《楼层平面放线记录》，填报《施工测量放线报验表》，报监理单位审核签字。
（1）工程名称：与施工图图签一致。
（2）放线部位：标明某层及实测施工的轴线段。
（3）放线内容：基础板底防水保护层面层及首层（含）以下各层的墙、柱轴线、边线、门窗洞口线；地上二层（含）以上各层的墙、柱轴线、边线、门窗洞口线、垂直度偏差。
（4）放线依据。
1）采用外控投线方法的楼层：施工测量方案；建筑工程施工测量规程；定位外控桩×、×、×、×；n层的建筑××平面图、结构××图；首层用测绘院高程BM1、BM2、BM3。
2）采用内控法竖向传递轴线的楼层：施工测量方案；建筑工程施工测量规程；

内控点×、×、×、×；n 层的建筑××平面图、结构××图；首层以下各层施工用高程控制网 H1、H2、H3；二层（含）以上各层+0.500=××.×××m 高程传递标准点 1、2、3。

（5）放线简图：应标明楼层外轮廓线、楼层重要控制轴线、尺寸及指北方向。采用内控法向上传递竖向控制线时，第一个施工段要标明不少于 4 个内控点。首层（不含）以上各层应标明垂直度偏差方向及数值。

（6）检查意见：由施工单位根据监理的要求采用计算机打印，应有测量的具体数据误差。

（7）签字栏。

1) 专业技术负责人：栋号技术负责人或有测量上岗证的项目测量组长。

2) 专业质检员：验线员或质量检查员。

3) 实测人：指有测量上岗证的实测人员。

4) 施工单位：施工总承包单位全称。

四、楼层标高抄测记录填写说明

楼层标高抄测内容包括楼层+0.5m（或+1.0m）水平控制线、楼地面、顶棚与门窗口标高等。施工单位完成楼层标高抄测后，填写《楼层标高抄测记录》；填报《施工测量放线报验表》，报监理单位审核签字。

（1）工程名称：同施工图中图签一致。

（2）日期：实际抄测时间。

（3）抄测部位：抄测的层数及抄测的施工段的轴线范围。

（4）抄测内容：墙、柱上本层+0.500（建）=××.×××m，或+1.000（建）=××.×××m。

（5）抄测依据。

1) 首层以下各层用施工高程控制网 H1、H2、H3；首层用有资质测绘单位抄测的 BM1、BM2、BM3 高程点；二层（含）以上各层+0.500（建）=×.×××m 高程传递控制点。

2) 所抄测楼层的建筑平面图××。

3) 施工测量方案。

4) 建筑工程施工测量规程。

（6）抄测说明：抄测范围用轴线简图表示；抄测标高用局部剖面表示；抄测工具应注明仪器型号、出厂编号，合格仪器检定时间。

（7）检查意见。

经核对：楼层设计标高与抄测标高数值无误。

经查验：墙柱上抄测+0.500（建）=××.×××m，标高线误差为××mm。

符合设计施工图标高及建筑工程施工测量规程精度要求。

（8）签字栏。

1) 施工单位：单位工程施工总承包全称。

2）专业技术负责人：栋号技术负责人或有测量上岗证的项目测量组长。

3）专业质检员：验线员或质检员。

4）实测人：指有测量上岗证的实测人员。

五、建筑物垂直度、标高观测记录填写说明

施工单位在结构工程施工和工程竣工时，选定测量点及测量次数，对建筑物垂直度和全高进行实测，填写《建筑物垂直度、标高、全高测量记录》，填报《施工测量放线报验表》，报监理单位审核签字。

(1) 工程名称：同施工图中图签一致。

(2) 施工阶段：结构完成或工程竣工。

(3) 观测说明。

1）用示意外轮廓轴线简图表示阳角观测部位。

2）简明标注对总高的垂直度和总高进行实测实量的所采用的仪器及方法。

3）注明建筑物结构形式，是为对应允许误差的分类。

(4) 垂直度测量（全高）、标高测量（全高）指阳角外檐总高度。

(5) 观测部位实测偏差。

1）垂直度一个阳角有两个偏差值。

2）标高一个阳角有一个偏差值。

3）允许误差（见表 3-18～表 3-19）。

表 3-18 建筑总高度（H）的铅垂度限差

建筑总高度/m	限差/mm
$30 < H \leqslant 60$	10
$60 < H \leqslant 90$	15
$90 < H \leqslant 120$	20
$120 < H \leqslant 150$	25
$150 < H \leqslant 180$	30
$180 < H$	符合设计要求

(6) 结论。

经核对：设计施工图及对应有关资料无误。

经查验：总高垂直度偏差值及标高高差值在允许范围之内。

符合设计施工图及建筑工程施工测量规程精度要求。

(7) 签字栏。

1）专业技术负责人：项目主任工程师。

2）专业质检员：验线员或质检员。

3）实测人：指有上岗证的实测人员。

4) 施工单位：施工总承包单位全称。

表 3-19 建筑总高度 (H) 限差

建筑总高度/m	限差/mm
30＜H≤60	±10
60＜H≤90	±15
90＜H≤120	±20
120＜H≤150	±25
150＜H≤180	±30
180＜H	符合设计要求

表 3-20 混凝土工程、钢结构工程、砌体工程垂直度、标高允许偏差

项目			允许偏差值/mm		检查方法
			国家规范标准	结构长城杯标准	
混凝土工程	垂直度	层高≤5m	8	5	经纬仪 吊线
		层高＞5m	8	5	
		全高(H)	H/1000 且≤30	H/1000 且≤30	尺量
	标高	层高	±10	±5	水准仪
		全高	±30	±30	
钢结构工程	垂直度	杯口、单节柱	H/1000 且≯10	8	经纬仪
		单层结构跨中	H/250 且≯15	10	
		多层、高层整体结构	H/1000 且≯25	20	尺量
砌体工程	垂直度	每层	5	5	经纬仪 吊线
		全高 ≤10m	10	8	
		全高 ＞10m	20	15	尺量

六、沉降观测记录填写说明

(1) 按沉降观测方案及基坑边坡支护位移观测方案记录观测次数、时间。

(2) 对观测点的每次观测都应有观测值（绝对或相对）、本次沉降（位移）量、累计沉降（位移）量。

(3) 要有实测人、审核人、技术负责人签名。

(4) 工程结构完成及工程竣工沉降观测成套成果资料应盖单位公章。

第4讲 施工记录资料表格（C5类）填写示例

一、地基验槽记录

地基验槽记录

工程名称	××综合楼工程	编　　号	
验槽部位	⑧~⑬/Ⓐ~Ⓗ轴内基槽	验槽日期	××年×月×日

依据：施工图号　　　结施-1、结施-4、地质勘察报告（编号：××）　　　；
设计变更/洽商/技术核定编号　　　　　／　　　　　及有关规范、规程。

验槽内容：
1. 基槽开挖至勘探报告第　　③、④　　层，持力层为　　③、④　　层。
2. 土质情况　第③层黏质粉土、砂质粉土；第③层重粉质黏土、粉质黏土；第④层细砂、粉砂　。
3. 基坑位置、平面尺寸　　基坑位置准确，与设计图纸相符；平面尺寸符合设计要求　　。
4. 基底绝对高程和相对标高　43.400/-6.300，40.850/-8.850，42.300/-7.400，44.350/-5.350　。

申请人：×××

检查结论：
　　经检查，槽底土质为黏质粉土、砂质粉土，局部粉砂、粉质黏土。Ⓑ~Ⓒ/⑨~⑫轴为原建筑的肥槽，下挖1.5m后（见硬土层），采用级配砂石或3:7灰土分层回填夯实。设计需加强基础及结构刚度。坡道部分的人工堆积层至少下挖1.0m，用3:7灰土分层回填夯实

☐ 无异常，可进行下道工序　　　☑ 需要地基处理

签字公章栏	施工单位(章)	勘察单位(章)	设计单位(章)	监理单位(章)	建设单位(章)
	建设集团有限公司 代表：××	勘察设计研究院 代表：××	建筑设计研究院 代表：××	工程建设监理有限公司 代表：××	集团开发有限公司 代表：××

二、隐蔽工程验收记录

隐蔽工程验收记录		资料编号	
工程名称		××工程	
隐检项目	锚杆成孔	隐检日期	××年×月×日
隐检部位	③~④/ⓒ轴 ⓒ-ⓒ剖面锚杆,标高-6.90m		
隐检依据:施工图图号　基坑支护与降水设计总说明-002、基坑支护与降水设计平面图-003,地质勘察报告(编号×××)　,设计变更/洽商(编号　　/　　)及有关国家现行标准等。			
主要材料名称及规格/型号:　　　　/　　　　。			
隐检内容: 　1.土方开挖深度到-7.5m,成孔标高-6.9m。 　2.锚杆水平间距1.6m,锚杆定位偏差小于20mm,锚杆成孔水平方向孔距在垂直方向误差不大于100mm。 　3.30~35号锚杆设计深度是16m,各锚杆超钻不小于0.5m。 　4.锚杆成孔角度为8°,偏差不大于3%。 　5.锚杆成孔直径为150mm。 　隐检内容已做完,请予以检查 　　　　　　　　　　　　　　　　　　　　　　　　申报人:×××			
检查意见: 　经检查,现场情况与隐检内容相符,符合设计要求和规范规定,检查通过,允许进入下一道工序施工 检查结论:　☑同意隐蔽　　□不同意,修改后进行复查			
复查结论:			
复查人:　　　　　　　　　　　　　复查日期:			
签字栏	建设(监理)单位	施工单位	××建筑工程有限公司
		专业技术负责人	专业质检员	专业工长
	×××	×××	×××	×××

注:本表由施工单位填写,建设单位、施工单位、城建档案馆各保存一份。

三、隐蔽工程验收记录

隐蔽工程验收记录		资料编号	
工程名称		××工程	
隐检项目	钢筋绑扎	隐检日期	××年×月×日
隐检部位	地上八层墙体 Ⓐ～Ⓒ/①～⑤轴线 25.40m 标高		
隐检依据:施工图图号___结—3___,设计变更/洽商(编号_____)及有关国家现行标准等。			
主要材料名称及规格/型号:___钢筋 $\phi6$、$\phi8$、$\Phi12$、$\Phi14$___			
隐检内容: 1.钢筋表面清洁无锈,无污染物。 2.墙厚 300mm;墙体水平筋 $\Phi12@200$ 双排双向,拉筋 $\phi6@600\times600$;墙体钢筋采用搭接连接,搭接长度为 $49d$($\Phi12$ 取 588mm),搭接范围内绑扎三个螺距,三道水平筋,接头错开 50%,接头中心错开 1.3 倍搭接长度($\Phi12$ 取 765mm)。钢筋锚固长度为 $35d$($\Phi12$ 取 420mm)。 3.暗柱钢筋为 $\Phi14$,箍筋为 $\phi8@200$,采用搭接连接,搭接率为 50%,接头错开 500mm。 4.墙体保护层厚度为 15mm,柱保护层厚度为 30mm。采用塑料垫块,间距 $600mm\times600mm$,梅花形布置,卡子开头向里。 5.钢筋交叉点绑扎牢固,无脱钩、顺螺纹和松动现象,墙体设控制截面和间距的横竖梯子铁定位,竖向梯子铁立筋为 $\Phi14$,代替墙竖向钢筋。 6.墙体水平筋距结构面 50mm 起步,立筋距暗柱主筋 50mm 起步,暗柱箍筋距结构面 50mm 起步。 隐检内容均已做完,请予以检查 申报人:×××			
检查意见: 经检查钢筋品种、规格型号等符合设计要求,钢筋保护层、绑扎接头等符合施工质量验收规范的规定			
检查结论: ☑同意隐蔽 □不同意,修改后进行复查			
复查结论:			
复查人:		复查日期:	
签字栏	建设(监理)单位	施工单位 ××建设集团有限公司		
		专业技术负责人	专业质检员	专业工长
	×××	×××	×××	×××

注:本表由施工单位填写,建设单位、施工单位、城建档案馆各保存一份。

四、施工检查记录（通用）

施工检查记录(通用)		资料编号	
工程名称	××办公楼工程	检查项目	砌筑
检查部位	二层①~⑬/Ⓐ~Ⓖ轴砌体	检查日期	××年×月×日
检查依据： 1.施工图纸：建施-1、建施-7。 2.《砌体工程施工质量验收规范》(GB 50203-2011)。 3.《混凝土小型空心砌块建筑技术规程》(JGJ/T 14-2004)			
检查内容： 1.轻集料混凝土小型空心砌块有合格证、检验报告、复试报告，合格；其品种、强度等级符合设计要求，规格为 390×140×190mm、390×190×190mm、390×240×190mm 等。 2.砂浆的品种符合设计要求，强度等级达到 M5。 3.底部采用 150mm 高 C20 混凝土，拉结筋每 500mm 设置一道，2ϕ6，通长设置；构造柱、圈梁、板带的设置均符合设计要求。 4.砌体水平、竖向灰缝的砂浆饱满，水平灰缝为 10~15mm，竖向灰缝为 20mm，上下砌块错缝，没有瞎缝、透明缝。有构造柱的地方留马牙槎。 5.预埋木砖、预埋件符合要求。 6.砌块墙表面平整度、垂直度、轴线、位置、门窗洞口大小符合设计和规范要求			
检查结论： 经检查，符合设计要求和《砌体工程施工质量验收规范》(GB 50203-2011)的规定			
复查意见：			
	复查人：	复查日期：	
签字栏	施工单位	××建设集团有限公司	
	专业技术负责人	专业质检员	专业工长
	×××	×××	×××

注：本表由施工单位填写并保存。

五、交接检查记录

交接检查记录		资料编号	
工程名称		××办公楼工程	
移交单位名称	××建设集团有限公司	接收单位名称	××机电工程有限公司
交接部位	地下一层水泵房水泵基础	检查日期	××年×月×日
交接内容： 检查××建设集团有限公司施工的水泵房内水泵基础的坐标、标高、几何尺寸、预留螺栓孔的尺寸情况、基础混凝土强度等项目			
检查结果： 经双方检查，水泵基础坐标、标高均符合设计和施工质量验收规范的要求；基础长1500mm、宽700mm、高350mm，符合产品说明书的要求；预留螺栓孔的深度、大小符合产品要求；基础混凝土强度已达到设计要求。 双方同意移交。由××机电工程有限公司接收并进行成品保护，可以进行水泵稳装施工工序的施工			
复查意见： 复查人：　　　　　　　　　　复查日期：			
见证单位意见： 移交单位及检查单位检查结果情况属实，该项工程正常移交 见证单位名称：××工程建设监理有限公司			
签字栏	移交单位	接收单位	见证单位
	×××	×××	×××

注：1. 本表由移交、接收和见证单位各保存一份。
　　2. 见证单位应根据实际检查情况，并汇总移交和接收单位意见形成见证单位意见。

六、地下工程防水效果检查记录

地下工程防水效果检查记录		资料编号	
工程名称	××办公楼工程		
检查部位	地下室结构背水面	检查日期	××年×月×日
检查方法及内容： 4月8日9：00在混凝土接槎处及背水墙面等部位粘贴报纸，经过48h后，于4月10日9：00检查人员用干手触摸粘贴报纸处混凝土墙面，无水分湿润感觉，报纸无潮湿。地下室混凝土结构背水面，无明显色泽变化和潮湿现象			
检查结果： 经检查：地下室结构背水面无湿渍及渗水现象，观感质量合格，符合设计要求和《地下防水工程质量验收规范》(GB 50208—2011)规定			
复查意见：			
	复查人：	复查日期：	
签字栏	建设(监理)单位	施工单位	××建设集团有限公司
		专业技术负责人	专业质检员	专业工长
		×××	×××	×××

签字栏（建设(监理)单位）：×××

注：本表由施工单位填写，建设单位、施工单位各保存一份。

七、防水工程试水检查记录

<h3 style="text-align:center">防水工程试水检查记录</h3>

工程名称	××综合楼工程	资料编号	
检查部位	首层卫生间地面	检查日期	2011年3月14日
检查方式	☑第一次蓄水　□第二次蓄水	蓄水时间	从2011年3月13日　10时 至2011年3月14日　10时
	□淋水　□雨期观察		
检查方法及内容： 　　首层卫生间地面第一次蓄水试验：在门口处用水泥砂浆做挡水墙，地漏周围挡高5cm，用球塞（或棉丝）把地漏堵严密且不影响试水，然后进行放水，蓄水最浅水位为20mm，蓄水时间为24h。 　　检查方法：在地下一层看管根、墙体砖面、顶板是否有渗漏水现象			
检查结论： 　　经检查，首层卫生间地面第一次蓄水试验无渗漏现象，检查合格，符合规范要求			
复查结论： 　　　　　　　　复查人：　　　　　　　　复查日期：			

签字栏	施工单位	××建设集团 有限公司	专业技术负责人	专业质检员
			×××	×××
	监理（建设） 单位	××工程建设监理有限公司	专业工程师	×××

八、通风（烟）道、垃圾道检查记录

通风(烟)道、垃圾道检查记录					资料编号	
工程名称	××办公楼工程				检查日期	××年×月×日
检查部位和检查结果					检查人	复查人
检查部位	主烟(风)道		副烟(风)道		垃圾道	
	烟道	风道	烟道	风道		
××××轴	√	√	—	—	—	×××
××××轴	√	√	—	—	—	×××
××××轴	×(√)	√	—	—	—	×××	×××
××××轴	√	√	—	—	—	×××
××××轴	√	√	—	—	—	×××
检查结论：本次检查的烟(风)道抽气状况良好，安装牢固，与结构的接缝严密，符合要求，通过检查						
施工单位	××建设集团有限公司					
专业技术负责人		专业质检员		专业工长		
×××		×××		×××		

注：本表由施工单位填写并保存。

九、工程定位测量记录

工程定位测量记录		资料编号	
工程名称	××办公楼工程	委托单位	××建设集团有限公司
图纸编号	总平面、首层建筑平面、基础平面	施测日期	××年×月×日
平面坐标依据	××测绘院××普测××号	复测日期	××年×月×日
高程依据	××测绘院××普测××号	使用仪器	GTS—3002N(OS0284) NA724(5230718)
允许误差	$i<1/7500; a<\pm 26''$; $h \leqslant \pm 5\sqrt{n}$ mm	仪器校验日期	GTS—3002N ××年×月×日 NA724 ××年×月×日

定位抄测示意图:

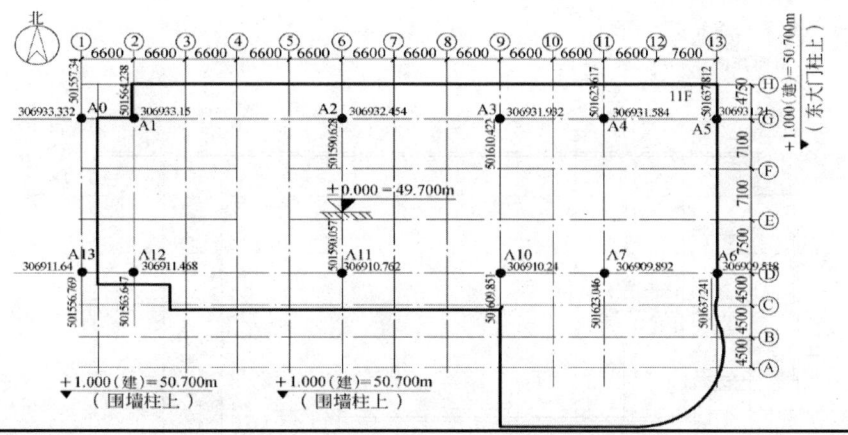

复测结果:
经核对:上图楼座坐标、规划总图、施工图、测绘成果一致,资料合格。
经实测:1.现场桩点最大误差小于±3mm;角度小于±15";
2.引测施工现场的三个施工标高+1.000(建)=50.700m,误差均在2mm以内。
符合设计施工图尺寸,达到建筑工程施工测量规程精度要求

签字栏	建设(监理)单位	施工(测量)单位	××建设集团有限公司	测量人员岗位证书号	037—0001040	
		专业技术负责人	测量负责人	复测人	施测人	
	×××	×××	×××	×××	×××	×××

注:本表由建设单位、监理单位、施工单位、城建档案馆各保存一份。

十、基槽验线记录

基槽验线记录		资料编号	
工程名称	××办公楼工程	日 期	××年×月×日

验线依据及内容：
  一、依据：
  1. 定位控制桩①⑤⑨⑬Ⓐ①ⒼⒽ；
  2. 施工高程控制网 BM1、BM2、BM4；
  3. 基础平面图××；
  4. 施工测量方案(含土方开挖方案)；
  5. 建筑工程施工测量规程。
  二、内容：
  1. 基底外轮廓线及外廓断面；
  2. 垫层标高；
  3. 集水坑、电梯井等垫层标高、位置

基槽平面、剖面简图：

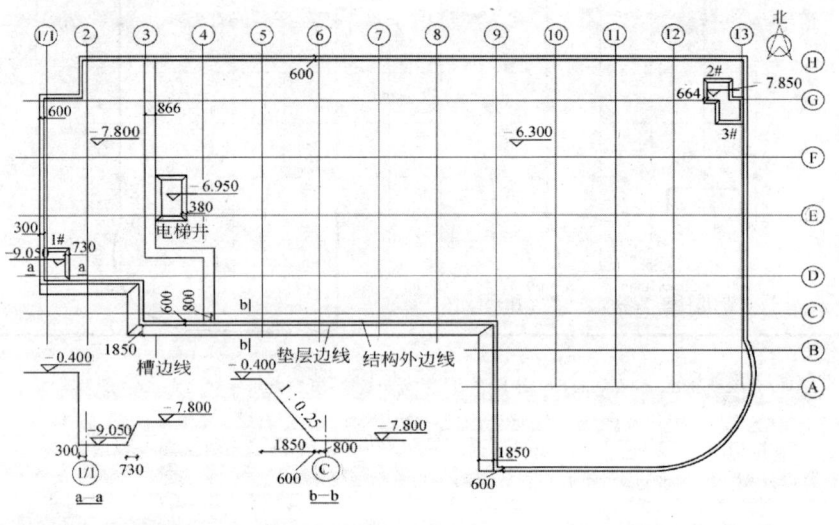

检查意见：
  经核对：外控轴线、设计施工图尺寸无误。
  经查验：1. 基础外轮廓线、基础外边尺寸、集水坑、设备井、电梯井位置、误差均在±3mm以内；
      2. 垫层标高-9.050、-7.800、-6.300，误差均在±5mm以内。
  符合建筑工程施工测量规程的精度要求

签字栏	建设(监理)单位	施工(测量)单位	××建设集团有限公司	
		专业技术负责人	专业质检员	施测人
	×××	×××	×××	×××

注：本表由建设单位、施工单位、城建档案馆各保存一份。

十一、建筑物垂直度、标高观测记录

建筑物垂直度、标高观测记录		资料编号	
工程名称		××办公楼工程	
施工阶段	结构完成	观测日期	××年×月×日
观测说明(附观测示意图)： 1. 本工程为现浇混凝土框剪结构。 2. 用2″精度铅直仪配合量距测得全高、垂直度。　　　　(观测示意图见附图) 3. 用检定合格50m钢尺外加三项改正量得总高 偏差			
垂直度测量(全高)　38.425m		标高测量(全高)　38.425m	
观测部位	实测偏差/mm	观测部位	实测偏差/mm
①/Ⓓ	偏南　4	①/Ⓓ	4
①/Ⓓ	偏西　4		
①/Ⓖ	偏北　3	①/Ⓖ	3
①/Ⓖ	偏西　5		
⑬/Ⓔ	偏东　3	⑬/Ⓔ	2
⑬/Ⓔ	偏南　4		
⑬/Ⓖ	偏北　4	⑬/Ⓖ	3
⑬/Ⓖ	偏东　3		
结论： 　　经核对：设计施工图及对应有关资料无误。 　　经查验：总高垂直度偏差值及标高高差值在允许范围之内。 　　符合设计施工图及建筑工程施工测量规程精度要求			
签字栏	建设(监理)单位	施工单位	××建设集团有限公司	

签字栏	建设(监理)单位	施工单位		
		专业技术负责人	专业质检员	施测人
	×××	×××	×××	×××

注：本表由施工单位填写，建设单位、施工单位各保存一份。

附图：

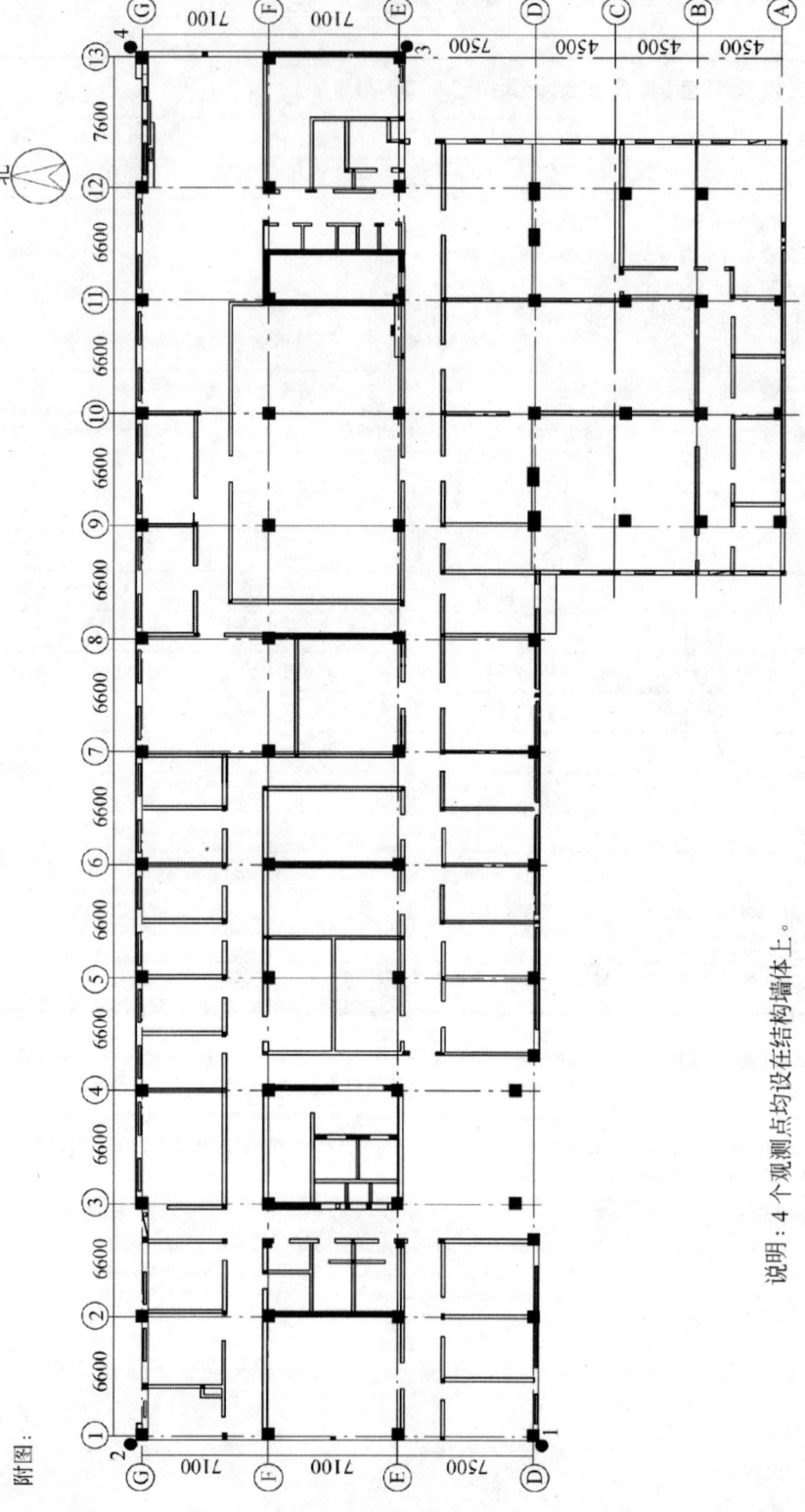

说明：4个观测点均设在结构墙体上。

××办公楼结构完成垂直度、标高观测示意图

第8单元 施工试验记录及检测报告资料（C6类）管理

第1讲 施工试验记录及检测报告（C6类）签认

施工试验资料签认，见表3—21。

表3—21 施工试验资料签认表

序号	工程资料名称	完成或提交时限	主要签认责任	责任单位或部门
一	建筑与结构工程			
1	锚杆、土钉锁定力（抗拔力）试验报告	支护、桩（地）基工程验收前10d提交	检测单位签认	有资质检测单位提供，专业分包负责汇总
2	地基承载力检验报告			
3	桩基检测报告			
4	土工击实试验报告	回填施工前完成击实试验3~7d	试（检）验单位	有资质的试验单位提供，试验员收集
5	回填土试验报告	随回填施工进度完成干密度试验3d左右	试（检）验单位	有资质的试验单位提供，试验员收集
6	钢筋机械连接型式检验报告	资质审查时提交	试（检）验单位	技术提供单位提交
7	钢筋连接工艺检验报告	正式使用于工程前完成	试（检）验单位	有资质的试验单位提供，试验员收集
8	钢筋连接试验报告	钢筋隐蔽验收前完成力学试验1~3d	试（检）验单位	有资质的试验单位提供，试验员收集

续表

序号	工程资料名称	完成或提交时限	主要签认责任	责任单位或部门
9	砂浆配合比申请单、通知单	砂浆砌筑开始前提交	试（检）验单位	有资质的试验单位提供，试验员收集
10	砂浆抗压强度试验报告	标养30d内提交；同条件视龄期而定	试（检）验单位	有资质的试验单位提供，试验员收集
11	砌筑砂浆试块强度统计、评定记录	同一验收批强度报告齐全后评定，分项质量验收前1d提交	项目技术负责人、质量员	项目质量部
12	混凝土配合比申请单、通知单	混凝土浇筑开始前提交	试(检)验单位签认	有资质的试验单位提供，试验员收集
13	混凝土抗压强度试验报告	标养30d内提交；同条件视龄期而定	试（检）验单位签认	有资质的试验单位提供，试验员收集
14	混凝土试块强度统计、评定记录	同一验收批报告齐全后评定，混凝土分项质量验收前1d提交	项目技术负责人、质量员	项目质量部
15	混凝土抗渗试验报告	混凝土分项工程质量验收前提交抗渗试验30~90d	试（检）验单位签认	有资质的试验单位提供，试验员收集
16	混凝土碱总量计算书	配合比基本相同混凝土第一次使用时提供	试（检）验单位签认	有资质的试验单位提供，试验员收集
17	饰面砖黏结强度试验报告	饰面砖粘贴检验批验收前1d提交；粘贴强度试验28d左右	试（检）验单位签认	有资质的试验单位提供，试验员收集
18	后置埋件拉拔试验报告	饰面板安装检验批验收前1d提交	试（检）验单位签认	有资质的试验单位提供，试验员收集
19	超声波探伤记录、报告	焊接完成24h后进行，钢结构子分部工程验收前提交	试（检）验单位签认	有资质的检测单位提供

续表

序号	工程资料名称	完成或提交时限	主要签认责任	责任单位或部门
20	高强度螺栓抗滑移系数检测报告	正式使用前完成,高强螺栓连接检验批验收前1d提交	试(检)验单位签认	有资质的试验单位提供,试验员收集
21	钢结构焊接工艺评定	正式焊接施工前完成,第一次钢结构焊接工程检验批验收前提交	试(检)验单位签认	有资质的试验单位提供,试验员收集
22	网架节点承载力试验报告	正式施工前按设计指定规格完成	试(检)验单位签认	有资质的试验单位提供,试验员收集
23	钢结构涂料厚度检测报告	钢结构涂料涂装检验批验收前提交	试(检)验单位签认	有资质的检测单位提供
24	幕墙双组分硅酮结构胶混匀性及拉断试验报告	硅酮胶使用前完成	试(检)验单位签认	有资质的试验单位提供,试验员收集
25	室内环境检测报告	工程完工后7d,单位工程竣工验收前	委托的检测单位	建设单位提供
二	给排水及采暖工程			
1	设备单机试运转记录	在系统管道和设备安装完毕后进行,合格后1d内完成	项目机电部	机电部经理、专业质检员、专业工长
2	系统试运转调试记录	设备单机试运转完毕后进行,合格后1d内完成	项目机电部	机电部经理、专业质检员、专业工长
3	灌(满)水试验记录	在系统管道和设备安装完毕后进行,并要在暗装、埋地、有绝热层的室内外排水管道进行隐蔽前完成	项目机电部	机电部经理、专业质检员、专业工长
4	强度严密性试验记录	承压管道、设备在安装完毕后进行,并要在进行隐蔽之前完成	项目机电部	机电部经理、专业质检员、专业工长

续表

序号	工程资料名称	完成或提交时限	主要签认责任	责任单位或部门
5	通水试验记录	在各系统管道、卫生洁具、地漏及地面清扫口的分系统（区、段）施工完成后进行，并要在进行隐蔽之前完成	项目机电部	机电部经理、专业质检员、专业工长
6	吹(冲)洗(脱脂)试验记录	各系统管道在分系统（区、段）施工完成后进行试验，并要在进行隐蔽之前完成	项目机电部	机电部经理、专业质检员、专业工长
7	通球试验记录	排水水平干管、主立管施工完成后进行，并要在进行隐蔽之前完成	项目机电部	机电部经理、专业质检员、专业工长
8	补偿器安装记录	在补偿器安装完成后进行	项目机电部	机电部经理、专业质检员、专业工长
9	消火栓试射记录	在消火栓系统安装完成后进行	项目机电部	机电部经理、专业质检员、专业工长
10	安全附件安装检查记录	各安全附件安装齐全，并进行启动、联动试验后进行	专业分包及项目机电部	专业分包技术负责人、专业质检员、专业工长
11	锅炉封闭及烘炉(烘干)记录	锅炉安装完成后进行，要在试运行前完成	专业分包及项目机电部	专业分包技术负责人、专业质检员、专业工长
12	锅炉煮炉试验记录	锅炉安装完成后进行，要在试运行前完成	专业分包及项目机电部	专业分包技术负责人、专业质检员、专业工长
13	锅炉试运行记录	在锅炉烘炉、煮炉合格后进行	专业分包及项目机电部	专业分包技术负责人、专业质检员、专业工长
14	安全阀调试记录	在锅炉安全阀投入运行前进行	试验单位提供，专业分包及项目机电部收集	试验单位

续表

序号	工程资料名称	完成或提交时限	主要签认责任	责任单位或部门
三	建筑电气工程			
1	电气接地电阻测试记录	接地装置完成后进行,若未达到设计要求,增设人工接地体,增设后再次测试	专业分包及项目机电部	项目机电部专业技术负责人、专业质检员、专业工长
2	电气防雷接地装置隐检与平面示意图接地装置隐蔽前完成	项目机电部	项目机电部专业技术负责人、专业质检员、专业工长	
3	电气绝缘电阻测试记录	配管及管内穿线分项质量验收前和单位工程竣工验收前完成	项目机电部	项目机电部技术负责人、质检员、专业工长
4	电气器具通电安全检查记录	电气器具安装完成后进行	项目机电部	项目机电部专业技术负责人、专业质检员、专业工长
5	电气设备空载试运行记录	电气设备安装完成后进行	专业分包及项目机电部	项目机电部专业技术负责人、专业质检员、专业工长
6	建筑物照明通电试运行记录	单位工程竣工验收前完成	项目机电部	项目机电部专业技术负责人、专业质检员、专业工长
7	大型照明灯具承载试验记录	在灯具安装前完成	项目机电部	项目机电部专业技术负责人、专业质检员、专业工长
8	高压部分试验记录	高压部分安装完毕后进行	有相应资格的单位进行	专试验单位或自行设计
9	漏电开关模拟试验记录	漏电开关安装完毕,分项质量验收前完成	项目机电部	项目机电部专业技术负责人、专业质检员、专业工长

续表

序号	工程资料名称	完成或提交时限	主要签认责任	责任单位或部门
10	电度表检定记录	电度表安装前	相应检定资格单位全数检查	专试验单位
11	大容量电气线路结点测温记录	分项工程安装完毕分项质量验收前或单位工程质量竣工前完成	项目机电部	项目机电部专业技术负责人、专业质检员、专业工长
12	避雷带支架拉力测试记录	在避雷带安装前完成	项目机电部	项目机电部专业技术负责人、专业质检员、专业工长
13	建筑节能、保温测试记录	分部工程安装完毕,单位工程质量竣工前完成	检测单位提供,建设单位收集	检测单位
四	通风与空调工程			
1	设备单机试运转记录	在系统管道和设备安装完毕后进行,合格后1d内完成项目机电部	机电部经理、专业质检员、专业工长	
2	系统试运转调试记录	设备单机试运转完毕后进行,合格后1d内完成	项目机电部	机电部经理、专业质检员、专业工长
3	灌(满)水试验记录	在系统管道和设备安装完毕后进行,并要在暗装、埋地、有绝热层的室内外排水管道进行隐蔽前完成	项目机电部	机电部经理、专业质检员、专业工长
4	强度严密性试验记录	承压管道、设备在安装完毕后进行,并要在进行隐蔽之前完成	项目机电部	机电部经理、专业质检员、专业工长

续表

序号	工程资料名称	完成或提交时限	主要签认责任	责任单位或部门
5	通水试验记录	在各系统管道、卫生洁具、地漏及地面清扫口的分系统（区、段）施工完成后进行，并要在进行隐蔽之前完成	项目机电部	项目机电专业技术负责人、专业质检员、专业工长
6	吹（冲）洗（脱脂）试验记录	各系统管道在分系统（区、段）施工完成后进行试验，并要在进行隐蔽之前完成	项目机电部	项目机电部经理、专业质检员、专业工长
7	补偿器安装记录	在补偿器安装完成后进行	项目机电部	项目机电部经理、专业质检员、专业工长
8	风管漏光检测记录	在风管系统安装完成后进行，并要在进行隐蔽之前完成	项目机电部	项目机电部经理、专业质检员、专业工长
9	风管漏风检测记录	在风管系统安装完成后进行，并要在进行隐蔽之前完成	项目机电部	项目机电部经理、专业质检员、专业工长
10	现场组装除尘器、空调机漏风检测记录	在设备安装完成后进行	项目机电部	项目机电部经理、专业质检员、专业工长
11	各房间室内风量温度测量记录	在无生产负荷联合试运转时进行	项目机电部	项目机电部经理、专业质检员、专业工长
12	管网风量平衡记录	在无生产负荷联合试运转时进行	项目机电部	项目机电部经理、专业质检员、专业工长
13	空调系统试运转调试记录	在无生产负荷联合试运转及调试时进行	项目机电部	项目机电部经理、专业质检员、专业工长

续表

序号	工程资料名称	完成或提交时限	主要签认责任	责任单位或部门
14	空调水系统试运转调试记录	在无生产负荷联合试运转及调试时进行	项目机电部	项目机电部经理、专业质检员、专业工长
15	制冷系统气密性试验记录	在系统安装完成后进行	项目机电部	项目机电部经理、专业质检员、专业工长
16	净化空调系统测试记录	在无生产负荷联合试运转时进行	项目机电部	项目机电部经理、专业质检员、专业工长
17	防排烟系统联合试运行记录	在联合试运行和调试时进行	项目机电部	项目机电部经理、专业质检员、专业工长
五	电梯工程			
1	轿厢平层准确度测量记录	电梯在具备运行条件后进行	电梯安装单位	专业技术负责人、专业质检员、专业工长
2	电梯层门安全装置检验记录	电梯层门安装完成后进行	电梯安装单位	专业技术负责人、专业质检员、专业工长
3	电气接地电阻测试记录	电梯安装完毕后进行	专业技术负责人、专业质检员、专业工长	
4	电气绝缘电阻测试记录	电梯电源线路安装完毕后进行	专业技术负责人、专业质检员、专业工长	
5	电梯电气安全装置检验记录	电梯安装完毕，在电梯调试后完成	电梯安装单位	专业技术负责人、专业质检员、专业工长
6	电梯整机功能检验记录	电梯调试结束后，在交付使用前进行	电梯安装单位	专业技术负责人、专业质检员、专业工长

续表

序号	工程资料名称	完成或提交时限	主要签认责任	责任单位或部门
7	电梯主要功能检验记录	电梯调试结束后，在交付使用前进行	电梯安装单位	专业技术负责人、专业质检员、专业工长
8	电梯负荷运行试验记录	电梯调试完成后进行	电梯安装单位	专业技术负责人、专业质检员、专业工长
9	电梯负荷运行试验曲线图	电梯调试完成后进行	电梯安装单位	审核人、绘制人
10	电梯噪声测试记录	电梯具备运行条件后	电梯安装单位	审核人、专业工长
11	自动扶梯、自动人行道安全装置检验记录（一）、（二）	自动扶梯、自动人行道安装完毕后进行	自动扶梯、自动人行道安装单位	专业技术负责人、专业质检员、专业工长
12	自动扶梯、自动人行道整机性能、运行试验记录	自动扶梯、自动人行道调试结束后，在交付使用前进行	自动扶梯、自动人行道安装单位	专业技术负责人、专业质检员、专业工长

第2讲 施工试验记录（通用）填写说明

一、《施工试验记录（通用）》

按照设计要求和规范规定应做施工试验，且本规程无相应施工试验表格的，应填写《施工试验记录（通用）》。

二、《设备单机试运转记录（机电通用）》

给水系统设备、热水系统设备、机械排水系统设备、消防系统设备、采暖系统设备、水处理系统设备，以及通风与空调系统的各类水泵、风机、冷水机组、冷却塔、空调机组、新风机组等设备在安装完毕后，应进行单机试运转，并做记录。

三、《系统试运转调试记录（机电通用）》

采暖系统、水处理系统、通风系统、制冷系统、净化空调系统等应进行系统试运转及调试，并做记录。

第3讲 地基基础工程施工试验资料填写说明

一、《土工击实试验报告》

（1）设计有压实系数要求的，应先取土样进行击实试验，确定最大干密度和最优含水量，并根据设计提出的压实系数计算出填料的控制干密度，再进行干密度取样试验。

（2）设计无压实系数要求且无干密度要求的，依据表3-22选择压实系数，再取土样进行击实试验，确定填料的控制干密度后，再进行干密度取样试验。

表3-22 压实填土的质量控制

结构类型	填土部位	压实系数 λ_c	控制含水量/（%）
砌体承重结构和框架结构	在地基主要受力层范围内	≥0.97	$W_{op} \pm 2$
	在地基主要受力层范围以下	≥0.95	
排架结构	在地基主要受力层范围内	≥0.96	
	在地基主要受力层范围以下	≥0.94	

注：1. λ_c 为回填土控制干密度与最大干密度的比值。
2. 地坪垫层以下及基础底面标高以上的压实填土，压实系数不应小于0.94。
3. W_{op} 为最佳含水率。

（3）设计提出了控制干密度要求的，无须进行击实试验，直接进行干密度取样试验。

（4）对于一般的小型工程又无击实试验条件的单位，最大干密度可按现行规范提供的经验公式计算。

（5）做标准击实试验的土样取样数量应满足：素土或灰土不少于25kg，砂或级配砂石不少于45kg。

二、《回填土试验报告》（应附图）

回填土一般包括柱基、基槽管沟、基坑、填方、场地平整、排水沟、地（路）面基层和地基局部处理回填的素土、灰土、砂和砂石。

取样位置简图：应按规范要求绘制回填土取点平面、剖面示意图，标明重要控制轴线、尺寸数字；分段、分层（步）取样，指北针方向等。现场取样步数、点号须与试验报告各步、点一一对应，并注明回填土的起止标高。

第4讲 结构工程施工试验资料填写说明

一、《钢筋连接试验报告》

（1）用于焊接、机械连接的钢筋接头，其接头的力学性能和工艺性能应符合现行国家标准。

（2）在工程开工正式焊（连）接之前及施工过程中，应对每批进场的钢筋，在现场条件下进行焊接工艺试验（可焊性），机械连接应进行工艺检验。可焊性试验、工艺检验合格后方可进行焊接或机械连接的施工。

（3）钢筋焊接，机械连接的工艺检验、现场检验、型式检验验收批的划分、取样数量及必试项目按国家现行有关标准、规范的规定执行。

（4）承重结构工程中的钢筋连接接头按规定实行有见证取样和送检的管理。

（5）焊（连）接工人必须具有有效的岗位证书。

二、《砂浆配合比申请单、通知单》

（1）委托单位应依据设计强度等级、技术要求、施工部位、原材料情况等，向试验部门提出配合比申请单，试验部门依据配合比申请单，按照《砌体工程施工质量验收规范》（GB 50203－2011）的相关规定，并执行《砌筑砂浆配合比设计规程》（JGJ/T 98－2010）签发配合比通知单。

（2）砂浆配合比委托应提前办理，一般提前10d左右委托为宜（砂浆配合比一般通过7d强度值推定28d强度值来计算配合比，另外原材料试验也需要2~3d时间）。

（3）砌筑砂浆应采用经试验确定的重量配合比，施工中要严格按配合比计量施工，不得随意变更。

（4）如砂浆的组成材料（水泥、骨料、外加剂等）有变化，其配合比应重新试配选定。

（5）砂浆的品种、强度等级、稠度、分层度、强度必须满足设计要求及《砌筑砂浆配合比设计规程》（JGJ/T 98－2010），如品种、强度等级有变动，应征得设计的同意，并办理洽商。

（6）水泥混合砂浆所用生石灰、黏土及电石渣均应化膏使用，其使用稠度宜为120±5mm计量。

水泥砂浆和水泥石灰砂浆中掺用微沫剂，其掺量应事先通过试验确定。水泥黏土砂浆中，不得掺入有机塑化剂。

三、《砂浆抗压强度试验报告》

每一楼层或250m³砌体的各种类型及强度等级的砌筑砂浆，每台搅拌机应至少抽检一次，每次至少应制作一组试块，每组由6个试块组成。如砂浆等级或配合比变更时，还应制作试块。

对冬期施工期间还应留置与工程同条件养护28d再转标准养护28d强度试件。

承重结构的砌筑砂浆试块，应按规定实行有见证取样和送检。

四、《砌筑砂浆试块强度统计、评定标准》

（1）砂浆试块强度评定。

1）砂浆试块试压后，应将砂浆试块试压报告按施工部位及时间顺序编号，及时登记在砂浆试块试压报告目录表中。

2）结构验收（基础或主体结构完成后）前，按单位工程同品种、同强度等级砂浆为同一验收批，参加评定的必须是标准养护28d试块的抗压强度，工程中所用各品种、各强度等级的砂浆强度都应分别进行统计评定。

（2）合格判定（砂浆试块强度统计评定）。

1）砂浆试块强度应按下列公式进行评定：

$$f_2, m \geqslant f_2$$
$$f_2, \min \geqslant 0.75 f_2$$

式中 f_2, m——同一验收批中砂浆立方体抗压强度各组平均值，Mpa；

f_2——验收批砂浆设计强度等级所对应的立方体抗压强度，Mpa；

f_2, min——同一验收批中砂浆立方体抗压强度的最小一组平均值，Mpa。

2）当施工中或验收时出现下列情况，可采用非破损和微破损检测方法对砂浆和砌体强度进行原位检测或取样检测，判定其强度，并应由有资质等级检测单位出具检测报告。

①砂浆试块缺乏代表性或试块数量不足。

②对砂浆试块的试验结果有怀疑或争议。

③砂浆试块的试验结果，已判定不能满足设计要求，需要确定砂浆或砌体强度。

（3）砌筑砂浆的验收批，同一类型、同一强度等级的砂浆试块应不小于3组。当同一验收批只有一组试块时。该组试块抗压强度的平均值必须大于或等于设计强度等级所对应的立方体抗压强度。

（4）砌筑砂浆试块强度统计评定应由项目专业质检员负责填报，项目技术负责人审核，发现不合格应及时采取措施。

五、《混凝土配合比申请单、通知单》

（1）现场搅拌混凝土应有配合比申请单和配合比通知单。预拌混凝土应有试验室签发的配合比通知单。委托单位应依据设计强度等级、技术要求、施工部位、原材料情况等向试验部门提出配合比申请单，试验部门依据配合比申请单签发配合比通知单。

（2）依据《混凝土结构工程施工质量验收规范》（GB 50204－2015）中的规定，并执行《普通混凝土配合比设计规程》（JGJ 55－2011）、《混凝土质量控制标准》(GB 50164—2011)和《轻骨料混凝土技术规程》(JGJ 51—2002)。

(3) 配制混凝土时,应根据配制的混凝土的强度等级,选用适当品种、强度等级的水泥,以使在既满足混凝土强度要求,符合为满足耐久性所规定的最大水灰比、最小水泥用量要求的前提下,减少水泥用量,达到技术可行、经济合算。

(4) 结构用混凝土应采用经试验室确定的重量配合比,施工中要严格按配合比计量施工,不得随意变更。

(5) 应重新申请试配的条件:对混凝土性能指标有特殊要求时;水泥、外加剂或矿物掺和料品种、质量有显著变化时;混凝土配合比使用过程中,若发现原材料质量有较大波动;冬季与常温季节变换时。

(6) 混凝土配合比申请单、通知单位应在达到试验周期,且在正式施工前,由项目试验员负责领取,检查内容齐全无误后提交项目技术员或资料员。

六、《混凝土抗压强度试验报告》

(1) 一般规定。

通过对原材料的质量检验与控制、混凝土配合比的确定与控制、混凝土生产和施工过程各工序的质量检验与控制,以及合格性检验控制,使混凝土的质量符合规定要求。

1) 配制混凝土用的材料要求。

配置混凝土的各种原材料品种、规格和技术性能应符合国家现行标准规定和设计要求。水泥、外加剂及掺和料等还应进行碱含量检测,砂、石等应进行碱活性检测,碱含量或碱活性应符合设计要求和有关规范、规程的规定。

①水泥。

配置混凝土所使用的水泥,一般采用普通硅酸盐水泥、硅酸盐水泥,有特殊要求时可采用其他品种水泥。

选用水泥时,应注意其特性对混凝土结构强度、耐久性和使用条件是否有不利影响。选用水泥时,应以能使所配制的混凝土强度达到要求、收缩小、和易性好和节约水泥为原则。

水泥进场应有出厂合格证和出厂试验报告,并应按其品种、强度等级、包装或散装仓号、出厂日期等进行检查验收,进场后应进行复试,试验合格后使用。

②砂。

混凝土用砂,一般采用质地坚硬、级配良好、颗粒洁净、粒径小于 5mm 的砂。各类砂应按有关标准规定分批检验,各项指标合格方可使用。

普通混凝土所用的砂应以细度模数 2.5~3.5 之间的中、粗砂为宜,其含泥量应小于 3%。

③石。

混凝土用的石子,应采用坚硬的碎石或破碎卵石,并应按产地、类别、加工方法和规格等不同情况,按有关标准规定分批进行检验,确认合格后使用。

石子最大粒径应按混凝土结构情况及施工方法选择。

④外加剂。

应根据外加剂的特点，结合使用目的，通过技术、经济比较来确定外加剂的使用品种。所采用的外加剂，必须是经过有关部门检验并附有检验合格证明的产品，其质量和应用技术应符合国家现行标准《混凝土外加剂》（GB 8076—2008）和《混凝土外加剂应用技术规范》（GB 50119—2013）的有关规定。

外加剂应有产品说明书、出厂检验报告及合格证，进场后应取样复试合格。

⑤混合材料。

混合材料包括粉煤灰、火山灰质材料、粒化高炉矿渣等，应由生产单位专门加工，进行产品检验并出具产品合格证书，其技术条件应分别符合现行《用于水泥和混凝土中的粉煤灰》（GB 1596—2005）、《用于水泥中的火山灰质混合料》（GB/T 2847—2005）、《用于水泥中的粒化高炉矿渣》（GB/T 203—2008）等标准的规定。

各种混合材料应有出厂合格证或质量证明书和法定检测单位提供的质量检测报告，进场后应取样复试合格。

⑥拌合用水。

宜采用饮用水。当采用其他水源时，其水质应符合国家现行标准《混凝土用水标准》（JGJ 63—2006）的规定。

2）应有配合比申请单和由试验室签发的配合比通知单，施工中如材料有变化时，应有修改配合比的试验资料。

3）质量检验。

各种材料、各工程项目和各个工序，应经常进行检验，保证符合设计要求和相关标准规定。检验项目和次数应符合下列规定。

①混凝土搅拌前的检验。

施工设备和场地；混凝土组成材料及配合比（包括外加剂）；混凝土凝结速度等性能；养护方法及设施。

②拌制和浇筑混凝土时的检验。

混凝土组成材料的外观及配料、拌制，每一工作班至少2次，必要时随时抽样试验；混凝土的和易性（坍落度等）每工作班至少2次；砂石材料的含水率，每日开工前1次，气候有较大变化时随时检测；当含水率变化较大、将使配料偏差超过规定时，应及时调整；混凝土的运输、浇筑方法和质量；外加剂使用效果；制取混凝土试件。

③浇筑混凝土后的检验。

养护情况；混凝土强度；混凝土外露面质量。

（2）混凝土的资料管理应符合下列要求。

1）应有混凝土使用的各种原材料如水泥、外加剂、粗细骨料、掺和料等的质量证明文件和按规定进行的进场复试报告。

2）现场搅拌混凝土应有配合比申请单和配合比通知单。预拌混凝土应有试验室签发的配合比通知单。

3）应有按规定留置的龄期为 28d 的标准养护试块和一定数量的同条件养护试块的抗压强度试验报告。冬期施工掺防冻剂的混凝土应按照《混凝土外加剂应用技术规范》（GB 50119－2013）的要求，有受冻临界强度试块和转常温试块的抗压强度试验报告。

4）按照《混凝土结构工程施工质量验收规范》（GB 50204－2015）规定，应有 C20 以上每个强度等级的结构实体强度检验报告。

5）抗渗混凝土、特种混凝土除应具备上述资料外，应有专项试验报告。

6）应有单位工程《混凝土试块抗压强度统计、评定记录》。统计、评定方法及合格标准应符合有关标准的规定。

7）抗压强度试块、抗渗性能试块的留置数量及必试项目应符合有关标准的规定。

8）混凝土试块的制作和试验应由项目试验员负责。承重结构的混凝土抗压强度试块，应按规定实行有见证取样和送检。

9）结构混凝土出现不合格检验批的，或未按规定留置试块的，应有结构处理的相关资料；需要检测的，应有相应资质检测机构的检测报告，并有设计单位出具的认可文件。

10）预防混凝土结构工程碱集料反应按有关规范、规程、标准的规定执行，有相关检测报告。

（3）根据混凝土试块的龄期，项目试验员在达到试块的试验周期后，凭试验委托合同单到检测单位领取完整的混凝土抗压强度试验报告。领取试验报告时，应认真查验报告内容，如发现与委托内容不符或存在其他笔误，视不同情况按检测单位的相应规定予以解决。

（4）标准养护试件、同条件试件抗压强度结果应符合设计要求、规范规定，如结果不合格或异常（超强），试验员应及时上报项目技术、质量部门处理。

（5）混凝土试验报告的分类整理要求：标养强度报告应按照桩基础、地基基础、主体结构强度报告分类整理；同条件强度报告应按照拆模、张拉、结构实体检验、受冻临界强度、吊装等分类整理。

（6）报告中的混凝土强度等级、成型日期、强度值应与施工图、配合比、混凝土运输单、混凝土浇灌申请、检验批质量验收记录的相关内容相符。

七、《混凝土试块强度统计、评定记录》

（1）强度等级相同、龄期相同、配合比基本相同（是指施工配制强度相同，并能在原材料有变化时，及时调整配合比使其施工配制强度目标值不变）、生产工艺条件基本相同的混凝土为一验收批。

（2）对于混凝土结构尚应按同一验收工程的不同的验收阶段（如桩基础、地基基础、主体结构、砌体结构）划分验收批，进行强度统计评定。

(3) 对同一验收批的混凝土强度,应以同一批内标准试件(边长为150mm的立方体试件)的全部强度代表值来评定。

(4) 掺粉煤灰的地面、地下和大体积混凝土龄期可采用60d、90d或180d;结构实体检验混凝土采用等效养护龄期。

(5) 混凝土强度评定方法和合格判定条件见表3-23。

(6) 混凝土强度统计评定工作应由项目质量员负责,如评定结果不合格应及时上报有关部门(技术负责人、监理单位)采取处理措施。

(7) 确定单位工程中需统计评定的混凝土验收批,找出所有同一强度等级的各组试件强度值,分别填入表中。

(8) 填写所有已知项目。

(9) 分别计算出该批混凝土试件的强度平均值、标准差,找出合格判定系数和混凝土试件强度最小值填入表中。

(10) 计算出各评定数据并对混凝土试件强度进行判定,结论填入表中。

(11) 签字、上报、存档。

表3-23 混凝土强度合格评定方法

合格评定方法	合格评定条件	备注
统计方法(一)	1. $m_{f_{cu}} \geq f_{cu,k} + 0.7\sigma_0$ 2. $f_{cu,min} \geq f_{cu,k} - 0.7\sigma_0$ 且 当强度等级≤C20时, $f_{cu,min} \geq 0.85 f_{cu,k}$ 当强度等级>C20时, $f_{cu,min} \geq 0.90 f_{cu,k}$。 式中 $m_{f_{cu}}$——同一验收批混凝土强度平均值,N/mm²; $f_{cu,min}$——同一验收批混凝土强度的最小值,N/mm²; $f_{cu,k}$——设计的混凝土强度标准值; σ_0——验收批的混凝土强度标准差,可依据前一个检验期的同类混凝土试件强度数据确定	验收批混凝土强度标准差按下式确定: $$\sigma_0 = \frac{0.59}{m}\sum_{i=1}^{m}\Delta f_{cu,i}$$ 式中 $\Delta f_{cu,i}$——前一检验期内第i批混凝土强度的极差; m——前一检验期内验收批的总批数 注:在确定混凝土强度批标准差(σ_0)时,其检验期限不应超过3个月且在该期间内验收批总数不应少于15批

续表

合格评定方法	合格评定条件	备注
统计方法（二）	1. $m_{f_{cu}} - \lambda_1 \cdot S_{f_{cu}} \geq 0.90 f_{cu,k}$ 2. $f_{cu,min} \geq \lambda_2 \cdot f_{cu,k}$ 式中： λ_1, λ_2——合格判定系数，按右表取用； $S_{f_{cu}}$——同一验收批混凝土强度标准差，N/mm^2； 当计算值 $S_{f_{cu}} < 0.06 f_{cu,k}$ 时，取 $S_{f_{cu}} = 0.06 f_{cu,k}$	一个检验批混凝土试件组数 $n \geq 10$ 组，n 组混凝土试件强度标准差（$S_{f_{cu}}$）按下式计算： $$S_{f_{cu}} = \sqrt{\frac{\sum_{i=1}^{n} f_{cu,i}^2 - nm^2 f_{cu}}{n-1}}$$ 式中：$f_{cu,i}$——第 i 组混凝土试件强度，N/mm^2； n——验收批内混凝土试件总组数 合格判定系数（λ_1、λ_2）表 | n | 10~14 | 15~24 | ≥25 | |---|---|---|---| | λ_1 | 1.70 | 1.65 | 1.60 | | λ_2 | 0.9 | 0.85 | |
非统计方法	1. $m_{f_{cu}} \geq 1.15 f_{cu,k}$ 2. $f_{cu,min} \geq 0.95 f_{cu,k}$	一个验收的试件组数 $n=2\sim9$ 组；当一个验收批的混凝土试件仅有 1 组时，则该组试件强度应不低于强度标准值的 115%

八、《混凝土抗渗试验报告》

（1）防水混凝土和有特殊要求的混凝土，应有配合比申请单和配合比通知单及抗渗试验报告和其他专项试验报告。应符合《地下防水工程质量验收规范》（GB 50208—2011）中的有关规定，防水混凝土要进行稠度、强度和抗渗性能三项试验。稠度和强度试验同普通混凝土。防水混凝土抗渗性能，应采用标准条件下养护的防水混凝土抗渗试块的试验结果评定。

（2）有抗渗要求的混凝土应留置检验抗渗性能的试块，留置原则可依据《地下防水工程质量验收规范》（GB 50208—2011）的规定，对连续浇筑混凝土每 500m³ 应留置一组抗渗试块，且每项工程不得少于两组。其中至少一组在标准条件下养护。抗渗等级以每组 6 个试块中有 3 个试件端面呈有渗水现象时的水压（H）计算出的 P 值进行评定。若按委托抗渗等级 P 评定（6 个试件均无透水现象）：应试压至 $P+1$ 时的水压，方可评为 $>P$。采用预拌混凝土的抗渗试块，留置组数应视结构的规模和要求而定。

抗渗性能试验应符合现行《普通混凝土长期性和耐久性能试验方法》（GB/T

50082—2009）的有关规定。

九、《混凝土碱含量计算书》

（1）应用于Ⅱ、Ⅲ类混凝土结构工程的集料（砂、石）每年均应进行碱活性检验，其他材料（水泥、外加剂、掺和料）均应按批进行碱含量检测。

（2）混凝土碱含量计算书应按照单位工程实际使用的配合比提供，一种混凝土配合比对应一份碱含量计算书。

（3）对于预拌混凝土，混凝土碱含量计算书应由预拌混凝土供应单位提供；对于现场搅拌混凝土，应由混凝土试配单位提供。施工单位技术部门应审核计算结果是否满足设计提出的要求或规范规定。

（4）混凝土原材的碱活性和碱含量的检测报告；混凝土碱含量评估等资料均应列入工程档案。

（5）混凝土碱含量计算书应由施工单位和建设单位留存。

第5讲　装饰装修工程施工试验资料填写说明

一、《回填土密度检测报告》

地面回填土应有《回填土密度检测报告》，按要求绘制回填土取样点平面示意图，分段、分层取样做密度检测。

二、《饰面砖黏结强度试验报告》

（1）项目试验员应依据标准、规范规定及施工技术文件要求，对外墙饰面砖取样做黏结强度试验，可按约定执行有见证取样及送检规定。

（2）依据《建筑装饰装修工程质量验收规范》（GB 50210—2001）中 8.3.4 强制条文规定，饰面砖黏结必须牢固。依据《建筑工程饰面砖黏结强度检验标准》（JGJ 110—2008）规定，外墙饰面砖应对样板件做黏结强度检验，具有样板件黏结强度检测报告。

（3）取样数量、检验方法、检验结果判定均应符合《建筑工程饰面砖黏结强度检验标准》（JGJ 110—2008）规定。

1）现场镶贴的外部饰面砖工程，每 300 m^2 同类墙体取一组试样，每组 3 个，每楼层不得少于一组，不足 300 m^2 同类墙体，每两楼层取一组试件，每组 3 个。

2）带饰面砖的预制墙板，每生产不大于 100 块预制板墙取一组，每组在 3 块板中各取 1 个试件。

3）样板件应在与施工相同的基层上制作。

三、《砂浆配合比试验报告》、《砂浆抗压强度检测报告》

装饰装修工程使用的砂浆和混凝土应有配合比试验报告和强度检测报告,有抗渗要求的还应有抗渗性能检测报告。

四、《室内环境检测报告》

(1)民用建筑工程及室内装修工程应按照现行国家规范要求,在工程完工至少 7d 以后、工程交付使用前对室内环境进行质量验收。

(2)室内环境检测应由建设单位委托经有关部门考核、认可的检测机构进行,并出具室内环境污染物浓度检测报告。

(3)民用建筑工程及室内装修工程验收时,应检查下列资料。

1)工程地质勘察报告,工程地点土壤中氡浓度检测报告。

2)工程地点土壤天然放射性核素镭—226、钍—232、钾—40 的含量检测报告。

3)涉及室内环境污染控制的施工图设计文件及工程设计变更文件。

4)建筑材料和装修材料的污染物含量检测报告,材料进场检验记录,复验报告。

5)与室内环境污染控制有关的隐蔽工程验收记录、施工记录。

6)样板间室内环境污染物浓度检测记录(不做样板间的除外)。

(4)民用建筑工程所用建筑材料和装修材料的类别、数量和施工工艺等,应符合设计要求和有关规定。

(5)民用建筑工程验收时,必须进行室内环境污染物浓度检测。检测结果应符合表 3-24 的规定。

表 3-24 民用建筑工程室内环境污染物浓度限量

污 染 物	Ⅰ类民用建筑工程	Ⅱ类民用建筑工程
氡/(Bq/m^3)	≤200	≤400
游离甲醛/(mg/m^3)	≤0.08	≤0.12
苯/(mg/m^3)	≤0.09	≤0.09
氨/(mg/m^3)	≤0.2	≤0.5
TVOC/(mg/m^3)	≤0.5	≤0.6

注:表中污染物浓度限量,除氡外均应以同步测定的室外空气相应值为空白值。

(6)抽检数量要求。

1)民用建筑工程不做样板间的,抽检有代表性的房间的数量不得少于 5%,并不得少于 3 间;房间总数少于 3 间的应全数检测。

2)民用建筑工程做了样板间且样板间合格的,抽检数量减半,但不得少于 3 间。

(7)检测点数要求。

1)房间使用面积小于 50 m^2 时,设 1 个检测点。

2）房间使用面积在 50~100 m² 时，设 2 个检测点。

3）房间使用面积大于 100 m² 时，设 3~5 个检测点。

4）当房间内有两个及以上的检测点时，应取各点检测结果平均值作为该房间的检测值。

（8）检测点采集要求。

1）检测点应距内墙面不小于 0.5m、距楼地面高度 0.8~1.5m。检测点均匀分布，要避开通风道和通风口。

2）当采集游离甲醛、苯、氨、总挥发性有机物样品时，对采用集中空调的民用建筑工程，检测点采集应在空调正常运转的条件下进行；对采用自然通风的民用建筑工程，检测点采集应在对外门窗关闭 1h 后进行。

3）当采集氡样品时，对采用集中空调的民用建筑工程，检测点采集应在空调正常运转的条件下进行；对采用自然通风的民用建筑工程，检测点采集应在对外门窗关闭 24h 后进行。

（9）当室内环境污染物浓度的全部检测结果符合上述规定时，可判定该工程室内环境质量合格。

（10）当室内环境污染物浓度检测结果不符合上述的规定时，应查找原因并采取措施进行处理，并可进行再次检测。再次检测时，抽检数量应增加 1 倍。室内环境污染物浓度再次检测结果全部符合上述规定时，可判定为室内环境质量合格。

（11）室内环境质量验收不合格的民用建筑工程，严禁投入使用。

第 6 讲　给水排水及采暖工程施工试验资料填写说明

一、《灌（满）水试验记录》

（1）非承压管道系统和设备，包括开式水箱、卫生器具、安装在室内的雨水管道、暗装、直埋或有隔热层的室内外排水管道进行隐蔽前，均应进行灌（满）水试验，并做记录。

（2）隐蔽或埋地的排水管道在隐蔽前必须做灌水试验，其灌水高度不应低于底层卫生器具的上边缘或底层地面高度。满水 15min 水面下降后，再灌满观察 5min，液面不降，管道及接口无渗漏为合格。

（3）安装在室内的雨水管道安装后应做灌水试验，灌水高度必须到每根立管上部的雨水斗。灌水试验应持续 1h，不渗不漏。

（4）开式水箱应在管道、附件开口均完成后，将甩口临时封闭，满水试验静置 24h 观察，不渗不漏为合格。

（5）卫生器具交工前应做满水试验。满水后各连接件应不渗不漏。

（6）室外排水管道埋设前必须做灌水试验，应按排水检查井分段进行，试验水头应以试验段上游管顶加 1m，试验时间不少于 30min，逐段观察，管接口无渗漏。

二、《强度严密性试验记录》

(1) 项目的划分。

一般按规范和设计要求分部位、分系统进行。

(2) 试验的内容。

1) 室内外输送各种介质的承压管道、设备、阀门、密闭水箱（罐）、成组散热器及其他散热设备等应进行强度严密性试验并做记录。

2) 阀门试验。

阀门安装前，应做强度和严密性试验。试验应在每批（同牌号、同型号、同规格）数量中抽查 10%，并且不少于一个。对于安装在主干管上起切断作用的闭路阀门，应逐个进行强度和严密性试验。强度试验压力为公称压力的 1.5 倍；严密性试验压力为公称压力的 1.1 倍；试验压力在试验时间内应保持不变，且壳体填料及阀瓣密封面无渗漏。

在阀门抽检压力试验中，如发现有压力降及有渗漏现象，即判定为该批（同牌号、同型号、同规格）阀门为不合格；对于逐个进行强度和严密性试验的阀门，如发现有不合格的情况出现，并不代表其他的阀门也不可使用。但如在同规格、同型号的阀门第二次试验时还有不合格的情况出现，建议做全部退货处理。

在对闸阀进行水压试验时，先将闸板紧闭，从阀的一端引入压力，在另一端检查其严密性；在压力逐渐消除后，再从阀的另一端引入压力，反方向的一端检查其严密性；封堵一端口，全部打开闸板，从一端引入压力再升压至试验压力进行观察，壳体填料及阀瓣密封面应无渗漏。

对截止阀、角阀进行压力试验时，阀杆应处于水平位置，阀瓣紧闭，压力从阀孔低的一端引入，在阀的另一端检查其严密性。然后封闭该端口，打开阀瓣，再升压至试验压力，观察壳体填料及阀瓣密封面应无渗漏。

试验直通旋塞时，将塞子调到全关状态，压力介质从一端引入，从另一端检查其严密性；试验三通旋塞时，应将塞子调到各个关闭位置，引入压力后在另一端检查其各关闭位置的严密性；最后封闭各检查端口，打开旋塞，再升压至试验压力，观察其严密性。

试验止回阀时，压力介质从出口一端引入，在进口一端检查其严密性。

阀门安装不可能全部同时进行，阀门的进场应该按照不同的子分部施工部位进度来安排进场时间，也就是说，阀门试验是分批进行的，不同的子分部管道系统，要求的阀门公称压力可能会不一样。所以，阀门试验记录应按不同的子分部分别编号，从 05－C6－001 开始，顺序编号。

3) 喷洒头试验。

试验数量宜从每批中抽查 1%，但不得少于 5 只，试验压力应为 3.0MPa；保压时间不得少于 3min。当 2 只及 2 只以上不合格时，不得使用该批喷头。当仅有 1

只不合格时,应再抽查2%。但不得少于10只;重新进行密封性能试验,当仍有不合格时,亦不得使用该批喷头。

4)地板辐射采暖集水器、分水器试验。

分水器、集水器组件安装前,应做强度和严密性试验。试验应在每批数量中抽查10%,且不得少于一个。对安装在分水器进口、集水器出口及旁通管上的旁通阀门,应逐个做强度和严密性试验,合格后方可使用。

强度试验压力应为工作压力的1.5倍;严密性试验压力应为工作压力的1.1倍,试验时间2min,其间压力应保持不变,应无渗漏。

5)室内给水系统水压试验。

室内给水系统分为室内生活给水系统、消火栓给水系统。

①室内生活给水系统水压试验。

室内给水管道系统的水压试验必须符合设计要求。压力表的设置应在系统的最低处。当设计未注明时,各种材质的给水管道系统试验压力均为工作压力的1.5倍,但不得小于0.6MPa。

水压试验时应将系统充满水,并在系统的最高点设置临时排气阀,进行排气。试压时,当系统较小时应采用手动试压泵,升压应缓慢,达到工作压力时应停止升压,检查系统渗漏情况,然后再升至试验压力。

金属及复合管给水管道系统在试验压力下观测10min,压力降不应大于0.02MPa,然后降至工作压力进行检查,应不渗不漏;塑料管给水系统应在试验压力下稳压1h,压力降不得超过0.05MPa,然后在工作压力的1.15倍状态下稳压2h,压力降不得超过0.03MPa,同时检查各连接处不得渗漏。

对于混合的给水管道系统,在系统试验前应分别对不同的材质系统按照不同的要求分别进行预压力试验,试验合格后再进行全系统水压试验,试验按塑料给水系统的压力试验要求进行。

给水管道单项试压只是对局部的管道强度进行压力试验,试验压力同上;当设计未注明时,各种材质的给水管道系统试验压力均为工作压力的1.5倍,但不得小于0.6MPa。金属及复合管给水系统在试验压力表下观测10min,塑料管给水系统应在试验压力下稳压1h,均不得有压降,并且管道不渗不漏。

②室内消火栓系统水压试验。

室内消火栓系统的水压试验,试验压力表应设置在系统的最低处。当系统设计工作压力等于或小于1.0MPa时,水压强度试验压力应为设计工作压力的1.5倍,并不低于1.4MPa,当系统设计工作压力大于1.0MPa时,水压强度试验压力应为该工作压力加0.4MPa;在强度试验压力下稳压30min,目测管网应无泄漏和变形,且压力降不应大于0.05MPa。

消防管道的单项试压,在试验压力下,应无压降为合格。

消火栓的严密性试验应在强度试验合格的基础上降至工作压力后,稳压24h,应无渗漏现象。

6) 室内热水供应系统的水压试验。

热水供应系统安装完毕，管道保温之前应进行水压试验。试验压力应符合设计要求。所有室内热水供应系统的试压记录单独编号，从 05－C6－001 开始，顺序编号。

7) 散热器、密闭箱、罐水压试验。

散热器组对后，以及整组出厂的散热器还有密闭箱、罐在安装之前应逐个做水压试验，试验记录要分别填写，分别顺序编号。试验压力如设计无要求时应为工作压力的 1.5 倍，但不小于 0.6MPa。散热器试验时间为 2～3min，密闭箱、罐的水压试验时间为 10min，压力不降且不渗漏为合格。在散热器试验时，可以分批进行试验，要注明试验开始时间和结束时间，每批试验多少组，记录要合理。

8) 低温热水地板辐射采暖系统水压试验。

地面下敷设的盘管隐蔽前必须进行水压试验，试验压力为工作压力的 1.5 倍，但不小于 0.6MPa。稳压 1h 内压力降不大于 0.05MPa 且不渗不漏。为确保工程质量，在浇捣混凝土填充层之前和混凝土填充层养护期满之后应分别进行一次水压试验，或在混凝土填充层浇捣和养护期间保持管道内压力不变，也就是带压隐蔽。同样，对于集中采暖分户计量散热器采暖的管道系统，采暖支管采用塑料管道或复合管道暗埋在混凝土垫层内，在隐蔽时也应进行带压隐蔽。低温热水地板辐射采暖系统的所有水压试验记录要纳入到采暖系统水压试验记录编号当中。

采暖盘管的单项试压，在试验压力下，应无压降为合格。

9) 集中采暖系统的水压试验。

采暖系统安装完毕，管道保温之前应进行水压试验。

①系统压力试验时，应拆去压力表，打开疏水器、减压器旁通阀，关闭进口阀，不使压力表、减压器、疏水器参与系统水压试验。

②检查系统上的阀门是否处于开启状态；检查集气罐、排气阀或自动排气阀的控制阀是否全部打开。

③暂时不与外网连接。在回水干管上安装试压泵和临时给水管道，试验压力表需经过校验后安装使用。

④从回水干管内向系统内注水，边排气边向系统注水。水注满后，排气阀不再排气，关闭排气阀，逐层检查系统是否漏水。

⑤启动试压泵开始升压，升压至工作压力，进行检查，没有渗漏和跑水现象再升压至试验压力。升压过程应缓慢，并且严密检查和监视系统各组成部分，防止出现漏水、变形、破裂等。

⑥试验压力应符合设计要求。当设计未注明时，应符合下列规定：

蒸汽、热水采暖系统，应以系统顶点工作压力加 0.1MPa 做水压试验，同时在系统顶点的试验压力不小于 0.3MPa；高温热水采暖系统，试验压力应为系统顶点工作压力加 0.4MPa；使用塑料管及复合管的热水采暖系统，应以系统顶点工作压力加 0.2MPa 做水压试验，同时在系统顶点的试验压力不小于 0.4MPa。

检验方法：使用钢管及复合管的采暖系统应在试验压力下 10min 内压力降不大于 0.02MPa，降至工作压力后检查，不渗、不漏；使用塑料管的采暖系统应在试验压力下 1h 内压力降不大于 0.05MPa，然后降压至工作压力的 1.15 倍，稳压 2h，压力降不大于 0.03MPa，同时各连接处不渗、不漏。

⑦混合管路的采暖系统水压试验程序参照给水系统的有关要求进行，对于不同材质的系统按所对应的要求进行预压力试验，合格后按照最严格的水压试验及严密性试验要求进行综合试验。

10）室外给水管网必须进行水压试验，试验压力为工作压力的 1.5 倍，但不得小于 0.6MPa。管材为钢管、铸铁管时，试验压力下 10min 内压力降不应大于 0.05MPa，然后降至工作压力进行检查，压力应保持不变，不渗不漏；管材为塑料管时，试验压力下稳压 1h 压力降不大于 0.05MPa，然后降至工作压力进行检查，压力应保持不变，不渗不漏。

11）消防水泵接合器及室外消火栓系统必须进行水压试验，试验压力为工作压力的 1.5 倍，但不得小于 0.6MPa。试验压力下 10min 内压力降不应大于 0.05MPa，然后降至工作压力进行检查，压力应保持不变，不渗不漏。

12）室外供热管网必须进行水压试验，试验压力为工作压力的 1.5 倍，但不得小于 0.6MPa。在试验压力下 10min 内压力降不应大于 0.05MPa，然后降至工作压力进行检查，应不渗不漏。

13）锅炉的汽、水系统安装完毕后，必须进行水压试验。
①水压试验的压力应符合表 3-25 的规定。
②检验方法：在试验压力下 10min 内压力降不超过 0.02MPa；然后降至工作压力进行检查，压力不降，不渗、不漏；观察检查，不得有残余变形，受压元件金属壁和焊缝上不得有水珠和水雾。

表 3-25 水压试验压力规定

项次	设备名称	工作压力 P/MPa	试验压力/MPa
1	锅炉本体	$P<0.59$	$1.5P$ 但不小于 0.2
		$0.59 \leqslant P \leqslant 1.18$	$P+0.3$
		$P>1.18$	$1.25P$
2	可分式省煤器	P	$1.25P+0.5$
3	非承压锅炉	大气压力	0.2

注：1. 工作压力 P 对蒸汽锅炉指锅筒工作压力，对热水锅炉指锅炉额定出水压力。
2. 铸铁锅炉水压试验同热水锅炉。
3. 非承压锅炉水压试验压力为 0.2MPa，试验期间压力应保持不变。

14）连接锅炉及辅助设备的工艺管道安装完毕后，必须进行系统的水压试验，试验压力为系统中最大工作压力的 1.5 倍。在试验压力 10min 内压力降不超过 0.05MPa，然后降至工作压力进行检查，不渗不漏。

三、《通水试验记录》

室内外给水（冷、热）、中水及游泳池水系统、卫生器具、地漏、地面清扫口及室内外排水系统应分部位、分系统进行通水试验，并做记录。通水试验应在工程设备、管道安装完成后进行。

各系统通水试验的具体要求和内容如下。

（1）给水系统的通水试验。给水系统的通水试验主要是检查水嘴和阀门开启、关闭是否灵活，其他附件（如减压阀）工作是否正常，水流是否畅通，管路无异常现象，管道接口无渗漏。检查配水点的水压情况是否满足设计要求。给水系统通水试验：多层建筑可以按楼门单元进行，高层建筑可以按不同的区域分别进行。

（2）排水管道系统的通水试验。排水管道系统的通水试验主要是检验排水管道的通水能力以及管道是否畅通，每个卫生间或厨房内都要进行通水，应逐层从下往上进行试验；检查各管道接口不漏水后再按给水系统的 1/3 配水点同时开放，以检验排水系统的通水能力。如果是初装修，不安装卫生器具，虽然不能具备同时开放 1/3 配水点由卫生器具放水的条件，排水管道的通水试验应根据实际情况进行，但必须要做通水试验。用什么容器（或临时胶皮管）往排水管道灌水（要达到 1/3 配水点开放的水量）都要表述清楚，检查管道是否畅通，管道接口是否渗漏。根据系统情况分系统或分层、分区域进行。

（3）室内雨水管道通水试验。试验时往屋面放水，使排水管满流排放，检查雨水管道排水能力是否及时、流畅，屋面不能有积水。按段进行填写。

（4）卫生器具的通水试验。卫生器具通水试验应给、排水畅通。卫生器具通水试验如条件限制达不到规定流量时必须进行 100%满水排泄试验，满水试验水量必须达到器具溢水口处，再进行排放。并检查器具的溢水口通畅能力及排水点的通畅情况，管路设备无堵塞及渗漏现象为合格。分单元、层、段，应单独进行记录。

（5）地漏及地面的清扫口的排水试验。地漏及地面的清扫口的排水试验要单独记录。检查地漏的排水能力和功能的情况，是不是在房间最低处，排水是否通畅，周边是否有渗漏现象。对于初装修的情况，地漏应高出地面 15mm，做试验时应往地漏里面灌水，检查其通水情况。分单元、段、层填写记录。

四、《吹（冲）洗（脱脂）试验记录》

（1）室内外给水（冷、热）、中水及游泳池水系统、采暖、空调、消防管道及设计有要求的管道应在使用前做冲洗试验；介质为气体的管道系统应按有关设计要求及规范规定做吹洗试验。设计有要求时还应做脱脂处理。

（2）给水管道系统冲洗试验。

1）冲洗应先从底部干管开始，然后冲洗水平干管、立管、支管。由给水（供水）入口的总阀门前接上临时水源，向系统供水，关闭其他立、支管阀门，只开启干管末端最底层的阀门；启动增压水泵向系统加压，观察出水水质情况（出口处水的颜色、透明度与入口处水的颜色、透明度应基本一致）。

2）出水口处管径截面不得小于被冲洗管截面的60%，即出水口管径只能比冲洗管的管径小一号，流速太小冲洗无力，流速大不便观察。

3）出水口流速，如设计无要求时，应不小于1.5m/s。底层干管冲洗完毕后依次冲洗其他干管、立管、支管，直至系统管道冲洗完毕。立管的冲洗加压泵及临时供水装置应设在立管的顶部，往下冲洗；给水系统支管冲洗应在干管和立管冲洗完毕后进行，临时供水装置和加压泵可设在系统的进户或主立管部位，每个支路末端分别进行放水冲洗。

（3）生活饮用水管道冲洗、消毒后须经有关部门取样检验并出具检测报告，符合国家《生活饮用水标准》方可使用。

（4）采暖管道冲洗前，应将管道上安装的流量孔板、过滤网、温度计等阻碍污物通过的设施临时拆除，待冲洗合格后再按原样安装好。其冲洗方法和步骤参照给水管道，先进行供水干管和供水主立管的冲洗，然后按照供暖的热水循环水流方向进行系统的冲洗。

（5）蒸汽系统宜用蒸汽吹洗，吹洗前应缓慢升温暖管，恒温1h后再进行吹洗。吹洗后降至环境温度。一般应进行不少于3次的吹扫，直到管内无铁锈、无污物为合格。

五、《通球试验记录》

（1）排水水平干管、主立管应进行100%通球试验，并做记录。

（2）通球试验后必须填写《通球试验记录》。凡需进行通球试验而未进行试验的，该分项工程为不合格。

（3）通球试验应在室内排水及卫生器具等安装全部完毕、通水检查合格后进行。

（4）管道试球直径应不小于排水管道管径的2/3，应采用体轻、易击碎的空心球体进行，通球率必须达到100%。

（5）主要试验方法。

1）排水立管应自立管顶部将试球投入，在立管底部引出管的出口处进行检查，通水将试球从出口冲出。

2）横干管及引出管应将试球在检查管管段的始端投入，通水冲至引出管末端排出。室外检查井（结合井）处需加临时网罩，以便将试球截住取出。

（6）通球试验以试球通畅无阻为合格。若试球不通的，要及时清理管道的堵塞物并重新试验，直到合格为止。

六、《补偿器安装记录表》

各类补偿器安装时，应按要求进行补偿器安装记录。

（1）设计压力：按设计说明中要求的压力值进行填写。

(2) 安装部位：说明补偿器所安装的管道编号，所在楼层及建筑功能房间/区域名称。

(3) 规格型号：按补偿器的铭牌及说明书中的型号规格填写。

(4) 材质：说明补偿器的形式及材质，如：轴向内压式不锈钢波纹补偿器、轴向外压式不锈钢波纹补偿器等。

(5) 固定支架间距：两个固定支架的间距，即为需进行补偿的管道总长度。

(6) 管内介质温度：填写管道介质最低温度和管道介质最高温度。

(7) 预拉伸（或预压缩）的计算方法：

$$\Delta X = X[1/2 - (T - T_D)/T_C - T_D]$$

式中　ΔX——预拉伸（或预压缩）量，mm；$\Delta X > 0$ 表示预拉伸，$\Delta X < 0$ 表示预压缩；

X——最大轴向补偿量，mm；

T——安装时的环境温度，℃；

T_D——管道最低温度，℃；

T_C——管道最高温度，℃；

(8) 实际预拉伸值：按厂家提供的预拉伸证明书中的数值填写，补偿器必须要求厂家在出厂前对补偿器按计算预拉伸值完成预拉伸，并出具预拉伸证明书。

(9) 安装记录及说明栏：应包括安装部位、固定支架间距、预拉伸、实测值记录、介质情况、安装时的环境温度、是否需要预压或预拉及安装情况等。

(10) 试验结论：应明确补偿器安装是否符合设计要求、施工规范规定，是否合格。

七、《消火栓试射记录》

(1) 室内消火栓系统安装完成后，应按设计要求和《高层民用建筑设计防火规范》（2005年版）（GB 50045－1995）及《建筑给水排水及采暖工程施工质量验收规范》（GB 50242－2002）等规定进行消火栓试射试验，并做记录。

(2) 室内消火栓试射试验为检验其使用效果，不能逐个试射，故选取有代表性的三处：屋顶层（或水箱间内）试验消火栓和首层取两处消火栓做试射试验，达到设计要求为合格。屋顶试验消火栓试射可测出流量和压力（充实水柱）；首层两处消火栓试射可检验两股充实水柱同时到达消火栓应到达的最远点的能力。

(3) 消火栓系统的栓口静压、动压及试验要求必须满足《高层民用建筑设计防火规范》（2005年版）（GB 50045－1995）中相关规定。

1）消火栓的水枪充实水柱应通过水力计算确定，且建筑高度不超过100m的高层建筑不应小于10m，建筑高度超过100m的高层建筑不应小于13m。

2）消火栓的栓口的静水压力不应大于0.80MPa，消火栓的栓口的出水压力不应大于0.50MPa。

3）建筑高度不超过100m时，高层建筑最不利点消火栓静水压力不应低于0.07MPa；

当建筑高度超过 100m 时，高层建筑最不利点消火栓静水压力不应低于 0.15MPa。

4）对于建筑高度不超过 100m 的高层建筑。

①首层的消火栓的试验要求为：消火栓的启泵按钮应灵活有效；消火栓栓口的静压不应大于 0.80MPa，出水压力不应大于 0.50MPa，消火栓的间距应保证同层任何部位有两个消火栓的水枪充实水柱同时到达；水枪充实水柱不应小于 10m。

②屋顶消火栓的试验要求为：消火栓的启泵按钮应灵活有效；消火栓栓口的静压不应低于 0.07MPa，水枪充实水柱不应小于 10m。

5）对于建筑高度超过 100m 的高层建筑。

①首层的消火栓的试验要求为：消火栓的启泵按钮应灵活有效；消火栓栓口的静压不应大于 0.80MPa，出水压力不应大于 0.50MPa，消火栓的间距应保证同层任何部位有两个消火栓的水枪充实水柱同时到达；水枪充实水柱不应小于 13m。

②屋顶消火栓的试验要求为：消火栓的启泵按钮应灵活有效；消火栓栓口的静压不应低于 0.15MPa，水枪充实水柱不应小于 13m。

（4）试射消火栓位置：按实际试射部位填写，如屋顶层、首层。

（5）试验前应对"启泵按钮、消火栓组件、栓口安装、栓口水枪型号、卷盘间距，组件"各个项目进行检查，当检查合格时在"合格"方框内划"√"，否则在"不合格"方框内划"√"。

（6）试验记录：应按试验要求，对现场的试验过程进行详细描述。

（7）试验结论：应明确消火栓试射是否符合设计要求、施工规范规定，是否合格。

八、《安全附件安装检查记录》

（1）锅炉和省煤器安全阀的定压和调整应符合表 3—26 的规定。锅炉上装有两个安全阀时，其中的一个按表中较高值定压，另一个按较低值定压。装有一个安全阀时，应按较低值定压。

表 3—26 安全阀定压规定

项次	工作设备	安全阀开启压力/MPa
1	蒸汽锅炉	工作压力+0.02MPa
		工作压力+0.04MPa
2	热水锅炉	1.12 倍工作压力，但不少于工作压力+0.07MPa
		1.14 倍工作压力，但不少于工作压力+0.10MPa
3	省煤器	1.1 倍工作压力

（2）压力表的刻度极限值，应大于或等于工作压力的 1.5 倍，表盘直径不得小于 100mm。

（3）安装水位表应符合下列规定。

1）水位表应有指示最高、最低安全水位的明显标志,玻璃板（管）的最低可见边缘应比最低安全水位低 25mm；最高可见边缘应比最高安全水位高 25mm。

2）玻璃管式水位表应有防护装置。

3）电接点式水位表的零点应与锅筒正常水位重合。

4）采用双色水位表时,每台锅炉只能装设一个,另一个装设普通水位表。

5）水位表应有放水旋塞（或阀门）和接到安全地点的放水管。

（4）锅炉的高、低水位报警器和超温、超压报警器及联锁保护装置必须按设计要求安装齐全和有效,并进行启动、联动试验并做好试验记录。

（5）蒸汽锅炉安全阀应安装通向室外的排气管。热水锅炉安全阀泄水管应接到安全地点。在排气管和泄水管上不得装设阀门。

（6）检查项目主要包括压力表、安全阀、水位计（液位计）、报警装置等附件的安装、校验和工作情况。

（7）安装检查及记录应符合现行国家有关规范、规程、标准的规定及产品样本、使用说明书的要求。

（8）安全附件安装检查应由施工单位报请建设（监理）单位共同进行。

（9）记录的内容应包括锅炉型号、工作介质、设计（额定）压力、最大工作压力、各检查项目的检查结果、必要的说明及结论等。

（10）对于选择框,符合的在选择框处划"√",不符合的可空着,不必划"×"。

九、《锅炉烘炉（烘干）记录》

（1）锅炉安装完成后,在试运行前,应进行封闭和烘炉试验（非砌筑和浇注保温材料保温的锅炉可不做烘炉）,并做记录。

（2）烘炉前,应制订烘炉方案,并应具备下列条件。

1）锅炉及其水处理、汽水、排污、输煤、除渣、送风、除尘、照明、循环冷却水等系统均应安装完毕,并经试运转合格。

2）炉体砌筑和绝热工程应结束,并经炉体漏风试验合格。

3）水位表、压力表、测温仪表等烘炉需用的热工和电气仪表均应安装和试验完毕。

4）锅炉给水应符合现行国家标准《低压锅炉水质标准》的规定。

5）锅筒和集箱上的膨胀指示器应安装完毕,在冷状态下应调整到零位。

6）炉墙上的测温点或灰浆取样点应设置完毕。

7）应有烘炉升温曲线图。

8）管道、风道、烟道、灰道、阀门及挡板均应标明介质流向、开启方向和开度指示。

9）炉内外及各通道应全部清理完毕。

（3）锅炉火焰烘炉应符合下列规定。

1）火焰应在炉膛中央燃烧,不应直接烧烤炉墙及炉拱。烘炉初期宜采用文火烘焙,初期以后的火势应均匀,并逐日缓慢加大。

2)烘炉时间应根据锅炉类型、砌体湿度和自然通风干燥程度确定,一般不少于4d,升温应缓慢,后期炉温不应高于160℃,且持续时间不应少于24h。

3)当炉墙特别潮湿时,应适当减慢升温速度延长烘炉时间。

4)链条炉排在烘炉过程中应定期转动。

5)烘炉的中、后期应根据锅炉水水质情况排污。

(4)烘炉结束后应符合下列规定。

1)炉墙经烘烤后没有变形、裂纹及塌落现象。

2)炉墙砌筑砂浆含水率达到7%以下。

(5)锅炉在烘炉、煮炉合格后,应进行48h的带负荷连续试运行,同时应进行安全阀的热状态定压检验和调整。

(6)烘炉试验及记录应符合现行国家有关规范、规程、标准的规定及产品样本、使用说明书的要求。

(7)试验应由施工单位报请建设(监理)单位共同进行。

(8)记录的内容应包括锅炉型号、位号、封闭前观察的情况、封闭方法、烘干方法、烘炉时间、温度变化情况、烘炉(烘干)曲线图及结论等。

(9)试验记录应根据试验的项目,按照实际情况及时、认真填写,不得漏项,填写内容要齐全、清楚、准确,结论应明确。各项内容的填写应符合设计及规范的要求,签字应齐全。

十、《锅炉煮炉试验记录》

(1)锅炉安装完成后,在烘炉末期,应进行煮炉试验,并做记录。非砌筑或浇注保温材料的锅炉,安装后可直接进行煮炉。

(2)煮炉时间一般应为2～3d。煮炉的最后24h宜使压力保持在额定工作压力的75%。如蒸汽压力较低,可适当延长煮炉时间。

(3)一般采用碱性溶液煮炉,加药量根据锅炉锈蚀、油污情况及锅炉水容量而定。如锅炉出厂说明未做规定时,可按表3—27确定加药量。

表3—27 每吨炉水加药量表

药品名称	铁锈较薄	铁锈较厚
氢氧化钠(NaOH)/kg	2～3	3～4
磷酸三钠($Na_3PO_4 \cdot 12H_2O$)/kg	2～3	2～3

注:表中药品用量按100%纯度计算;无磷酸三钠时,可用碳酸钠(Na_2CO_3)代替,用量为磷酸三钠的1.5倍。

(4)药品应溶解成溶液后方可加入炉内。

(5)加药时,炉水应在低水位。

（6）煮炉期间，应定期取水样进行水质分析。当炉水碱度低于45mol／L时，应补充加药。

（7）煮炉结束后，锅筒和集箱内壁应无油垢，擦去附着物后金属表面应无锈斑。

（8）记录的内容应包括锅炉型号、位号、煮炉的药量及成分、加药程序、升降温控制、煮炉时间、煮后的清洗、除垢等试验内容及结论等。

（9）煮炉试验及记录除应按《建筑给水排水及采暖工程施工质量验收规范》（GB 50242—2002）第十三章的要求以外，尚应符合《锅炉安全技术监察规程》（TSG G0001—2012）、《锅炉安装工程施工及验收规范》（GB 50273—2009）等现行国家有关规范、规程、标准的规定及产品样本、使用说明书的要求。

（10）试验应由施工单位报请建设（监理）单位共同进行。

（11）试验记录应根据试验的项目，按照实际情况及时、认真填写，不得漏项，填写内容要齐全、清楚、准确，结论应明确。各项内容的填写应符合设计及规范的要求，签字应齐全。

（12）表格中凡需要填空的地方，且实际已发生的，应如实填写；未发生的，则应在空白处划"/"。

十一、《锅炉试运行记录》

（1）锅炉在烘炉、煮炉合格后，必须进行48h的带负荷连续运行，同时应进行安全阀的热状态定压检验和调整，并做记录，以运行正常为合格。

（2）锅炉和省煤器安全阀的定压和调整应符合表5—24的规定。锅炉上装有两个安全阀时，其中的一个按表中较高值定压，另一个按较低值定压。装有一个安全阀时，应按较低值定压。调整后安全阀应立即加锁或铅封。

（3）锅炉试运行及记录除应按《建筑给水排水及采暖工程施工质量验收规范》（GB 50242—2002）第十三章的要求以外，尚应符合《锅炉安全技术监察规程》（TSG G0001—2012）、《锅炉安装工程施工及验收规范》（GB 50273—2009）等现行国家有关规范、规程、标准的规定及产品样本、使用说明书的要求。

（4）试验应由施工单位组织、建设单位、监理单位、管理单位共同进行验收。

（5）记录的内容应包括试运行时间、参加人员、运行情况及结果等。

第7讲　通风与空调工程施工试验资料填写说明

一、《风管漏光检测记录》

漏光法检测是利用光线对小孔的强穿透力，对系统风管严密程度进行检测的方法。风管系统安装完成后，应按设计要求及规范规定进行风管漏光测试，并做记录。

（1）风管系统分类（见表3—28）。

表 3—28　风管系统分类

系统类别	系统工作压力 P/Pa	系统类别	系统工作压力 P/Pa
低压系统	P≤500	高压系统	P>1500
中压系统	500<P≤1500		

（2）工作压力。

填写测试风管段的最大工作压力。

（3）接缝长度。

主要指风管环向接缝（法兰接缝）长度。

（4）系统接缝总长度。

指被检测系统风管段的环向接缝（法兰接缝）长度的总和。

（5）检测光源。

应采用具有一定强度的安全光源，手持移动光源可采用不低于100W带保护罩的低压照明灯，或其他低压光源。在严格安装质量管理的基础上，系统风管的检测以总管和干管为主。

（6）实测漏光抽检数。

低压系统风管的严密性检验应采用抽检，抽检率为5%，且不得少于1个系统。在加工工艺得到保证的前提下，采用漏光法检测。检测不合格时，应按规定的抽检率做漏风量测试。当采用漏光法检测系统的严密性时，低压系统风管以每10m接缝，漏光点不大于2处，且100m接缝平均不大于16处为合格。

（7）系统风管严密性检验。

系统风管严密性检验的被抽检系统，全数合格，则视为通过。如有不合格时，则应再加倍抽检，直至全数合格。

1）中压系统风管的严密性检验，应首先对全部主干风管进行漏光法检测，在漏光法检测合格后，对系统漏风量测试进行抽检。

2）当采用漏光法检测系统的严密性时，中压系统风管以每10m接缝，漏光点不大于1处，且100m接缝平均不大于8处为合格。

3）漏光检测中对发现的条缝形漏光，应做密封处理。

（8）检测结论。

应明确漏光检测是否符合设计要求及施工规范规定，是否合格。

二、《风管漏风检测记录》

（1）相关规定及要求。

1）按《通风与空调工程施工质量验收规范》（GB 50243—2002）第4.2.5条及6.2.8条执行。

2）风管必须通过工艺性的检测或验证，其强度和严密性要求应符合设计或下列规定：

①风管的强度应能满足在1.5倍工作压力下接缝处无开裂。

②矩形风管的允许漏风量应符合以下规定：

低压系统网管　　$Q_L \leq 0.1056P^{0.65}$

中压系统网管　　$Q_M \leq 0.0352P^{0.65}$

高压系统网管　　$Q_H \leq 0.0117P^{0.65}$

式中　Q_L、Q_M、Q_H——系统风管在相应工作压力下，单位面积风管单位时间内的允许漏风量，$m^3/(h \cdot m^2)$；

　　　P——指风管系统的工作压力，Pa。

③低压、中压圆形金属风管、复合材料风管以及采用非法兰形式的非金属风管的允许漏风量，应为矩形风管规定值的50%。

④砖、混凝土风道的允许漏风量不应大于矩形低压系统风管规定值的1.5倍。

⑤排烟、除尘、低温送风系统按中压系统风管的规定，1～5级净化空调系统按高压系统风管的规定。

3）风管系统安装完毕后，应按系统类别进行严密性检验。风管系统的严密性检验，应符合下列规定：

①低压系统风管的严密性检验应采用抽检，抽检率为5%，且不得小于1个系统。在加工工艺及安装操作质量得到保证的前提下，采用漏光法检测。检测不合格时，应按规定的抽检率做漏风量测试。

中压系统风管的严密性检验，应在漏光法检测合格后，对系统漏风量测试进行抽检，抽检率为20%，且不得少于1个系统。

高压系统风管的严密性检验，为全数进行漏风量测试。

系统风管严密性检验的被抽检系统，应全数合格，则视为通过；如有不合格时，则应再加倍抽检，直至全数合格。

②净化空调系统风管的严密性检验，1～5级的系统按高压系统风管的规定执行；6～9级的系统按本款第2）项的规定执行。

4）漏风量测试。

①正压或负压系统风管与设备的漏风量测试，分正压试验和负压试验两类。一般可采用正压条件下的测试来检验。

②系统漏风量测试可以整体或分段进行。测试时，被测系统的所有开口均应封闭，不应漏风。

③被测系统的漏风量超过设计和规范的规定时，应查出漏风部位（可用听、摸、观察、水或烟检漏），做好标记；修补完工后，重新测试，直至合格。

④漏风量测定值一般应为规定测试压力下的实测数值。特殊条件下，也可用相近或大于规定压力下的测试代替，其漏风量可按下式换算：

$$Q_0 = Q(P_0/P)^{0.65}$$

式中　P_0——规定试验压力，500Pa；

　　　Q^0——规定试验压力下的漏风量，$m^3/(h \cdot m^2)$；

P——风管工作压力，Pa；
Q——工作压力下的漏风量，$m^3/(h·m^2)$。

5）测试装置。

①漏风量测试应采用经检验合格的专用测量仪器，或采用符合现行国家标准《流量测量节流装置》规定的计量元件搭设的测量装置。

②漏风量测试装置可采用风管式或风室式。风管式测试装置采用孔板做计量元件；风室式测试装置采用喷嘴做计量元件。

（2）填写要点。

1）检测区段图示：应将被测区段系统示意图画出，并标注测试顺序段号。

2）系统总面积：被测本系统的总面积值。

3）试验总面积：实际被测的面积值（系统中未测到的部分，如支管、软管等末端不计算在内）。

4）实测系统漏风量：各段实测漏风率的平均值。

三、《现场组装除尘器空调机漏风检测记录》

（1）现场组装的除尘器壳体、组合式空气调节机组在安装完成后，应做漏风量的检测，并做记录。

（2）对于现场组装的除尘器、空调机组，由于加工质量和组装水平的不同，组装后的设备的密封性能存在较大的差异，严重的漏风将影响系统的使用功能。

（3）现场组装的除尘器的漏风量在设计工作压力下允许漏风量为 5%，其中离心式除尘器为 3%。

（4）现场组装的组合式空气调节机组的漏风量必须符合现行国家标准《组合式空调机组》（GB/T 14294－2008）的规定。

1）漏风率为机组的漏风量与机组的额定风量的比值。

2）抽检数量：按总数抽检 20%，不得少于 1 台。净化空调系统的机组，1~5 级全数检查，6~9 级抽查 50%。

3）漏风率合格标准：机组的静压保持 700Pa 时，机组的漏风率不大于 3%；用于净化空调系统的机组，机组的静压保持 1000Pa，洁净度低于 1000 级时，机组的漏风率不大于 2%；洁净度高于等于 1000 级时，机组的漏风率不大于 1%。

（5）测试压力不得小于工作压力。

（6）测试时，被测除尘器、空调机组的所有开口均应封闭，不应漏风。

（7）检测结论：应明确现场组装的除尘器、空调机组漏风检测是否符合设计要求及施工规范规定，是否合格。

四、《各房间室内风量测量记录》

（1）通风与空调工程无生产负荷联合试运转时，应分系统的，将同一系统内的各房间内风量、室内房间温度进行测量调整，并做记录。

（2）"各房间室内风量温度测量记录"的测量及填写说明。

1）各房间内的风量可在风管内或风口处测量。

2）在风口测风量可用风速仪直接测量或用辅助风管法求取风口断面的平均风速，再乘以风口净面积得到风口风量值。风口处的风速如用风速仪测量时，应贴近格栅或网格，平均风速测定可采用匀速移动法或定点测量法等，匀速移动法不应少于3次，定点测量法的测点不应少于5个。

3）实测风量与设计风量的相对偏差 $\delta =(Q_{实}-Q_{设})/Q_{设}$，不应大于10%。

4）所在房间室内温度应填写风口所在房间室内温度，而不是风口处温度。

5）在设计没有规定情况下，房间室内温度测点应选择在人员经常活动的范围或工作面（一般为距内墙表面大于0.5m，离地高度为1～1.5m的平面处）。

6）房间室内温度应符合设计要求及施工规范规定。

五、《管网风量平衡记录》

（1）通风与空调工程进行无生产负荷联合试运转时，应分系统的，将同一系统内的各测点的风压、风速、风量进行测试和调整，并做记录。

（2）系统各测点的实际风量与设计风量的相对偏差不应大于10%。

（3）管网风量平衡记录表是与各房间室内风量温度测量记录表配套使用的表格。为配合两个记录表，使其能更清楚地反映填写情况，必须附空调系统各测点调测的单线平面图或透视图，图中应标明系统名称、测点编号、测点位置、风口位置，并注明送风、回风、新风管。

（4）系统风量调整采用"流量等比分配法"或"基准风口法"，从系统最不利环路的末端开始，最后进行总风量的调整。

（5）系统风量调整平衡后，应能从表中的数据反映出：

1）风口的风量、新风量、排风量、回风量的实测值与设计风量的相对偏差不大于10%。

2）新风量与回风量之和应近似等于总的送风量或各送风量之和。

3）总的送风量应略大于回风量与排风量之和。

六、《空调系统试运转调试记录》

（1）通风与空调工程进行无生产负荷联合试运转及调试时，应对空调系统总风量进行测量调整，并做记录。

（2）"空调系统试运转调试记录"是对"管网风量平衡记录"与"各房间室内风量温度测量记录"中的测量数据的总结归纳。

（3）风管系统总风量的实测值与设计风量的相对偏差 $\delta =(Q_{实}-Q_{设})/Q_{设}$ 不大于10%，系统调试合格。

（4）调试内容：应详细描述调试过程。

七、《空调水系统试运转调试记录》

(1) 通风与空调工程进行无生产负荷联合试运转及调试时，应对空调冷（热）水、冷却水总流量、供回水温度进行测量、调整，并做记录。

(2) 空调水系统试运转调试的过程，首先要绘制水平衡测试草图，标明各空调设备编号及区域控制平衡阀编号。依据设备供应商提供的设备水量参数，整理出设备设计水流量。依据设计提出的流量分配原则，编制水流量分配表。编制水平衡测试报告，记录设计调试数据。依据水平衡测试草图和测试报告中的设计调试数据进行现场水平衡调试工作。

(3) 空调冷（热）水、冷却水总流量的实际流量与设计流量的相对偏差不大于10%，为调试合格。

(4) 空调冷（热）水、冷却水进出水温度应符合设计要求及规范规定。

(5) 调试内容应详细描述试运转调试过程。

八、《制冷系统气密性试验记录》

(1) 制冷系统气密性试验按《通风与空调工程施工质量验收规范》、《制冷设备、空气分离设备安装工程施工及验收规范》有关条文规定执行。气密性试验分正压试验、负压试验和充氟检漏三项，分别按顺序进行，有关试验的压力标准、时间要求可依照厂家的规定。另外尚

需符合有关设备技术文件规定的程序和要求并做好记录。

(2) 空调系统气密性试验要求。

1) 系统气密性试验应按表3-29的试验压力保持24h，前6h压力下降不应大于0.03MPa，后18h除去因环境温度变化而引起的误差外，压力无变化为合格。

表3-29 系统气密性试验压力

系统压力	活塞式制冷机			离心式制冷机
	R717　R502	R22	R12　R134a	R11　R123
低压系统	1.8	1.8	1.2	0.3
高压系统	2.0	2.5	1.6	0.3

2) 真空试验的剩余压力，氨系统不应高于8kPa，氟利昂系统不应高于5.3kPa，保持24h，氨系统压力以无变化为合格，氟利昂系统压力回升不应大于0.53kPa，离心式制冷机一般按设备文件规定。

3) 活塞式制冷机充注制冷剂时，氨系统加压到0.1～0.2MPa，用酚酞试纸检漏。氟利昂系统加压到0.2～0.3MPa，用卤素喷灯或卤素检漏仪检漏。无渗漏时按技术文件继续加液。制冷系统气密性试验记录一般由设备厂家安装，并做试验记录。

根据《通风与空调工程施工质量验收规范》(GB 50243-2002)中有关规定：

整体式制冷设备如出厂已充注规定压力的氮气密封,机组内无变化,可仅做真空试验及系统试运转;当出厂已充注制冷剂,机组内压力无变化,可仅做系统试运转。

4)溴化锂制冷机组的气密性试验,应符合规范或设备技术文件规定。正压试验为 0.2MPa(表压)保持 24h,压降不大于 66.5Pa 为合格。

5)真空气密性试验绝对压力应小于 66.5Pa,持续 24h,升压不大于 25Pa 为合格。

九、《净化空调系统检测记录》

(1)净化空调系统无生产负荷试运转时,应对系统中的高效过滤器进行泄漏测试,并对室内洁净度进行测定;按《通风与空调工程施工质量验收规范》(GB 50243-2002)附录 B 中的 B.3 条和 B.4 条规定执行并填写。

(2)净化空调系统运行前应在回风、新风的吸入口处和粗、中效过滤器前设置临时用过滤器(如无纺布等),实行对系统的保护。净化空调系统的检测和调整,应在系统进行全面清扫,且运行 24h 及以上达到稳定后进行。

(3)空气过滤器泄漏测试。

1)高效过滤器的检漏,应使用采样速率大于 1L/min 的光学粒子计数器。D 类高效过滤器宜使用激光粒子计数器或凝结核计数器。

2)采用粒子计数器检漏高效过滤器,其上风侧应引入均匀浓度的大气尘或含其他气溶胶尘的空气。对大于等于 0.5μm 尘粒,浓度应大于或等于 3.5×10^5pc/m^3;或对大于或等于 0.1μm 尘粒,浓度应大于或等于 3.5×10^7pc/m^3;若检测 D 类高效过滤器,对大于或等于 0.1μm 尘粒,浓度应大于或等于 3.5×10^9pc/m^3。

3)高效过滤器的检测采用扫描法,即在过滤器下风侧用粒子计数器的等动力采样头,放在距离被检部位表面 20mm~30mm 处,以 5~20mm/s 的速度,对过滤器的表面、边框和封头胶处进行移动扫描检查。

4)泄漏率的检测应在接近设计风速的条件下进行。将受检高效过滤器下风测得的泄漏浓度换算成透过率,高效过滤器不得大于出厂合格透过率的 2 倍;D 类高效过滤器不得大于出厂合格透过率的 3 倍。

5)在移动扫描检测工程中,应对计数突然递增的部位进行定点检验。

(4)室内空气洁净度等级的检测。

1)空气洁净度等级的检测应在设计指定的占用状态(空态、静态、动态)下进行。

2)检测仪器的选用:应使用采样速率大于 1L/min 的光学粒子计数器,在仪器选用时应考虑粒径鉴别能力、粒子浓度适用范围和计数效率。仪表应有有效的标定合格证书。

3)关于"采样点、采样量、检测采样的规定、记录数据评价及测试报告"内容与要求见《通风与空调工程施工质量验收规范》(GB 50243-2002)附录 B 的要求。

十、《防排烟系统联合试运行记录》

(1) 在防排烟系统联合试运行和调试过程中，应对测试楼层及其上下二层的排烟系统中的排烟风口、正压送风系统的送风口进行联动调试，并对各风口的风速、风量进行测量调整，对正压送风口的风压进行测量调整，并做记录。

(2) 按《高层民用建筑设计防火规范》（2005年版）（GB 50045－1995）中相关规定及《通风与空调工程施工质量验收规范》（GB 50243－2002）中相关规定执行。

机械加压送风机的全压，除计算最不利环管道压头损失外，尚应有余压。其余压值应符合下列要求。

1) 防烟楼梯间为40～50Pa。
2) 前室、合用前室、消防电梯间前室、封闭避难层（间）为25～30Pa。
3) 因排烟系统试运行时，只检测风速及排烟量，表中风压的项目可不填。
4) 表中电源形式是指电源是否为末端双路互投电源。

第8讲 建筑电气工程施工试验资料填写说明

一、《电气接地电阻测试记录》

(1) 接地电阻测试主要包括设备、系统的防雷接地、保护接地、工作接地、防静电接地以及设计有要求的接地电阻测试，并应附电气接地装置隐检与平面示意图。

(2) 测试仪表一般选用ZC－8型接地电阻测量仪。测量仪表要在检定有效期内，有校准状态标识。

(3) 每年4～10月期间进行测试时，应乘以季节系数ψ值（见表3－30）。

表3－30 接地装置接地电阻值的季节系数（ψ值）

埋深/m	水平接地体	长度为2～3m的垂直接地体	备 注
0.5	1.4～1.8	1.2～1.4	
0.8～1.0	1.25～1.45	1.15～1.3	
2.5～3.0	1.0～1.1	1.0～1.1	埋深接地体

注：大地比较干燥时，则取表中的较小值；比较潮湿时，则取表中的较大值。

(4) 接地电阻应及时进行测试，当利用自然接地体作为接地装置时，应在底板钢筋绑扎完毕后进行测试；当利用人工接地体作为接地装置时，应在回填土之前进行测试；若阻值达不到设计、规范要求时，应补做人工接地极。

(5) 电气接地电阻测试记录应由建设（监理）单位及施工单位共同进行检查。

(6) 电气接地电阻测试记录填写要点。

1) 工程名称：应与规划许可证、设计图中工程名称一致。

2) 测试日期：进行接地电阻测试的实际日期。

3) 仪表型号：摇表型号，如 ZC－8。

4) 天气情况：接地电阻测试时的天气情况，一般应在晴天进行接地电阻测试。

5) 气温：进行接地电阻测试时的测试点或处的（室内或室外）空气温度。

6) 接地类型：在接地电阻测试记录测试类型栏的"□"内划"√"选择。

7) 设计要求：应按设计对本工程接地测试类型、要求电阻值在"□"内划"√"选择。

8) 测试结论：是实际测试值，即实测值乘以季节修正系数，就是接地电阻测试结果，并应有明确的结论。

9) 签字栏：专业施工单位相关责任人签认齐全后方有效。

二、《电气防雷接地装置平面示意图》

(1) 工程名称：应与规划许可证、设计图中工程名称一致。

(2) 施工图号：本次接地电阻测试所涉及的施工图编号，如电施－××。

(3) 接地类型：同电气接地电阻测试记录一致。

(4) 组数：进行本次电气接地电阻测试的同类型的总数。

(5) 设计要求：对同类型接地设计的要求值。

(6) 接地装置平面示意图：绘制比例要恰当，注明各组别编号及有关尺寸。

(7) 接地装置敷设情况检查表（尺寸单位：mm）：按实际发生的情况填写，如果未涉及项填写"/"。

(8) 接地电阻最大值：填写本组接地电阻测试最大值。

(9) 检验结论：由监理单位填写，填写对上述各项的实际检查情况。

(10) 签字栏：专业施工单位相关责任人签认齐全后方有效。

三、《电气绝缘电阻测试记录》

电气绝缘电阻测试主要包括电气设备和动力、照明线路及其他必须摇测绝缘电阻的测试，配管及管内穿线分项质量验收前和单位工程质量竣工验收前，应分别按系统回路进行测试，不得遗漏。电气绝缘电阻的检测仪器应在检定有效期内。

电气绝缘电阻测试记录填写要点。

(1) 工程名称：应与规划许可证、设计图中工程名称一致。

(2) 测试日期：进行接地电阻测试的实际日期。

(3) 计量单位：摇测所采用的计量单位，一般为"MΩ"。

(4) 天气情况：绝缘电阻测试时的天气情况，一般应在晴天进行绝缘电阻测试。

(5) 仪表型号：摇表型号，如 ZC-7。

(6) 电压：摇表的电压等级，摇表铭牌或合格证上所标电压值，如 500V、1000V、2500V 等。应视被测设备或线缆电压等级的不同选用合适的绝缘电阻测试仪。一般额定电压在 500V 以下的设备或线缆，选用 500V 兆欧表；额定电压在 500~1000V 的设备或线缆，选用 1000V 的兆欧表；额定电压在 1000V 以上的设备或线缆，选用 2500V 兆欧表。量程范围的选用一般应注意不要使其测量范围过多地超过所测设备或线缆的绝缘电阻值，以免使读数产生较大的误差，亦有可能由于遥测电流过大而击穿设备或线缆的绝缘。民用建筑工程一般情况下照明摇测选用 500V 摇表，动力摇测选用 1000V 摇表，母线摇测选用 1000~2500V 兆欧表（根据建筑物电气系统实际情况选用，但同一单位工程内电气系统母线摇测选用同一电压等级兆欧表）。

(7) 气温：进行绝缘电阻测试时的测试点或处的（室内或室外）空气温度。

(8) 试验内容：层数、路别、名称、编号（填写所测回路在施工图上的编号）。

现行规范、标准对电气设备和动力、照明线路等绝缘电阻值的要求如下：

1) 照明线路的绝缘电阻值不小于 0.5MΩ，动力线路的绝缘电阻值不小于 1MΩ。

2) 低压电线和电缆、线间和线对地间的绝缘电阻值必须大于 0.5MΩ。

3) 矿物电缆：用 1000V 兆欧表测试，导线与铜护层之间的绝缘电阻应大于 200MΩ。

4) 普通灯具的导电部分对地绝缘电阻值不小于 2MΩ。

5) 庭院灯具的导电部分对地绝缘电阻值大于 2MΩ。

6) 开关、插座的导电部分对地绝缘电阻值不小于 5MΩ。

7) 封闭、插接式母线绝缘电阻值大于 20MΩ。

8) 低压母线相间和相对地间的绝缘电阻值大于 0.5MΩ。

9) 柜、屏、台、箱、盘间线路的线间和线对地间绝缘电阻值，馈电线路电阻必须大于 0.5MΩ；二次回路必须大于 1MΩ；柜、屏、台、箱、盘间二次回路交流工频耐压试验，当绝缘电阻值大于 10MΩ 时，用 2500V 兆欧表摇测 1min，应无闪络击穿现象；当绝缘电阻值在 1~10MΩ 时，用 1000V 兆欧表摇测 1min，应无闪络击穿现象；直流屏主回路间和线对地间绝缘电阻值应大于 0.5MΩ；柜、屏、台、箱、盘的继电器线圈之间、接点之间及其他部分绝缘电阻一般不应低于 10MΩ；电气装置的交流工频耐压试验电压为 1kV，当绝缘电阻值大于 10MΩ 时，可采用 2500V 兆欧表摇测 1min，应无闪络击穿现象。

10) 不间断电源装置间连线的线间、线对地间绝缘电阻值应大于 0.5MΩ；电池组母线对地绝缘电阻值，110V 蓄电池不小于 0.1MΩ，220V 蓄电池不小于 0.2MΩ。

11) 电动机、电加热器及电动执行机构绝缘电阻值应大于 0.5MΩ；100KF 以上的电动机，应测量各相直流电阻值，相互差不应大于最小值的 2%；无中性点引出的电动机，测量线间直流电阻值，相互差不应大于最小值的 1%。

12）低压电动机使用 1kV 兆欧表进行测量，绝缘电阻值不低于 1MΩ。

13）发电机组至低压配电柜馈电线路的相间、相对地间的绝缘电阻值应大于 0.5MΩ；塑料绝缘电缆馈电线路直流耐压试验为 2.4kV，时间 15min，泄露电流稳定，无击穿现象。

14）低压电器绝缘电阻值不低于 1MΩ；潮湿场所，绝缘电阻值不低于 0.5MΩ。

（9）测试结论：填写最小值，大于规范要求，但如果《建筑电气工程施工质量验收规范》（GB 50303－2015）对所进行绝缘电阻测试项目没有要求的，不能简单填写符合《建筑电气工程施工质量验收规范》（GB 50303－2015）的要求，可填写符合设计及规范要求。

（10）签字栏：专业施工单位相关责任人签认齐全后方有效。

四、《电气器具通电安全检查记录》

（1）电气器具通电安全检查是保证照明灯具、开关、插座等能够达到安全使用的重要措施，也是对电气设备调整试验内容的补充。

（2）电气器具安装完成后，按层、按部位（户）进行通电检查，并做记录。内容包括接线情况、电气器具开关情况等。电气器具应全数进行通电安全检查。

（3）电气器具通电安全记录应由施工单位的专业技术负责人、专业质检员、专业工长参加。

（4）电气器具通电安全检查记录填写要点。

1）工程名称：应与规划许可证、设计图中工程名称一致。

2）检查日期：进行电气器具通电安全检查的日期。

3）楼门单元或区域场所：指进行器具通电安全检查的电气器具所在的工程部位。

4）层数：检查电气器具所在的层数。

5）检查正确、符合要求时填写"√"，反之则填写"×"。当检查不符合要求时，应进行修复，并在检查结论中说明修复结果。当检查部位为同一楼门单元（或区域场所），检查点很多又是同一天检查时，本表格填不下，可续表格进行填写，但编号应一致。

6）签字栏：专业施工单位相关责任人签认齐全后方有效。

五、《电气设备空载试运行记录》

（1）电气设备空载试运行内容。

建筑电气设备安装完毕后应进行耐压及调整试验，主要包括：高压电气装置及其保护系统（如电力变压器、高压开关柜、高压机等），发电机组、低压电气动力设备和低压配电箱（柜）等。

（2）电气设备空载试运行要求。

1）试运行前，相关电气设备和线路应按《建筑电气工程施工质量验收规范》

（GB 50303—2015）中规定试验合格。

2）各个系统设备的交接试验记录依据《建筑电气工程施工质量验收规范》（GB 50303—2015）中附录 A 和附录 B 的要求进行试验。

3）成套配电（控制）柜、台、箱、盘的运行电压、电流应正常，各种仪表指示正常。

4）电动机应试通电，检查转向和机械转动有无异常情况；可空载试运行的电动机，时间一般为 2h，每 1h 记录一次空载电流，共记录 3 次，且检查机身和轴承的温升。

5）交流电动机在空载状态下（不投料）可启动次数及间隔时间应符合产品技术条件的要求；连续启动 2 次的时间间隔不应小于 5min，再次启动应在电动机冷却至常温下。空载状态（不投料）运行，应记录电流、电压、温度、运行时间等有关数据，且应符合建筑设备或工艺装置的空载状态运行（不投料）要求。

6）电动执行机构的动作方向及指示，应与工艺装置的设计要求保持一致。

（3）电气设备空载试运行应在相关电气设备和线路试验及各个系统设备的交接试验合格后进行。

（4）电气设备空载试运行应由建设（监理）单位及施工单位共同进行检查。

（5）电气设备空载试运行记录填写要点。

1）工程名称：应与规划许可证、设计图中工程名称一致。

2）设备名称：填写空载试运行的电气设备名称、设备功率。

3）设备型号：填写空载试运行的电气设备型号。

4）额定电流、额定电压：填写空载试运行的电气设备的额定电流及额电电压。

5）填写日期：进行空载试运行的实际日期。

6）试运时间：试运行的启停时间，由××日××时××分开始至××日××时××分结束。

7）运行时间：电气设备每次空载运行启停时间，××时××分至××时××分。

8）运行电压（V）、运行电流（A）：电气设备每次空载运行平稳时的各相的电压、电流值。

9）温度（℃）：电气设备每次空载运行时主要工作或关键部件（按设计或有关规范、标准、规程规定或机械工艺装置的空载状态运行的要求）的温度，一般设备轴承温度不超过 65℃。

10）试运行情况记录：填写电气设备实际运行状态，线路是否过热、电气设备的运转、温升、噪声等是否正常，电压、电流是否稳定，仪表指示等是否正常等，并注明合格与否。

11）签字栏：专业施工单位相关责任人签认齐全后方有效。

六、《建筑物照明通电试运行记录》

(1) 建筑物照明通电试运行要求。

1) 通电试运行前检查。

①复查总电源开关至各照明回路进线电源开关接线是否正确。

②照明配电箱及回路标识应正确一致。

③检查漏电保护器接线是否正确,严格区分工作零线(N)与专用保护零线(PE),专用保护零线(PE)严禁接入漏电开关。

④检查开关箱内各接线端子连接是否正确可靠。

⑤断开各回路分电源开关,合上总进线开关,检查漏电测试按钮是否灵敏有效。

2) 分回路试通电。

①将各回路灯具等用电设备开关全部置于断开位置。

②逐次合上各分回路电源开关。

③分回路逐次合上灯具等的控制开关,检查开关与灯具控制顺序是否对应,风扇的转向及调速开关是否正常。

④用试电笔检查各插座相序连接是否正确,带开关插座的开关是否能正确关断相线。

3) 故障检查整改。

①发现问题应及时排除,不得带电作业。

②对检查中发现的问题应采取分回路隔离排除法予以解决。

③对开关一送电漏电保护就跳闸的现象,重点检查工作零线与保护零线是否混接、导线是否绝缘不良。

4) 公用建筑照明系统通电连续试运行时间应为24h,每2h记录运行状态1次,共记录13次;民用住宅照明系统通电连续试运行时间应为8h,每2h记录运行状态1次,共记录5次;所有照明灯具均应开启,且连续试运行时间内无故障。

(2) 建筑物照明通电试运行方法。

1) 所有照明灯具均应开启。

2) 建筑物照明通电试运行不应分层、分段进行,应按供电系统进行。一般住宅以单元门为单位,工程中的电气分部工程应全部投入试运行。

3) 试运行应从总进线柜的总开关开始供电,不应甩掉总进线柜及总开关,而使其性能不能接受考验。

4) 建筑物照明通电试运行应在电气器具通电安全检查完后进行,或按有关规定及合同约定要求进行。

(3) 建筑物照明通电试运行记录应由建设(监理)单位及施工单位共同进行检查。

(4) 建筑物照明通电试运行记录填写要点。

1) 工程名称:应与规划许可证、设计图中工程名称一致。

2) 选项栏:若本建筑为公建,则在公建后的"□"内划"√";若为住宅则在住宅后的"□"内划"√"选择。

3）试运项目：填写室内、景观、庭院等照明系统全负荷通电试运行。

4）填写日期：通电试运行的实际日期。

5）试运时间：试运行的启停时间，由××日××时××分开始至××日××时××分结束。

6）运行时间：照明系统通电试运行在连续运行期间，每隔 2h 记录运行状态时的时间，××时××分至××时××分。

7）运行电压（V）、运行电流（A）：照明系统通电试运行时，每 2h 记录运行状态时的各相的电压、电流值。

8）温度（℃）：照明系统通电试运行时，每 2h 记录运行状态时的环境温度，××℃。

9）试运行情况记录：填写照明系统实际运行状态，配电控制、开关、计量仪表等是否正常，线路是否过热、电压、电流是否稳定，并注明合格与否。

10）签字栏：专业施工单位相关责任人签认齐全后方有效。

七、《大型照明灯具承载试验记录》

（1）大型照明灯具承载试验要求。

1）大型灯具依据《建筑电气工程施工质量验收规范》（GB 50303－2015）中规定需进行承载试验。

大型灯具的界定：

①大型的花灯。

②设计单独出图的。

③灯具本身指明的。

2）大型灯具应在预埋螺栓、吊钩、吊杆或吊顶上嵌入式安装专用骨架等物件上安装，吊钩圆钢直径不应小于灯具挂销直径，且不应小于 6mm。

（2）大型照明灯具承载试验方法。

1）大型灯具的固定及悬挂装置，应按灯具重量的 2 倍做承载试验。

2）大型灯具的固定及悬挂装置，应全数做承载试验。

3）试验重物宜距地面 30cm 左右，试验时间为 15min。

（3）照明灯具承载试验应由建设（监理）单位、施工单位共同进行检查。

（4）大型照明灯具承载试验记录填写要点。

1）工程名称：应与规划许可证、设计图中工程名称一致。

2）楼层：所测承载试验的灯具所在的楼层。

3）试验日期：进行大型照明灯具承载试验的实际日期。

4）灯具名称：大型照明灯具的名称或型号。

5）安装部位：大型照明灯具的安装部位。

6）灯具自重（kg）：灯具合格证上所示灯具重量。

7）试验载重（kg）：大型照明灯具承载试验的测试值。

8）检查结论：对检查结果如实填写，符合规范要求，并注明合格与否。

9）签字栏：专业施工单位相关责任人签认齐全后方有效。

八、《漏电开关模拟试验记录》

（1）漏电开关模拟试验要求。

依据《建筑电气工程施工质量验收规范》（GB 50303－2015）中规定动力和照明工程的带有漏电保护装置的回路均要进行漏电开关模拟试验。

（2）漏电开关模拟试验方法。

1）漏电开关模拟试验应使用漏电开关检测仪，并在检定有效期内。

2）漏电开关模拟试验应 100%检查。

3）测试住宅工程的漏电保护装置动作电流应依据《建筑电气工程施工质量验收规范》（GB 50303－2015）中第 6.1.9 条第 2 款的数值要求进行；测试其他设备的漏电保护装置动作电流应依据《民用建筑电气设计规范》（JGJ 16－2008）中第 12.3.7 条第 3 款的数值要求，且动作时间不大于 0.1s。

（3）漏电开关模拟试验应由建设（监理）单位及施工单位共同进行检查。

（4）漏电开关模拟试验记录填写要点。

1）工程名称：应与规划许可证、设计图中工程名称一致。

2）试验器具：漏电开关模拟试验所使用的仪器。

3）试验日期：漏电开关模拟试验的实际日期。

4）安装部位：漏电模拟试验的开关所安装的部位。

5）型号：进行漏电模拟试验的开关型号。

6）设计要求，动作电流（mA）、动作时间（ms）：施工图纸漏电开关所要求的额定动作电流（mA）、动作时间（ms）值。

7）实际测试，动作电流（mA）、动作时间（ms）：漏电开关模拟试验进行测试的动作电流（mA）与动作时间（ms）的实际测试值。

8）测试结论：实际测试的动作电流（mA）与动作时间（ms）的最大值小于设计要求的动作电流（mA）、动作时间（ms）额定值，并注明合格与否。

9）签字栏：专业施工单位相关责任人签认齐全后方有效。

九、《大容量电气线路结点测温记录》

（1）大容量电气线路结点测温要求。

依据《建筑电气工程施工质量验收规范》（GB 50303－2015）中规定，大容量（630A 及以上）导线、母线连接处，在设计计算负荷运行情况下应做温度抽测记录，温升值稳定且不大于设计值。

（2）大容量电气线路结点测温方法。

1）大容量电气线路结点测温应使用远红外摇表测量仪，并在检定有效期内。

2）应对导线或母线连接处温度进行测量，且温升值稳定不大于设计值。

3）设计温度应根据所测材料的种类而定。导线应符合《额定电压450/750V及以下聚氯乙烯绝缘电缆》（GB 5023.1～5023.7－2008）生产标准的设计温度；电缆应符合《电力工程电缆设计规范》（GB 50217－2007）的设计温度等。

（3）大容量电气线路结点测温应由建设（监理）单位及施工单位共同进行检查。

（4）大容量电气线路结点测温记录填写要点。

1）工程名称：规划许可证、设计图中工程名称一致。

2）测试地点：进行结点测温的地点，一般为导线大容量、母线连接处或开关所处的工程部位。

3）测试品种：在被测项后的"□"内划"√"进行选择。

4）测试工具：大容量电气线路结点测温所使用的仪器、仪表等。

5）测试日期：线路结点测温的实际日期。

6）测试回路：大容量（630A及以上）导线、母线连接处或开关在施工图纸上的回路编号。

7）测试时间：大容量测温选择系统全负荷运行和空载运行时进行测试，时间填写进行测温开始时间即可。

8）电流（A）：指进行结点测温时导线、母线或开关的电流值。

9）设计温度：在设计额定电压、额定电流下，大容量电气线路结点处的额定温度（℃）。

10）测试温度：在设计额定电压、额定电流下，大容量电气线路结点处的实际测量温度（℃），一般分别在用电最高峰和最小时进行测试。

11）测试结论：填写测试温度最大值小于设计温度，并注明合格与否。

12）签字栏：专业施工单位相关责任人签认齐全后方有效。

第9讲 智能建筑工程施工试验资料填写说明

一、《施工检测记录》

建筑智能各系统设备安装完之后，在建筑内部装修和各系统施工结束后应依据设计要求进行系统设备检测。检测的内容包括硬件通电检测：建筑设备的单机试运转、现场设备（各类传感器、变送器、电动阀门及执行器、控制器）的性能检测；网络设备的通电自检；软件产品应根据需要进行容量、可靠性、安全性、可恢复性、兼容性、自诊断等多项功能检测，并保证软件的可维护性；工作状态和应急状态的供电设备，如应急发电机组、蓄电池组等的技术性能检测。填写《＿＿＿＿施工检测记录》。

二、《电气接地电阻检测记录》

建筑智能系统的防雷及接地系统采用单独接地装置的,应对其接地电阻进行检测,填写《电气接地电阻检测记录》。

三、《电气绝缘电阻检测记录》

建筑智能系统单独配置的电源设备和配电线路,应对其绝缘电阻进行摇测,填写《电气绝缘电阻检测记录》。

四、《电气器具通电安全测试记录》

建筑智能系统的电气器具安装完成后,应进行通电测试,填写《电气器具通电安全测试记录》。

五、《智能建筑工程质量验收规范》

建筑智能系统在设备安装调试完成后,系统承包商应根据《智能建筑工程质量验收规范》(GB 50339—2013)的规定和设计要求对子系统或系统进行功能检验。检验内容应按照该规范各章中的系统检测项目进行全部检测,且应重点检测设计中要求增加的项目填写《建筑智能系统功能检测记录》。

六、《综合布线系统性能测试记录》

综合布线系统性能检测应包括电缆系统电气性能检测和光纤系统性能检测。填写《综合布线系统性能测试记录》。

七、《视频系统末端测试记录》

有线电视系统的性能采用主观评测检查,系统输出电平是有线电视系统性能评测的客观依据,填写《视频系统末端测试记录》。

八、《建筑设备监控系统功能测试记录》

建筑设备监控系统功能检测应包括模拟量的输入输出数据检测、数字量的输入输出数据检测及系统监控功能的检测,填写《建筑设备监控系统功能测试记录》。

九、《建筑智能系统试运行记录》

建筑智能系统在系统安装调试和系统测试合格后,由建设单位或物业管理单位组织,使用单位的管理人员和操作人员参加,与系统承包商共同根据各系统的不同要求,按《智能建筑工程质量验收规范》(GB 50339—2013)中各章规定的合理周期对系统进行连续不中断试运行,填写《建筑智能系统试运行记录》。

十、检测报告

在建筑智能系统安装调试完成,已进行了规定时间的试运行,并提供了相应的技术文件和工程实施及质量控制记录后,建设单位组织各工程责任单位依据合同技术文件和设计文件,以及《智能建筑工程质量验收规范》(GB 50339—2013)中规定的检测项目、检测数量和检测方法,制定系统检测方案并经检测机构批准和实施。检测机构应按系统检测方案所列检测项目进行检测并出具检测报告。检测报告中应包括对各子系统的检测,并应重点检测以下内容:

(1)防火墙和防病毒软件是否具有产品销售许可证、是否符合相关规定;

(2)建筑智能网络安全系统的防火墙和防病毒软件是否具有安全保障功能及可靠性;

(3)检测消防控制室向建筑设备监控系统传输、显示火灾报警信息的一致性和可靠性,检测与建筑设备监控系统的接口、建筑设备监控系统对火灾报警的响应及其火灾运行

模式;

(4)新型消防设施的设置及功能检测应包括早期烟雾探测火灾报警系统、大空间早期火灾智能检测系统、大空间红外图像矩阵火灾报警及灭火系统、可燃气体泄漏报警及联动控制系统;

(5)检测安全防范系统中相应的视频安防监控(录像、录音)系统、门禁系统、停车场(库)管理系统等对火灾自动报警的响应及火灾模式操作等功能;

(6)电源与接地系统的检测应包括引接验收合格的电源和防雷接地装置、建筑智能系统的接地装置、防过流与防过压元件的接地装置、防电磁干扰屏蔽的接地装置、防静电接地装置等内容。

第10讲 施工试验记录及检测报告（C6类）表格填写示例

一、设备单机试运转记录

设备单机试运转记录

工程名称	××综合楼工程	编号	
		试运转时间	2011年6月15日 9:00～11:00
设备名称	变频给水泵	设备编号	M2-43
规格型号	BA1-100X4	额定数据	$Q=54m^3/h$ $H=70.4m$ $N=18.5kW$
生产厂家	××水泵有限责任公司	设备所在系统	室内给水系统
序号	试验项目	试验记录	试验结论
1	减震器连接状况	连接牢固、平稳、接触紧密，并符合减震要求	符合设计要求、施工规范规定及产品说明书要求
2	减震效果	基础减震运行平稳，无异常振动与声响	符合设计要求、施工规范规定及产品说明书要求
3	传动装置	水泵安装后其纵向水平度偏差及横向水平度偏差、垂直度偏差以及联轴器两轴芯的偏差满足设计或规范要求。盘车灵活、无异常现象，润滑情况良好。运行时各固定连接部位无松动	符合设计要求、施工规范规定及产品说明书要求
4	压力表	灵敏、准确、可靠	符合设计要求、施工规范规定及产品说明书要求
5	电气设备	电机绕组对地绝缘电阻合格。电动机转向与泵的转向相符。电机运行电流、电压正常	符合设计要求、施工规范规定及产品说明书要求
6	轴承温升	试运转时的环境温度25℃，连续运转2h后，水泵轴承外壳最高温度67℃；电机轴承最高温度76℃	符合设计要求、施工规范规定及产品说明书要求
试运转结论： 经试运转，给水泵的单机试运行符合设计要求、施工规范规定及产品说明书要求，合格。			
签字栏	施工单位	××机电工程有限公司	专业技术负责人 ××× / 专业质检员 ×××
	监理或建设单位	××工程建设监理有限公司	专业工程师 ×××

二、系统试运转调试记录

系统试运转调试记录

工程名称	××办公楼工程	编　号	
		试运转调试时间	2011.2.25.9时～2011.2.26.12时
试运转调试项目	采暖系统调试	试运转调试部位	一层至屋顶水箱间（西区）采暖系统
试运转调试内容： 　　本工程采暖系统为上供下回单管异程式供暖系统，供回水干管分别设于顶层F11层及B01层，末端高点设有集气罐。系统管道采用焊接钢管，散热器采用铸铁、钢制散热器。 　　西区于2月25日9时开始正式通暖，至2月26日12时，西区供热管道及散热器受热情况基本均匀，各阀门开启灵活，管道、设备、散热器等接口处均不渗不漏。 　　经进行室温测量，办公室内温度均在18℃～20℃内，卫生间及走道温度在12℃～16℃之间。设计温度为办公室内温度18℃，卫生间及走道温度15℃。			
试运转调试结论： 　　经检查，采暖系统调试符合设计要求和《建筑给水排水及采暖工程施工质量验收规范》(GB 50242)的规定，调试合格。			

签字栏	施工单位	××机电工程有限公司	专业技术负责人 ×××	专业质检员 ×××
	监理或建设单位	××工程建设监理有限公司	专业工程师	×××

三、接地电阻测试记录

接地电阻测试记录

工程名称	××综合楼工程		编 号	
			测试日期	2011年6月2日
仪表型号	ZC-8	天气情况	晴	气温(℃)	26

接地类型	☑防雷接地　　□计算机接地　　☑工作接地 □保护接地　　□防静电接地　　□逻辑接地 ☑重复接地　　□综合接地　　□医疗设备接地
设计要求	□≤10Ω　　　　□≤4Ω　　　　□≤14Ω □≤0.1Ω　　　　☑≤1Ω　　　　□

测试部位：

见接地装置平面示意图（略）

测试结论：

季节系数取1.4，按接地类型分2组进行测试，组别及实测数据分别为：
防雷接地：(1)0.27×1.4＝0.378，(2)0.27×1.4＝0.378
重复接地：(1)0.27×1.4＝0.378，(2)0.27×1.4＝0.378
工作接地：(1)0.27×1.4＝0.378，(2)0.26×1.4＝0.364
经测试计算，符合设计要求和《建筑电气工程施工质量验收规范》(GB 50303)规定。

签字栏	施工单位	××建设集团有限公司		
	专业技术负责人	专业质检员	专业测试人	
	×××	×××	××× ×××	
	监理或建设单位	××工程建设监理有限公司	专业工程师	×××

四、绝缘电阻测试记录

绝缘电阻测试记录

工程名称		××办公楼工程		编　号					
				测试日期		2011年3月5日			
计量单位		MΩ(兆欧)		天气情况		晴			
仪表型号		ZC-7		电压	500V	环境温度		13℃	

层数	箱盘编号	回路号	相　间			相对零			相对地			零对地
			L1-L2	L2-L3	L3-L1	L1-N	L2-N	L3-N	L1-PE	L2-PE	L3-L1	N-PE
一层	1AL-1	WP1	500	500	500	500	500	500	500	500	500	500
		WL1	500	500	500	500	500	500	500	500	500	500
		WL2				470						
		WL3					480					
		WL4						450				
		WL5				400						
		WL6					400			400		400
		WL7						400			400	400
		WL8					450			450		450
		⋮										

测试结论：

　　经测试，线路绝缘良好，符合设计要求和《建筑电气工程施工质量验收规范》(GB 50303)的规定。

签字栏	施工单位		××机电工程有限公司		
	专业技术负责人		专业质检员		测试人
	×××		×××		×××
	监理或建设单位		××建设监理有限公司	专业工程师	×××

五、砌筑砂浆试块强度统计、评定记录

砌筑砂浆试块强度统计、评定记录				资料编号	
工程名称	××办公楼工程			强度等级	M5
施工单位	××建设集团有限公司××项目部			养护方法	标准养护
统计期	××年×月×日至××年×月×日			结构部位	六至十一层砌体
试块组数 n	强度标准值 f_2 /MPa		平均值 $f_{2,m}$ /MPa	最小值 $f_{2,min}$ /MPa	$0.75f_2$
6	5		9.15	7.3	3.75
每组强度值 MPa	9.7	10.2	9.5	9.4	8.8	7.3
判定式	$f_{2,m} \geq f_2$			$f_{2,min} \geq 0.75f_2$	
结果	9.15＞5			7.3＞3.75	
结论：依据《砌体工程施工质量验收规范》(GB 50203—2011)第4.0.12条,评定合格					
批 准		审 核		统 计	
×××		×××		×××	
报告日期		××年×月×日			

注：本表由建设单位、施工单位、城建档案馆各保存一份。

六、混凝土试块强度统计、评定记录

混凝土试块强度统计、评定记录				资料编号		
工程名称	××办公楼工程			强度等级	C30P8	
施工单位	××建设集团有限公司××项目部			养护方法	600℃·d等效养护	
统计期	××年×月×日至××年×月×日			结构部位	基础导墙、底板、顶板	
试块组 n	强度标准值 $f_{cu,k}$ /MPa	平均值 m_{fcu} /MPa	标准差 S_{fcu} /MPa	最小值 $f_{cu,min}$ /MPa	合格判定系数	
					λ_1	λ_2
5	30	34.76		30.9		
每组强度值 /MPa	30.9	35.9	33.9	32.3	40.8	
评定界限	☐ 统计方法(二)			☑ 非统计方法		
	$0.90 f_{cu,k}$	$m_{fcu} - \lambda_1 \times S_{fcu}$	$\lambda_2 \times f_{cu,k}$	$1.15 f_{cu,k}$	$0.95 f_{cu,k}$	
				34.50	28.50	
判定式	$m_{fcu} - \lambda_1 \times S_{fcu} \geq 0.90 f_{cu,k}$		$f_{cu,min} \geq \lambda_2 \times f_{cu,k}$	$m_{fcu} \geq 1.15 f_{cu,k}$	$f_{cu,min} \geq 0.95 f_{cu,k}$	
结果				合格	合格	
结论: 符合《混凝土强度检验评定标准》(GB/T 50107—2010)要求,合格						
批 准		审 核			试 验	
×××		×××			×××	
报告日期		××年×月×日				

注:本表由建设单位、施工单位、城建档案馆各保存一份。

七、结构实体混凝土强度检验记录

结构实体混凝土强度检验记录

工程名称	××综合楼工程 一至五层柱、墙、梁、顶板、挑檐、楼梯	编　号	
		结构类型	框架剪力墙
施工单位	××建设集团有限公司	验收日期	2011年6月7日
强度等级	试件强度代表值(Mpa)	强度评定结果	监理/建设单位验收结果
C30P8	28　32.6　30.8　29.4　37.1 30.8　35.9　33.9　32.3　40.8	合格	合格
C30	33.6　37 37　40.7	合格	
C35	32.8　45.6 36.1　50.2	合格	
C35P8	36.5　35.7　44.2　46.5 40.1　39.3　48.6　51.1	合格	

结论：
　　结构实体混凝土强度经数值统计，其强度评定结果合格，符合《混凝土结构工程施工质量验收规范》(GB 50204)规定，验收合格。

签字栏	项目专业技术负责人	专业监理工程师或建设单位项目专业技术负责人
	×××	×××

八、结构实体钢筋保护层厚度检验记录

结构实体钢筋保护层厚度检验记录

工程名称	××综合楼工程					编 号		
						结构类型	框架剪力墙	
施工单位	××建设集团有限公司					验收日期	2011年4月19日	
构件类别	序号	钢筋保护层厚度(mm)				合格点率	评定结果	监理/建设单位验收结果
		设计值	实测值					
梁	1	25	23	29	28	24	28	100%	合格	钢筋保护层厚度试验报告实测值符合要求,合格率100%
	2	25	27	30	27	26	27			
	3	25	20	23	22					
板	1	15	17	13	16	19	18	15	100%	合格	钢筋保护层厚度试验报告实测值符合要求,合格率100%
	2	15	16	15	20	17	13	16			

结论:

经试验室现场检查,符合设计要求及《混凝土结构工程施工质量验收规范》(GB 50204)规定.验收合格。

签字栏	项目专业技术负责人	专业监理工程师或建设单位项目专业技术负责人
	×××	×××

九、灌（满）水试验记录

灌(满)水试验记录		资料编号	
工程名称	××工程	试验日期	××年×月×日
试验项目	室内排水系统	试验部位	九层①～⑬/Ⓐ～Ⓖ轴排水系统
材　质	柔性(A型)铸铁排水管	规　格	DN50、DN75、DN100
试验要求： 　　灌水高度以本层地面高度为标准。满水 15min，液面下降后再灌满，延续 5min，液面不下降，管道各连接处不渗不漏为合格			
试验记录： 　　九层排水立支管灌水试验，用橡胶皮球封堵下一层立管检查口上部，灌水到本层地漏上边沿高度，满水后过 15min 进行检查，液面下降为 5mm，然后再从地漏灌满水 5min 后检查，各液面均无下降，管道各连接处不渗不漏			
试验结论： 　　经检查，试验方式、过程及结果均符合设计要求和《建筑给水排水及采暖工程施工质量验收规范》(GB 50242－2002)的规定，合格			
签字栏	建设(监理)单位	施工单位	××建设集团有限公司	
^	^	专业技术负责人	专业质检员	专业工长
^	×××	×××	×××	×××

注：本表由施工单位填写并保存。

十、强度严密性试验记录

强度严密性试验记录		资料编号	
工程名称	××工程	试验日期	××年×月×日
试验项目	室内给水系统支管单向试压	试验部位	五层①～⑬/Ⓓ～Ⓕ轴冷水支管
材　质	PB管	规　格	$D_e 20$
试验要求： 　　给水支管采用PB管，工作压力为0.3MPa，试验压力为0.6MPa。在试验压力下稳压1h，压力不降，然后降至工作压力的1.15倍0.35MPa，稳压2h，各连接处不渗不漏为合格			
试验记录： 　　试验压力表设在本层支管末端上，从8：00开始对干管进行上水并加压，至8：30表压试验值升至0.6MPa，关闭供水阀门，至9：30观察1h，压力没有下降，9：40将压力降为0.35MPa，稳压2h至11：40，压力没有下降，同时检查管道各连接处不渗不漏			
试验结论： 　　经检查，试验方式、过程及结果均符合设计要求和《建筑给水排水及采暖工程施工质量验收规范》(GB 50242—2002)的规定，合格			
签字栏	建设(监理)单位	施工单位	××建设集团有限公司
^	^	专业技术负责人 / 专业质检员 / 专业工长	^
^	×××	××× / ××× / ×××	^

注：本表由施工单位填写，建设单位、施工单位、城建档案馆各保存一份。

十一、通水试验记录

通水试验记录		资料编号	
工程名称	××工程	试验日期	××年×月×日
试验项目	室内给水系统	试验部位	地下一层至十一层给水管道系统
通水压力/MPa	0.30	通水流量/(m³/h)	1.5
试验系统简述： 本工程室内给水系统分为高低两个区。五层以下为低区，由市政管网直接供给，六层至十一层为高区，高区由设在地下一层泵房的排变频水泵供给			
试验记录： 通水试验从8：00开始，与排水系统同时进行。通水时按立管分别进行。开启全部截止阀，打开全部给水水嘴。经检查，供水流量正常，最高层11层与其他各层水嘴出水均匀畅通，管道无渗漏，水嘴及阀门启闭灵活。至12：00通水试验结束			
试验结论： 经检查，通水试验符合设计要求和《建筑给水排水及采暖工程施工质量验收规范》(GB 50242—2002)的规定，合格			
签字栏	建设(监理)单位	施工单位	××建设集团有限公司	
		专业技术负责人	专业质检员	专业工长
	×××	×××	×××	×××

注：本表由施工单位填写并保存。

十二、吹（冲）洗（脱脂）试验记录

吹(冲)洗(脱脂)试验记录		资料编号	
工程名称	××工程	试验日期	××年×月×日
试验项目	室内给水系统	试验部位	地下一层至十一层给水管道系统
试验介质	自来水	试验方式	水冲洗
试验记录： 　　管道进行冲洗，先从室外水表井接入临时冲洗管道和加压水泵，关闭立管阀门，从导管末端（管径 $DN50$）立管泄水口接 $DN40$ 排水管道，引至室外污水井。9：00 时用加压泵往管道内加压进行冲洗，流速为1.8m/s，从排放处观察水质情况，目测排水水质与供水水质一样，无杂质。然后拆掉临时排水管道，打开各立管阀门，所有水表位置用短管代替，用加压泵往系统加压，分别打开各层给水阀门，从支管末端放水，直至无杂质，水色透明。至 12：10 冲洗结束			
试验结论： 　　经检查，管道冲洗试验符合设计要求和《建筑给水排水及采暖工程施工质量验收规范》(GB 50242—2002)的规定，试验合格			
签字栏	建设(监理)单位	施工单位	××建设集团有限公司
		专业技术负责人	专业质检员	专业工长
	×××	×××	×××	×××

注：本表由施工单位填写并保存。

十三、电气接地电阻测试记录

电气接地电阻测试记录		资料编号		
工程名称	××工程	测试日期	××年×月×日	
仪表型号	ZC-8	天气情况	多云转晴	气温/℃	8
接地类型	□防雷接地　　□计算机接地　　□工作接地 □保护接地　　□防静电接地　　□逻辑接地 □重复接地　　☑综合接地　　□医疗设备接地			
设计要求	□≤10Ω　　□≤4Ω　　□≤1Ω □≤0.1Ω　　☑≤0.5Ω　　□			
测试结论： 　　经测试,接地电阻值为0.18Ω,小于设计要求0.5Ω,符合设计要求和《建筑电气工程施工质量验收规范》(GB 50303—2002)规定				
签字栏	建设(监理)单位	施工单位	××建设集团有限公司	
		专业技术负责人	专业质检员	专业测试人
	×××	×××	×××	×××,×××

注：本表由施工单位填写,建设单位、施工单位、城建档案馆各保存一份。

十四、电气绝缘电阻测试记录

电气绝缘电阻测试记录											资料编号		
工程名称			××工程					测试日期			××年×月×日		
计量单位			MΩ（兆欧）					天气情况			晴		
仪表型号			ZC—7			电压		500V		气温	13℃		
试验内容			相间			相对零			相对地			零对地	
			L_1-L_2	L_2-L_3	L_3-L_1	L_1-N	L_2-N	L_3-N	L_1-PE	L_2-PE	L_3-PE	$N-PE$	
层数·路别·名称·编号		1AL—1											
		WP1	500	500	500	500	500	500	500	500	500	500	
		WL1	500	500		500		500	500		500	500	
		WL2				470							
		WL3					480						
		WL4						450					
		WL5				400							
		WL6					400			400		400	
		WL7						400		400		400	
		WL8				450			450			450	
		WL9	500	500	500	500	500	500	500	500	500	500	
		WL10	500	500		500		500	500		500	500	
		WL11					450			450		450	
		WL12						470			470	470	

测试结论：
　　经测试：线路绝缘良好，符合设计要求和《建筑电气工程施工质量验收规范》(GB 50303—2002)的规定

签字栏	建设(监理)单位	施工单位	××建设集团有限公司		
		技术负责人	质检员	测试人	
	×××	×××	×××	×××、×××	

注：本表由施工单位填写，建设单位、施工单位各保存一份。

十五、电气设备空载试运行记录

电气设备空载试运行记录				资料编号			
工程名称			××工程				
设备名称	轴流通风机	设备型号	SF		设计编号		×××
额定电流	11.6mA	额定电压	380V		填写日期		××年×月×日
试运行时间	由 × 日 × 时 × 分 开始,至 × 日 × 时 × 分结束						

运行负荷记录	运行时间	运行电压/V			运行电流/A			温度/℃
		L_1-N (L_1-L_2)	L_2-N (L_2-L_3)	L_3-N (L_3-L_1)	L_1相	L_2相	L_3相	
	7:50	376	377	377	3.8	3.8	3.9	25
	8:50	376	377	377	3.8	3.8	3.9	26
	9:50	376	377	377	3.8	3.8	3.9	26

试运行情况记录:
　　经2h通电试运行,线压接点和线路无过热现象,电机运转、温升、噪声等情况正常;配电线路、开关、仪表等正常;符合设计要求和《建筑电气工程施工质量验收规范》(GB 50303—2002)规定

签字栏	建设(监理)单位	施工单位	××建设集团有限公司	
		专业技术负责人	专业质检员	专业工长
	×××	××	×××	×××

注:本表由施工单位填写,建设单位、施工单位各保存一份。

十六、大型照明灯具承载试验记录

大型照明灯具承载试验记录		资料编号		
工程名称		××工程		
楼层	一层	试验日期	××年×月×日	
灯具名称	安装部位	数量	灯具自重/kg	试验载重/kg
花灯	大厅	10套	35	70
检查结论： 一层大厅使用灯具的规格、型号符合设计要求，预埋螺栓直径符合规范要求，经做承载试验，试验载重70kg，试验时间为15min，预埋件牢固可靠，符合规范规定				

签字栏	建设(监理)单位	施工单位	××建设集团有限公司	
		专业技术负责人	专业质检员	专业工长
	×××	×××	×××	×××

注：本表由施工单位填写，建设单位、施工单位各保存一份。

十七、风管漏光检测记录

风管漏光检测记录		资料编号	
工程名称	××工程	试验日期	××年×月×日
系统名称	五层卫生间排风系统风管	工作压力/Pa	150
系统接缝总长度/m	60	每10m接缝为一检测段的分段数	6
检测光源		500W的碘钨灯	
分段序号	实测漏光点数/个	每10m接缝的允许漏光点数/(个/10m)	结论
1	0	2	合格
2	1	2	合格
3	0	2	合格
4	1	2	合格
5	0	2	合格
6	1	2	合格
合计	总漏光点数/个	每100m接缝的允许漏光点数/(个/100m)	结论
	3	16	合格
检测结论: 经检测,检测结果符合设计要求及施工规范规定,漏光处已用密封胶封堵严密,合格			
签字栏	建设(监理)单位	施工单位	××建设集团有限公司
		专业技术负责人	专业质检员	专业工长
	×××	×××	×××	×××

注:本表由施工单位填写并保存。

十八、风管漏风检测记录

风管漏风检测记录		资料编号	
工程名称	××工程	试验日期	××年×月×日
系统名称	地下一层车库空调系统	工作压力/Pa	740
系统总面积/m²	416	试验压力/Pa	1100
试验总面积/m²	397	系统检测分段数	5
检测区段图示： （图　略）	分段实测数值		
	序号	分段表面积/m²	试验压力/Pa	实际漏风量/(m³/h)
	1	42	1100	205.8
	2	83	1100	381.8
	3	172	1100	808.4
	4	75	1100	375
	5	25	1100	130
系统允许漏风量/[m³/(m²·h)]	6.9	实测系统漏风量/[m³/(m²·h)]	4.88

检测结论：
　　经检查，试验结果符合设计要求和《通风与空调工程施工质量验收规范》(GB 50243—2002)的规定。合格

签字栏	建设（监理）单位	施工单位	××建设集团有限公司	
		专业技术负责人	专业质检员	专业工长
	×××	×××	×××	×××

注：本表由施工单位填写并保存。

第9单元 施工质量验收记录（C7）资料管理

第1讲 施工质量验收记录资料签认

施工质量验收记录签认，见表3-31。

表3-31 施工质量验收记录签认

序号	工程资料名称	完成或提交时限	主要签认责任	责任单位或部门
1	结构实体混凝土强度验收记录	地基、主体分部工程验收前提交	项目技术负责人	项目质量部
2	结构实体钢筋保护层厚度验收记录	地基、主体分部工程验收前提交	项目技术负责人	项目质量部
3	钢筋保护层厚度试验记录	分部工程验收前完成	试检验单位	有资质试验部门提供，试验员收集
4	检验批质量验收记录表	随施工同步完成 按周、月提交1次	质量、专业工长	项目质量部
5	分项工程质量验收记录表	分项工程验收前3d提交（混凝土除外）	项目技术负责人	项目质量部
6	分部（子分部）工程验收记录表	分部工程验收前3d提交（混凝土除外）	项目经理	项目质量部

第2讲 施工质量验收记录资料填写说明

一、《结构实体检验记录》

（1）同条件养护试件的留置方式和取样数量，应符合下列要求：

1）同条件养护试件所对应的结构构件或结构部位，应由监理（建设）、施工等各方共同选定。

2）对混凝土结构工程中的各混凝土强度等级，均应留置同条件养护试件。

3）同一强度等级的同条件养护试件，其留置的数量应根据混凝土工程量和重要性确定，不宜少于10组，且不应少于3组。

4）同条件养护试件拆模后，应放置在靠近相应结构构件或结构部位的适当位置，并应采取相同的养护方法。

（2）同条件养护试件应在达到等效养护龄期时进行强度试验。

等效养护龄期应根据同条件养护试件强度与在标准养护条件下 28d 龄期试件

强度相等的原则确定。

（3）同条件自然养护试件的等效养护龄期及相应的试件强度代表值，宜根据当地的气温和养护条件，按下列规定确定。

1）等效养护龄期可取按日平均温度逐日累计达到 600℃·d 时所对应的龄期，0℃及以下的龄期不计入；等效养护龄期不应小于 14d，也不宜大于 60d。

2）同条件养护试件的强度代表值应根据强度试验结果按现行国家标准《混凝土强度检验评定标准》（GB/T 50107-2010）的规定确定后，乘折算系数取用；折算系数宜取为 1.10，也可根据当地的试验统计结果作适当调整。

（4）冬期施工、人工加热养护的结构构件，其同条件养护试件的等效养护龄期可按结构构件的实际养护条件，由监理（建设）、施工等各方根据第 2 条的规定共同确定。

（5）结构实体检验报告应由有相应资质等级的试验（检测）单位提供。

二、《结构实体钢筋保护层厚度验收记录》、《钢筋保护层厚度试验报告》

（1）钢筋混凝土保护层厚度测定由当地建设行政主管部门委托具有相应资质的试验单位进行测定，并出具检测报告。

（2）钢筋保护层厚度检验的结构部位和构件数量，应符合下列要求。

1）钢筋保护层厚度检验的结构部位，应由监理（建设）、施工等各方根据结构构件的重要性共同选定。

2）对梁类、板类构件，应各抽取构件数量的 2% 且不少于 5 个构件进行检验；当有悬挑构件时，抽取的构件中悬挑梁类、板类构件所占比例均不宜小于 50%。

（3）对选定的梁类构件，应对全部纵向受力钢筋的保护层厚度进行检验；对选定的板类构件，应抽取不少于 6 根纵向受力钢筋的保护层厚度进行检验。对每根钢筋，应在有代表性的部位测量 1 点。

（4）钢筋保护层厚度的检验，可采用非破损或局部破损的方法，也可采用非破损方法并用局部破损方法进行校准。当采用非破损方法检验时，所使用的检测仪器应经过计量检验，检测操作应符合相应规程的规定。

钢筋保护层厚度检验的检测误差不应大于 1mm。

（5）钢筋保护层厚度检验时，纵向受力钢筋保护层厚度的允许偏差，对梁类构件为+10mm，-7mm；对板类构件为+8mm，-5mm。

（6）对梁类、板类构件纵向受力钢筋的保护层厚度应分别进行验收。

结构实体钢筋保护层厚度验收合格应符合下列规定。

1）当全部钢筋保护层厚度检验的合格点率为 90% 及以上时，钢筋保护层厚度的检验结果应判为合格。

2）当全部钢筋保护层厚度检验的合格点率小于 90% 但不小于 80%，可再抽取相同数量的构件进行检验；当按两次抽样总和计算的合格点率为 90% 及以上时，钢筋保护层厚度的检验结果仍应判为合格。

3）每次抽样检验结果中不合格点的最大偏差均不应大于第（5）条规定允许偏差的 1.5 倍。

三、《检验批工程质量验收记录》

1.检验批质量验收的程序和组织

检验批施工完成，施工单位自检合格后，应由项目专业质量检查员填报《检验批质量验收记录表》。按照国家质量验收规范的规定，检验批质量验收应由监理工程师（建设单位项目专业技术负责人）组织项目专业质量检查员等进行验收并签认。

2.检验批质量验收记录表的填写要求

（1）检验批质量验收记录表的编号。

检验批质量验收记录表的编号按全部施工质量验收规范系列的分部工程、子分部工程、分项工程的代码和资料顺序号统一为 9 位数的数码编号，写在表的右上角，前 6 位数字均印在表上，后留 3 个"□"，检查验收时填写检验批的顺序号。其编号规则具体说明如下：

1）第 1、2 位数字是分部工程的代码。

2）第 3、4 位数字是子分部工程的代码。

3）第 5、6 位数字是分项工程的代码。

4）第 7、8、9 位数字是各分项工程检验批验收的顺序号。

（2）表头的填写。

1）单位（子单位）工程名称按合同文件上的单位工程名称填写，子单位工程标出该部分的位置。

2）分部（子分部）工程名称按规范划定的分部（子分部）名称填写。

3）验收部位是指一个分项工程中验收的那个检验批的抽样范围，要按实际情况标注清楚。

4）检验批验收记录表中，施工执行标准名称及编号应填写施工所执行的工艺标准的名称及编号，例如，可以填写所采用的企业标准、地方标准、行业标准或国家标准；如果未采用上述标准，也可填写实际采用的施工技术方案等依据，填写时要将标准名称及编号填写齐全，此栏不应填写验收标准。

5）表格中工程参数等应按实填写，施工单位、分包单位名称宜写全称，并与合同上的公章名称一致，并应注意各表格填写的名称应相互一致；项目经理应填写合同中指定的项目负责人，分包单位的项目经理也应是合同中指定的项目负责人，表头签字处不需要本人签字，由填表人填写即可，只是标明具体的负责人。

（3）"施工质量验收规范的规定"栏制表时按 4 种情况印制。

1）直接写入：将规范主控项目、一般项目的要求写入。

2）简化描述：将质量要求作简化描述，作为检查提示。

3）写入条文号：当文字较多时，只将条文号写入。

4）写入允许偏差：对定量要求，将允许偏差直接写入。

（4）填写"施工单位检查评定记录"栏，应遵守下列要求。

1）对定量检查项目，当检查点少时，可直接在表中填写检查数据；当检查点数较多填写不下时，可以在表中填写综合结论，如"共检查20处，平均4mm，最大7mm"、"共检查36处，全部合格"等字样，此时应将原始检查记录附在表后。

2）对定性类检查项目，可填写"符合要求"或用符号表示，划"√"或划"×"。

3）对既有定性又有定量的项目，当各个子项目质量均符合规范规定时，可填写"符合要求"或划"√"，不符合要求时划"×"。

4）无此项内容时划"/"来标注。

5）在一般项目中，规范对合格点百分率有要求的项目，也可填写达到要求的检查点的百分率。

6）对混凝土、砂浆强度等级，可先填报告份数和编号，待试件养护至28d试压后，再对检验批进行判定和验收，应将试验报告附在验收表后。

7）主控项目不得出现"×"，当出现划"×"时，应进行返工修理，使之达到合格；一般项目不得出现超过20%的检查点划"×"，否则应进行返工修理。

8）有数据的项目，将实际测量的数值填入格内，超过企业标准但未超过国家验收规范的数字用"○"将其圈住；对超过国家验收规范的数字用"△"圈住。

9）当采用计算机管理时，可以均采用划"√"或划"×"来标注。

"施工单位检查评定记录"栏应由质量检查员填写。填写内容：可为"合格"或"符合要求"，也可为"检查工程主控项目、一般项目均符合《××××质量验收规范》（GB ××－××）的要求，评定合格"等。质量检查员代表企业逐项检查评定合格后，应如实填表并签字，然后交监理工程师或建设单位项目专业技术负责人验收。

（5）检验批检查验收时，一般项目中检查点的合格率，应符合各专业工程施工质量验收规范的规定。其主要原则是：

1）主控项目，应该全部达到规范要求。

2）一般项目，无论是定性还是定量要求，应有80%以上检查点达到规范要求，其余20%的检查点应按各专业工程施工质量验收规范的规定执行。

各专业工程施工质量验收规范中判定一般项目合格的规定大致如下：

属于定量要求的，实际偏差最大不能超过允许偏差的1.5倍。但有些项目例外，如混凝土结构的钢筋保护层厚度，检查点合格率应为90%以上；对钢结构，实际偏差最大不能超过允许偏差的1.2倍。

属于定性要求的，应有80%以上的检查点达到规范规定。其余检查点按各专业工程施工质量验收规范的规定执行，通常规定不能有影响性能的严重缺陷。

（6）"监理单位验收记录"栏。

通常在验收前，监理人员应采用平行、旁站或巡回等方法进行监理，对施工质量抽查，对重要项目作见证检测，对新开工程、首件产品或样板间等进行全面检查。

以全面了解所监理工程的质量水平、质量控制措施是否有效及实际执行情况,做到心中有数。

在检验批验收时,监理工程师应与施工单位质量检查员共同检查验收。监理人员应对主控项目、一般项目按照施工质量验收规范的规定逐项抽查验收。应注意:监理工程师应该独立得出是否符合要求的结论,并对得出的验收结论承担责任。对不符合施工质量验收规范规定的项目,暂不填写,待处理后再验收,但应做出标记。

(7)"监理单位验收结论"栏。

应由专业监理工程师或建设单位项目专业技术负责人填写。

填写前,应对"主控项目"、"一般项目"按照施工质量验收规范的规定逐项抽查验收,独立得出验收结论。认为验收合格,应签注"同意施工单位评定结果,验收合格"。

如果检验批中含有混凝土、砂浆试件强度验收等内容,应待试验报告出来后再作判定。

四、《分项工程质量验收记录》

1. 分项工程质量验收程序和组织

(1)分项工程完成(即分项工程所包含的检验批均已完工),施工单位自检合格后,应填报《____分项工程质量验收记录表》和《分项/分部工程施工报验表》。

(2)分项工程质量验收由监理工程师(建设单位项目专业技术负责人)组织项目专业技术负责人等进行验收并签认。

2. 分项工程质量验收记录表填写要求

(1)填写要点。

1)除填写表中基本参数外,首先应填写各检验批的名称、部位、区段等,注意要填写齐全。

2)表中部"施工单位检查评定结果"栏,由施工单位质量检查员填写,可以划"√"或填写"符合要求,验收合格"。

3)表中部右边"监理单位验收结论"栏,专业监理工程师应逐项审查,同意项填写"合格"或"符合要求",如有不同意项应做标记但暂不填写,待处理后再验收;对不同意项,监理工程师应指出问题,明确处理意见和完成时间。

4)表下部"检查结论"栏,由施工单位项目技术负责人填写,可填"合格",然后交监理单位验收。

5)表下部"验收结论"栏,由监理工程师填写,在确认各项验收合格后,填入"验收合格"。

(2)注意事项。

1)核对检验批的部位、区段是否全部覆盖分项工程的范围,有无遗漏的部位。

2)一些在检验批中无法检验的项目,在分项工程中直接验收,如有混凝土、砂浆强度要求的检验批,到龄期后试压结果能否达到设计要求。

3）检查各检验批的验收资料是否完整并作统一整理，依次登记保管，为下一步验收打下基础。

五、《分部（子分部）工程质量验收记录》

（1）分部（子分部）工程质量验收程序和组织。

1）分部（子分部）工程完成，施工单位自检合格后，应填报《分部（子分部）工程质量验收记录表》。

2）分部（子分部）工程应由总监理工程师或建设单位项目负责人组织有关设计单位及施工单位项目负责人和技术质量负责人等共同验收并签认。

3）地基基础、主体结构分部工程完工，施工项目部应先行组织自检，合格后填写《＿＿＿分部（子分部）工程质量验收记录表》，报请施工企业的技术、质量部门验收并签认后，由建设、监理、勘察、设计和施工单位共同进行分部工程验收，并报建设工程质量监督机构。

（2）分部（子分部）工程质量验收记录表填写要求。

1）填写要点。

①表名前应填写分部（子分部）工程的名称，然后将"分部"、"子分部"两者划掉其一。

②工程名称、施工单位名称要填写全称，并与检验批、分项工程验收表的工程名称一致。

③结构类型填写设计文件提供的结构类型，层数应分别注明地下和地上的层数。

④技术、质量部门负责人是指项目的技术、质量负责人，但地基基础、主体结构及重要安装分部（子分部）工程应填写施工单位的技术、质量部门负责人。

⑤有分包单位时填写分包单位名称，分包单位要写全称，与合同或图章一致。分包单位负责人及分包技术负责人，填写本项目的项目负责人及项目技术负责人；按规定地基基础、主体结构不准分包，因此不应有分包单位。

⑥"分部工程"栏先由施工单位按顺序将分项工程名称填入，将各分项工程检验批的实际数量填入，注意应与各分项工程验收表上的检验批数量相同，并要将各分项工程验收表附后。

⑦"施工单位检查评定"栏填写施工单位对各分项工程自行检查评定的结果，可按照各分项工程验收表填写，合格的分项工程划"√"或填写"符合要求"，填写之前，应核查各分项工程是否全部都通过了验收，有无遗漏。

注意有龄期要求的试件应检查28d试压是否达到要求，有全高垂直度或总标高要求的检验项目应实际进行测量检查；当自检符合要求时划"√"，否则划"×"。有"×"的项目不能交给监理或建设单位验收，应返修合格后再提交验收，监理单位由总监理工程师组织审查，符合要求的在"验收意见"栏签注"验收合格"。

⑧"质量控制资料验收"栏应按《单位（子单位）工程质量控制资料核查记录》来核查，但是各专业只需要检查该表内对应于本专业的那部分相关内容，不需要全

部检查表内所列内容，也未要求在分部工程验收时填写该表。

核查时，应对资料逐项核对检查，应核查下列几项。

a.查资料是否齐全，有无遗漏。

b.查资料的内容有无不合格项。

c.查资料横向是否相互协调一致，有无矛盾。

d.查资料的分类整理是否符合要求，案卷目录、份数页数及装订等有无缺漏。

e.查各项资料签字是否齐全。

当确认能够基本反映工程质量情况，达到保证结构安全和使用功能的要求，该项即可通过验收。全部项目都通过验收，即可在"施工单位检查评定"栏内划"√"或标注"检查合格"，然后送监理单位或建设单位验收，监理单位总监理工程师组织审查，如认为符合要求，则在"验收意见"栏内签注"验收合格"意见。

对一个具体工程，是按分部还是按子分部进行资料验收，需要根据具体工程的情况自行确定。

⑨"安全和功能检验（检测）报告"栏应根据工程实际情况填写。

安全和功能检验，是指按规定或约定需要在竣工时进行抽样检测的项目。这些项目凡能在分部（子分部）工程验收时进行检测的，应在分部（子分部）工程验收时进行检测。具体检测项目可按《单位（子单位）工程安全和功能检验资料核查及主要功能抽查记录》中相关内容在开工之前加以确定。设计有要求或合同有约定的，按要求或约定执行。

在核查时，要检查开工之前确定的检测项目是否全部进行了检测。要逐一对每份检测报告进行核查，主要核查每个检测项目的检测方法、程序是否符合有关标准规定；检测结论是否达到规范的要求；检测报告的审批程序及签字是否完整等。

如果每个检测项目都通过审查，施工单位即可在检查评定栏内划"√"或标注"检查合格"。由项目经理送监理单位或建设单位验收，监理单位总监理工程师或建设单位项目技术负责人组织审查，认为符合要求后，在"验收意见"栏内签注"验收合格"意见。

⑩"观感质量验收"栏的填写应符合工程的实际情况。

新版验收规范对观感质量的评判有较大修改，现在只作定性评判，不再作量化打分。观感质量等级分为"好"、"一般"、"差"共3档。"好"、"一般"均为合格；"差"为不合格，需要修理或返工。

观感质量检查的主要方法是观察。但除了检查外观外，还应对能启动、运转或打开的部位进行启动或打开检查。并注意应尽量做到全面检查，对屋面、地下室及各类有代表性的房间、部位都应查到。

观感质量检查首先由施工单位项目经理组织施工单位人员进行现场检查，检查合格后填表，由项目经理签字后交监理单位验收。

监理单位总监理工程师或建设单位项目专业负责人组织对观感质量进行验收，并确定观感质量等级。认为达到"好"或"一般"，均视为合格。在"分部（子分部）工程观感质量验收意见"栏内填写"验收合格"。评为"差"的项目，应由施工单位修理或返工。如确实无法修理，可经协商实行让步验收，并在验收表中注明。由于"让步验收"意味着工程留下永久性缺陷，故应尽量避免出现这种情况。

关于"验收意见"栏由总监理工程师与各方协商，确认符合规定，取得一致意见后，按表中各栏分项填写。可在"验收意见"各栏填入"验收合格"。

当出现意见不一致时，应由总监理工程师与各方协商，对存在的问题，提出处理意见或解决办法，待问题解决后再填表。

⑪《分部（子分部）工程质量验收记录表》中，制表时已经列出了需要签字的参加工程建设的有关单位。应由各方参加验收的代表亲自签名，以示负责。通常《分部（子分部）工程质量验收记录表》不需盖章。勘察单位需签认地基基础、主体结构分部工程，由勘察单位的项目负责人亲自签认。

设计单位需签认地基基础、主体结构及重要安装分部（子分部）工程，由设计单位的项目负责人亲自签认。

施工方总承包单位由项目经理亲自签认，有分包单位的，分包单位应签认其分包的分部（子分部）工程，由分包项目经理亲自签认。

监理单位作为验收方，由总监理工程师签认验收。未委托监理的工程，可由建设单位项目技术负责人签认验收。

2）注意事项。

①核查各分部（子分部）工程所含分项工程是否齐全，有无遗漏。

②核查质量控制资料是否完整，分类整理是否符合要求。

③核查安全、功能的检测是否按规范、设计、合同要求全部完成，未作的应补作，核查检测结论是否合格。

④对分部（子分部）工程应进行观感质量检查验收，主要检查分项工程验收后到分部（子分部）工程验收之间，工程实体质量有无变化，如有，应修补达到合格，才能通过验收。

第3讲 施工质量验收资料表格填写示例

一、模板安装工程检验批质量验收记录表

模板安装工程检验批质量验收记录表
GB 50204—2002
（Ⅰ）

010601××× 020101□□□

单位(子单位)工程名称			××办公楼工程		地下一层①~③/⑬~ⓒ轴顶板、梁	
分部(子分部)工程名称			混凝土基础	验收部位		
施工单位			××建设集团有限公司	项目经理	×××	
分包单位			/	分包项目经理	/	
施工执行标准名称及编号			混凝土结构工程施工工艺标准(QB×××-××)			
	施工质量验收规范的规定			施工单位检查评定记录	监理(建设)单位验收记录	
主控项目	1	模板支撑、立柱位置和垫板	第4.2.1条	已通过模板预检,预检记录编号01-C5-025	模板安装的主控项目符合设计及规范要求	
	2	避免隔离剂沾污	第4.2.2条	已通过模板预检,预检记录编号01-C5-025		
一般项目	1	模板安装一般要求	第4.2.3条	已通过模板预检,预检记录编号01-C5-025	模板安装的一般项目符合设计及规范要求	
	2	用作模板的地坪、胎模质量	第4.2.4条	/		
	3	模板起拱高度	第4.2.5条	顶板跨度为6.6m,梁模板起拱10mm(1.5‰)~15mm(2‰)		
	4	预埋件、预留孔洞允许偏差	预埋钢板中心线位置	3mm		
			预埋管、预留孔中心线位置	3mm	2 ③ 2 1 0 1 1 2 ③ 1	
			插筋 中心线位置	5mm		
			插筋 外露长度	+10,0mm		
			预埋螺栓 中心线位置	2mm		
			预埋螺栓 外露长度	+10,0mm		
			预留洞 中心线位置	10mm	3 4 2 2 1	
			预留洞 尺寸	+10,0mm	2 2 3 4 3	
	5	模板安装允许偏差	轴线位置	5mm	2 0 2 1 2 0 0 2 2 1	
			底模上表面标高	±5mm	-2 0 -1 ④ 3 -2 3 -1 -1 2	
			截面内部尺寸 基础	±10mm		
			截面内部尺寸 柱、墙、梁	+4,-5mm	3 -2 -4 2 0 -1 -2 -1 2 2	
			层高垂直度 不大于5m	6mm		
			层高垂直度 大于5m	8mm		
			相邻两板表面高低差	2mm	2 2 1 0 1 2 1 1 1 2	
			表面平整度	5mm	3 ④ 3 2 ④ 2 0 2 2 1	
施工单位检查评定结果		专业工长(施工员)	×××	施工班组长	×××	
		经检查,主控项目、一般项目均符合设计要求和《混凝土结构工程施工质量验收规范》(GB 50204—2002)的规定,评定合格 项目专业质量检查员:×××			××年×月×日	
监理(建设)单位验收结论		同意施工单位评定结果,验收合格 专业监理工程师:××× (建设单位项目专业技术负责人)			××年×月×日	

注:有数据的项目,将实际测量的数值填入格内,超企业标准但未超过国家验收规范的数字用"○"将其圈住;对超过国家验收规范的数字用"△"圈住。

模 板 分项工程质量验收记录表

单位(子单位)工程名称	××办公楼工程	结构类型	框架剪力墙(11/1)
分部(子分部)工程名称	混凝土基础	检验批数	27+24
施工单位	××建设集团有限公司	项目经理	×××
分包单位	/	分包项目经理	/

序号	检验批名称及部位、区段	施工单位检查评定结果	监理(建设)单位验收结论
1	①~⑧/⑧~⑪轴基础底板及导墙模板安装	√	
2	⑧~⑬/⑧~⑪轴基础底板及导墙模板安装	√	
3	①~③/⑧~⑪轴基础反梁模板安装	√	
…	…	√	
26	地下一层⑧~⑬/④~⑪轴顶板、梁、楼梯模板安装	√	
27	地下一层⑦~⑧/⑧~⑪轴外墙后浇带模板安装	√	检验批验收齐全、真实有效,合格
28	①~⑧/⑧~⑪轴基础底板及导墙模板拆除	√	
29	⑧~⑬/⑧~⑪轴基础底板及导墙模板拆除	√	
30	①~⑧/⑧~⑪轴基础反梁模板拆除	√	
…	…	√	
50	地下一层①~④/⑧~⑪轴水池顶板模板拆除	√	
51	地下一层⑦~⑧/⑧~⑪轴外墙后浇带模板拆除	√	

说明:			
检查结论	模板分项工程合格 项目专业技术负责人:××× 　　　　　　　　　××年×月×日	验收结论	同意施工单位检查结论,验收合格 监理工程师:××× (建设单位项目专业技术负责人) 　　　　　　　　　××年×月×日

注:地基基础、主体结构工程的分项工程质量验收不填写"分包单位"、"分包项目经理"。

二、混凝土结构分部（子分部）工程质量验收记录

<u>混凝土结构</u> 分部(子分部)工程质量验收记录

单位(子单位)工程名称		××办公楼工程	结构类型及层数		框架剪力墙 (11/1)	
施工单位		××建设集团有限公司	技术部门负责人	×××	质量部门负责人	×××
分包单位		/	分包单位负责人	/	分包技术负责人	/
序号		(分项)工程名称	(检验批)数	施工单位检查评定	验收意见	
1	1	模板（包括模板安装和模板拆除）	85＋68	√	同意验收	
	2	钢筋（包括钢筋加工和钢筋安装）	11＋81	√		
	3	混凝土（包括原材料及配合比设计和混凝土施工）	16＋67	√		
	4	现浇结构	68	√		
2		质量控制资料	设计变更文件、工程定位测量、原材料质量证明、进场检(试)验报告、施工试验报告、隐检记录等齐全、有效、合格		同意验收	
3		安全和功能检验(检测)报告	结构实体检验、钢筋保护层厚度检测等齐全、有效、合格		同意验收	
4		观感质量验收	好		同意验收	
验收单位	分包单位	项目经理			年 月 日	
	施工单位	项目经理	×××		××年×月×日	
	勘察单位	项目负责人			年 月 日	
	设计单位	项目负责人	×××		××年×月×日	
	监理(建设)单位	各分项工程均符合施工质量验收规范要求；质量控制资料及安全和功能检验(检测)报告齐全、有效、合格；观感质量验收为好，同意施工单位评定结果，验收合格 总监理工程师 ××× (建设单位项目专业负责人)　　　　　　　　　　　　××年×月×日				

注：地基基础、主体结构分部工程质量验收不填写"分包单位"、"分包单位负责人"和"分包技术负责人"。
　　地基基础、主体结构分部工程验收勘察单位应签认，其他分部工程验收勘察单位可不签认。

三、建筑节能分部工程质量验收记录表

建筑节能分部工程质量验收记录表

单位工程名称		××办公楼工程		结构类型及层数	框架剪力墙(11/1)
施工总承包单位		××建设集团有限公司	技术部门负责人	×××	质量部门负责人	×××
专业承包单位		/	专业承包单位负责人	/	专业承包单位技术负责人	/
序号	分项工程名称		验收结论		监理工程师签字	备注
1	墙体节能工程		合格		×××	
2	幕墙节能工程		合格		×××	
3	门窗节能工程		合格		×××	
4	屋面节能工程		合格		×××	
6	采暖节能工程		合格		×××	
7	通风与空调节能工程		合格		×××	
8	空调与采暖系统的冷热源及管网节能工程		合格		×××	
9	配电与照明节能工程		合格		×××	
10	监测与控制节能工程		合格		×××	
11	监测与控制节能工程		合格		×××	
质量控制资料			齐全有效,合格			
外墙节能构造现场实体检验			符合设计及规范要求,合格			
外窗气密性现场实体检验			符合设计及规范要求,合格			
系统节能性能检测			符合设计及规范要求,合格			
验收结论: 各子分部工程均符合设计及规范要求,合格						
其他参加验收人员: ×××、×××、×××						
验收单位	专业承包单位	施工总承包单位		设计单位	监理或建设单位	
	项目经理: ××× ××年×月×日	项目经理: ××× ××年×月×日		项目负责人: ××× ××年×月×日	总监理工程师或建设单位项目负责人:××× ××年×月×日	

第10单元　工程竣工验收资料（C8）管理

第1讲　工程竣工验收资料的签认

执行现行建设工程监理规程以及工程资料管理的相关报验管理规定，落实各方相关责任人的签认权限和时限要求。以房屋建筑工程建筑与结构专业为例。

工程管理与验收资料签认及管理见表3—32。

表3—32　工程管理与验收资料签认及管理

序号	工程资料名称	完成或提交时限	主要签认责任	责任单位或部门
1	单位（子单位）工程质量竣工验收记录	业主组织单位竣工验收前完成	施工单位负责人	项目质量部、技术部
2	单位（子单位）工程质量控制资料核查记录	施工企业内部竣工预检前完成	各专业技术负责人项目经理	项目技术部、资料员
3	单位（子单位）工程安全和功能检查资料核查及主要功能抽查记录	施工企业内部竣工预检前完成	各专业技术负责人项目经理	项目技术部、资料员
4	单位（子单位）工程观感质量检查记录	工程档案预验收前完成	项目经理	项目质量部
5	施工总结	业主组织单位竣工验收前完成	无	项目总工统筹协调
6	工程竣工报告	业主组织单位竣工验收前完成	项目经理	项目经理组织

第2讲　工程竣工验收资料填写说明

一、《单位（子单位）工程质量竣工验收记录》

《单位（子单位）工程质量竣工验收记录》是一个建筑工程项目的最后一份验收资料，应由施工单位填写。

（1）单位工程完工，施工单位组织自检合格后，应报请监理单位进行工程预验收，通过后向建设单位提交工程竣工报告并填报《单位（子单位）工程质量竣工验收记录》。建设单位应组织设计单位、监理单位、施工单位等进行工程质量竣工验收并记录，验收记录上各单位必须签字并加盖公章。

（2）进行单位（子单位）工程质量竣工验收时，施工单位应同时填报《单位（子单位）工程质量控制资料检查记录》、《单位（子单位）工程安全和功能检查资料核查及主要功能抽查记录》、《单位（子单位）工程观感质量检查记录》，作为《单位（子单位）工程质量竣工验收记录》的附表。

（3）"分部工程"栏根据各《分部（子分部）工程质量验收记录》填写。应对所含各分部工程，由竣工验收组成员共同逐项核查。对表中内容如有异议，应对工程实体进行检查或测试。

核查并确认合格后，由监理单位在"验收记录"栏注明共验收了几个分部，符合标准及设计要求的有几个分部，并在右侧的"验收结论"栏内，填入具体的验收结论。

（4）"质量控制资料核查"栏根据《单位（子单位）工程质量控制资料核查记录》的核查结论填写。建设单位组织由各方代表组成的验收组成员，或委托总监理工程师，按照《单位（子单位）工程质量控制资料核查记录》的内容，对资料进行逐项核查。确认符合要求后，在《单位（子单位）工程质量竣工验收记录》右侧的"验收结论"栏内，填写具体验收结论。

（5）"安全和主要使用功能核查及抽查结果"栏根据《单位（子单位）工程安全和功能检验资料核查及主要功能抽查记录》的核查结论填写。

对于分部工程验收时已经进行了安全和功能检测的项目，单位工程验收时不再重复检测。但要核查以下内容。

1）单位工程验收时按规定、约定或设计要求，需要进行的安全功能抽测项目是否都进行了检测；具体检测项目有无遗漏。

2）抽测的程序、方法是否符合规定。

3）抽测结论是否达到设计及规范规定。

经核查认为符合要求的，在《单位（子单位）工程质量竣工验收记录》中的"验收结论"栏填入符合要求的结论。如果发现某些抽测项目不全，或抽测结果达不到设计要求，可进行返工处理，使之达到要求。

（6）"观感质量验收"栏根据《单位（子单位）工程观感质量检查记录》的检查结论填写。

参加验收的各方代表，在建设单位主持下，对观感质量抽查，共同做出评价。如确认没有影响结构安全和使用功能的项目，符合或基本符合规范要求，应评价为"好"或"一般"。如果某项观感质量被评价为"差"，应进行修理。如果确难修理时，只要不影响结构安全和使用功能的，可采用协商解决的方法进行验收，并在验收表上注明。

（7）"综合验收结论"栏应由参加验收各方共同商定，并由建设单位填写，主要对工程质量是否符合设计和规范要求及总体质量水平做出评价。

二、《单位（子单位）工程质量控制资料核查记录》

（1）单位（子单位）工程质量控制资料是单位工程综合验收的一项重要内容，核查目的是强调建筑结构设备性能、使用功能方面主要技术性能的检验。其每一项资料包含的内容，就是单位工程包含的有关分项工程中检验批主控项目、一般项目要求内容的汇总。对一个单位工程全面进行质量控制资料核查，可以防止局部错漏，从而进一步加强工程质量的控制。

（2）《建筑工程施工质量验收统一标准》（GB 50300－2013）中规定了按专业分共计61项内容。其中，建筑与结构10项、给水排水与供暖8项、建筑电气8项、通风与空调9项、电梯8项、智能建筑10项、建筑节能8项。

（3）本表由施工单位按照所列质量控制资料的种类、名称进行检查，并填写份数，然后提交给监理单位验收。

（4）本表其他各栏内容均由监理单位进行核查和填写。监理单位应按分部（子分部）工程逐项核查，独立得出核查结论。监理单位核查合格后，在"核查意见"栏填写对资料核查后的具体意见如齐全、符合要求，具体核查人员在"核查人"栏签字。

（5）总监理工程师或建设单位项目负责人确认符合要求后，在表下部"结论"栏内，填写对资料核查后的综合性结论。

（6）施工单位项目经理应在表下部"结论"栏内签字确认。

三、《单位（子单位）工程安全和功能检查资料及主要功能抽查记录》

（1）建筑工程投入使用，最为重要的是要确保安全和满足功能性要求。涉及安全和使用功能的分部工程应有检验资料，施工验收对能否满足安全和使用功能的项目进行强化验收，对主要项目进行抽查记录，填写《单位（子单位）工程安全和功能检验资料核查及主要功能抽查记录》。

（2）抽查项目是在核查资料文件的基础上，由参加验收的各方人员确定，然后按有关专业工程施工质量验收标准进行检查。

（3）安全和功能的各项主要检测项目，表中已经列明。如果设计或合同有其他要求，经监理认可后可以补充。

安全和功能的检测，如果条件具备，应在分部工程验收时进行。分部工程验收时凡已经做过的安全和功能检测项目，单位工程竣工验收时不再重复检测。只核查检测报告是否符合有关规定。如：核查检测项目是否有遗漏；抽测的程序、方法是否符合规定；检测结论是否达到设计及规范规定；如果某个项目抽测结果达不到设计要求，应允许进行返工处理，使之达到要求再填表。

（4）本表由施工单位按所列内容检查并填写份数后，提交给监理单位。

（5）本表其他栏目由总监理工程师或建设单位项目负责人组织核查、抽查并由监理单位填写。

（6）监理单位经核查和抽查，如果认为符合要求，由总监理工程师在表中的

"结论"栏填入综合性验收结论,并由施工单位项目经理签字确认。

四、《单位(子单位)工程观感质量检查记录》

(1)工程观感质量检查,是在工程全部竣工后进行的一项重要验收工作,这是全面评价一个单位工程的外观及使用功能质量,促进施工过程的管理、成品保护,以提高社会效益和环境效益的途径。观感质量检查绝不是单纯的外观检查,而是实地对工程的一个全面检查。

(2)《建筑工程施工质量验收统一标准》(GB 50300—2013)规定,单位工程的观感质量验收,分为"好"、"一般"、"差"三个等级。观感质量检查的方法、程序、评判标准等,均与分部工程相同,不同的是检查项目较多,属于综合性验收。主要内容包括:核实质量控制资料,检查检验批、分项、分部工程验收的正确性,对在分项工程中不能检查的项目进行检查,核查各分部工程验收后到单位工程竣工时之间,工程的观感质量有无变化、损坏等。

(3)本表由总监理工程师组织参加验收的各方代表,按照表中所列内容,共同实际检查,协商得出质量评价、综合评价和验收结论意见。

(4)参加验收的各方代表,经共同实际检查,如果确认没有影响结构安全和使用功能等问题,可共同商定评价意见。评价为"好"和"一般"的项目,由总监理工程师在"观感质量综合评价"栏填写"好"或"一般",并在"检查结论"栏内填写"工程观感质量综合评价为好(或一般),验收合格"。

(5)如有评价为"差"的项目,属于不合格项,应予以返工修理。这样的观感检查项目修理后需重新检查验收。

(6)"抽查质量状况"栏,可填写具体检查数据。当数据少时,可直接将检查数据填在表格内;当数据多时,可简要描述抽查的质量状况,但应将检查原始记录附在本表后面。

五、《施工总结》

(1)编制责任和时限要求。施工总结是在施工过程中和工程完工后,根据工程特点、性质,进行的阶段性、综合性或专题性总结材料。应由项目经理统筹协调项目有关部门和管理人员共同完成。

(2)施工总结包括以下方面的内容。

1)工程概况:工程名称、建筑用途、基础结构类型、建筑面积、主要建筑材料、主要分部、分项工程、设计特点等。

2)管理方面总结要点:对施工过程中所采用的质量管理措施、消除质量通病措施、降低成本措施、安全技术措施、环境管理措施、文明施工措施、合同管理措施、QC质量管理活动等。

3)技术方面总结要点:主要针对工程施工中采用的新技术、新产品、新工艺、新材料进行总结;施工组织设计(施工方案)编制的合理性以及实施情况等。

4）经验与教训方面总结：施工过程中出现的质量、安全事故的分析；事故的处理情况；如何杜绝类似事件发生等。

（3）施工总结应由项目经理和项目技术负责人签名。

六、《工程竣工报告》

（1）工程概况。写明工程名称、工程地址、工程结构类型、建筑面积、占地面积、地下及地上层数、基础类型、建筑物檐高、主要工程量、开工和完工日期。建设、勘察、设计、监理、总包及分包施工单位名称。

（2）施工主要依据。说明施工主要依据，标明合同名称及备案编号、设计图工程号及主要设计变更编号，施工执行的主要标准。

（3）工程施工情况。

1）人员组织情况：总包单位项目部项目经理、技术负责人、专业负责人、施工现场管理负责人等姓名、执业证书及编号。特殊工种人员持证上岗情况。

2）项目专业分包情况：专业分包情况，分包单位名称、资质证书号码和技术负责人姓名、执业证书及编号。

3）工程施工过程：施工工期定额规定的施工天数，实际施工天数，工程总用工工日。按照《建筑工程施工质量验收统一标准》中分部工程的划分，简介各分部主要施工方法，重点描述地基基础、主体结构施工过程，包括建筑地基种类（天然或人工）、深度（槽底标高）、承载力数值、允许变形要求。地基处理情况，地基土质和地下水对基础有无侵蚀性。混凝土的制作及浇筑方法，砌体结构的砌筑方法，模板制作方法，钢筋接头方法等。说明主要建筑材料使用情况，用于主体结构建筑材料、门窗、防水、保温材料、混凝土外加剂、特种设备等产品是否符合相关规定，生产厂家是否具有生产许可证品牌和生产厂家名称。建筑材料、构配件设备是否按规定进行了报验，是否按规定进行了复试、有见证取样与送检，有见证取样与送样见证人姓名和见证试验机构名称，是否有合格证明文件，是否符合国家及北京市地方标准。

4）工程施工技术措施及质量验收情况：简介各工序采用了哪些技术、质量控制措施及新技术、新工艺和特殊工序。评定工程质量采用的标准，执行《工程建设标准强制性条文》和国家工程施工质量验收规范及安全与功能性检测、原材料试验、施工试验、主要建筑设备、系统调试的情况，说明地基基础与主体结构及分部验收质量达标、企业竣工自检、施工资料管理等情况。

5）工程完成情况：是否依法完成了合同约定的各项内容，有无甩项，有无质量遗留问题，需要说明的其他事项。

（4）工程质量总体评价：工程是否达到设计要求，是否符合《工程建设标准强制性条文》和国家工程施工质量验收规范，是否达到了施工合同的质量目标，是否具备竣工验收条件。

《单位工程竣工报告》同时应有总监理工程师签字。

第3讲 工程竣工验收资料表格填写示例

一、单位（子单位）工程竣工预验收报验表

单位(子单位)工程竣工预验收报验表

工程名称	××综合楼工程	编　号	

致　<u>　××工程建设监理有限公司　</u>（监理单位）
　　我方已按合同要求完成了<u>　××综合楼　</u>工程，经自检合格，请予以检查和验收。
附件：
　　单位工程竣工资料

施工总承包单位(章)　<u>　××建设集团有限公司　</u>
项目经理　<u>　×××　</u>
日　　期　<u>　××年×月×日　</u>

审查意见：
经预验收，该工程
1. 符合/不符合我国现行法律、法规要求；
2. 符合/不符合我国现行工程建设标准；
3. 符合/不符合设计文件要求；
4. 符合/不符合施工合同要求。
综上所述，该工程预验收合格/不合格，可以/不可以组织正式验收。

监理单位　<u>　××工程建设监理有限公司　</u>
总监理工程师　<u>　×××　</u>
日　　期　<u>　××年×月×日　</u>

本表由施工单位填写，施工单位、监理单位和建设单位归档保存。

二、单位（子单位）工程质量竣工验收记录

单位（子单位）工程质量竣工验收记录

工程名称	××办公楼工程	结构类型	框架剪力墙	层数/建筑面积	11/1 19960m²
施工单位	××建设集团有限公司	技术负责人	×××	开工日期	××年×月×日
项目经理	×××	项目技术负责人	×××	竣工日期	××年×月×日
序号	项目	验收记录		验收结论	
1	分部工程	共 10 分部，核查 10 分部，符合标准及设计要求 10 分部		经各专业分部工程验收，工程质量符合验收标准。	
2	质量控制资料核查	共40项，经审查符合要求40项，经核定符合规范要求40项		质量控制资料经核查共40项符合有关规范要求。	
3	安全和主要使用功能核查及抽查结果	共核查 26 项，符合要求 26 项，共抽查 10 项，符合要求 10 项，经返工处理符合要求 0 项		安全和主要使用功能共核查26项符合要求，抽查其中10项使用功能均满足。	
4	观感质量验收	共抽 24 项，符合要求 24 项，不符合要求 0 项		观感质量验收为好。	
5	综合验收结论	本次验收范围是建筑与结构工程、建筑给水排水及采暖、建筑电气、智能建筑、通风与空调、电梯、建筑节能，共10个分部工程。经对本工程综合验收，各分部工程质量、质量控制资料、安全和主要功能核查/抽查以及观感质量均符合施工合同、设计要求和规范标准规定。单位工程竣工验收合格。			
参加验收单位	建设单位（公章）	监理单位（公章）	施工单位（公章）	设计单位（公章）	
	单位(项目)负责人：××× ××年×月×日	总监理工程师：××× ××年×月×日	单位负责人：××× ××年×月×日	单位(项目)负责人：××× ××年×月×日	

三、单位（子单位）工程质量控制资料核查记录

单位（子单位）工程质量控制资料核查记录

工程名称		××办公楼工程	施工单位	××建设集团有限公司	
序号	项目	资料名称	份数	核查意见	核查人
1	建筑与结构	图纸会审、设计变更、洽商记录	98	完整有效、签认齐全	×××
2		工程定位测量、放线记录	86	完整齐全、符合要求	
3		原材料出厂合格证书及进场检(试)验报告	181	完整齐全、符合要求	
4		施工试验报告及见证检测报告	445	完整齐全、符合要求	
5		隐蔽工程验收记录	319	完整齐全、符合要求	
6		施工记录	966	地基验槽、钎探、预检等齐全、符合要求	
7		预制构件、预拌混凝土合格证	162	完整齐全、符合要求	
8		地基、基础、主体结构检验及抽样检测资料	90	地基承载力检测、结构实体检测、地下防水效果检查齐全、符合要求	
9		分项、分部工程质量验收记录	26	完整齐全、符合要求	
10		工程质量事故及事故调查处理资料	/	无工程质量事故	
11		新材料、新工艺施工记录	/	/	
12					
1	给排水与采暖	图纸会审、设计变更、洽商记录	12	完整有效、签认齐全	×××
2		材料、配件出厂合格证书及进场检(试)验报告	125	完整齐全、符合要求	
3		管道、设备强度试验、严密性试验记录	37	完整齐全、符合要求	
4		隐蔽工程验收记录	60	完整齐全、符合要求	
5		系统清洗、灌水、通水、通球试验记录	38	完整齐全、符合要求	
6		施工记录	42	预检记录齐全、符合要求	
7		分项、分部工程质量验收记录	24	完整齐全、符合要求	
8					

续表

序号	项目	资料名称	份数	核查意见	核查人
1	建筑电气	图纸会审、设计变更、洽商记录	43	完整有效、签认齐全	×××
2		材料、设备出厂合格证书及进场检(试)验报告	178	完整齐全、符合要求	
3		设备调试记录	14	完整齐全、符合要求	
4		接地、绝缘电阻测试记录	66	完整齐全、符合要求	
5		隐蔽工程验收记录	105	完整齐全、符合要求	
6		施工记录	110	预检记录等齐全、符合要求	
7		分项、分部工程质量验收记录	27	完整齐全、符合要求	
8					
1	通风与空调	图纸会审、设计变更、洽商记录	11	完整有效、签认齐全	×××
2		材料、设备出厂合格证书及进场检(试)验报告	155	完整齐全、符合要求	
3		制冷、空调、水管道强度试验、严密性试验记录	20	完整齐全、符合要求	
4		隐蔽工程验收记录	46	完整齐全、符合要求	
5		制冷设备运行调试记录	8	完整齐全、符合要求	
6		通风、空调系统调试记录	21	完整齐全、符合要求	
7		施工记录	36	预检记录齐全、符合要求	
8					
9		分项、分部工程质量验收记录	22	完整齐全、符合要求	
1	电梯	图纸会审、设计变更、洽商记录	/	安装中无设计变更	×××
2		设备出厂合格证书及开箱检验记录	4	完整齐全、符合要求	
3		隐蔽工程验收记录	6	完整齐全、符合要求	
4		施工记录	2	预检记录齐全、符合要求	
5		接地、绝缘电阻测试记录	2	完整齐全、符合要求	
6		负荷试验、安全装置检查记录	2	完整齐全、符合要求	
7		分项、分部工程质量验收记录	15	完整齐全、符合要求	
8					

续表

序号	项目	资料名称	份数	核查意见	核查人
1	建筑智能化	图纸会审、设计变更、洽商记录、竣工图及设计说明	30	完整有效、签认齐全	×××
2		材料、设备出厂合格证书及技术文件及进场检(试)验报告	40	完整齐全、符合要求	
3		隐蔽工程验收记录	45	完整齐全、符合要求	
4		系统功能测定及设备调试记录	6	完整齐全、符合要求	
5		系统技术、操作和维护手册	7	完整齐全、符合要求	
6		系统管理、操作人员培训记录	5	完整齐全、符合要求	
7		系统检测报告	5	完整齐全、符合要求	
8		分项、分部工程质量验收记录	24	完整齐全、符合要求	

结论：
　　通过工程质量控制资料核查,该工程资料齐全、有效,各种隐蔽验收、施工试验、系统调试记录等符合有关规范规定和设计要求,通过检查

施工单位项目经理：×××　　　　　　　　　　　　总监理工程师：×××
　　　　　　　　　　　　　　　　　　　　　　　（建设单位项目负责人）
　　　××年×月×日　　　　　　　　　　　　　　　　××年×月×日

四、单位（子单位）工程安全和功能检验资料核查及主要功能抽查记录

工程名称	××办公楼工程		施工单位		××建设集团有限公司
序号	项目	安全和功能检查项目	份数	核查意见	抽查结果	核查(抽查)人
1	建筑与结构	屋面淋水试验记录	1	完整有效、符合要求	合格	
2		地下室防水效果检查记录	1	完整有效、符合要求		
3		有防水要求的地面蓄水试验记录	17	完整有效、符合要求	合格	
4		建筑物垂直度、标高、全高测量记录	2	完整有效、符合要求		×××
5		抽气(风)道检查记录	5	完整有效、符合要求		×××
6		幕墙及外窗气密性、水密性、耐风压检测报告	5	完整有效、符合要求		××
7		建筑物沉降观测测量记录	13	完整有效、符合要求		
8		节能、保温测试记录	3	完整有效、符合要求		
9		室内环境检测报告	1	完整有效、符合要求		
10						

续表

工程名称		××办公楼工程	施工单位		××建设集团有限公司	
序号	项目	安全和功能检查项目	份数	核查意见	抽查结果	核查(抽查)人
1	给排水与采暖	给水管道通水试验记录	3	完整有效、符合要求	合格	××× ××
2		暖气管道、散热器压力试验记录	32	完整有效、符合要求		
3		卫生器具满水试验记录	11	完整有效、符合要求	合格	
4		消防管道、燃气管道压力试验记录	30	完整有效、符合要求		
5		排水干管通球试验记录	4	完整有效、符合要求		
6						
1	电气	照明全负荷试验记录	2	完整有效、符合要求		××× ×××
2		大型灯具牢固性试验记录	8	完整有效、符合要求	合格	
3		避雷接地电阻测试记录	2	完整有效、符合要求		
4		线路、插座、开关接地检验记录	24	完整有效、符合要求	合格	
5						
1	通风与空调	通风、空调系统试运行记录	21	完整有效、符合要求		××× ×××
2		风量、温度测试记录	18	完整有效、符合要求	合格	
3		洁净室洁净度测试记录	/	/		
4		制冷机组试运行调试记录	5	完整有效、符合要求		
5						
1	电梯	电梯运行记录	3	完整有效、符合要求	合格	××× ××
2		电梯安全装置检测报告	3	完整有效、符合要求		
1	智能建筑	系统试运行记录	6	完整有效、符合要求		××× ×××
2		系统电源及接地检测报告	5	完整有效、符合要求		
3						
1	智能建筑	系统试运行记录	6	完整有效、符合要求		××× ×××
2		系统电源及接地检测报告	5	完整有效、符合要求		
3						

结论：
　　对本工程安全、功能资料进行核查，基本符合规范规定和设计要求。对单位工程的主要功能进行抽样检查，其检查结果合格，满足使用功能。检查通过

　　　　　　　　　　　　　　　　　　　　　　　　总监理工程师：×××
施工单位项目经理：×××　　　　　　　　　　　　（建设单位项目负责人）
　　　　××年×月×日　　　　　　　　　　　　　　××年×月×日

注：抽查项目由验收组协商确定。

五、单位（子单位）工程质量竣工验收记录

单位(子单位)工程质量竣工验收记录

工程名称	××办公楼工程	结构类型	框架剪力墙	层数/建筑面积	11/1 19960m²
施工单位	××建设集团有限公司	技术负责人	×××	开工日期	××年×月×日
项目经理	×××	项目技术负责人	×××	竣工日期	××年×月×日

序号	项目	验收记录	验收结论
1	分部工程	共 10 分部，核查 10 分部，符合标准及设计要求 10 分部	经各专业分部工程验收，工程质量符合验收标准
2	质量控制资料核查	共40项，经审查符合要求40项，经核定符合规范要求40项	质量控制资料经核查共40项符合有关规范要求
3	安全和主要使用功能核查及抽查结果	共核查 26 项，符合要求 26 项，共抽查 10 项，符合要求 10 项，经返工处理符合要求 0 项	安全和主要使用功能共核查26项符合要求。抽查其中10项使用功能均满足
4	观感质量验收	共抽查 24 项，符合要求 24 项，不符合要求 0 项	观感质量验收为好
5	综合验收结论	本次验收范围是建筑与结构工程、建筑给水排水及采暖、建筑电气、智能建筑、通风与空调、电梯、建筑节能，共10个分部工程。经对本工程综合验收，各分部工程质量、质量控制资料、安全和主要功能核查/抽查以及观感质量均符合施工合同、设计要求和规范标准规定。单位工程竣工验收合格	

参加验收单位	建设单位（公章）	监理单位（公章）	施工单位（公章）	设计单位（公章）
	单位(项目)负责人：×××　××年×月×日	总监理工程师：×××　××年×月×日	单位负责人：×××　××年×月×日	单位(项目)负责人：×××　××年×月×日

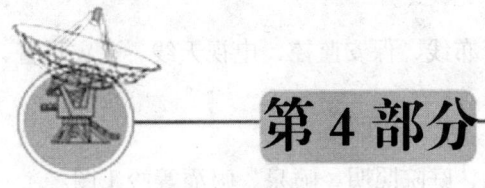

第 4 部分

竣工图及工程资料组卷归档

第 1 单元　竣工图管理实工作务

第 1 讲　编制要求及内容

一、编制要求

（1）凡按施工图施工没有变动的，由竣工图编制单位在施工图图签附近空白处加盖并签署"竣工图"章。

（2）凡一般性图纸变更，编制单位可根据设计变更依据，在施工图上直接改绘，并加盖及签署"竣工图"章。

（3）凡结构形式、工艺、平面布置、项目等重大改变及图面变更超过 40% 的，应重新绘制竣工图。重新绘制的图纸必须有图名和图号，图号可按原图编号。

（4）编制竣工图必须编制各专业竣工图的图纸目录，绘制的竣工图必须准确、清楚、完整、规范，修改必须到位，真实反映项目竣工验收时的实际情况。

（5）用于改绘竣工图的图纸必须是新蓝图或绘图仪绘制的白图，不得使用复印的图纸。

（6）竣工图编制单位应按照国家建筑制图规范要求绘制竣工图，使用绘图笔或签字笔及不褪色的绘图墨水。

二、主要内容

竣工图应按单位工程，并根据专业、系统进行分类和整理。

竣工图包括以下内容。

（1）工艺平面布置图等竣工图。

（2）建筑竣工图、幕墙竣工图。

（3）结构竣工图、钢结构竣工图。

（4）建筑给水、排水与采暖竣工图。

（5）燃气竣工图。

（6）建筑电气竣工图。

（7）智能建筑竣工图（综合布线、保安监控、电视天线、火灾报警、气体灭火等）。

（8）通风空调竣工图。

（9）地上部分的道路、绿化、庭院照明、喷泉、喷灌等竣工图。

（10）地下部分的各种市政、电力、电信管线等竣工图。

第2讲 竣工图类型与绘制

一、竣工图的类型

（1）利用施工蓝图改绘的竣工图。
（2）在二底图上修改的竣工图。
（3）重新绘制的竣工图。
（4）用CAD绘制的竣工图。

二、竣工图绘制要求

1.利用施工蓝图改绘的竣工图

在施工蓝图上一般采用杠（划）改、叉改法，局部修改可以圈出更改部位，在原图空白处绘出更改内容，所有变更处都必须引划索引线并注明更改依据。

在施工图上改绘，不得使用涂改液涂抹、刀刮、补贴等方法修改图纸。

具体的改绘方法可视图面、改动范围和位置、繁简程度等实际情况而定，以下是常见改绘方法的说明。

（1）取消的内容：

1）尺寸、门窗型号、设备型号、灯具型号、钢筋型号和数量、注解说明等数字、文字、符号的取消，可采用杠改法，即将取消的数字、文字、符号等用横杠杠掉（不得涂抹掉），从修改的位置引出带箭头的索引线，在索引线上注明修改依据，即"见×号洽商×条"，也可注明"见××年×月×日洽商×条"。

2）隔墙、门窗、钢筋、灯具、设备等取消，可用叉改法，即在图上将取消的部分划"×"，在图上描绘取消的部分较长时，可视情况划几个"×"，达到表示清楚为准的目的，并从图上修改处用箭头索引线引出，注明修改依据。

①例如：首层底板结构平面图（结2）中Z16（Z17）柱断面，（Z17）取消。

改绘方法：将（Z17）和有关的尺寸用杠改法去掉，并注明修改依据（见图4-1）；

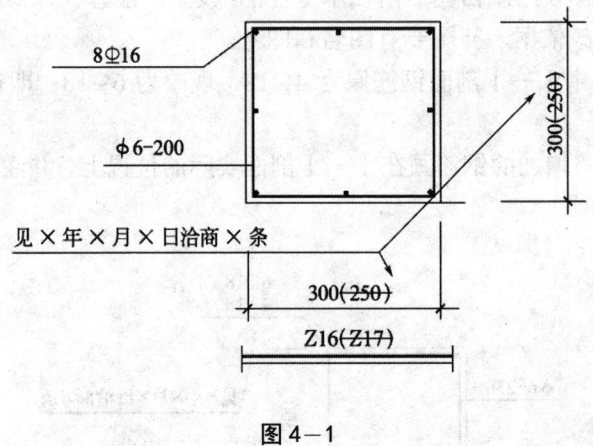

图 4-1

②例如：平面图中库房取消。即 Ⓑ～Ⓒ 轴间③轴上砖隔墙取消。

改绘方法："库房"二字和与隔墙相关的尺寸杠改，将隔墙及其门用叉改法×掉，并注明修改依据（见图 4-2）。

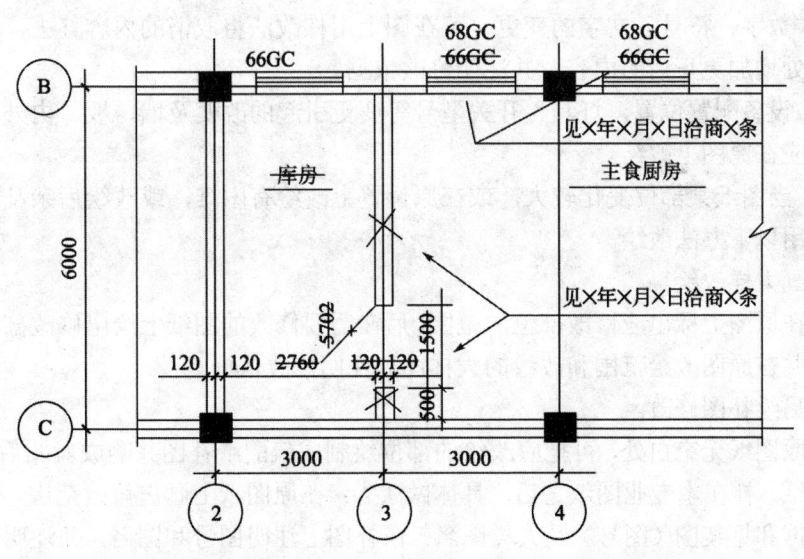

图 4-2

（2）增加的内容：

1）在建筑物某一部位增加隔墙、门窗、灯具、设备、钢筋等，均应在图上的实际位置用规

范制图方法绘出，并注明修改依据。

2）如增加的内容在原位置绘不清楚时，应在本图适当位置（空白处）按需要补绘大样图，并保证准确、清楚，如本图上无位置可绘时，应另用硫酸纸绘补图并

晒成蓝图或用绘图仪绘制白图后附在本专业图纸之后，注意在原修改位置和补绘图纸上均应注明修改依据，补图要有图名和图号。

例如：结 5 中Ⅰ－Ⅰ剖面钢筋原为 4⌀18、现改为 6⌀18，即在 400 长边中间增加钢筋。

改绘方法：将增加的钢筋画在Ⅰ－Ⅰ剖面实际的位置上，并注明修改依据（见图 4－3）。

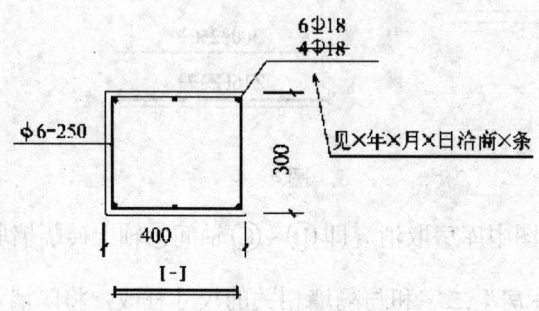

图 4－3

（3）内容变更：

1）数字、符号、文字的变更，可在图上用杠改法将取消的内容杠去，在其附近空白处增加更正后的内容，并注明修改依据。

2）设备配置位置，灯具、开关型号等变更引起的改变及墙、板、内外装修等变化均应在原图上改绘。

3）当图纸某部位变化较大，或在原位置上改绘有困难，或改绘后杂乱无章，可以采用以下办法改绘。

①画大样改绘。

先在原图上标出应修改部位的范围，后在需要修改的图纸上绘出修改部位的大样图，并在原图改绘范围和改绘的大样图处注明修改依据。

②另绘补图修改。

如原图纸无空白处，可把应改绘的部位绘制成硫酸纸补图并晒成蓝图后，作为竣工图纸，补在本专业图纸之后，具体做法为：在原图纸上画出修改范围，并注明修改依据和见某图（图号）及大样图名；在补图上注明图号和图名，并注明是某图（图号）某部位的补图和修改依据。

③个别蓝图需重新绘制竣工图。

如果某张图纸修改不能在原蓝图上修改清楚，应重新绘制整张图作为竣工图，重绘的图纸应按国家制图标准和绘制竣工图的规定制图。

a.例如：基础平面、一、二、三层 E1 轴与①轴交点处原方柱改为圆柱（直径500），其柱 Z5 改为 Z6。改绘采用图纸空白处绘大样的方法（见图 4－4）。

b.例如：地下室厨房窗台板做法修改，将修改的部位用节点 A 表示，并在图纸空白处绘节点大样图（见图 4－5）。

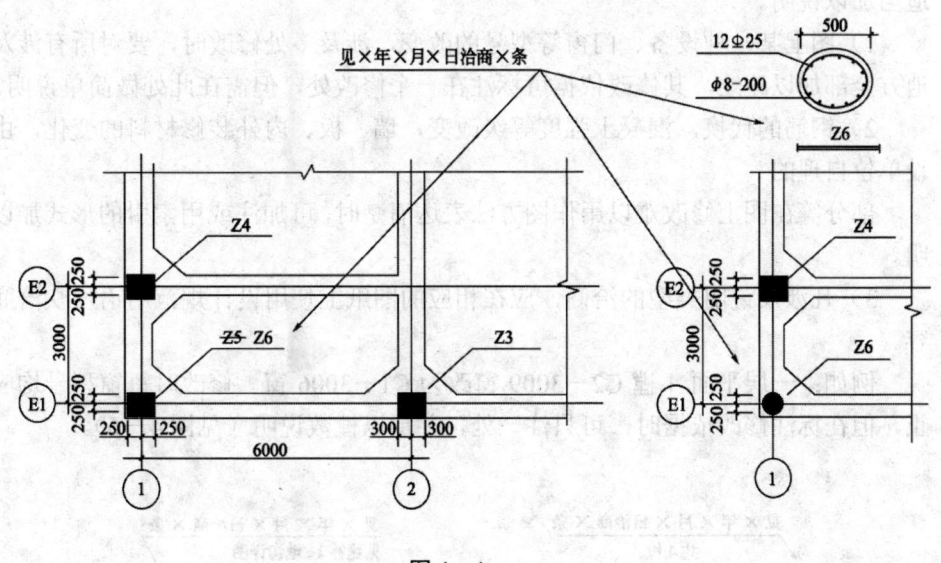

图 4—4

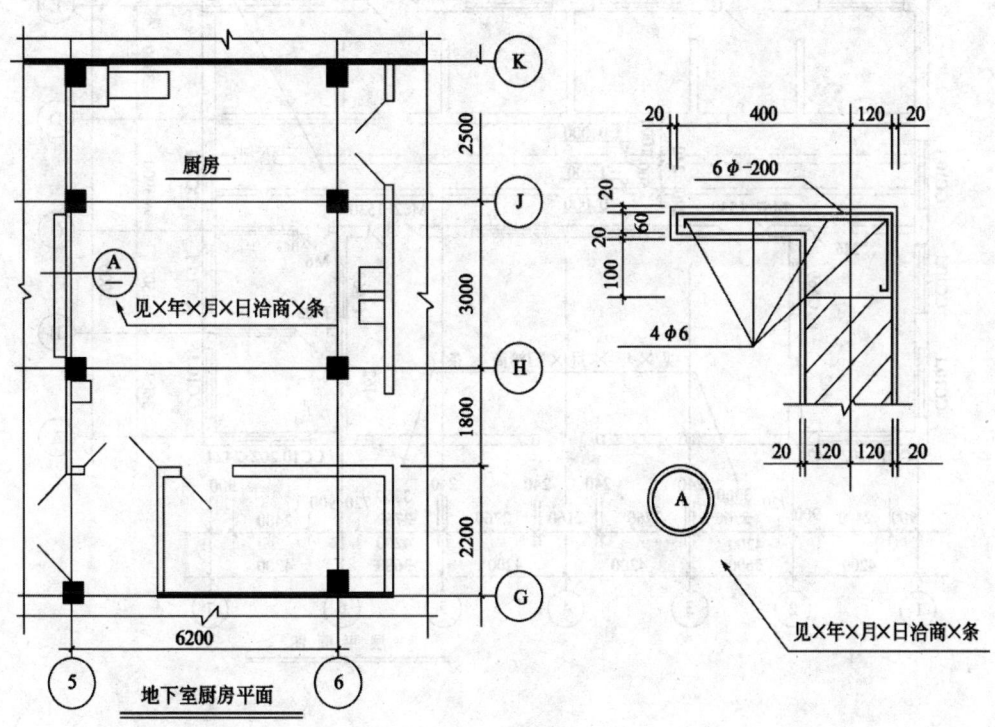

图 4—5

（4）加写说明：

凡设计变更、洽商的内容应当在竣工图上修改的，均应用绘图方法改绘在蓝图上，不再加以说明，如果修改后的图纸仍然有内容无法表示清楚，可用精炼的语言适当加以说明。

1) 图上某一种设备、门窗等型号的改变，涉及多处修改时，要对所有涉及的地方全部加以改绘，其修改依据可标注在一个修改处，但需在此处做简单说明。

2) 钢筋的代换，混凝土强度等级改变，墙、板、内外装修材料的变化，由建设单位自理的

部分等在图上修改难以用作图方法表达清楚时，可加注或用索引的形式加以说明。

3) 凡涉及说明类型的洽商，应在相应的图纸上使用设计规范用语反映洽商内容。

例如：一层平面 4 樘 C2－3009 窗改为 C1－3006 窗。修改时每窗型号均应改正，但在标注修改依据时，可只注一处，并加以樘数说明（见图 4－6）。

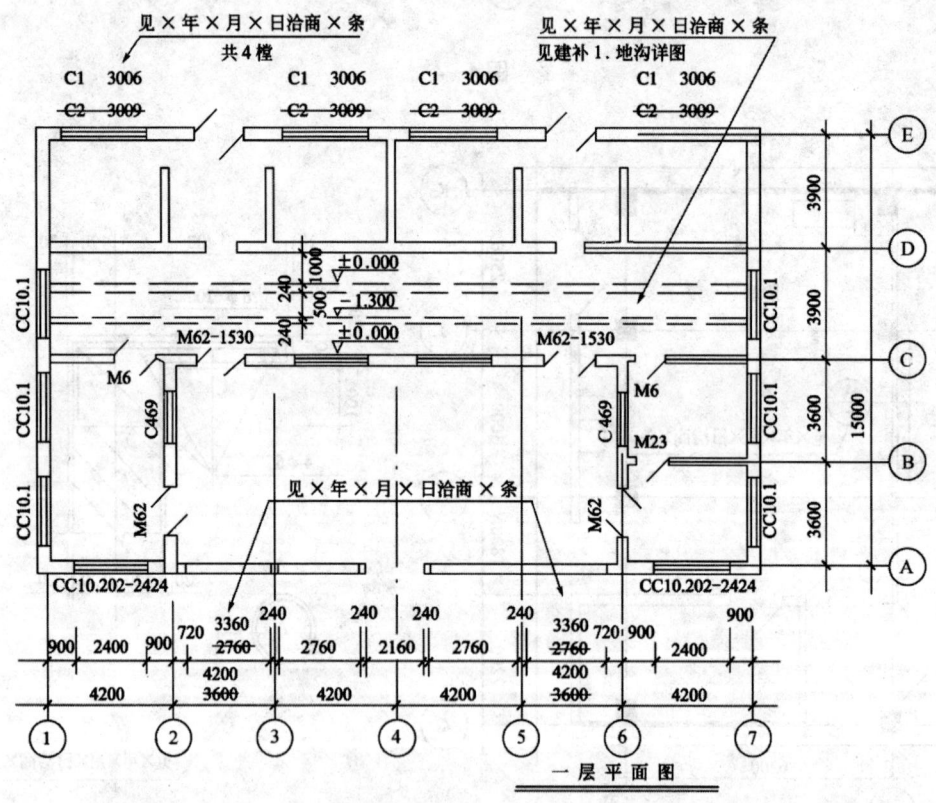

图 4－6

（5）注意事项：

1) 施工图纸目录必须加盖"竣工图"章，作为竣工图归档。凡有作废、补充、增加和修改的图纸，均应在施工图目录上标注清楚，即作废的图纸在目录上杠掉，补充的图纸在目录上列出图名、图号。

2）如果施工图改变量大，设计单位重新绘制了修改图的，应以修改图代替原图，原图不再归档。

3）凡是洽商图作为竣工图，必须进行必要的制作。

如洽商图是按正规设计图纸要求进行绘制的，可直接作为竣工图，但需统一编写图名、图号，并加盖"竣工图"章，作为补图，并在说明中注明是哪张图、哪个部位的修改图，还要在原图修改部位标注修改范围，并标明见补图的图号。

如洽商图未按正规设计要求绘制，均应按制图规定另行绘制竣工图，其余要求同上。

4）某一条洽商可能涉及两张或两张以上图纸，某一局部变化可能引起系统变化，因此凡涉及的图纸和部位均应按规定修改，不能只改其一，不改其二。

再如，一个标高的变动，可能在平、立、剖、局部大样图上都要涉及，均应改正。

5）不允许将洽商的附图原封不动地贴在或附在竣工图上作为修改，也不允许将洽商的内容抄在蓝图上作为修改，凡修改的内容均应改绘在蓝图上或做补图附在图纸之后。

6）根据规定须重新绘制竣工图时，应按绘制竣工图的要求制图。

7）改绘注意事项：

①修改时，字、线使用的规定。

字：采用仿宋字，字体的大小要与原图采用字体的大小相协调，严禁错、别、草字；

线：一律使用绘图工具，不得徒手绘制。

②施工蓝图的规定。

图纸反差要明显，以适应缩微等技术要求，凡旧图、反差不好的图纸，不得作为改绘用图，修改的内容和有关说明，均不得超过原图框。

2. 在二底图上修改的竣工图

（1）用设计底图或施工图制成二底（硫酸纸）图，在二底图上依据设计变更、工程洽商内容用刮改法进行绘制，即用刀片将需要更改部位刮掉，再用绘图笔绘制修改内容，并在图中空白处做一修改备考表，注明变更、洽商编号（或时间）和修改内容。

修改备考表如表4-1所示。

表4-1 修改备考表

变更、洽商编号（或时间）	内容（简要提示）

(2) 修改的部位用语言描述不清楚时，也可用细实线在图上划出修改范围。

(3) 以修改后的二底图或蓝图作为竣工图，要在二底图或蓝图上加盖"竣工图"章；没有改动的二底图转作竣工图也要加盖"竣工图"章。

(4) 如果二底图修改次数较多，个别图面可能出现模糊不清等技术问题，必须进行技术处理或重新绘制，以期达到图面整洁、字迹清楚等质量要求。

3. 重新绘制的竣工图

根据工程竣工现状和洽商记录绘制竣工图，重新绘制竣工图要求与原图比例相同，符合制图规范，有标准的图框和内容齐全的图签，图签中应有明确的"竣工图"字样或加盖"竣工图"章。

4. 用CAD绘制的竣工图

在电子版施工图上，依据设计变更、工程洽商的内容进行修改，修改后用云图圈出修改部位，并在图中空白处做一修改备考表，表示要求同本款（2）要求。同时，图签上必须有原设计人员签字。

第3讲 竣工图章、签认及图纸折叠

一、图章

"竣工图"章应具有明显的"竣工图"字样，并包括编制单位名称、制图人、审核人和编制日期等基本内容。编制单位、制图人、审核人、技术负责人要对竣工图负责。

"竣工图"章内容、尺寸如图4-7所示。

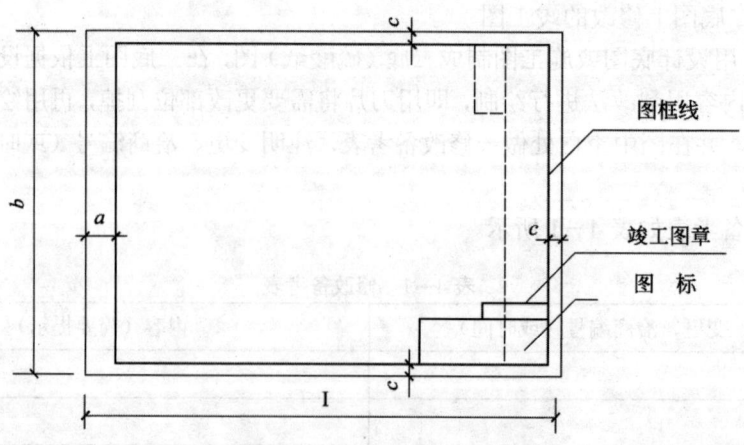

图4-7 竣工图章

所有竣工图应由编制单位逐张加盖、签署"竣工图"章。"竣工图"章中签名必须齐全，不得代签。

凡由设计院编制的竣工图，其设计图签中必须明确竣工阶段，并由绘制人和技术负责人

在设计图签中签字。

"竣工图"章应加盖在图签附近的空白处。

"竣工图"章应使用不褪色的红色或蓝色印泥。

二、图纸折叠

1. 一般要求

（1）图纸折叠前应按裁图线裁剪整齐，其图纸幅面应符合表 4-2 的规定；

表 4-2

基本幅面代号	0	1	2	3	4
$b×I$	841×1189	594×841	420×594	297×420	297×210
C	10			5	
a	25				

注：①尺寸代号见图 4-7；②尺寸单位为毫米。

（2）图面应折向内，成手风琴风箱式。

（3）折叠后幅面尺寸应以 4#图纸基本尺寸（297×210mm）为标准。

（4）图纸及竣工图章应露在外面。

（5）3#~0#图纸应在装订边 297mm 处折一三角或剪一缺口，折进装订边。

2. 折叠方法

（1）4#图纸不折叠。

（2）3#图纸折叠如图 4-8（图中序号表示折叠次序，虚线表示折起的部分，以下同）。

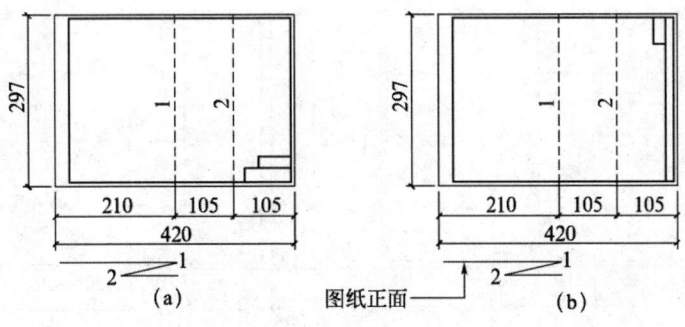

图 4-8 3#图纸折叠示意

（3）2#图纸折叠如图4-9。

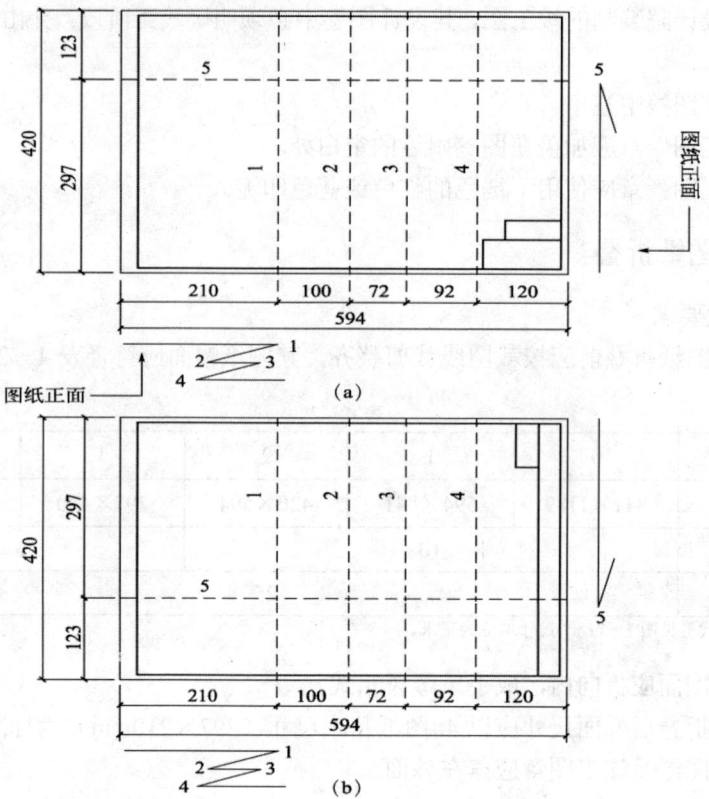

图4-9　2#图纸折叠示意

（4）1#图纸折叠如图4-10。

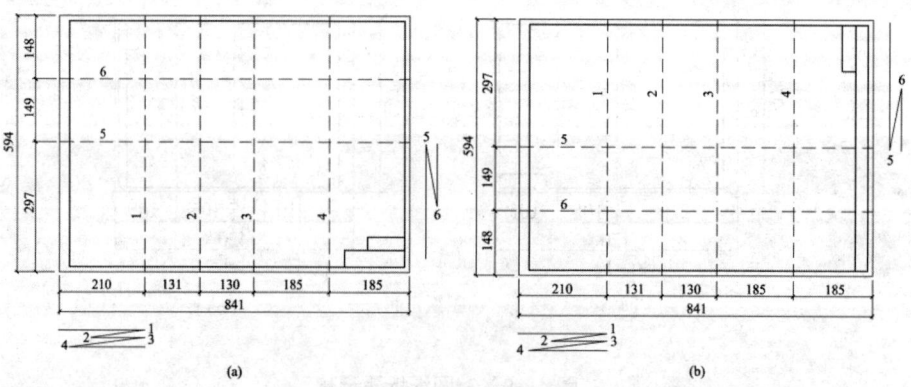

图4-10　1#图纸折叠示意

(5) 0#图纸折叠如图4—11。

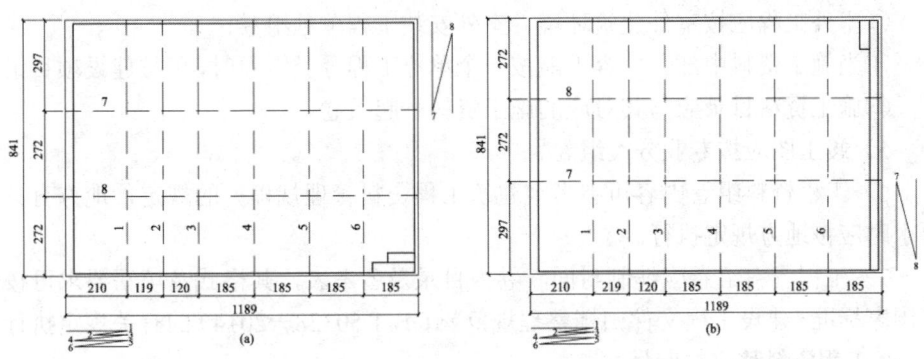

图4—11 0#图纸折叠示意

3.工具使用

图纸折叠前，准备好一块略小于4#图纸尺寸（一般为292×205mm）的模板。折叠时，应先把图纸放在规定位置，然后按照折叠方法的编号顺序依次折叠。

第2单元 工程资料整理与组卷、归档

第1讲 工程资料整理、组卷、归档要求及方法

一、工程资料组卷与归档要求

1.工程资料收集、整理与组卷

（1）工程资料的收集、整理与组卷规定。

1）工程准备阶段文件和工程竣工文件应由建设单位负责收集、整理与组卷。

2）监理资料应由监理单位负责收集、整理与组卷。

3）施工资料应由施工单位负责收集、整理与组卷。

4）竣工图应由建设单位负责组织，也可委托其他单位。

（2）工程资料的组卷除应执行上述第1条的规定外，还应符合下列规定：

1）工程资料组卷应遵循自然形成规律，保持卷内文件、资料内在联系。工程资料可根据数量多少组成一卷或多卷。

2）工程准备阶段文件和工程竣工文件可按建设项目或单位工程进行组卷。

3）监理资料应按单位工程进行组卷。

4) 施工资料应按单位工程组卷,并应符合下列规定:
①专业承包工程形成的施工资料应由专业承包单位负责,并应单独组卷;
②电梯应按不同型号每台电梯单独组卷;
③室外工程应按室外建筑环境、室外安装工程单独组卷;
④当施工资料中部分内容不能按一个单位工程分类组卷时,可按建设项目组卷;
⑤施工资料目录应与其对应的施工资料一起组卷。

5) 竣工图应按专业分类组卷。

6) 工程资料组卷内容可参考《建筑工程资料管理规程》的规定,地方有具体要求时应按地方规定执行。

7) 工程资料组卷应编制封面、卷内目录及备考表,其格式及填写要求可按规行国家标准《建设工程文件归档整理规范》(GB/T 50328－2014)的有关规定执行。

2.工程资料移交与归档

(1) 工程资料移交归档应符合国家现行有关法规和标准的规定;当无规定时,应按合同约定移交归档。

(2) 工程资料移交应符合下列规定。

1) 施工单位应向建设单位移交施工资料。

2) 实行施工总承包的,各专业承包单位应向施工总承包单位移交施工资料。

3) 监理单位应向建设单位移交监理资料。

4) 工程资料移交时应及时办理相关移交手续,填写工程资料移交书、移交目录。

5) 建设单位应按国家有关法规和标准的规定向城建档案管理部门移交工程档案,并办理相关手续。有条件时,向城建档案管理部门移交的工程档案应为原件。

(3) 工程资料归档应符合下列规定。

1) 工程参建各方可按《建筑工程资料管理规程》(JGJ/T 185－2009)附录A中表A.2.1规定的内容将工程资料归档保存。

2) 归档保存的工程资料,其保存期限应符合下列规定:
①工程资料归档保存期限应符合国家现行有关标准的规定;当无规定时,不宜少于5年;
②建设单位工程资料归档保存期限应满足工程维护、修缮、改造、加固的需要;
③施工单位工程资料归档保存期限应满足工程质量保修及质量追溯的需要。

二、工程资料组卷方法

1.单位工程施工资料组卷方法

(1) 施工资料是施工单位项目管理、施工过程中形成的各种记录。能体现项目先进的管理水平和先进的施工技术,是工程实体质量查询的凭据。《建筑工程资料管理规程》明确了施工资料分类与组卷的原则,同时每一单位工程增加工程管理与验收资料卷。

（2）单位工程施工资料组卷时，根据资料的重要性、属性，可将施工单位形成的工程管理与验收资料与建设单位移交给施工单位的开工、竣工基建文件进行整合归类，这样既符合档案管理要求又便于检索查询。案卷题名为《开、竣工验收与管理文件》。

（3）一般工程分九大分部、六个专业，每个专业再按照资料的类别从C1~C7顺序排列。每个专业根据资料数量的多少组成一卷或多卷组卷，要遵循施工资料自然形成规律，保持卷内资料内容之间的联系。

（4）每个专业施工单位提交给监理单位报审、报验（B类）资料以及监理单位向施工单位移交的资料可组成一卷或多卷，案卷题名为《质量控制报审报验监理管理资料》。

（5）单位工程施工资料组卷框架图（图4—12）。

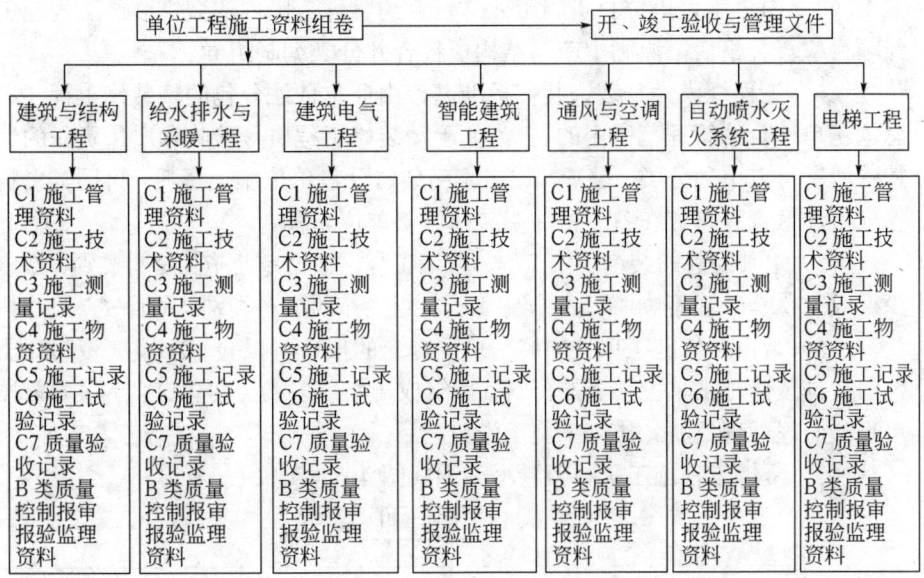

图4—12 单位工程施工资料组卷框架图

2.专业施工资料组卷方法

（1）对于特大型、大型建筑工程通常由多个专业分包施工，《建筑工程资料管理规程》明确规定对于专业性较强、施工工艺复杂的专业分包工程，为了分清各专业分包单位质量责任，保证专业施工资料的完整性，由专业分包独立施工的分部、子分部、分项工程应单独组卷，如地基（复合）桩基础工程、有支护土方（基坑）工程、预应力工程、钢结构工程、幕墙工程、业主分包精装修工程、供热锅炉安装工程、变配电室安装工程及智能建筑工程等。

（2）施工资料应单独组卷的专业名称（图4—13）。

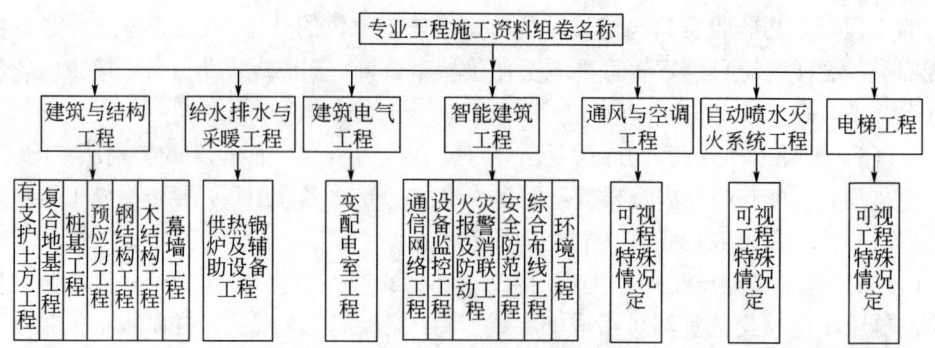

图4-13 施工资料单独组卷的专业名称

(3) 由总承包单位负责施工或总包合约管理范围内的装饰装修工程施工资料经项目检查合格后,原则上应与结构资料合并分类编制组卷。

(4) 工程规模大、装饰装修标准高,由业主依法分包的精装修工程(不属于总承包单位合约管理范围内的),为便于精装修工程质量验收和质量责任的追溯,特殊情况可以单独分类、整理。如多家精装修分包单位施工资料,可同类资料合并整理,注意合并时应在备注栏注明装修施工单位名称。

(5) 单独组卷的装饰装修工程、幕墙工程,根据专业施工资料类别、数量的多少组成一卷或多卷。例如幕墙工程施工资料组卷按照资料类别从 C1~C7 顺序排列。

(6) 装饰装修施工单位向监理单位提交的报审、报验(B类)资料和监理单位向装饰装修施工单位移交的资料,可组成一卷或多卷。案卷提名为《质量控制报审报验监理管理资料》排列于施工资料之后。

(7) 幕墙工程施工资料组卷框架图(图4-14)。

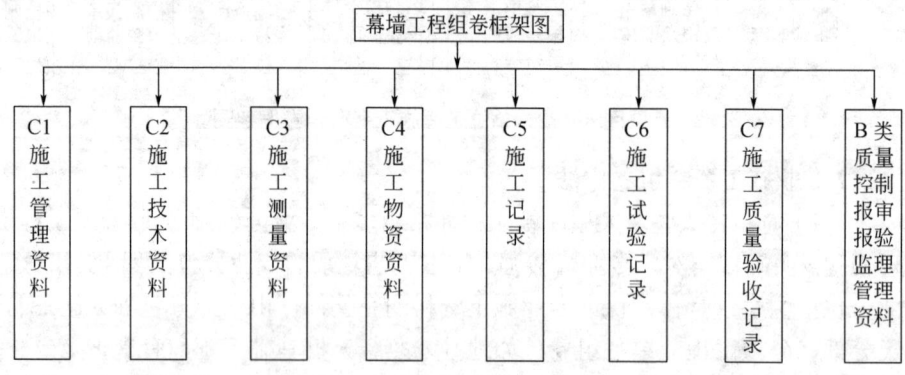

图4-14 幕墙工程施工资料组卷框架图

(8) 案卷内若存在多类施工资料时,同类资料按自然形成的顺序和先后时间排序,不同资料之间的排列顺序可参照本章第六节装饰装修工程资料组卷内容实例及本章第六节幕墙工程资料组卷内容实例。

3.竣工图组卷编制方法

（1）竣工图按专业分别组卷，具体分为建筑竣工图卷、结构竣工图卷、精装修竣工图卷、给水排水及采暖竣工图卷、电气竣工图卷、智能建筑竣工图卷、通风空调竣工图卷、电梯竣工图卷、室外工程竣工图卷等，每一专业根据图纸数量组成一卷或多卷。竣工图排列在施工资料之后。

（2）文字材料和图纸材料原则上不能混装在一个装具内，如施工资料和图纸数量很少，需放在一个装具内时，文字材料和图纸材料必须混合装订，其中文字材料排前，图样材料排后。

三、施工资料组卷及排列顺序

1.建筑与结构工程施工资料（为第1分册）

（1）施工管理资料。
1）施工现场质量管理检查记录；
2）建设工程特殊工种上岗证审查表；
3）施工日志；
4）工程开/复工报审表；
5）工程停/复工报告等。
（2）施工技术资料。
1）单位工程施工组织设计；
2）专项施工方案及专项施工方案专家论证审查报告；
3）技术、质量交底记录；
4）设计交底记录；
5）图纸会审记录；
6）设计变更通知单；
7）工程洽商记录；
8）技术联系（通知）单等。
（3）施工物资资料。
1）出厂质量证明文件。
①各种材料、构件、半成品、成品质量证明文件；
②钢材性能检验报告；
③钢筋机械连接型式检验报告；
④水泥性能检验报告；
⑤砂、石性能检验报告；
⑥外加剂性能检验报告；
⑦掺合料性能检验报告；
⑧防水涂料性能检验报告；
⑨防水卷材性能检验报告；

⑩砖（砌块）性能检验报告；
⑪轻集料性能检验报告；
⑫保温材料的外墙外保温系统耐候性检验报告；
⑬胶粉 EPS 颗粒保温浆料外墙外保温系统抗拉强度检验报告；
⑭EPS 板现浇混凝土外墙外保温系统粘结强度检验报告；
⑮保温材料的外墙外保温系统抗风荷载性能、抗冲击性、吸水量、耐冻融性、热阻、抹面层不透水性、保护层水蒸气渗透阻检验报告；
⑯外墙外保温系统组成材料性能检验报告；
⑰门、窗性能检验报告（建筑外窗应有三性能检测报告及力学性能检测报告）；
⑱吊顶材料性能检验报告；
⑲饰面板材性能检验报告；
⑳饰面石材性能检验报告；
㉑饰面砖性能检验报告；
㉒轻质隔墙材料性能检验报告；
㉓涂料性能检验报告；
㉔玻璃性能检验报告；
㉕壁纸、墙布防火、阻燃性能检验报告；
㉖装修用胶粘剂性能检验报告；
㉗隔声／隔热／阻燃／防潮材料特殊性能检验报告；
㉘木结构材料检验报告；
㉙材料污染物含量检验报告；
㉚预拌混凝土出厂合格证等。
2）试验报告。
①钢材物理性能试验报告；
②钢材化学分析试验报告；
③水泥试验报告；
④砂试验报告；
⑤碎（卵）石试验报告；
⑥混凝土早强、减水类外加剂试验报告；
⑦混凝土引气剂试验报告；
⑧混凝土缓凝剂试验报告；
⑨混凝土泵送剂试验报告；
⑩砂浆防水剂试验报告；
⑪混凝土防水剂试验报告；
⑫混凝土防冻剂试验报告；
⑬混凝土膨胀剂试验报告；
⑭混凝土速凝剂试验报告；

⑮砌筑砂浆增塑剂试验报告；
⑯掺合料试验报告；
⑰轻骨料试验报告；
⑱烧结普通砖试验报告；
⑲烧结空心砖、空心砌砖、烧结多孔砖试验报告；
⑳粉煤灰砖试验报告；
㉑蒸压灰砂砖、蒸压灰砂空心砖试验报告；
㉒粉煤灰砌块试验报告；
㉓轻骨料混凝土小型空心砌块试验报告；
㉔轻骨料混凝土小型空心砌块试验报告；
㉕普通混凝土小型空心砌块试验报告；
㉖木结构材料试验报告；
㉗膨胀珍珠岩试验报告；
㉘聚苯乙烯泡沫塑料；
㉙胶粉 EPS 颗粒浆料试验报告；
㉚苯板胶粘剂性能试验报告；
㉛ 耐碱玻璃纤维网格布试验报告；
㉜门窗力学性能试验报告；
㉝门窗物理性能试验报告；
㉞门窗保温性能试验报告；
㉟密封材料试验报告；
㊱外墙涂料试验报告；
㊲合成树脂乳液内墙涂料试验报告；
㊳水溶性内墙涂料试验报告；
㊴外墙饰面砖试验报告；
㊵防水涂料试验报告；
㊶防水卷材试验报告；
㊷装饰装修材料有害物质试验报告等。
4）施工测量记录。
①工程定位测量记录；
②基槽（孔）验线记录；
③楼层平面放线记录；
④楼层标高抄测记录；
⑤建筑物垂直度、标高、全高测量记录；
⑥建筑物沉降观测测量记录等。
5）施工记录。
①地基验槽（孔）记录；

②地基处理记录;
③预拌混凝土运输交接记录;
④混凝土开盘鉴定;
⑤混凝土工程施工记录;
⑥混凝土拆模申请批准单;
⑦混凝土养护测温记录;
⑧大体积混凝土养护测温记录;
⑨混凝土结构同条件养护试件测温记录;
⑩构件安装记录;
⑪焊接材料烘焙记录;
⑫木结构施工记录;
⑬涂料施工记录等。

6) 隐蔽工程检查验收记录。
①地基验槽记录;
②地基处理复检记录;
③基础钢筋绑扎、焊接工程;
④主体工程钢筋绑扎、焊接工程;
⑤现场结构焊接;
⑥屋面防水层下各层细部做法;
⑦厕浴间防水层下各层细部做法等。

7) 施工检测资料。
①锚固抗拔承载力检测报告;
②地基平板载荷试验报告;
③土工击实试验报告;
④回填土密实检测报告;
⑤钢筋(材)焊接接头物理性能检测报告;
⑥钢筋机械连接接头抗拉强度检验报告;
⑦砂浆配合比试验报告;
⑧砂浆抗压强度检测报告;
⑨贯入法砂浆抗压强度检测报告;
⑩地下工程防水效果检验记录;
⑪防水工程淋(蓄)水检验记录;
⑫通风(烟)道检查记录;
⑬墙体传热系数检测报告;
⑭室内环境污染物检测委托单;
⑮室内环境污染物检测报告等。

8) 检验批、分项工程、分部(子分部)工程施工质量验收记录。

①地基与基础分部工程质量验收记录;
②地基与基础分部工程中分项工程质量验收记录;
③主体结构分部工程质量验收记录;
④主体结构分部工程中各分项工程质量验收记录;
⑤建筑装饰装修分部工程质量验收记录;
⑥建筑装饰装修分部工程中各分项工程质量验收记录;
⑦建筑屋面分部工程质量验收记录;
⑧建筑屋面分部工程中各分项工程质量验收记录;
⑨结构实体检验记录等。

2.基坑工程施工资料（为第 2 分册）

（1）施工技术资料。

1）单位工程施工组织设计。

2）专项施工方案及专项施工方案专家论证审查报告。

3）技术、质量交底记录。

4）设计交底记录。

5）图纸会审记录。

6）设计变更通知单。

7）工程洽商记录。

8）技术联系（通知）单等。

（2）施工物资资料。

1）出厂质量证明文件。

2）试验报告。

（3）施工测量记录。

（4）施工记录。

包括支护结构、降水与排水等施工记录等。

（5）隐蔽工程检查验收记录。

（6）施工检测资料。

1）基坑支护变形监测记录，并附基坑（观测点）平面示意图。

2）锚固抗拔承载力检测报告。

3）基坑支护工程施工检测记录。

4）基坑支护工程用锚杆、土钉应按设计要求进行现场锁定力（抗拔力）抽样检测，由检测机构出具等。

（7）检验批、分项工程、分部（子分部）工程施工质量验收记录。

3.桩基工程施工资料（为第 3 分册）

（1）施工技术资料。

1）单位工程施工组织设计。

2）专项施工方案及专项施工方案专家论证审查报告。

3）技术、质量交底记录。

4）设计交底记录。

5）图纸会审记录。

6）设计变更通知单。

7）工程洽商记录。

8）技术联系（通知）单等。

（2）施工物资资料。

1）出厂质量证明文件。

2）试验报告。

（3）施工测量记录。

包括施工测量放线报验表等。

（4）施工记录。

1）混凝土灌注桩施工记录。

2）钻孔后压浆混凝土灌注桩施工记录。

3）钻孔后压浆灌注桩施工记录。

4）振动沉管灌注桩施工记录。

5）混凝土预制桩打桩施工记录。

6）静力压桩施工记录等。

（5）隐蔽工程检查验收记录。

（6）施工检测资料。

1）基桩检测报告。

2）桩基工程其他检测项目等。

（7）检验批、分项工程、分部（子分部）工程施工质量验收记录。

4.预应力工程施工资料（为第4分册）

（1）施工技术资料。

1）单位工程施工组织设计。

2）专项施工方案及专项施工方案专家论证审查报告。

3）技术、质量交底记录。

4）设计交底记录。

5）图纸会审记录。

6）设计变更通知单。

7）工程洽商记录。

8）技术联系（通知）单等。

（2）施工物资资料。

1）出厂质量证明文件。

①预应力钢筋性能检验报告。

②预应力筋、锚（夹）具和连接器、水泥、外加剂和预应力筋孔道用螺旋管等

出厂质量证明文件。

③预应力锚具、夹具和连续器性能检验报告等。

2)试验报告。

①预应力钢筋力学性能试验报告。

②预应力锚具、夹具和连续器性能试验报告。

③孔道灌浆用水泥及外加剂等试验报告等。

(3) 施工测量记录。

(4) 施工记录。

①预应力钢筋固定、张拉端施工记录。

②预应力钢筋张拉记录。

③预应力钢筋封锚记录。

④有粘结力预应力孔道灌浆记录等。

(5) 隐蔽工程检查验收记录。

(6) 施工检测资料。

包括砂浆抗压强度检测报告等。

(7) 检验批、分项工程、分部(子分部)工程施工质量验收记录。

5.钢结构工程施工资料(为第5分册)

(1) 施工技术资料。

1) 单位工程施工组织设计。

2) 专项施工方案及专项施工方案专家论证审查报告。

3) 技术、质量交底记录。

4) 设计交底记录。

5) 图纸会审记录。

6) 设计变更通知单。

7) 工程洽商记录。

8) 技术联系(通知)单等。

(2) 施工物资资料。

1) 出厂质量证明文件。

①钢材钢构件性能检验报告。

②钢材化学分析检验报告。

③焊接材料检验报告。

④连接用紧固标准件性能检验报告。

⑤高强度大六角头螺栓连接副紧固轴力检验报告。

⑥扭剪型高强度螺栓连接副紧固轴力检验报告。

⑦焊接球及制造焊接球所采用的原材料性能检验报告。

⑧螺栓球及制造螺栓球节点采用的原材料性能检验报告。

⑨封板、锥头和套筒及其原材料性能检验报告。

⑩金属压型板及原材料检验报告。

⑪涂装材料性能检验报告。

⑫防火涂料性能检验报告。

⑬钢结构用其他材料性能检验报告等。

2）试验报告。

①钢结构用钢材力学性能试验报告

②钢结构用钢材化学分析试验报告

③钢结构涂料试验报告

④焊接材料试验报告

⑤高强度大六角头螺栓连接副扭矩系数试验报告

⑥扭剪型高强度螺栓连接副紧固轴力试验报告

⑦螺栓实物最小载荷试验报告等

（3）施工测量记录。

（4）施工记录。

1）焊材烘焙记录。

2）钢结构防腐（火）涂料施工记录。

3）钢结构制作记录。

4）钢结构安装记录。

5）钢结构焊接记录。

6）焊接记录附图。

7）保温、保护层施工记录等。

（5）隐蔽工程检查验收记录。

（6）施工检测资料。

1）钢结构工程焊接检测报告封皮。

2）检测报告首页。

3）探测示意图。

4）超声波检测报告。

5）焊接 X 射线检测报告。

6）磁粉检测报告。

7）网架节点承载力检测报告。

8）抗滑移系数检测报告等。

（7）检验批、分项工程、分部（子分部）工程施工质量验收记录。

6.幕墙工程施工资料（为第 6 分册）

（1）施工技术资料。

1）单位工程施工组织设计。

2）专项施工方案及专项施工方案专家论证审查报告。

3）技术、质量交底记录。

4）设计交底记录。
5）图纸会审记录。
6）设计变更通知单。
7）工程洽商记录。
8）技术联系（通知）单等。
（2）施工物资资料。
1）出厂质量证明文件。
①幕墙用铝塑板检验报告（三性试验）。
②幕墙用硅酮结构胶检验报告。
③铝型材涂膜厚度检验报告。
④幕墙用玻璃性能检验报告及3C认证书。
⑤幕墙用石材性能检验报告。
⑥幕墙用金属板检验报告。
⑦防火材料防火性能检验报告等。
2）试验报告。
①幕墙用铝塑板试验报告。
②幕墙用石材试验报告。
③幕墙用安全玻璃试验报告。
④硅酮结构密封胶物理力学性能试验报告。
⑤幕墙用硅酮结构结构胶密封性能试验报告等。
（3）施工测量记录。
（4）施工记录。
包括幕墙注胶施工记录等。
（5）隐蔽工程检查验收记录。
（6）施工检测资料。
1）锚固抗拔承载力检测报告。
2）幕墙气密性、耐风压、平面变形性能检测报告。
3）幕墙淋水检测记录等。
（7）检验批、分项工程、分部（子分部）工程施工质量验收记录。

7.建筑给水排水及采暖工程施工资料（为第7分册）

（1）施工技术资料。
1）单位工程施工组织设计。
2）专项施工方案。
3）技术、质量交底记录。
4）设计交底记录。
5）图纸会审记录。
6）设计变更通知单。

7）工程洽商记录。

8）技术联系（通知）单等。

（2）施工物资资料。

1）出厂质量证明文件。

①各类管材、备件应有产品质量证明文件。

②设备、配件及器具应有质量合格证及安装说明书。

③特定设备及材料，如消防、卫生、压力容器等的检验报告。

④安全阀、减压阀的调试报告。

⑤锅炉、承压设备焊缝无损探伤检测报告。

⑥给水管道材料卫生检验报告。

⑦水表和热量表计量检定证书。

⑧绝热材料产品质量合格证和性能检验报告等。

2）试验报告。

①阀门、水嘴压力试验报告。

②散热器压力试验报告等。

（3）施工测量记录。

（4）施工记录。

1）补偿器安装记录。

2）伸缩器安装及预拉伸记录。

3）设备精平、找正记录。

4）风机、水泵安装记录等。

（5）隐蔽工程检查验收记录。

1）直埋于地下或结构中和暗敷设于沟槽、管井及进人吊顶内的给水、排水、雨水、采暖、消防管道和相关设备的检查验收记录。

2）有防水要求的套管检查验收记录。

3）有绝热、防腐要求的给水、排水、采暖、消防、喷淋管道和相关设备的检查验收记录埋地的采暖、热水管道，保温层、保护层的检查验收记录。

4）地面辐射采暖检查验收记录等。

（6）施工检测资料。

1）设备及管道附件检测记录。

2）灌水、满水检测记录。

3）管道与设备强度、严密性试验记录。

4）通水检测记录。

5）管道冲洗、吹扫、脱脂检测记录。

6）室内排水管道通球检测记录。

7）室内消火栓试射记录。

8）生活用水卫生检测报告。

9）安全附件安装检测记录。

10）锅炉烘炉记录。

11）锅炉煮炉记录。

12）锅炉试运行记录。

13）安全阀调试记录等。

（7）检验批、分项工程、分部（子分部）工程施工质量验收记录。

1）建筑给水、排水及采暖分部工程中各分项工程质量验收记录。

2）建筑给水、排水及采暖分部工程质量验收记录等。

8.通风空调工程施工资料（为第 8 分册）

（1）施工技术资料。

1）单位工程施工组织设计。

2）专项施工方案。

3）技术、质量交底记录。

4）设计交底记录。

5）图纸会审记录。

6）设计变更通知单。

7）工程洽商记录。

8）技术联系（通知）单等。

（2）施工物资资料。

1）出厂质量证明文件。

①各种设备、配件及器具质量证明文件。

②绝热材料的产品质量合格证和性能检验报告。

③各类板材、管材等应有出厂质量证明文件和性能检验报告。

④压力表、温度计、湿度计、流量计、水位计等产品的合格证和检测报告等。

2）试验报告。

包括阀门的压力试验报告等。

（3）施工测量记录。

（4）施工记录。

1）设备精平、找正记录。

2）风机、水泵安装记录等。

（5）隐蔽工程检查验收记录。

1）敷设于竖井内、不进入吊顶内的风道（包括各类附件、部件、设备等）的检查验收记录。

2）有绝热、防腐要求的风管、空调水管及设备的检查验收记录等。

（6）施工检测资料。

1）风管漏光检测记录。

2）风管漏风检测记录。

3）除尘器、空调机漏风检测记录。

4）室内风量、温度检测记录。

5）风管风量平衡检测记录。

6）制冷系统气密性检测记录。

7）净化空调系统检测记录。

8）防排烟系统联合试运行记录等。

（7）检验批、分项工程、分部（子分部）工程施工质量验收记录。

1）通风与空调分部工程中各分项工程质量验收记录。

2）通风与空调分部工程质量验收记录等。

9.建筑电气工程施工资料（为第 9 分册）

（1）施工技术资料。

1）单位工程施工组织设计。

2）专项施工方案。

3）技术、质量交底记录。

4）设计交底记录。

5）图纸会审记录。

6）设计变更通知单。

7）工程洽商记录。

8）技术联系（通知）单等。

（2）施工物资资料。

1）出厂质量证明文件。

①低压成套配电柜、动力、照明配电箱（盘、柜）出厂合格证、试验记录、"CCC"认证标志。

②电力变压器、柴油发电机组、高压成套配电柜、蓄电池柜、不间断电源柜、控制柜（屏、台）出厂合格证和试验记录。

③电动机、电加热器、电动执行机构和低压开关设备合格证、"CCC"认证标志照明灯具、开关、插座、风扇及附件出厂合格证、"CCC"认证标志。

④电线、电缆出厂合格证、"CCC"认证标志。

⑤导管、型钢出厂合格证和材质证明书。

⑥电缆桥架、线槽出厂合格证。

⑦裸母线、螺导线、电缆头部件及接线端子、电焊条、钢制灯柱、混凝土电杆和其他混凝土制品出厂合格证。

⑧镀锌制品（支架、横担、接地极、避雷用型钢等）、外线金具出厂合格证和镀锌质量证明书。

⑨封闭母线、插接母线出厂合格证、"CCC"认证标志。

⑩进口物资的商检证明。

⑪设备安装技术文件等。

2）试验报告。
（3）施工测量记录。
（4）施工记录。
（5）隐蔽工程检查验收记录。
1）埋于结构内的各种电线导管、结构钢筋避雷引下线、等电位及均压环暗敷设、接地极装置埋设、金属门窗、幕墙金属框架接地、不进人吊顶内的电线导管、不进人吊顶内的线槽、直埋电缆、不进入的电缆沟内敷设电缆、管（线）路经过建筑物变形缝处的补偿装。
2）置、大型灯具及吊扇的预埋件（吊钩）等的检查验收记录。
（6）施工检测资料。
1）电气接地电阻检测记录。
2）等电位联结导通性检测记录。
3）电气绝缘电阻检测记录。
4）大型照明灯具载荷测试记录。
5）电气器具通电安全测试记录。
6）建筑物照明通电试运行记录。
7）电气设备空载试运行记录。
8）大容量电气线路结点温度检测记录。
9）避雷带支架拉力测试记录。
10）高压部分检测记录。
11）电度表检定记录等。
（7）检验批、分项工程、分部（子分部）工程施工质量验收记录。
1）建筑电气分部工程中各分项工程质量验收记录。
2）建筑电气分部工程质量验收记录。

10.建筑智能工程施工资料（为第 10 分册）
（1）施工技术资料。
1）单位工程施工组织设计。
2）专项施工方案。
3）技术、质量交底记录。
4）设计交底记录。
5）图纸会审记录。
6）设计变更通知单。
7）工程洽商记录。
8）技术联系（通知）单等。
（2）施工物资资料。
1）出厂质量证明文件。
①材料、设备出厂合格证或产品认证书、检验报告、产品说明书、主要设备安

装使用说明书。

②未列入强制性认证产品目录或未实施生产许可证和上网许可证管理的产品按规定程序进行产品检测。

③硬件设备及材料的可靠性检测报告。

④商业化软件的使用许可证。

⑤系统承包商编制的各类用户应用软件功能测试和系统测试报告，以及根据需要进行的容量、可靠性、安全性、可恢复性、兼容性、自诊断、可维护性等功能测试报告。

⑥所有自编软件均提供完整的文档（资料、规定、安装调试说明、使用和维护说明）。

⑦系统接口规定、系统接口测试方案。

⑧批准使用新材料、新产品的主管部门证明文件等。

2）试验报告。

（3）施工测量记录。

（4）施工记录。

（5）隐蔽工程检查验收记录。

埋在结构内的各种电线导管、不进人吊顶内的电线导管、不进人吊顶内的线槽、直埋电缆、不进人的电缆沟敷设电缆等的检查验收记录等。

（6）施工检测资料。

1）电气接地电阻检测记录。

2）电气绝缘电阻检测记录。

3）电气器具通电安全测试记录。

4）建筑智能系统功能检测记录。

5）综合布线系统性能测试记录。

6）视频系统末端测试记录。

7）建筑设备监控系统功能测试记录。

8）建筑智能系统试运行记录等。

（7）检验批、分项工程、分部（子分部）工程施工质量验收记录。

1）智能建筑分部工程中各分项工程质量验收记录。

2）智能建筑分部工程质量验收记录。

11. 电梯工程施工资料（为第 11 分册）

（1）施工技术资料。

1）单位工程施工组织设计。

2）专项施工方案。

3）技术、质量交底记录。

4）设计交底记录。

5）图纸会审记录。

6）设计变更通知单。

7）工程洽商记录。

8）技术联系（通知）单等。

（2）施工物资资料。

1）出厂质量证明文件。

电梯主要设备、材料及附件出厂合格证、产品说明书、安装技术文件、设备开箱检验记录等。

2）试验报告。

（3）施工测量记录。

（4）施工记录。

1）电梯技术参数。

2）电梯机房、井道土建交接记录。

3）自动扶梯、自动人行道土建交接记录。

4）电梯导轨支架安装记录。

5）电梯导轨安装记录。

6）电梯轿厢、安全钳、限速器、缓冲器安装记录。

7）电梯对重装置、导向轮、复绕轮、曳引机、导靴安装记录。

8）电梯门系统安装记录。

9）电梯电气装置安装记录。

10）自动扶梯、自动人行道电气装置安装记录。

11）自动扶梯、自动人行道机械装置安装记录等。

（5）隐蔽工程检查验收记录。

1）电梯承重梁埋设隐蔽工程检查验收记录。

2）电梯钢丝绳头灌注隐蔽工程检查验收记录。

3）电梯导轨支架、层门支架、螺栓埋设隐蔽工程检查验收记录等。

（6）施工检测资料。

1）电梯电气绝缘电阻检测记录。

2）轿厢平面准确度检测记录。

3）电梯负荷运行检测记录。

4）电梯噪声检测记录。

5）电梯电气装置检测记录。

6）电梯整机性能检测记录。

7）电梯主要功能检测记录。

8）自动扶梯、自动人行道安全装置检测记录。

9）自动扶梯、自动人行道整机性能检测记录等。

（8）检验批、分项工程、分部（子分部）工程施工质量验收记录。

1）电梯分部工程中各分项工程质量验收记录等。

2）电梯分部工程质量验收记录。

12.单位（子单位）工程竣工验收资料（为第 12 分册）

（1）工程概况。

（2）工程质量事故调（勘）查记录与工程质量事故报告。

（3）单位（子单位）工程施工质量竣工验收报告。

1）建筑工程质量验收程序和组织。

2）单位（子单位）工程质量竣工验收记录。

3）单位（子单位）工程质量控制资料核查记录。

4）单位（子单位）工程安全和功能检验资料核查及主要功能抽查记录。

5）单位（子单位）工程观感质量检查记录等。

（4）单位（子单位）工程施工总结。

13.综合施工图（竣工图）资料（为第 13 分册）

（1）设计总说明书。

（2）总平面布置图（包括建筑、建筑小品、照明、道路、绿化等）施工文件。

（3）竖向布置图。

（4）室外给水、排水、热力、燃气等管网综合图。

（5）电气（包括电力、电讯、电视系统等）综合图等。

14.室外工程专业竣工图资料（为第 14 分册）

（1）室外给水工程竣工图及设计说明书。

（2）室外雨水工程竣工图及设计说明书。

（3）室外污水工程竣工图及设计说明书。

（4）室外热力工程竣工图及设计说明书。

（5）室外燃气工程竣工图及设计说明书。

（6）室外电讯工程竣工图及设计说明书。

（7）室外电力工程竣工图及设计说明书。

（8）室外电视工程竣工图及设计说明书。

（9）室外建筑小品工程竣工图及设计说明书。

（10）室外消防工程竣工图及设计说明书。

（11）室外照明工程竣工图及设计说明书。

（12）室外水景工程竣工图及设计说明书。

（13）室外道路工程竣工图及设计说明书。

（14）室外绿化工程竣工图及设计说明书等。

15.专业竣工图资料（为第 15 分册）

（1）建筑竣工图及设计说明书。

（2）结构竣工图及设计说明书。

（3）装修（装饰）竣工图及设计说明书。

（4）给排水工程竣工图及设计说明书。

（5）采暖工程竣工图及设计说明书。
（6）消防工程竣工图及设计说明书。
（7）通风空调工程竣工图及设计说明书。
（8）燃气工程竣工图及设计说明书。
（9）电气工程竣工图及设计说明书。
（10）建筑智能工程竣工图及设计说明书。
（11）电梯工程竣工图及设计说明书等。
（12）也有一些省市按照下面的顺序进行排列组卷的：
1）主要原材料、半成品、成品构配件出厂质量证明和质量试（检）验报告；
2）施工试验报告；
3）施工记录；
4）预检记录；
5）隐蔽工程验收记录；
6）基础、结构验收记录；
7）给水排水及采暖工程；
8）电气安装工程；
9）通风与空调工程；
10）建筑智能工程
11）电梯安装工程；
12）施工组织设计；
13）技术交底；
14）施工质量验收记录；
15）竣工验收资料；
16）设计变更、洽商记录；
17）竣工图。

二、工程资料案卷封面与目录编制方法

1.工程资料案卷封面、卷内目录、项次、备考表编制方法

案卷内资料排列顺序应依据卷内资料构成而定，一般顺序为封面、卷内目录、分目录及资料、备考表和封底。组成的案卷应美观、整齐。

（1）工程资料案卷封面编制方法。

案卷封面内容包括：工程名称、案卷题名、编制单位、技术主管、编制日期（以上由移交单位填写），保管期限、密级、保存档号、共＿＿＿＿＿册第＿＿＿＿＿册等（由档案接收部门填写）。

1）工程名称：填写工程建设项目竣工后使用名称（或曾用名）。若本建设项目是群体工程

分为几个（子）单位工程，应在第二行填写（子）单位工程名称。

2）案卷题名：填写本卷卷名。

第一行填写案卷所属专业名称，如建筑与结构——装饰装修工程、建筑与结构——幕墙工程等。

第二行左侧填写资料类别名称，如 C1 施工管理资料。当同类资料多，可能分为多卷时，第二行左侧应填写资料类别名称及分册编号，如 C4 施工物资资料（1）C4 施工物资资料（2）……依次排列。如果同类资料只有一卷时，可不编分册编号。

第二行右侧提示本案卷内主要内容，如：企业资质证书、专业人员上岗证、见证管理记录、施工日志。提示应简明，准确概括和揭示案卷内的主要内容。

3）编制单位：本卷档案的主要编制单位（谁施工、谁编制、谁负责，可体现专业分包单位名称），加盖编制单位专用公章。

4）技术主管：编制单位技术负责人签名或盖章。

5）编制日期：填写卷内资料形成的起（最早）止（最晚）日期。

（2）卷内目录编制方法。

卷内目录内容包括：工程名称、资料类别、序号、案卷内容题名、原编字号、编制单位、编制日期、页次和备注。卷内目录内容应与案卷内容相符，排列在封面之后（原分项资料目录及设计图纸目录不能代替组卷时的卷内目录）。

1）工程名称：应填写单位工程名称。

2）资料类别：按施工资料分类名称填写，如 C1 施工管理资料、C2 施工技术资料、C3 施工测量记录、C4 施工物资资料、C5 施工记录、C6 施工试验记录、C7 施工质量验收记录，每一类资料可组一卷或多卷。卷内目录中资料类别与封面案卷题名第二行左侧填写的类别名称、分册编号应一致。

3）序号：按分项目录的资料类别名称用阿拉伯数字从 1 开始依次标注排序。例如：①铝合金窗（型材、玻璃及配套产品）质量合格证明检验报告；②铝合金窗（型材、玻璃及配套产品）材料进场检验记录；③铝合金窗材料复验报告等。

4）案卷内容题名：按分目录中资料类别内容填写，无分目录、无标题的文字材料和图纸，应根据内容拟写内容题名。

5）原编字号：指资料制发机关的发文号或图纸原编图号，施工资料编号原则上可不编入卷内目录。

6）编制单位：资料的形成单位或主要责任单位名称。

7）编制日期：资料的形成时间（文字材料、施工资料指形成日期，竣工图为编制日期）。

8）页次：填写每类资料在本案卷的页次（单页资料）或起、止的页次（多页资料）。

（3）案卷页次编写方法。

1）编写页次应以独立卷为单位，每案卷不宜超过 400 页（但应注意不能从同一项资料中切分），当案卷内资料排列顺序确定后，均以有书写内容的页面编写页次。

2）每卷内容从阿拉伯数字 1 开始，用打号机或钢笔依次逐张连续标注页次，采用黑色、蓝色油墨或墨水。案卷封面、卷内目录和卷内备考表不编写页次，但通用分目录或专项分目录是属于案卷内容应编页次。

3）页次编写位置：单面书写的文字材料页次编写在右下角，双面书写的文字材料页次正面编写在右下角，反面编写在左下角。

4）图纸折叠后无论何种形式，页次一律编写在右下角。

5）备注：填写其他需要说明的问题。

（4）案卷备考表编制方法。

备考表填写内容包括卷内文字材料张数、图样材料张数、照片张数等，立卷单位的立卷人、审核人及接收单位的审核人、接收人应签字。

1）案卷审核备考表分为上下两栏，上一栏由立卷单位填写，下一栏由接收单位填写。

2）上栏应标明本案卷已编号资料的总张数，指文字、图纸、照片等的张数。审核说明填写立卷时资料的完整和质量情况，以及应归档而缺少的资料的名称和原因；立卷人由责任立卷人签名；审核人由案卷审查人签名；年月日按立卷、审核时间分别填写。

3）下栏应由接收单位根据案卷的完整及质量情况标明审核意见。技术审核人由接收单位工程档案技术审核人签名；档案接收人由接收单位档案管理接收人签名；年月日按审核、接收时间分别填写。

2.专项目录、通用分目录编制方法

专项分目录或通用分目录与卷内目录使用是有区别的，卷内目录适用于案卷组卷时编目，通用分目录或专项分目录适用于施工过程中逐渐形成的资料收集编目。编制专项分目录或通用分目录的目的是便于施工过程各类资料有序管理（当某项资料只有 1 份至 2 份不用编制分目录，可直接编入卷内目录）。

（1）专项分目录编制方法。

专项分目录设计是根据各专项资料性质、特点、属性与其他相关资料互相交圈的内容进行设计的。同时便于分专业、分系统过程施工资料管理、查询。

专项分目录包括：见证记录目录；施工测量记录目录；（　　）产品质量证明目录；物资进场检验记录目录；物资合格证目录；材料复验报告目录；施工记录目录；（　　）专项检验报告目录；质量验收记录目录；报验、报审专项等目录。

（2）装饰装修工程专项目录。

1）见证记录目录

①工程名称：应是单体工程名称。

②资料类别：专项目录的资料类别与卷内目录资料类别是不同层次的类别区分，分目录资料类别应该进一步细化到其分项名称。分目录内的资料类别有水泥复验取样见证记录、天然花岗石材复验取样见证记录、人造木板饰面板复验见证取样记录、后置埋件现场见证取样记录、硅酮结构胶复验取样见证记录、幕墙功能检验见证记录等。

③序号：见证记录目录中的序号应根据资料类别不同排序，同一类见证记录用阿拉伯数字从1开始依次标注。

④内容摘要（施工部位）：根据见证记录中资料类别的内容进行详细叙述。

⑤见证单位：填写主要见证单位名称（一般指监理单位）。

⑥日期：填写记录形成的时间。

⑦页次：见证记录目录中的页次是填写各分项工程施工资料过程管理中形成的右上角顺序号。

⑧备注：填写需要说明的其他问题。

2）施工测量记录目录。内容摘要栏需简明提示测量内容，明确施测单位、施测时间，目录中的其他各项内容参见见证记录目录的编写方法。

3）（　　）产品质量证明目录。适用于各专业施工物资资料（C4类）的编目。目录内容包括：工程名称、资料类别、序号、物资名称、厂名、品种/型号/规格、数量、使用部位等。

①（　　）产品质量证明目录中标题括号内填写专业名称。例如（幕墙工程）产品质量证明目录。

②资料类别：应以各专业主要材料种类、属性、使用部位、施工特点进行分类。工程材料通常品种繁多，尤其是装饰装修工程用的材料，如果不能按照一定的原则归类整理，项目管理实现数字化、标准化是非常困难的。本书根据大、中型项目档案编制的实际工作经验，同时参照《建筑工程施工质量验收统一标准》（GB 50300－2013）装饰装修分部中子分部进行了细分。

③装饰装修工程主要材料编目资料类别划分参考表见表4－3。

表4－3　装饰装修工程主要材料编目资料类别划分参考表

序号	装饰装修工程材料编目资料类别划分	主要包括材料种类	使用部位	备注
1	保温材料及配套产品质量证明、检测报告	聚苯乙烯泡沫塑料板、玻纤网格布、锚固钉、界面剂、外保温聚合物砂浆	外墙保温	新材料可包括说明书
2	型钢、管材产品质量证明、检验报告	矩管、方管、无缝钢管、角钢、焊条等	隔墙骨架	—
3	外窗及配套材料质量证明、检验报告	塑钢窗、木窗、铝合金窗、铝型材、钢材、螺栓、栓钉、角码、玻璃、橡胶密封条、硅酮密封胶、埋板、五金件等	室外窗	—
4	木门、金属门、塑料门及配套材料产品合格证、检验报告	木门、钢门、铝合金门、塑料门、埋件、玻璃、五金件等	室内户门、走道门	量少与其他门合并编目
5	特种门及配套材料产品合格证、检验报告	防火门、金属卷帘门、人防门、防火隔声门、防盗门、自动旋转门、玻璃、防火锁、密封胶等	地上、地下	—

续表

序号	装饰装修工程材料编目资料类别划分	主要包括材料种类	使用部位	备注
6	玻璃（隔墙、断）及配套材料产品合格证、检验报告	玻璃、化学锚栓、后置埋件、挂件、驳接件等	玻璃隔（断）墙、玻璃栏杆	包括多种玻璃
7	饰面砖及配套材料产品合格证、检验报告	陶瓷面砖、釉面瓷砖、陶瓷马赛克、瓷质广场砖、玻化砖、黏合剂、胶等	内、外墙面、室内地面	包括基层材料
8	轻质板材、轻钢龙骨及配套材料产品合格证明、检验报告	轻钢龙骨、吊杆、条扣板、石膏板、吸声天花板、玻璃棉板、铝塑板、矿棉吸声板、螺栓等	室内吊顶、轻质隔墙	轻质板材密度小
9	板声材料及配套产品合格证、检验报告	人造石面板、中密度板、花岗石材、防静电地板、耐磨塑料板块、地毯、龙骨、螺栓、胶等	内墙面、室内地面	板块材料密度大
10	木制品、人造木板及配套材料产品合格证、检验报告	实木地板、胶合板、细木工板、防腐木地板、地板龙骨、橡胶垫等	室内吊顶、精装墙面、地面	
11	涂料、油漆及配套材料产品合格证、检验报告	清漆、油漆、磁漆、防水涂料、防火涂料、内墙涂料、界面剂、乳胶漆、石膏粉、腻子等	精装木墙面、顶面、木制品涂饰	
12	壁纸、墙布及配套材料产品合格证、检验报告	墙纸、装饰布、人造革、纤维布、阻燃剂、阻烯海绵、泡沫塑料、壁纸粉、乳胶漆、胶粘剂等	—	

注：对于一般工程，当门、窗数量较少时，可以将门、窗材料归并为一类。

④幕墙工程主要材料编目资料类别划分参考表见表4—4。

表4—4 幕墙工程主要材料编目资料类别划分参考表

序号	幕墙工程材料资料类别划分	主要包括材料种类	使用部位	备注
1	铝合金型材及配套产品质量证明、检测报告	铝合金型材、铝塑板、铝合金氟碳喷涂幕墙板、铝单板、氟碳喷涂涂料等	外幕墙	新材料可包括说明书
2	型钢、连接件及配套产品质量证明、检验报告	热镀锌矩管、镀锌空心型钢、U形槽钢、角钢、镀锌埋件、插芯、垫板、转接件、高强化学螺栓、不锈钢六角头螺栓、膨胀螺栓、自攻自钻钉、电焊条等	外幕墙骨架连接	根据材料属性使用部位相同可合并为一类编目
3	玻璃产品质量证明、检测报告	防火钢化玻璃、中空玻璃、白钢化玻璃等	外幕墙	—
4	石材产品合格证、检测报告	花岗岩石、大理石材等	外幕墙	—

续表

序号	幕墙工程材料资料类别划分	主要包括材料种类	使用部位	备注
5	隔热、保温材料产品合格证、检测报告	聚苯乙烯保温板、玻璃棉板、铝箔黑棉板等	外幕墙	—
6	硅酮结构胶及密封材料产品合格证、检测报告	硅酮结构胶、建筑耐候胶、聚乙烯发泡填充棒、聚氨酯双面胶条等	多种幕墙使用	—

⑤物资（资料）名称：同一材料、同一品种、同一厂名、同一生产日期的产品质量合格证明与厂家出厂抽验报告，可按质量合格证明在前，抽验报告在后的顺序排列（新材料应附使用说明书）。

⑥品种、规格、型号：不同的材料厂家在质量合格证明内容上表示的内容完全不一样，如涂料有品种、型号，而砌块有品种、规格，所以要根据不同的材料质量合格证内容选其一录入。

⑦页次：专项分目录中的页次是填写分项工程资料施工管理过程中形成的右上角顺序号。

⑧备注：填写需要说明的其他问题，如新增加的检测项目等。

4）物资进场检验记录目录：适用于各种材料进场检验记录编目。目录内容包括：工程名称、资料类别、序号、物资名称、检验结论、检验日期、检验单位、页次、备注。

①资料类别：应与产品质量证明资料类别一致。

②序号：应按同一资料类别内容先后顺序排序，用阿拉伯数字从1开始依次标注。同一厂家、同一材料、同一进场日期、多种规格可以作为一个序号编目。

③物资名称：同一厂家、同一进场日期的物资，涉及多个品种的可以填一栏。

④检验结论：不同材料进场检验的项目是不一样的，结论应明确。

⑤检验日期：检验日期应与进场实际日期一致。

⑥检验单位：要体现谁采购谁负责，专业质检员组织物资进场检验验收。

⑦页次：目录中的页次是填写分项工程资料施工管理过程中形成的右上角顺序号。

⑧备注：填写需要说明的其他问题等。

5）材料复验报告目录：适用于多种材料进场复验报告编目。

①资料类别：应以主要材料进行分类，如水泥、砂、石复验等报告编目。目录的填写要求

参见本章第六节施工物资资料组卷实例中各种材料复验报告目录实例。

②页次：目录中的页次是填写某分项工程施工资料管理过程中形成的右上角顺序号。

③备注：填写需要说明的其他问题（有见证取样试验的可在备注栏中注明）。

6）施工记录目录：适用于各专业分项隐蔽工程检查记录，如外墙保温板作法隐蔽检查记录、内墙涂饰基层处理隐蔽检查记录、防水工程试水检查记录、交接检查记录、预检记录等编目。

①工程名称：单位工程名称。

②资料类别：施工记录目录属分目录中的一种。分目录中的资料类别与卷内目录资料类别是有区别的，分目录中的资料类别应进一步细化到关键工序名称。如施工记录目录中隐蔽工程检查记录的资料类别，应分为防水隔离层作法隐蔽检查记录；钢质防火门框安装隐蔽检查记录；饰面板埋件、龙骨安装隐蔽检查记录；幕墙预埋件安装隐蔽检查记录；幕墙后置埋件隐蔽检查记录等。

③序号：施工记录目录中的序号应按资料类别内容的先后顺序排序，用阿拉伯数字从1开始依次标注。

④施工部位（内容摘要）：根据各种检查记录中实际的施工代表部位、内容摘要录入。

⑤编制单位：资料形成单位名称。

⑥日期：填写资料形成的时间。

⑦页次：施工记录目录中的页次是填写某分项工程施工资料管理过程中形成的右上角顺序号。

7）报审、报验目录：适用于向监理报验、报审的各种记录编目。

①资料类别：应分为工程技术文件报审、施工测量放线报验、工程物资进场报验、分项/分部工程施工报验等。

②页次：目录中的页次是填写某分项工程施工资料管理过程中形成的右上角顺序号。

③备注：需要说明的其他问题，可在目录备注栏中填写。

(3) 通用分目录。

通用分目录是专项分目录不适合时使用通用分目录，适用于施工方案、设计变更、洽商记录、技术交底或其他专项分目录不适合的施工资料编目。

1）工程名称：填写单位工程名称。

2）资料类别：是指某一类资料名称。如设计变更、技术交底、旁站监理记录、工作联系单等。

3）序号：按时间自然形成的先后顺序排序，用阿拉伯数字从1开始依次标注。

4）内容摘要：用简练语言提示，无标题的资料（如洽商记录）应根据内容拟写内容摘要，内容摘要栏需简明提示重点内容。

5）编制单位：资料的形成单位或主要责任单位名称。

6）日期：本项资料的形成时间。

7）页次：通用分目录页次是指本项施工资料施工管理过程中形成的右上角顺序号。

8）备注：填写需要说明的其他问题。

三、工程资料案卷规格与装订

1.案卷规格

卷内资料、封面、目录、备考表统一采用A4幅（297 mm×210 mm）尺寸，图纸分别采用A0（841 mm×1189 mm）、A1（594 mm×841 mm）、A2（420 mm×594 mm）、A3（297 mm×420 mm）、A4（297 mm×210 mm）幅面。小于A4幅面的资料要用A4白纸（297 mm×210 mm）衬托。

2.案卷装具

案卷采用统一规格尺寸的装具。属于工程档案的文字、图纸材料一律采用城建档案馆监制的硬壳卷夹或卷盒，外表尺寸为310 mm（高）×220 mm（宽），卷盒厚度尺寸分别为50 mm、30 mm两种，卷夹厚度尺寸为25 mm；少量特殊的档案也可采用外表尺寸为310 mm（高）×430 mm（宽），厚度尺寸为50 mm。案卷软（内）卷皮尺寸为297 mm（高）×210 mm（宽）。

3.案卷装订

（1）文字材料必须装订成册，图纸材料可装订成册，也可散装存放。

（2）装订时要剔除金属物，装订线一侧根据案卷薄厚加垫草板纸。

（3）案卷用棉线在左侧3孔装订，棉线装订结打在背面。装订线距左侧20 mm，上下两孔分别距中孔80 mm。

（4）装订时，须将封面、目录、备考表、封底与案卷一起装订。图纸散装在卷盒内时，需将案卷封面、目录、备考表3件用棉线在左上角装订在一起。

第2讲 竣工图组卷

竣工图应按专业进行组卷。可分为工艺平面布置竣工图卷、建筑竣工图卷、结构竣工图卷、给排水及采暖竣工图卷、建筑电气竣工图卷、智能建筑竣工图卷、通风空调竣工图卷、电梯竣工图卷、室外工程竣工图卷等，每一专业可根据图纸数量多少组成一卷或多卷。

竣工图组卷内容和顺序可参考表4—5。

表4—5 竣工图组卷参考表

案卷题名		表格编号（或资料来源）	资料名称	备注
专业名称	类别名称			
竣工图		编制单位提供	建筑竣工图、幕墙竣工图	
		编制单位提供	结构竣工图	
		编制单位提供	建筑给水、排水与采暖竣工图	
		编制单位提供	燃气竣工图	
		编制单位提供	建筑电气竣工图	

续表

案卷题名 专业名称	表格编号 （或资料来源） 类别名称	资料名称	备注
竣工图	编制单位提供	智能建筑竣工图（综合布线、保安监控、电视天线、火灾报警、气体灭火等）	
	编制单位提供	通风空调竣工图	
	编制单位提供	地上部分的道路、绿化、庭院照明、喷泉、喷灌等竣工图	室外工程
	编制单位提供	地下部分的各种市政、电力、电信管线等竣工图	室外工程

第3讲 建筑与结构工程资料的验收与移交

一、验收

（1）工程竣工验收前，各参建单位的主管（技术）负责人应对本单位形成的工程资料进行竣工审查；建设单位应按照国家验收规范规定和城建档案管理的有关要求，对勘察、设计、监理、施工单位汇总的工程资料进行验收，使其完整、准确。

（2）单位（子单位）工程完工后，施工单位应自行组织有关人员进行检查评定，合格后填写《单位工程竣工预验收报验表》，并附相应的竣工资料（包括分包单位的竣工资料）报项目监理部，申请工程竣工预验收。总监理工程师组织项目监理部人员与施工单位进行检查验收，合格后总监理工程师签署《单位工程竣工预验收报验表》。

（3）单位（子单位）工程竣工预验收通过后，应由建设单位（项目）负责人组织设计、监理、施工（含分包单位）等单位（项目）负责人进行单位（子单位）工程验收，形成《单位（子单位）工程质量竣工验收记录表》。当参加验收各方对工程质量验收意见不一致时，可请当地建设行政主管部门或工程质量监督机构协调处理。

（4）国家、市重点工程项目或大型工程项目的预验收和验收会，应有城建档案馆参加验收。

（5）属于城建档案馆接收范围的工程档案，还应由城建档案管理部门对工程档案资料进行预验收，并出具《建设工程竣工档案预验收意见》。

（6）凡列入城建档案馆接收范围的工程档案，经城建档案馆验收不合格的，应由城建档案馆责成建设单位重新进行编制，符合要求后重新报送。

二、移交

（1）施工、监理等有关单位应将工程资料按合同或协议约定的时间、套数移交给建设单位，办理移交手续。

（2）凡列入城建档案馆接收范围的工程档案，竣工验收通过后3个月内，建设单位将汇总后的全部工程档案移交城建档案馆并办理移交手续。推迟报送日期，应在规定报送时间内向城建档案馆申请延期报送，并申明延期报送原因，经同意后办理延期报送手续。

参 考 文 献

[1] 中华人民共和国住房和城乡建设部. 建筑与市政工程施工现场专业人员职业标准（JGJ/T 250—2011）[S]. 北京：中国建筑工业出版社，2011.

[2] 北京土木建筑学会. 资料员必读. [M]. 北京：中国电力出版社，2013.

[3] 本书编委会. 建筑施工手册 [M]. 5版. 北京：中国建筑工业出版社，2012.

[4] 江苏省建设教育协会. 资料员专业管理实务 [M]. 北京：中国建筑工业出版社，2014.

[5] 中华人民共和国住房和城乡建设部. 建筑工程资料管理规程（JGJ/T 185—2009）[S]. 北京：中国建筑工业出版社，2010.

[6] 本书编委会. 新版建筑工程施工质量验收规范汇编 [M]. 3版. 北京：中国建筑工业出版社，2014.